武大国际法评论

钱绍武题

CSSCI（2008-2009年）来源集刊

武大国际法评论

INTERNATIONAL LAW REVIEW OF WUHAN UNIVERSITY

教育部人文社会科学重点研究基地
武汉大学国际法研究所
主办

第八卷
VOL.8

WUHAN UNIVERSITY PRESS
武汉大学出版社

武大国际法评论

（第八卷）

前　言

2008年，对于《武大国际法评论》（以下简称“《评论》”）来说，有两件事特别值得一提：一是经中文社会科学引文索引指导委员会第七次会议审定，《评论》被收录为2008～2009年CSSCI来源集刊；二是我们十分荣幸地邀请到国内一些著名的国际法学人担任《评论》的学术顾问，对于《评论》所发表的文章进行指导和推荐，监督《评论》及所发表文章的学术规范和学术价值。在此，编辑部衷心感谢各界同仁多年来对《评论》的关心和支持，感谢各位中国国际法学人不断的鼓励和厚爱，也感谢武汉大学国际法研究所长期的大力扶持！我们将继续秉持兼容并包、博采众长、思想自由、百家争鸣的学术传统，推动国际法领域的学术创新和思想交流，为中国国际法学的繁荣尽绵薄之力。

本卷为第八卷。在本卷中，首先应约特载了联合国国际贸易法委员会两位官员关于《联合国国际货物销售合同公约》和《联合国国际合同使用电子通信公约》文章的中译本。其次，在本卷的编辑过程中，武汉大学国际法研究所在2007年9月和10月分别成功举办了“国际私法全球论坛：中国国际私法学会2007年年会暨学会成立二十周年庆典”和“1980年《联合国国际货物销售合同公约》在成员国的适用与解释国际研讨会”。这两次会议收集了许多有学术价值和实践意义的稿件。为此，《评论》特设“中国国际私法学会二十年”和“CISG在成员国的适用与解释国际研讨会”两个专题，以共同见证中国国际私法学会的二十年风雨历程，共享CISG在中国实施的累累硕果。与此同时，本卷继续推出“专论”、“案例研究”和“国际法学人”三个传统栏目。

专栏共有8篇文章。刘志云副教授的文章《国家利益理论的演进与现代国际法——一种从国际关系理论视角的分析》，以不同时期主流的国际关系理论为切入点，深入分析了包括理想主义的“自由主义意识形态利益观”、现实主义的“权力利益观”、新自由主义的“合作利益观”、建构主义的“观念利益观”等在内的各种国家利益理论，论述了它们对国际法与国际组织发展的影响。姜世波副教授的《习惯国际法真的是一个幻象吗？——美国学者的博弈论研究述评》一文从两位美国学者否定习惯国际法效力的结论谈起，评述了博弈论被引入国际法研究领域之后，许多学者用理性选择方法研究国际法，深入探讨习惯国际法形成中的多边合作问题、阐明问题、效率问题等。文章指出，习惯国际法是个现实的存在，而并非一个“人为的虚构的幻象”。

在《国际能源机构表决制度研究》一文中，湖南省高级法院法官肖兴利博士生从法律基础、制度架构等方面对国际能源机构（IEA）表决制度展开研究，并对其实践运作加以分析，认为 IEA 表决制度具有一国一票制与加权投票制相结合、规则性与灵活性相结合、务实性与创新性相结合等特点。王倩倩博士生在《论国际刑法上的招募儿童入伍罪》一文中对招募儿童入伍罪作了细致分析，文章通过对相关国际公约的比较，对该罪的法律地位进行论述，认为应当对使用儿童“直接参与武装冲突”做扩张性解释，以更好地保护武装冲突中的儿童；文章还指出，招募儿童入伍罪作为一项国际罪行业已发展成为一项国际强行法，任何国家不得以任何理由拒绝承担禁止与惩治招募儿童入伍的义务。卜璐博士生的《外国公法适用的理论变迁》在深入分析传统的公法禁止原则的基础上，从晚近适用外国公法的理论和实践两方面着手，对这一传统原则进行了反思。作者指出，基于维护国家及其国民利益、促进国际交往和互联网背景下公法冲突加剧等考虑，外国公法的适用具有必要性。文章还结合我国国情提出我国应在一定条件下适用公法性质的外国法律。

谢新胜副教授的文章《论国际法在国际商事仲裁程序中的适用》分别从国际法、并存法和国际人权规则三个方面加以论述，并指出：在当事人均为国际法主体或以协定、条约为基础的国际商事仲裁中，仲裁程序法为国际法；在一方当事人为国际法主体，另一方为非国际法主体且以仲裁协议为基础的国际商事仲裁中，无论仲裁程序法是国际法还是国内法，国内法院都拥有强制执行仲裁协议的司法权；国际商事仲裁受以国际人权法为代表的国际公共秩序的制约，这一制约普遍表现为仲裁的正当程序标准。崔相龙博士生的文章《论冲突法中实体与程序的区分》在分析区分实体与程序的原因和理论支撑的基础上，对“权利分类”、“功能论”和“目的论”等具体的区分标准分别加以论述，文章还提到，当代冲突法发展的趋势表现为实体与程序的区分在法律选择中的作用下降以及扩大实体性识别。刘彬博士生在文章《从中巴 FTA 看我国 BIT 在区域一体化实践中的发展——迈向务实灵活的缔约新理念》中，对中巴签署的 FTA 作了深层次的剖析，认为“贸投合一”的缔约方式不是对贸易条文和投资条文的简单拼凑，它存在法律层面需要注意的若干新问题，具有自身的复杂性。作者指出，我国在实践中应展现更多灵活性智慧，针对不同国家的具体情况对 FTA 的整体结构与自由化进程进行仔细设计。

2007 年 9 月 14 日至 17 日，中国国际私法学会、武汉大学国际法研究所在武汉隆重举办了“国际私法全球论坛：中国国际私法学会 2007 年年会暨学会成立 20 周年庆典”，为了纪念这一盛事，本卷特设“中国国际私法学会二十年专题”，收录在此次大会上通过的《国际私法全球论坛武汉宣言》（中、英文），并邀请中华人民共和国外交部条约法律司副司长徐宏博士、武汉大学国际法研究所郭玉军教授和徐锦堂博士生、武汉大学国际法研究所何其生教授分别对中国参加海牙国际私法会议、中国国际私法学以及中国国际私法学会的20年发展历程作以回顾和总结。

“1980年《联合国国际货物销售合同公约》在成员国的适用与解释国际研讨会”于2007年10月13日至14日在武汉大学胜利召开，来自十多个国家的25位国际知名学者以及近40名中国学者共同参加了此次盛会。为此，编辑部精选了几篇中文文章并设置“‘CISG在成员国的适用与解释国际研讨会’专题”予以发表（部分英文文章将在即将出版的Wuhan University International Law Review中发表）。在中国国际商事仲裁适用CISG方面，仲裁庭在确定案件争议所适用的法律时，是否应受CISG的约束？哪些情形下仲裁庭应当适用或考虑适用CISG？韩健教授在《CISG在中国国际商事仲裁中的适用》一文中，结合我国相关法律规定和实践，对此作了分析和解答。文章认为，仲裁庭应充分尊重当事人的意思自治，并应受CISG相关规定的约束。广东省作为我国改革开放的前沿地区，对外贸易频繁，因而涉外民商事审判中也有更多的机会适用CISG，郑新俭法官的文章《CISG在中国广东涉外商事审判中的适用》对CISG在中国广东省的适用情况进行了评述，并结合审判实践对广东法院在涉外民商事审判中适用CISG的情况做了进一步的介绍。

陈立虎教授和深圳市中级人民法院法官朱萍博士在《CISG之下的实际履行制度研究——兼评中国〈合同法〉第107条》中谈到，实际履行是合同法中一项重要的违约救济制度，CISG中对此制度有具体的体现并具有自身特点。由于两大法系国家都不愿意放弃它们的传统理论，CISG并没有建立实际履行的统一制度。作者还结合《中华人民共和国合同法》的规定，提出应改“继续履行”为“实际履行”，并考虑采用“违约补救”取代“违约责任”的提法。英国皇家特许仲裁员协会研究员扬帆女士的文章《中国对CISG的保留及该公约在CIETAC仲裁中的适用》以中国加入CISG时所做的两个重要保留为切入点，解析了中国法与公约的关系，特别是该公约应当在哪些情形下作为适用法以调整当事人之间的销售合同关系；并结合中国国际经济贸易仲裁委员会适用CISG的相关仲裁裁决，对公约在中国的广泛适用进行总结和探讨。本专题的最后是郭玉军教授和靳婷博士生撰写的《CISG在成员国的适用与解释国际研讨会综述》，以对整个会议的情况进行综合介绍和评析。

“案例研究”栏目中共有两篇文章。肖军副教授的文章《对海外投资的外交保护——国际法院关于迪亚洛案（初步反对意见）的判决评析》对国际法院2007年5月迪亚洛案（初步反对意见）的判决做了评述，认为在该案中国际法院在两个方面发展了外交保护的国际法规则：一是外交保护制度在国际投资保护中的地位和作用；二是对公司权利和股东权利行使外交保护时国籍原则的适用。程保志博士生在《从MOX核燃料厂争端审视欧洲法院专属管辖权之扩张》一文中对MOX核燃料厂案进行了介绍，提出欧洲法院之所以在该案判决书中对其在解释与适用共同体法方面的专属管辖权进行扩张解释，其内部动因在于深化欧洲一体化进程、提升欧共体法的效力层次，而外部动因则是国际司法机构的扩散化及潜在冲突对欧共体法律秩序自治性的威胁。

本卷的“武大国际法学人”专栏，介绍了曾任联合国前南问题国际法庭法官与卢旺达国际法庭上诉法官的李浩培先生、著名国际法学家黄炳坤先生和著名国际法与国际关系专家李谋盛先生的生平以及他们的国际法思想，期望能以他们熠熠生辉的思想带给中国的青年国际法学人以更多的启迪，以共同推进中国国际法学的繁荣。

黄　进

2008年9月9日

目　录

一、特载

二、专论

三、专题一：中国国际私法学会二十年

四、专题二：CISG在成员国的适用与解释

五、案例研究

六、武大国际法学人

TABLE OF CONTENTS

Subject Ⅰ

Subject Ⅱ

Case Studies

WHU Scholars of International Law

一、特　　载

《联合国国际货物销售合同公约》在中国统一解释之考量

□　[意] 卢卡·G. 卡斯提拉尼*
龙威狄**译　肖永平***校

1986 年，迭戈·阿马多·马拉多纳借助“上帝之手”，带领阿根廷队力克英格兰，捧得世界杯；切尔诺贝利灾难提醒我们，重大紧急事件并无国界；其时的欧洲共同市场欢迎葡萄牙与西班牙的加入；电影《壮志凌云》以微弱的票房优势击败《鳄鱼邓迪》。在法律领域，通过废除枢密院上诉制度，澳大利亚最终取得司法独立，而美利坚合众国通过将税级由十一级削减至三级，改革其税收制度。对我们而言，最重要的是，1986 年 12 月 11 日，中国、意大利与美国交存了《联合国国际货物销售合同公约》（CISG）批准书，从而使其于 1988 年 1 月 1 日生效，这是法律传统各异的缔约国本着促进国际贸易的共同目标而齐心协力的结果。

中国加入 CISG 是其实施“改革开放”政策的早期步骤，这使得中国成为全球贸易的主要参与者。① 评论人士对此步骤进行过全面细致的分析：中国加入 CISG 被认为是对法律在国际层面的可预见性的重要贡献，其增强了贸易伙伴对国际买卖法律适用的信心；在国内层面，通过推进这一现代法律文件的统一适用，其消减了

---

* Luca G. Castellani，奥地利维也纳联合国国际贸易法委员会秘书处法务官员。本文所述仅为个人观点，并不必然反映联合国的立场。本文曾作为会议论文提交于 2007 年 10 月 13 日至 14 日在中国武汉举行的“《联合国国际货物销售合同公约》在成员国的适用与解释：重点关注中国的诉讼与仲裁实践”国际研讨会。

** 武汉大学国际法研究所 2008 级博士研究生。

*** 武汉大学国际法研究所教授，博士生导师，武汉大学法学院院长。

① 在加入 CISG 的整整 15 年后，中国加入了 WTO，这被公认为该进程的高潮。

中国国内法律的分歧。① 此外，处理 CISG 这一复杂的法律文件也需要各类法律工作者提高自身能力。

一、推进 CISG 在中国的统一解释：现成的工具

我们充分认识到，法律是一系列因素交互作用的结果，纸面上的法律仅仅是其中一种——并不必然是最有影响的——因素。② 因此，仅仅采纳统一法律文件并不足以实现法律的真正统一。要在不同法域解决争议而得到相同的结果，有必要对这些法律文件进行统一解释。

本次研讨会重点讨论中国在适用 CISG 的实践中需要厘清的领域，因而具有重要意义。我们可以使用现成的有效工具，包括运用最高人民法院的司法解释，来解决一些具体问题。其他文件，特别是联合国国际贸易法委员会（UNCITRAL）准备的文件，可及时发布有关公约解释的资讯，从而帮助我们解决一些更具普遍性的问题。

CISG 是目前最重要的统一法律文件之一，堪称成功的典范。灵活性是其获得广泛认同的原因之一。公约的起草者们运用了若干不同的方法来实现这一灵活性，如在国际贸易中推行一秉善意的一般原则；援用公约的一般原则填补其漏洞；认可当事人同意适用的惯例与既定惯常做法的拘束力；采用比国内的相应规则更适合各种货物贸易的规则。

为降低公约文本外的因素影响公约解释的可能性，公约的起草者们特意避免使用某一法律传统特有的法律概念，这些概念也许会引发内国判例法与文献对公约解释的影响。③

---

① L. Choukroune, L'internationalisation du Droit Chinois des Affaires, Droit des Affaires Internationales / International Business Law Journal, 2003, p. 503; L. Choukroune, Chine-OMC. L'état de Droit par L'ouverture au Commerce International?, Revue de Droit des Affaires Internationales / International Business Law Journal, 2002, p. 655; Zhiguang Tong, *The Development of China and World Trade*, Journal of World Trade, Vol. 40, 2006, p. 132.

② Rodolfo Sacco, Legal Formants: A Dynamic Approach to Comparative Law, American Journal of Comparative Law, Vol. 39, 1991, pp. 1 (I), 343 (II). But the approach is well-established. See generally, for instance, François Gény, Méthodes D'interprétation et Sources en Droit Privé Positif: Essai Critique, Paris, 1899.

③ 这一做法在多方面得到体现，例如，CISG 第 79 条对不履行义务的免责情形进行了事实性描述；公约以有关履行与风险转移的一整套规定取代了"交付货物"这一术语；公约采用了"宣告合同无效"这一概念。

因此，公约采用了一套自成一体的法律概念，而这些概念需要跨越不同法域作统一而独立的解释。这一原则被郑重订入公约第 7 条第 1 款，其规定："在解释本公约时，应顾及其国际性以及促进其统一适用的需要……"

国际贸易法的统一适用要求多个法域以系统而客观的方式公开法院判决与仲裁裁决。从指导争议解决到便利合同起草，这些材料可以服务于不同的目的。而且，对采用统一法律文件的国家而言，获悉可能具有重要说服力的、解释该文件的外国判例，将使其受益良多。

有几个项目旨在搜集并公布涉及 CISG 的案例，其中包括 UNCITRAL 创设的对"UNCITRAL 法律文件的判例法"（Case Law on UNCITRAL Texts，简称 CLOUT）的报告制度。CLOUT 旨在通过公布解释 UNCITRAL 法律文件的判决与裁决，帮助法官、仲裁员、律师与商事交易的当事人，并由此促进这些文件的统一解释与适用。尽管 CLOUT 大多援引 CISG 或《联合国国际贸易法委员会国际商事仲裁示范法》(MAL)，但 CLOUT 涵盖了与 UNCITRAL 所有法律文件有关的判例法。其依靠一个由政府任命的国别通讯员组成的网络运作，这些通讯员负责考察本法域的判决与裁决，并以摘要的形式将案件向 UNCITRAL 秘书处报告。案件摘要以联合国的 6 种官方语言出版，这在同类的 CISG 判例法报告制度中是独一无二的，人们可在 UNCITRAL 网站上免费索取摘要内容。

有鉴于 CLOUT 搜集的涉及 CISG 的案件为数甚多，UNCITRAL 最终需要采用一种更便捷的工具，清晰、简洁并客观地提供有关公约解释的资讯。这一工具便是 UNCITRAL 对 CISG 判例法的汇编（digest），该汇编定时更新，其成效促使委员会决定为与 MAL 有关的 CLOUT 案件准备一个相似的文件。

CLOUT 摘要与汇编特别符合中国的需要，因为二者的中文版可免费索取。①有鉴于此，中国的法律专业人士可将这些文件作为解释公约时的标准参考工具。

CLOUT 摘要与汇编旨在反映判例法的不断演变。为此，其需要准确而及时地报告法院判决与仲裁裁决。同时，各法域也从报告本法域的案件中受益，因为公布这一资讯可增进跨国贸易者对该法域法治可预见性的了解。因此，UNCITRAL 秘书处鼓励国别通讯员、私人机构以及个人提交案件及摘要，以便在 CLOUT 出版。

二、放眼其他：中国可考虑的选择

此次对 CISG 在中国统一解释的研讨也为主张扩大 CISG 的适用范围提供了很

① On the UNCITRAL website, respectively at http://www.uncitral.org/uncitral/zh/case_law/abstracts.html and http://www.uncitral.org/uncitral/zh/case_law/digests/cisg.html.

好的机会。这一目标可以通过合同自由来实现，即说服律师与其他法律从业人士相信将 CISG 订入其合同的可取性与益处。采用这一方法有着充分有效的理由，包括适用 CISG 时法律适用的可预见性，以及相对于当事人的本国法而言 CISG 所具有的中立性。

此外，在立法层面考虑一些建议，尤显适当。事实上，在此层面的若干举措可能会大大促进 CISG 更广泛的适用与统一解释。

这要从 1986 年 12 月 11 日说起。当天，中国在提交加入公约的文件时作了若干保留。更确切地说，其宣告："中华人民共和国并不认为其受第 1 条第 1 款 b 项、第 11 条以及公约中与第 11 条内容有关的规定的约束。"因此，我们发现了两个保留：一个规定了货物销售合同的书面形式，另一个则在合同的当事一方（或多方）在某一缔约国无营业所、而国际私法规则指向适用某一缔约国法律的情况下，排除公约的适用。这些保留的作出起先是为了确保社会主义国家所特有的特殊国际贸易规则的适用，但最终也为某些采取其他经济体制的国家采用。

撤销"书面形式"保留的呼声早已存在，① 最近又被重申。② 就撤销对依第 1 条第 1 款 b 项适用 CISG 的保留而言，也是如此。③

限制条约保留的数量可以消减文本的多样性。因此，在此意义上的任何决定都将推进统一解释的最终目标。

另一建议涉及 CISG 在香港与澳门两个特别行政区的地域适用范围。当中国对这些领土恢复行使主权时，CISG 在这两个区域都未生效，尽管可能分别有不同的

---

① Ding Ding, *China and CISG*, in Michael Will, ed., CISG and China: Theory and Practice, Geneva, 1999, p. 34.

② Xiaolin Wang and Camilla Baasch Andersen, *The Chinese Declaration against Oral Contracts Under the CISG*, Vindobona Journal of International Commercial Law and Arbitration, Vol. 8, 2004, p. 145.

③ Yang Fan, *The Application of the CISG in the Current PRC Law and CIETAC Arbitration Practice*, Nordic Journal of Commercial Law, Issue 2, 2006, p. 7. The topic is also discussed in the paper of Professor Chen Weizuo on "Conflict of law in the context of the CISG" presented at this seminar.

在地区层面上，应该注意到，通过 2007 年 6 月发布的《关于审查〈联合国国际货物销售合同公约〉第 95 条保留的咨询报告》，新加坡已正式开始审查其对 CISG 第 1 条第 1 款 b 项所作的保留。*See* Consultation Paper on Review of Reservation under Article 95 of United Nations Convention on Contracts for the International Sale of Goods, available at http://www.agc.gov.sg/publications/docs/CISG_Article_95_Report.pdf. *See also* Gary F. Bell, *Why Singapore Should Withdraw its Reservation to the United Nations Convention on Contracts for the International Sale of Goods (CISG)*, Singapore Year Book of International Law, Vol. 9, 2005, p. 55 (available also in annex to the Consultation Paper).

原因。最近，一个相似的、有关《纽约公约》① 在澳门适用的问题已得到解决。② 鉴于这两个区域对国际贸易、特别是涉及原产自中国其他地区的货物贸易的重要性，将 CISG 的地域适用范围扩展至这些区域，将大大增进法律适用的可预见性。

上述关于 CISG 在中国适用的建议都旨在拓宽公约的适用范围与地域影响力。然而，CISG 并非一个孤立的公约，而是被其他法律文件所补充，如 UNCITRAL 的两个条约——《时效公约》③ 与《电子通讯公约》④ 就是突出的例子，它们由 CISG 促生，并与 CISG 高度契合。

《时效公约》是 UNCITRAL 早期的工作成果，并且是 CISG 的先行者。事实上，其实质内容可视为 CISG 不可分割的一部分。而且，公约的规定，特别是有关适用范围的规定于 1980 年被修订，以与 CISG 保持一致，并确保两个法律文件得到一并适用。然而，基于与《时效公约》法律内容无关的历史原因，其受欢迎的程度并不如 CISG。

《时效公约》精细而全面的文本使一个复杂的法律领域有了透明度与可预见性。因此，中国的某些主要贸易伙伴，如美国，也成了公约的缔约国。所以，中国应该考虑采纳《时效公约》所带来的益处。

《电子通讯公约》旨在通过排除使用电子媒介所产生的障碍，而弥补现有国际贸易法条约的不足。对于书面形式要求，如中国依 CISG 第 11 条与第 96 条所作保留的要求而言，这尤为重要。考虑到中国对电子商务的重视，中国早早签署了《电子通讯公约》也就不足为奇。中国已借鉴 UNCITRAL 示范法——这也是《电子通讯公约》的基础——制定了电子商务法与电子签名法，这也有助于中国在短期内批准该公约。

三、放眼其他：其他国家可考虑的选择

今日之中国与 1986 年时的中国已大有不同：其已成为全球范围内的主要贸易大国，并已在若干地区取得了商业范围以外的影响。今天，中国需要有效地维护其在全球范围内不断增长的利益。实现这一目标的方法之一，便是在诸如中亚、西南

---

① Convention on the Recognition and Enforcement of Foreign Arbitral Awards, 1958, United Nations, Treaty Series, Vol. 330, p. 3.

② 关于地域适用范围的声明系于 2005 年 7 月 19 日提交。

③ Convention on the Limitation Period in the International Sale of Goods, 1974, and amending Protocol, 1980, United Nations, Treaty Series, Vol. 1511, p. 77.

④ United Nations Convention on the Use of Electronic Communications in International Contracts, 2005, not yet in force, UN Doc. Sales No. E. 07. V. 2.

亚与非洲等中国贸易活动蓬勃发展、而 CISG 的适用仍然有限的地区，推广 CISG 的适用。

许多处于经济体制转型期的国家都将中国视为发展经济的榜样。采用 CISG 对这些地区的意义与对中国的意义一样，并可促成一个全面、现代而有效的跨境交易法律框架。事实上，采用内容易于查明的统一法律文件并对其统一适用及解释，将提高法律的可预见性，并有助于以现代立法与国际标准为基础的法律制度的构建。这一进程需要采取若干步骤，如提高法学教育的质量，提升司法体系、法律职业人士及所有其他相关人士的能力，由此为通向贸易领域的法治铺平道路。最终的结果将推动公平互利贸易的发展，进而促进中国与其商业伙伴维持和谐关系这一首要目标的实现。

当新世纪的黎明到来时，联合国秘书长曾说："法治在国际关系领域的发展，是近年来人们在政治、社会与经济方面取得许多进步的基础。毋庸置疑，其在新千年里还将推动各方面的进一步发展。"CISG 必将对此有所助益。我们有此殊荣，为这一目标的实现贡献绵薄之力。这也是我们向公约的起草者、推广者以及研究公约的学者们致敬的绝佳方式。

（审稿：乔雄兵）

《联合国国际合同使用电子通信公约》简述

□ ［巴西］约瑟·盎格鲁·艾斯特拉·法利亚*
卢 熙**译 何其生***校

一场科技革命正深远地改变着社会。如果能加以合理利用和引导，信息和通讯技术（ICTs）将会潜在地改善我们社会、经济及文化生活的方方面面。信息和通讯技术能够为21世纪的发展提供动力，也能成为帮助我们实现《新千禧年宣言》中所有目标的有效方法。①

——科菲·安南

一、导言

随着对电子通讯工具越来越多的使用和依赖，在全球范围内，立法者都在力图适应由纸质文件到现代科技而引起的法律和证据规则的发展。而要避免因内国标准的冲突而对国际电子商务所产生的障碍，对有关电子通讯手段的规则进行国际协调就显得尤为必要。2005年11月23日，联合国大会通过的《国际合同使用电子通信公约》② 就是这种国际协调的最新发展。该公约旨在通过为电子通讯提供更强的法律确定性，来促进对其的使用和依赖。诚如联合国秘书长所指出的那样，跨国商业催生了贸易和发展，而新的技术则为跨国商业提供了新的方式。

作为一个全球性的组织，联合国国际贸易法委员会（UNCITRAL）在20世纪

* 联合国国际贸易法委员会秘书处高级法律官员，联合国法务局国际贸易法部（维也纳），国际贸易法委员会第四工作组（电子商务）秘书。本文所述观点仅代表作者个人而不必然代表联合国。

** 武汉大学国际法研究所2007级硕士研究生。

*** 武汉大学国际法研究所教授，博士生导师。

① Speech to World Summit on Information Technology, Tunis, available at http: //www. itu. int/wsis/ annan. html.

② General Assembly Resolution A/RES/60/21.

80 年代后期被委派为电子商务统一私法标准的制定提供建议。实现这一目标的第一步是 1996 年的《联合国国际贸易法委员会电子商务示范法》①，五年之后又诞生了《联合国国际贸易法委员会电子签名示范法》②。这两个法律文件，尤其是前者，取得了巨大的成功并为国际法律的协调提供了一个广为接受的基础。

为了推动各国立法的进一步协调，制定电子商务国际公约新一轮立法的呼声，甚至在《联合国国际贸易法委员会电子签名示范法》尚未起草完毕之前就已经开始了。在这些提议背后所必须承认的是，尽管《联合国国际贸易法委员会电子商务示范法》得到了广泛接受，但是只有一个具有约束力的法律文书才能有效地消除电子商务的障碍，例如，其他一些国际公约在形式要件方面的一些特殊要求。

2002 年，国际贸易法委员会第四工作组（电子商务）③ 开始着手制定关于国际合同使用电子通信的新公约。2004 年 10 月，公约草案由工作组完成，并于 2005 年 7 月在维也纳召开的国际贸易法委员会第 38 届年会上得以通过④。在前两个示范法的基础上，公约在其序言第六段中明确写明，其目的在于消除国际订约使用电子通信的障碍，包括在电子邮件、电子数据和互联网等新技术得到发展之前既成的国际贸易法公约和条约中所可能产生的障碍。

二、公约的主要内容

（一）适用范围

公约的主要目的，是提供一个实际解决办法，以解决使用电子通信手段订立商业合同所涉及的法律问题。为使现有规则能够适应电子方式所达成的合同，公约规定了一个解释性的框架，但它并非要为电子订约问题制定专门的实体法规范。

---

① 关于《联合国国际贸易法委员会电子商务示范法》的正文副本及借鉴该示范进行相关立法的国家和地区可查询：http://www.uncitral.org/uncitral/en/uncitral_texts/electronic_commerce/1996Model.html.

② 关于《联合国国际贸易法委员会电子签名示范法》的正文副本及借鉴该示范进行相关立法的国家和地区可查询：http://www.uncitral.org/uncitral/en/uncitral_texts/electronic_commerce/2001Model_signatures.html.

③ 关于此工作组的相关信息可访问：http://www.uncitral.org/uncitral/en/commission/working_groups/4Electronic_Commerce.html.

④ 公约正文可查询：http://www.uncitral.org/pdf/english/texts/electcom/2005Convention.pdf;相关筹备工作可查询：http://www.uncitral.org/uncitral/en/uncitral_texts/electronic_commerce/2005Convention-travaux.html.

第1条规定，公约适用于“与营业地位于不同国家的当事人之间订立或履行合同有关的电子通信的使用”①。“电子通信”系指在一项合同的订立或履行中，以电子手段、电磁手段、光学手段或类似手段作出的，包括要约和对要约之承诺在内的任何陈述、声明、要求、通知或者请求②。在公约中“合同”一词作广义使用，例如，它涵盖了仲裁协议及其他具有法律拘束力的协议，而不论它们通常是否被称为“合同”。

（二）当事人的所在地

公约包含一套处理当事人所在地的规则。尽管公约未强加给当事人披露其营业地的义务，但它肯定了当事人指明其营业地的重要意义——虽然这并不绝对③。当事人未指明营业地的，相关缺省规则规定，与有关合同关系最密切联系的地方④为其营业地，或自然人的惯常居所地的为其所在地⑤。

公约对信息系统的IP地址、域名或地理位置等与电子信息有关的外围信息采取谨慎的方式，虽然这些信息显然是客观存在的，但对确定当事人的实际所在地几乎没有决定性作用⑥。

（三）形式要求：“功能等同”的方法

公约第9条重申了《联合国国际贸易法委员会电子商务示范法》第6、7和第8条所载的基本规则，这些基本规则确定了电子通信和纸质文件包括“正本”纸质文件之间、电子认证和手写签名之间功能等同的标准。然而，与《电子商务示范法》不同的是，公约没有处理保留记录的问题，因为据认为这类事项与证据规定和行政要求的关系较密切，而与订立和履行合同关系较小。

应该指出的是，第9条为满足适用法所规定的形式要求设定了最低标准。第3条中的当事人意思自治原则不应被理解为是允许当事人放宽对签名的法定要求而接

---

① 第1条第1款。与诸如1980年《联合国国际货物销售合同公约》（CISG）等国际文书不同的是，公约并不要求当事人双方都位于缔约国内；而与CISG相同的是，公约不适用于消费者合同。公约同样不适用于某些金融市场上受具体监管条例和行业标准规范的交易。而且，由于创设纸质票据流通性的电子等同方式尤为困难，必须予以制定特殊规则，公约也不适用于流通票据或所有权凭证（参见第2条）。

② 第4条（b）及（c）项。

③ 第6条第1款。

④ 第6条第2款。

⑤ 第6条第3款。

⑥ 第6条第4及第5款。

受可靠程度低于电子签名的认证方法。当事人意思自治并不意味着公约授权当事人可以置合同及交易的法定形式要求或认证要求于不顾。

（四）合同的处理

不得仅以合同为电子通信形式为由而否定其效力和可执行性这一原则，在公约第 8 条得到了肯定（该原则包含于《联合国国际贸易法委员会电子商务示范法》第 11 条中）。然而就合同订立的目的而言，公约并未冒险确定要约和对要约的接受何时有效。

公约承认合同可以通过自动信息系统（电子代理）之间的动作而订立，即使无自然人复查这些系统所进行的每一动作或由此而产生的合同①。然而，仅仅一方当事人提供用于发出订单的交互式应用程序（无论所使用的系统是否完全自动化）这一事实本身，并不能推定当事人意欲接受通过这类系统所发出的订单的约束②。

为了与决定保持一致，避免在电子与纸质交易方面建立二元化机制，同时也为了与公约中促进而不仅仅是规制的方法相协调，第 13 条遵从了国内法在诸如要求当事人以某种特定方式提供合同义务的规定。然而，鉴于在实时或几乎是同时的交易中发生输入错误的潜在风险较高，公约也处理了在电子通信中输入错误的实质性问题。第 14 条规定，发生输入错误的当事人一方在一定情况下可以撤回通信中发生输入错误的部分。

（五）发出和收到数据电文的时间

如同国际贸易法委员会《电子商务示范法》第 15 条，公约载有关于发出和收到数据电文时间和地点的一套缺省规则，这些规则的本意是通过将各国有关发出和收到的规则转用于电子环境，从而对其加以补充。公约第 10 条和《电子商务示范法》第 15 条之间措词上的区别用意不在于取得不同的实效，而是为了通过将相关规则与国内法律下有关发出和收到的定义的一般常用要件接轨，便利公约在各种法律制度中的应用。

在公约中，当电子通信离开发件人控制范围之内的信息系统时即为“发出”；当电子通信能够为收件人检索时即为“收到”，而当电子通信到达收件人的电子地址时，即应推定收件人能够检索该电子通信③。公约对发送电文至具体指定的电子地址和发送电文至未具体指定的地址作了区分。在前一种情况下，电文到达收件人

① 第 12 条。
② 第 11 条。
③ 第 10 条。

的电子地址（或者使用《电子商务示范法》的术语来说“进入”收件人的“信息系统”）即为收到①。对于电文未发送至指定电子地址的所有情形，根据公约，只有在下述情况下方为收到：电子通信（通过抵达收件人的电子地址）能够为收件人所检索和收件人实际知悉电文已发送至某一特定地址②。电子通信将当事人的营业地视为发出和收到地。

（六）同其他国际文书的关系

人们期望，各缔约国都能认为公约对履行其他国际法律文件、特别是与贸易有关的国际法律文件有所助益。除第 20 条第 1 款列举的国际贸易法文书外，其他条约或公约依据本公约也得以解释或适用，但以相关国家所作声明未对此种可能性加以排除或者限制为前提。第 20 条旨在提供一种共通的方法，既可以消除清单所列的某些现行国际文件给电子商务带来的法律障碍，又可以免予修订各国际公约。

此外，依据第 2 款，公约的规定也适用于其他国际公约、条约或协定所涉及的与合同有关的电子通信交换，除非缔约国已经排除此类适用。缔约国也可以排除公约的这一扩大适用。之所以列入这种可能性，是考虑到一些国家或许有顾虑，可能希望首先确定公约各项条文是否与其现有的国际义务相一致。

第 20 条第 3 和 4 款更为灵活，即使各国已根据第 2 款提交了一般性声明，还能允许各国在其予以适用公约各项条文的国际文书一览表中增列新的公约，或将其声明中指明的某些具体的公约排除在外。应予指出的是，在第 20 条第 4 款下所作的声明，将使本公约不适用于就另一项国际公约下所有合同使用的电子通信。

---

① 第 10 条第 2 款。

② 第 10 条第 2 款。

二、专　论

国家利益理论的演进与现代国际法*

——一种从国际关系理论视角的分析

□　刘志云**

内容摘要　国家利益是国际关系研究的核心概念，是国家制定对外目标与开展政治、安全、经济、法律等各方面合作的重要依据和决定因素。由此，国际关系理论中不同时期的主流理论，都对国家利益的概念进行了广泛与深入的分析，并提出了不同的理论。无疑，包括理想主义的“自由主义意识形态利益观”、现实主义的“权力利益观”、新自由主义的“合作利益观”、建构主义的“观念利益观”等在内的各种国家利益理论，都从不同角度阐述了国家利益的某一个方面，反映出不同时期国家对外政策的不同侧重。同时，这种侧重对不同时期国际法与国际组织的发展产生了程度不一的影响，或对同时期的国际法与国际组织的发展现象提供了一种来自国际关系理论视角的分析路径。

关 键 词　国家利益　国际关系理论　国际法

目　次

---

* 本文系2007年度“福建省高等学校新世纪优秀人才支持计划资助”成果；国家社科基金项目“国际关系理论与当代国际法的实践”（07CFX044）阶段性成果。

** 厦门大学法学院副教授，法学博士。

一、引言

国家利益是国际关系与国际法研究的核心概念，是国家在复杂的国际政治经济环境里维护本国和本民族生存与免受外来侵略的基本原则，是国家制定对外目标与开展政治、经济、法律等各方面合作的重要依据和决定因素。① 当然，它也是一种历史概念。据考证，将“利益”作为外交行为的指导方针的历史，可以追溯到现代意义上的国家形成的最早时期——16、17 世纪，首先是在意大利，然后是英格兰。②

追寻国家利益的发展历程，曾经历了三个阶段：国家至上阶段、王朝利益阶段以及真正意义上的国家利益阶段。③ 相应地，国家利益的涵义与理论也有一个不断发展的过程，在不同时期以及不同的理论进路中，会有不同的诠释。④ 而这种不同的诠释影响着各国国内外政治经济政策所要达到的国家目标，成为决定包括国际立法在内的国家之间各方面合作成败的重要因素。也正因为国家利益概念的这种作用的存在，在现代国际关系理论中，占据“一战”后国际关系理论与实践的主流的理想主义理论、占据冷战时期国际关系理论与实践的主流地位的现实主义理论，以

① 参见刘志云：《国家利益观念的演进与二战后国际经济法的发展》，载《当代法学》2007 年第 1 期，第 84 页。

② Rozeta E. Shembilku, *The National Interest Tradition and the Foreign Policy of ALBANIA*, Master of Arts in Law and Diplomacy Thesis, April 23, 2004. p. 6. available at http://fletcher. tufts. edu/research/2004/Shembilku-Rozeta. pdf, visited July 21, 2007.

③ 参见倪世雄等著：《当代西方国际关系理论》，复旦大学出版社 2001 年版，第 251 ~ 252 页。

④ 有关国家利益概念与理论的发展历史的详细介绍，可参见 Rozeta E. Shembilku, *The National Interest Tradition and the Foreign Policy of ALBANIA*, Master of Arts in Law and Diplomacy Thesis, April 23, 2004, pp. 6-11. available at http://fletcher. tufts. edu/research/2004/Shembilku-Rozeta. pdf, visited July 21, 2007.

及冷战后时代在国际关系理论界呈现三足鼎立之势的新现实主义、新自由主义以及建构主义理论等，虽然枝缠蔓绕、观点林立，但谁也不否认国家对外政策必须最大限度地保障国家利益，增进国家利益，努力使自己的理论尽可能符合现实国家利益的需要，并促使其更好地发展或实现。由此，它们对国家利益内涵的界定，理所当然地成为各自理论建构的基点。

无疑，这种基点的选择不同，也导致它们对国际法地位与作用的看法，以及对国家在国际法的建构与服从问题上的战略与策略的判断不尽相同。这种差异，可能影响到国际法的实践，或对国际法的某些发展现象提供某种解释路径。

二、理想主义的国家利益观与“一战”后国际法的发展

尽管对国际关系的研究可以追溯到古希腊，但作为一种系统性的学科，国际关系学的历史却不算悠久，直至“一战”后理想主义登上历史舞台，国际关系学才正式形成。① 不过，虽然理想主义理论发源于欧洲大陆，但集大成于美国，尤其是集中体现在美国第28届总统伍德罗·威尔逊的理论与主张以及美国从“一战”后至今的诸多外交政策上。② 理想主义登上国际关系的舞台后，随即成为了美国“一

① “一战”把维也纳会议以来靠大国均势政策而维持的欧洲百年和平局面打得粉碎，为防止战争，维持和平，一些国际关系学者把目光转向当时已成为哲学世界主导思潮的乌托邦主义。其中，康德的“永久和平”理论起了重大影响和作用。康德有关道德与政治的联系，有关个人、国家、国际社会、国际层面的权利与法律的角色与作用，以及对历史的哲理逻辑的信任等的论述，成为现代国际关系理论的第一个学派，即“理想主义”的立论基础。立足于以上基点，理想主义认为人的本质是善的且有无限的延展性，社会秩序达到理性标准的努力的失败可以归结为知识和理解的缺乏，社会组织机构或者某些特殊的个体或团体的堕落、腐化，而通过教育、改革、道德、精神感化以及一些用来弥补上述不足的力量的偶尔的运用，一个源自正当契约原则的、理性的、符合道德的社会秩序就将恢复。放眼到国际社会，理想主义者主张恢复国际规范，建立国际性机构与组织，健全对各国具有约束力的国际法制；谴责追求强权政治以谋求自身利益的国家行为，坚持应依据国际法与国际组织的原则办事；认为必须加强国际合作，巩固战后国际社会的稳定，相信国际法、国际组织及公众舆论可以确保世界和平。*See* Hans Morgenthau, *Another Great Debate: The National Interest of the United States*, Vol. 46, No. 4, American Political Science Review, 1952, pp. 961-962; Kimberly Hutching, International Political Theory: Rethinking Ethics in a Global Era, SAGE Publications Ltd., 1999. p. 10.

② 正因此理想主义也被称为“威尔逊主义”。而无论是“一战”后还是“二战”后国际关系与国际法的重构，都离不开威尔逊的“十四点”演讲内容的影响。有关“十四点”演讲内容，可参见 Woodrow Wilson, *The Fourteen Points*, in Classic Readings of International Relations, ed. by Phil Williams, Donald M. Goldstein & Jay M. Shafritz, Wadsworth, 1999, pp. 23-25.

战”后至今外交政策的主导思想之一，因此，研究美国的外交政策成为分析理想主义对国际关系与国际法的实践影响的必要途径。反过来，对理想主义国家利益观念的探析不仅成为研究美国外交政策的重要路径，也是分析理想主义对国际关系与国际法的实践影响的重要方面。

在20世纪30年代掀起的国际关系理论“第一次论战”，即理想主义与现实主义的纷争中，现实主义对理想主义的攻击之一是认为后者没能对国家利益作出自身的定位，以及没有立足国家利益讨论对外行为。无疑，这种指责是不公正的，理想主义只是在国家利益的问题上与现实主义有着不同的看法。① 实际上，“理想主义者把在全球范围内建立所谓的民主制度和自由社会作为美国最高的、永恒的国家利益，把美国国家利益和人类普遍的利益等同起来，依此解释美国的国际干预行为乃至美国的一切国际行为”②。说到底，在理想主义者看来，美国的国家利益核心是普遍道德原则和自由主义意识形态，意识形态的异同是美国决定支持谁、反对谁的标准，③ 即其坚持的是“自由主义意识形态国家利益观”。一旦美国需要依据“自由主义意识形态国家利益观”开展对外行动，则既可能蕴含着对国际法律秩序的构建热情与坚定维护之信念，也可能因为为了实现这种国家利益而实施破坏现有国际法律秩序的行为。因此，理想主义的“自由主义意识形态国家利益观”，对国际法的发展既有积极的一面，也有消极的一面。当然，我们应该承认的是，积极的一面为主流，因为现代国际法的建构毕竟是主要由西方自由主义思潮所主导的，而理想主义国家利益观正是西方自由主义思想的一个典型表现。事实上，不仅“一战”后国际立法的繁荣以及国际组织的活跃离不开美国诸多体现出理想主义色彩的外交实践的影响，而且“二战”后美国主导下成立的联合国以及联合国法律制度，乃至布雷顿森林体系的构建也反映出理想主义国家利益观的影响所在。

（一）理想主义的国家利益观与国际法的发展——积极的一面

无疑，理想主义有关人类共同利益以及国家之间利益相互联结、不可分离的观念是其持有的自由主义意识形态国家利益观的理论源泉，而以这些观念为基础的国家利益观本身即蕴含着对国际组织与国际法的地位与作用的重视韵味。

首先，自由主义意识形态国家利益观本身即体现了对国际法的重视。在以威尔逊为代表的理想主义者眼中，由于美国人认为自己的价值观念是放之四海而皆准的

① 有关理想主义国家利益观的研究，详见秦亚青：《霸权体系与国际冲突——美国在国际武装冲突中的支持行为（1945～1988）》，上海人民出版社1998年版，第1～57页。

② 同上，第30页。

③ 同上，第21页。

普遍道德准则，自然他们也认为美国的最高利益也就是人类的最高利益，而美国国家利益的核心应是普遍道德原则和自由主义意识形态。将这种普遍道德原则和自由主义意识形态推向国际社会，不仅是美国的国家利益也是人类的最高利益所在。而要达到这种目标，理想主义者认为必须依赖国际法与国际组织。理想主义者相信，国际法可以将普遍道德准则以及自由主义意识形态固定下来，从而规范国家行为；在国际法的规范下，国际社会将走向和平与民主。一旦出现了侵略行为，世界各国可以根据国际法的规定对违法的行为进行制裁。例如，可以通过制裁侵略行径来迫使侵略国家改变它的政策，从而使得世界和平能得到保证。① 同时，理想主义者认为，国际道德在国际关系中具有非常重要的地位。而在国际关系的实践中，国际道德与国际法本身就是交织在一起的，在某种程度上国际法本身即是国际社会所提倡的某种道德规范。② 因此，提倡对国际道德的尊重在某种程度上也是提倡对国际法的尊重。而且，理想主义者也认为，要使作为构成美国国家利益乃至人类最高利益

① 参见倪世雄等著：《当代西方国际关系理论》，复旦大学出版社 2001 年版，第 36 页。

② 按照自然法学派的观点，国际道德与国际法的关系是非常紧密的，实际上，在威尔逊论证“国际舆论”或“国际道德”或者“国际伦理”的作用时，举的例子经常是与国际法紧密相关的，比如违反国际法、不遵守国际裁决等，都是不道德的，必然遭到国际舆论的压力。同样，实证主义法学者只是坚持法律与道德必须分开的观点，并不否认国际道德与国际法具有紧密相关性。且不说他们“承认许多法律规则体现着道德，或者原来就是道德规范”，就拿他们所使用的效力标准看，国内法与社会道德的最大区别在于它们的效力如何，前者是有强制效力的，这种强制力以国家合法掌握的暴力资源为后盾。但是，在国际法框架下，由于强制力欠缺，国际行为体是否遵守国际法基本上是靠它们的自律，国际行为体的自身权利也必须靠自助方式来实现，这样，国际法与国际道德的紧密程度就远远超过国内法与社会道德的关系了。可见，威尔逊等理想主义者研究的国际道德与国际法是紧密相关的，他们对国际道德的重视与对国际法的重视是一致的。这样的话，他们对国际道德（包括国际舆论与国际伦理等）的研究与对其作用的重视，与国际法也有着紧密的关联性，它们是一种相辅相成的关系。也正因此，1918 年 6 月，威尔逊总统的顾问豪斯在参与《国际联盟盟约》的起草工作时，甚至直接将“同样的荣誉和道德标准应适用于国际事务和国家事务，如其他事务中一样。国家的认可和承诺不可侵犯”写进盟约文本。虽然此类条文最后没有收入盟约文本，但也看出理想主义者处理国际法与国际道德关系上的态度。正如卡尔的评述：“我们被告知，自然法之所以具有约束力，不是因为它是永恒道德原则的法律形式，而是因为它是某一时期和某一社会的道德原则的表现。这至少在一定程度上是符合事实的。许多规则和法律背后都有着道德的因素。无论国内法还是国际法都是如此，包括国际条约必须得以遵守的国际法原则。任何理智的人都无法否认国际法和道德之间的这种关系。在大多数欧洲语言中，流行的词汇中许多都是在道德和法律两个领域之间通用的。这就说明，人们普遍认为道德和法律之间存在密切的关系。”有关豪斯的做法以及卡尔的评述，参见［英］爱德华·卡尔：《20 年危机（1919～1939）：国际关系研究导论》，秦亚青译，世界知识出版社 2005 年版，第 140、161～162 页。

的普遍准则以及自由主义意识得到尊重，也必须依赖于国际舆论，几乎没有哪个国家敢于无视国际舆论的谴责。从某种意义上讲，公众舆论可以确保世界和平。无疑，在很多时候，理想主义者所指的国际舆论实际上就是国际社会对国际法与国际道德的评判。所以，他们对国际舆论的作用的肯定，从某种程度上也是对国际法作用的肯定。从实践来看，国际法与公众舆论确实是紧密相关的，对于大多数缺乏强制力保障执行的国际法律制度，各国对它们的遵守往往需要在公众舆论的监督下来实现，而反过来是否违反相关国际法律制度又为公众舆论的评判提供了论据支持。总之，自由主义意识形态国家利益观本身的实现需要倚重于国际法、国际道德与公众舆论，而这反过来也意味着这种国家利益观对于国际法是持重视态度的，在实践中是有利于国际法发展的。

其次，自由主义意识形态国家利益观使国际社会对建立国际组织，保护国际和平予以重视。如前所述，自由主义意识形态国家利益观意味着美国需要把它的普遍价值道德以及自由主义意识形态推向全球，国际法、国际道德与国际舆论成为这一进程所依赖的工具，而作为推广国际法与引导国际舆论的重要承担者，即国际组织便顺理成章地成为理想主义者所青睐的对象。无疑，国际联盟是威尔逊及其他国家的理想主义者的希望，也是他们对世界和平的追求从理论到实践的具体体现。他们之所以支持建立国际联盟，是因为他们相信，只有建立这样一个机构，世界和平才能维持；① 只有世界和平得以维持，包括美国在内的各国的国家利益乃至全人类利益才能够得到保障。在理想主义者的眼中，国际联盟主要是基于这个基点而建立的：即当世界处于无政府状态，缺乏一种类似中央政府性质的机构协调各国国家利益的冲突时，和平成为世界所有国家的愿望，是各国国家利益的共同部分，而任何冲突都可以通过某种理性中介的调和，使各方都受益后得以化解。因此，为了拯救世界和平，就要建立国际联盟，实现用集体安全来代替均势。在这个机构建立之后使之发展成熟并具有世界政府的性质，它将为了各国的共同的和平利益而协调各国国家利益的冲突方面。② 比较而言，均势只是以暂时与被动的方式控制着各国国家利益冲突的一面，却不能以主动的方式让各国探求国家利益的和谐性以及共同之处，从而达到永久地实现和平。因此，世界和平的维持今后应该通过诸如国际联盟般的集体安全力量来实现，以往传统的外交方式将被新的依靠围绕集体安全模式而建立或展开的国际法、公众舆论以及国际组织来维护和平的方法所代替。

再次，自由主义意识形态国家利益观蕴含着各国的国家利益有着和谐的一面的观念，这为国际合作与国际立法提供了合理性基础，即国家之间需要开展国际合作

---

① 参见倪世雄等著：《当代西方国际关系理论》，复旦大学出版社 2001 年版，第 35 页。

② 同上。

与国际立法。① 理想主义者认为，世界各国之间虽然存有矛盾和冲突，但是，冲突和矛盾不是不可避免的，因为它们不是来自于人类的本性，国家之间的利益可以和谐，而这种利益和谐的最显著表现就是避免战争和寻求和平。理想主义者相信，第一次世界大战后，和平反映了世界各国的共同利益。他们把第一次世界大战后国际联盟的出现看成是国家利益可以和谐的具体表现。他们指出，国际联盟的建立本身说明了世界各国的国家利益正走向一致，这种一致就是大家认识到了人类应当采取措施，摆脱战争，求得生存。② 从实践来看，理想主义的国家利益观对国家利益之间具有和谐的一面的强调确实有利于国际合作以及国际立法活动的开展以及取得成果。在古代社会，由于交通与通讯技术的落后以及生产力的不发达决定的国际贸易重要性低下等因素，国际层面的社会化程度极其低下，各国之间主要处于农业社会的自给自足状态。但是，当工业革命所带来的交通与通讯的进步，以及生产力的发展带来的国际贸易的繁荣，加速了国际层面的社会化程度的提升，民族国家开始面对共同的问题。例如20世纪上半叶所面临的战争与和平问题，下半叶至今面临的环境与生态保护、饥饿与贫困的消除、民主与人权的进步、国际恐怖主义等共同问题，在这种全球性的问题与领域展开国际合作与国际立法是解决问题的必要手段。同时，这些问题的解决构成各国国家利益的一部分，也体现了各国的国家利益有着相互性或者共同性的一面。因此，从这个角度讲，国家利益确实有着和谐的一面。而且，随着生产力的进步以及全球化的发展，这种和谐程度呈现出不断提高的趋势，而这种和谐性意味着国际社会必须对国际合作与国际立法予以足够的重视，个体国家参与国际立法合作以及对这种合作达成成果的期望同时得以提高。因此，自由主义意识形态国家利益观所强调的国家利益之间的和谐性对于国际法的发展是有所帮助的。

最后，自由主义意识形态国家利益观包含着利益可以调和的观念，这对国际合作与国际立法达成正和博弈提供了有利因素，即国际合作与国际立法可以取得成功。理想主义强调，在人类社会和国家之间不存在重大的利益冲突，在国家对外政策中强调利己主义思想在理想主义眼中是一种狭隘的民族主义。这种思想，在文艺复兴的时候就已经被人们所抛弃。利己主义阻碍人们产生共同和谐的利益，同时也

① Edward Hallett Carr, *The Realist Critique and the Limitations of Realism*, in Classic Readings of International Relations, ed. by Phil Williams, Donald M. Goldstein & Jay M. Shafritz, Wadsworth, 1999, pp. 39-48；［英］爱德华·卡尔：《20年危机（1919～1939）：国际关系研究导论》，秦亚青译，世界知识出版社2005年版，第63～84页。

② 参见倪世雄等著：《当代西方国际关系理论》，复旦大学出版社2001年版，第34页。

不会产生理想主义所提倡的国际主义。① 无疑，在国际关系中，将国家利益之间冲突的一面尽量淡化的做法是不符合实际的，但理想主义的意识形态国家利益观对国家利益可以调和的一面的强调，却是有利于国际合作以及国际立法活动的开展以及取得合作成果的。现实主义权力利益观强调国家之间本质上是权力的斗争，冲突是不可避免的看法，不免带有对国际合作与国际立法的前景的消极态度，与此相比，理想主义意识形态国家利益观对利益可以调和的强调却能推导出国际合作与国际立法的乐观前景，这也有利于提高相关国家参与国际合作与国际立法的积极性。

总之，理想主义的自由主义意识形态国家利益观，从理论上讲，有着有利于国际法的发展的积极方面。在实践中，这些理论上的要点也得到不同程度的体现，如“一战”与“二战”后作为集体安全组织的国际联盟以及联合国的建立，以及国际联盟与联合国有关机构所主持的各种关系世界和平与发展的国际立法谈判与合作等，都是对相关理论要点的贯彻（反过来又是对它们的现实支持）。在这里，大国对自己的国家利益与世界和平的紧密相关性的认识，以及在某些阶段美国在自由主义意识形态国家利益观的驱使下，该国领导人或外交官员所展开的旨在促进国际合作与国际立法的各种外交活动起到了关键性的作用。

（二）理想主义的国家利益观与国际法的发展——消极的一面

“一战”后，美国以及相关国家所持有的自由主义意识形态国家利益观，对国际和平秩序的重建起了重要的促进作用，国际立法以及国际组织也因此得以繁荣。但自由主义意识形态国家利益观中所包含的对外干涉的思想，必然具有两面性，即既可能构建与维护自由、民主的国际法律秩序，也可能打破现有国际法律秩序的稳定，破坏国际法的权威性。

从实践来看，这种以干涉主义为核心的自由主义意识形态国家利益观是一把“双刃剑”，其不同的用法将不可避免给国际立法以及国际组织的发展带来两种效应：其一是积极的一面，即由于美国放弃孤立主义，并以其独特的、制止战争的自由主义精神参与到两次世界大战，从而加速了战争的结束，并以合作的精神积极参与两次战后国际社会的重建，使国际社会正常的政治与经济秩序得以迅速恢复。其二，这种自由主义意识形态国家利益观也蕴含着对国际社会的法律秩序的破坏一面。因为一旦国际社会的现状，或者国际法的运行与国际组织的能力不能满足其自由主义意识形态的扩展需要，则持这种国家利益观的大国将可能对现行国际法律制度进行破坏，相关国际组织的运行效果也将受到消极影响。如“二战”后冷战时

① 参见倪世雄等著：《当代西方国际关系理论》，复旦大学出版社 2001 年版，第 34～35 页。

期，美国为与前苏联争夺世界霸权而展开的诸多包括军事、安全方面的对抗行动，不仅是对当时的国际法律制度的破坏，也是对联合国的运行以及其集体安全制度的蔑视。同时，它们的对抗也使国际社会急需解决的众多公共问题以及相关国际立法遭致延误或搁浅。①

随着冷战结束与前苏联的消亡，美国成为唯一的超级大国。在某种程度上，这似乎是美国所代表的自由主义意识形态的胜利，标示着“历史的终结”。而且，进入20世纪90年代后，美国一直保持着经济增长和竞争力上升的趋势，并率先进入知识经济的新时代。挟着冷战胜利的骄横和国力的强盛，美国领导人勾画了“美国世纪”的国际秩序，并确定了基本战略部署。它包括由美国领导的、由民主国家组成的世界政治秩序体系，以及由国际货币基金组织（IMF）、世界贸易组织（WTO）以及世界银行（WB）为核心的国际自由经济秩序体系，并将人权、民主、市场作为这个国际政治经济新秩序中的核心价值标准。这样，将美国的价值意识以及民主、市场制度推向全世界成为冷战后时代美国的国家利益的组成部分，理想主义的国家利益观在某种程度上得以用新的方式加以表达。在理论上，晚近兴起的“民主和平论”，约瑟夫·奈的“软权力”理论以及亨廷顿的“文明冲突论”等，都在某种程度上支持了这种国家利益观的复活。在实践上，这种复活得到两方面的表达，即一方面支持了国际法的发展，如1995年1月1日WTO协议的生效以及WTO的成立；另一方面也表现出破坏现有国际法秩序的方面，如以美国为首的北约对南联盟的轰炸以及“9·11”以后的伊拉克战争，都是对现行联合国集体安全制度的藐视乃至破坏。

三、现实主义国家利益观与冷战时期国际法与国际组织的发展

人性本恶以及人与人之间始终处于利益冲突状态是现实主义者论证国家利益的

① 当然，这个时期美国的许多对外干涉行动可以用现实主义有关权力利益观以及争夺霸权的观点来解释，从而将这种干涉行动导致对国际法的破坏或消极影响的罪魁祸首指向现实主义的权力利益观。但是，我们应当承认，在美国的对外行为中，意识形态确实起到了重要的作用。当然，意识形态是美国在国际冲突中支持行为的一个变数，而且，既不是唯一的变数，也不一定是决定性的变数。“二战”后的国际关系史表明，意识形态因素和权力因素几乎总是交织在一起的。正是由于两种因素相互交织，我们很难确定意识形态起到多大的作用，权力因素起到多大的作用，也很难确定两者分别对美国对外政策的输出产生了多少影响。参见秦亚青：《霸权体系与国际冲突——美国在国际武装冲突中的支持行为（1945～1988）》，上海人民出版社1998年版，第28～30页。

起点，而这种起点来源于霍布斯的思想。① 在这种思路下，由于国际体系的无政府性特征，自助（self-help）成为实现国家安全的唯一途径，即国家必须不断地扩大自身的军事力量以求取得相对于别国的优势，但每一个国家的自助行为使得他国变得不安全，结果是国家之间陷入不断升级的军备竞赛中——反过来不断升级的军备竞赛使得每一个国家都不安全——这就是俗称的“安全困境”。② 因此，从国家诞生起，国家安全就一直受到威胁，必须加强自我保护，国家安全利益即是国家的根本利益。鉴于此，现实主义认为，权力是国家利益的基本保证，国家利益是通过权力来实现的，一个国家的权力限定了这个国家的利益。据此他们提出，国家外交目

① 李少军教授曾对现实主义（realism）这一国际关系学中影响最大的范式作了详细分析。他指出：“一种观点认为，自 1919 年有了正式的国际体系研究，现实主义就一直居于支配地位。出现这种情况的原因，简而言之，是因为现实主义提供了有关战争状态时最强有力的解释。现实主义谋求阐释的是世界的现实情况，而不是世界的理想情况。正是由于现实主义与国际关系的‘现实’有最直接的联系，因此它受到了众多政治家和外交决策者的青睐。”不过，李少军教授也指出：“从另一个角度来说，现实主义又是国际关系学中最复杂的一个范式，它从来不是一个严整的单一理论体系，而是许许多多不同分支的一个集合。在现实主义的旗号下，先后出现过传统现实主义（classical realism）、新现实主义（neo-realism）和新古典现实主义（neoclassical realism）、进攻现实主义（offensive realism）与防御现实主义（defensive realism）。所有这些分支，名称不同，其内涵必然存在差别。但是，既然都叫现实主义，它们自然都承认并坚持某些共同的东西。这些东西，就是所谓的现实主义的内核。不过，必须指出的是，这些不同的分支，所强调的重点是不同的。例如，新现实主义的主要代表人物肯尼思·华尔兹（Kenneth Waltz）强调了‘无政府、自助与权力平衡’，而蒂莫西·邓恩（Timothy Dunne）则把现实主义的要素概括为 3 个 S，即 statism（国家主义）、survival（生存）和 self-help（自助）。”最后，李少军教授得出的结论是：“要概括出一批能形成完整的理论体系，并得到所有现实主义分支认同的核心原则，是很困难的。在这里，也许可以借用数学的语言来表述，即我们不能找到它们的‘公约数’，但可以总结出它们的‘公倍数’，即从现实主义各分支中找出它们的重要论断，并把它们糅合成一批现实主义原则。”参见李少军：《国际政治学概论》（第二版），上海人民出版社 2005 年版，第 37 ~ 38 页。

② Harvey Starr, *International Law and International Order*, in Controversies in International Relations Theory: Realism and the Neoliberal Challenge, ed. by Charles W. Kegly, Jr. Phil Williams, Donald M. Goldstein & Jay M. Shafritz, Wadsworth, 1995. p. 304.

标应是增强权力、维持权力、炫耀权力,① 国家利益的发展应表现为攫取权力，而最重要的是夺取军事优势。同时，由于国际法如此紧密地与共同体秩序以及共同利益、国家主权之间的平衡相联系，国际法与国家利益之间的不相容性就分外突出。由此，国际法变为与一切以获取国际利益为出发点的外交政策以及国家行动相悖的事物，国际法是“对权力的限制”之命题在现实主义视角下就成立了。整个冷战期间，现实主义理论对国际关系的实践产生了很大影响。而它的“权力利益观”，在实践中也得到了极大的追捧。这种追捧无论对于国际法，还是国际组织的发展，都在某种程度上起到了消极的作用。

（一）现实主义的国家利益观与冷战时期安全及政治领域国际法的发展

温特指出：“如果说强调权力的作用通常被看作现实主义的一个基本特征，那么，强调自私的国家利益就是现实主义的另一个基本特征。各种各样的现实主义都相信国家根据自己的国家利益采取某种行动。国家利益在安全方面的表现是保护自身安全。”② 因此，权力利益观是一种极端自私的国家利益观，从实践来看，它刺激了美苏等大国外交行动的自私心理，普遍性国际安全组织与国际公法的权威得不到维护，延缓了关系公共利益的许多国际问题的立法进程与国际行动。

1. 权力利益观对于冷战时期大国外交的影响。

摩根索认为，大多数的国际法得以遵守不是由于公共利益存在或者义务的履行，而是这种遵守有利于个体国家的私利的实现。在国家的自身利益驱使它们必须作出违反国际法的行动时，国家唯一的义务就是追逐自身利益。③ 这种论述将现实主义的“权力利益观”的自私性凸显无遗。

对此，现实主义者也毫不讳言，摩根索就认为：“没有哪个代理机构能够促进

① 参见［美］詹姆斯·多尔蒂、小罗伯特·普法尔茨格拉夫：《争论中的国际关系理论》（第五版），阎学通、陈寒溪等译，世界知识出版社 2003 年版，第 83 页。有关现实主义国家利益观的详细论述，可参见 Hans Morgenthau, *Another Great Debate: The National Interest of the United States*, Vol. 46, No. 4, American Political Science Review, 1952, pp. 961-988; Hans Morgenthau, *The Mainsprings of American Foreign Policy: The National Interest vs. Moral Abstractions*, Vol. 44, No. 4, The American Political Science Review, 1950, pp. 833-854; 许嘉：《权力与国际政治》，长征出版社 2001 年版，第 58 ~ 68 页；秦亚青：《霸权体系与国际冲突——美国在国际武装冲突中的支持行为（1945 ~ 1988）》，上海人民出版社 1998 年版，第 1 ~ 57 页，等等。“权力利益观”这一词语为本文作者所概括。

② ［美］亚历山大·温特：《国际政治的社会理论》，秦亚青译，上海人民出版社 2000 年版，第 143 页。

③ J. Craig Barker, International Law and International Relations, Continuum, 2000, p. 73.

并保护个体国家的国家利益或保卫它的存在，只有靠个体国家自己。因此，要求一个国家为别的国家的利益制定政策就有如要求做不道德的事情。"① 凯南也宣称："美国没有理由觉得自己有义务去保护任何国家，这种假设的责任将会成为它难以承担的负担。"② 对于美国的对外干涉政策，理想主义者往往是在"人权"、"民主"、"自由"等旗帜下进行，国际法与普遍性的道德准则经常是他们用来标榜这种干涉的"合法性"工具。例如，以美国为首的所谓"联合国军"进入朝鲜半岛，至少在道义上美国运用了反对共产主义"邪恶入侵"，以及维护民主世界的和平等意识形态口号作为支持；在国际法上它们也以维护《联合国宪章》以及联合国安理会的授权为"尚方宝剑"。这样，这种干涉至少在表面上是对当时的国际法律秩序进行维护，在形式上尊重了国际法的权威以及符合国际道德的标准。但对于理想主义的这种"崇高理念"以及"无私"行为，显然是坚持自私的权力利益观的现实主义者所不屑的，因为他们遵循的第一原则是成本最小化与利益最大化的经济原则，而不是首先考虑支撑国际秩序运转的国际法与国际道德的维护是否需要本国的贡献——这是其次考虑之事。

具体地讲，在"权力利益观"的感召下，现实主义者认为利益远大于成本，则值得干涉——即使干涉本身可能是对现行国际法律秩序的破坏——而不管是否涉及所谓"维护联合国法律秩序"以及"反对共产主义邪恶入侵"等理想主义者首要考虑的因素。反之则放弃干涉，即使现行的"国际法律秩序"正遭到破坏也坐视不理。之所以要遵循此原则，因为"我们的政府在国际事务的中的根本利益是……确保我们作为一个民族能够朝着更加美好的、笼罩着圣洁光辉的美国前进，伴随最小程度的对外国干预和对他国利益带来最小化的不便和激愤"③。在外交实践方面，如对前苏联的遏制政策，凯南与摩根索主张的是成本更小的政治遏制，而不是代价巨大的军事打击，因为这样才有利于美国的国家利益。也正因为如此，久拖不决、代价高昂的朝鲜战争与越南战争遭到摩根索、凯南等人的猛烈抨击。④ 同

---

① Hans Morgenthau, In Defense of the National Interests, Alfred A. Knopf, 1951. cited in Rozeta E. Shembilku, *The National Interest Tradition and the Foreign Policy of ALBANIA*, Master of Arts in Law and Diplomacy Thesis, April 23, 2004, p. 65. available at http://fletcher.tufts.edu/research/2004/Shembilku-Rozeta.pdf, visited July 21, 2007.

② [美] 肯尼思·W. 汤普森：《国际思想大师——20世纪主要理论家与世界危机》，耿协峰译，北京大学出版社2003年版，第175页。

③ George F. Kennan, *Lectures on Foreign Policy*, Vol. 45, No. 6, Illinois Law Review, 1950, p. 734.

④ *See* Hans Morgenthau, *Another Great Debate: The National Interest of the United States*, Vol. 46, No. 4, American Political Science Review, 1952, pp. 980-981.

时，对于卡特政府推行的人权运动与人权立法，摩根索也大加抨击，他认为这是不符合美国国家利益的，一方面是全球普遍接受的人权没有可能，这样成本大于收益；另一方面是美国在全世界有多方面的利益，很多比人权更为重要。①

依据这种利益观，许多现实主义者表现出对国际法与国际道德作用的低估与否定态度。如果说国际法与国际道德始终是理想主义的外交行动必须考虑的因素，甚至是极其重要的因素，那现实主义者就不同了。他们认为，国际法与普遍性道德准则是会对国家行为产生一定的约束，但最终国家利益才是决定国家行动的根本准则。因此，凯南在理论上不仅强烈批判了美国外交事务中的"法制主义—道德主义途径"，也对遏制战略做出了理论概括，提出美国应该更加现实，更加注重"国家利益"，因为自己国家的国家利益才是其能够真正认识和把握的全部真谛。② 对于国际和平的诉求，现实主义者强调外交与均势的作用，并贬低或否定国际法与集体安全机制的作用与功能。而且，为了攫取个体利益，对国际法与国际组织的尊重也可以降到最低，即"为了国家的生存，个体国家必须获取对于别国的相对利益，为实现这种目标的任何行动都是正当的"。③

面对理想主义者的批评，摩根索等也作出了辩解。他们认为，现实主义并不是蔑视道德，忽略道德，他们只是坚持普遍性的、抽象意义的道德并不能指导国家行动，所有的普遍性道德必须在具体的时间与地点联结起来才有意义。④ 他们认为，没有产生于国家之外的普遍性道德，符合国家利益的对外行动都是道德的，即使违背了普遍性的道德。在冲突的社会中，普遍性道德准则永远不可能得到彻底的贯彻，只有当这些利益处于暂时平衡以及利益冲突暂时得到解决时道德原则才有意义，在这种情势下国家外交行动的目标只能做到更少的恶而不是绝对的善。⑤ 一旦发生利益冲突或利益平衡被打破，国家考虑的应是对外行动是否与本国国家利益紧

① 参见［美］肯尼思·W. 汤普森：《国际思想大师——20世纪主要理论家与世界危机》，耿协峰译，北京大学出版社2003年版，第103页。

② *See* George F. Kennan, *Diplomacy in the Modern World*, in International Rules: Approaches from International Law and International Relations, ed. by Robert J. Beck, Anthony Clark Arend & Robert D. Vander Lugt, Oxford University Press, Inc., 1996, pp. 103-106; J. Craig Barker, International Law and International Relations, Continuum, 2000, pp. 72-74；倪世雄等著：《当代西方国际关系理论》，复旦大学出版社2001年版，第73页。

③ Vincent Ferraro, *Ideals and International Relations: A Talk to the Antioch New England Graduate School*, Keene, New Hampshire, March 3, 2003.

④ *See* Hans Morgenthau, *Another Great Debate: The National Interest of the United States*, Vol. 46, No. 4, 1952, American Political Science Review, pp. 983-984.

⑤ *Id.*, p. 962.

密相关，而不是考虑国际法或普遍性道德准则的如何取向。按照这种思路，“政治教化等同于道德以及政治现实主义等同于不道德的说法本身是站不住脚的。并不是要放弃道德尊严，在道德准则和国家利益中作出选择，而是在脱离政治现实的一整套道德准则和来源于政治现实的另一套道德准则中做出选择”。① 换句话说，在现实主义者的逻辑中，忽视普遍性道德准则并不是意味着国家行为是无道德的，相反，根据国家利益行动也是符合道德的，即使这样做有违普遍性道德。因为，这不是不道德的问题，而是道德标准方面的取舍问题。② 这种理论渗透到外交实践，或者说对外交实践的解释方面，我们可以看到，如果说理想主义的外交政策的一个重要考虑因素是对现有国际法以及国际道德的尊重，那现实主义外交政策已是将此考虑降到最低点。对此，从在 1963 年美国国际法学会第 57 届年会上，针对国际法学者围绕“古巴隔离事件”而展开的合法性问题的热烈讨论，作为主持人的迪安·艾奇逊（Dean Acheson）直接用现实主义观点进行的最后点评中可见一斑。在艾奇逊的现实主义视角下，当涉及美国的根本利益时，一切外交政策，甚至发展到强制措施与武力威胁，都符合“合理性”或“正当性”，这时考虑国际法已经没有意义，因为它已经不是一个法律问题。③

当然，冷战时期“权力利益观”在外交实践中的影响不仅仅体现在美国方面，前苏联的对外政策也与此暗合。事实上，冷战时期两个超级大国的外交政策都在追求使别国皈依自己的意识形态这一目标，并支持那些皈依者，企图通过这种策略取得超越对方的相对权力。这一时期，作为扩张各自的势力范围而进行的权力斗争的一部分，大国一直从事着持续不断的地区性争夺，如朝鲜、越南、老挝、柬埔寨、古巴、安哥拉、埃塞俄比亚、阿富汗、菲律宾、萨尔瓦多等，屡屡成为争夺的焦点地。“每当发生这种干涉，双方都认为对方破坏了国际法规则。同时，双方都把自己对别国的干涉说成是为了抵御对方破坏势力的颠覆。双方都动用自己能够支配的所有力量在争端地区去全力对抗。它们都自以为公正，指责对方盛气凌人、无法信任；双方变得狡猾阴险，彼此运用外交规范以外的卑劣手段，它们都把大量资源用于国防，却都感到对方的防务战略威胁着自己。双方都站在各自的立场上标榜自己

---

① Rozeta E. Shembilku, *The National Interest Tradition and the Foreign Policy of ALBANIA*, Master of Arts in Law and Diplomacy Thesis, April 23, 2004, p. 72. available at http://fletcher. tufts. edu/research/2004/Shembilku -Rozeta. pdf, visited July 21, 2007.

② Hans Morgenthau, *Another Great Debate: The National Interest of the United States*, Vol. 46, No. 4, American Political Science Review, 1952, p. 987.

③ *See* Acheson, *Remarks*, in International Rules: Approaches from International Law and International Relations, ed. by Robert J. Beck, Anthony Clark Arend & Robert D. Vander Lugt, Oxford University Press, Inc., 1996, pp. 107-108.

的正确，希望得到国内人民、盟国以及国际舆论的支持。”① 显然，这正应验了法国外交大臣威尔斯金（Walewski）在 1857 年对俾斯麦（Bismarck）所说的一句名言，即“外交的重要任务就是用普遍性‘道德’或‘正义’般的言语，掩饰自己攫取国家利益的目的”。② 而在这种权力斗争中，无论是直接干涉当事国的内政，还是由于这种干涉而引发的大国之间的直接对抗，成为这个时期包括《联合国宪章》在内的普遍国际法被肆意扭曲，难以得到切实遵守的重要原因。

从实践看，在冷战时期，大国，尤其是美苏两个超级大国，为了使国际法符合自身的国家利益的目的，经常对国际法作出不同于本义的“扭曲”理解。就如西方学者指出，这一时期在好几个清晰可辨的方面“扭曲”了国际法：③ 第一，由于“民族解放战争”之类的例外，国际法中对单方面使用武力的正式禁止被忽略掉了。而这种做法，反过来又造成并维持了一些相反的例外，“为自由而战”就是典型。例如，在这种口号下，里根政府支持了与安哥拉社会主义政府作战的游击队。第二，在冷战时期，对于普遍性国际法造成很大冲击的“有选择干预的对称理论”——包括前苏联奉行的“勃列日涅夫主义”与美国前总统里根提出的“里根主义”——得到了发展，并被这两个超级大国的领导人大胆地运用。而且，战争法这种在历史上主要用来降低战争的野蛮程度，并明确区分交战国与非交战国的普遍性国际法，也由于冷战时期核武器的出现，承受了沉重的冲击，这种冲击远远超过了在两次世界大战中由于现代技术在战争中的运用而造成的对战争法的伤害程度。第三，在美苏争霸的形势下，间谍和其他秘密活动几乎不受惩罚。从美国国内情况来看，人们也许可以加上这样一点：美国安全政策与外交政策之间含糊不清的界限导致了里根时代外交政策的“个人化”，就像“伊朗门丑闻”所证实的那样。第四，就像北约与华约两大相互对抗集团之间的持久对抗一样，各自都有自己的法律体制，这时战争与和平之间的分野失去了其重要性。同时，中立也失去了其政治与法律上的意义。实际上，以上对冷战时期国际法被扭曲理解的四个方面只是一个简要概括，真实情况应该涵盖更多方面。按照自身利益去解释国际法，国际法成为个别国家攫取自私利益的工具，正是摩根索等现实主义者对国际法能够被遵守的一种理论解释。

---

① ［澳］约翰·W. 伯顿：《全球冲突——国际危机的国内根源》，马学印、谭朝洁译，中国人民公安大学出版社 1991 年版，第 92 页。

② As quoted in Vincent Ferraro, *Ideals and International Relations: A Talk to the Antioch New England Graduate School*, Keene, New Hampshire, March 3, 2003.

③ 参见［美］熊玠：《无政府状态与世界秩序》，余逊达、张铁军译，浙江人民出版社 2001 年版，第 28～29 页。

至此，我们可以看到，冷战时期大国的许多外交政策漠视国际法的现象的最根本原因在于，在美苏对峙的紧张局势下，“权力利益观”成为超级大国的许多重要外交政策的实践指导，而自私本性是这种国家利益观的基本特征。

2. “权力利益观”对于冷战时期联合国集体安全制度的影响。

权力利益观的自私本性，也决定了超级大国对待普遍性国际组织的态度，即为了自身安全利益的需要，不惜采用各种手段将国际组织的运作控制在不妨碍自身利益的实现的前提下。冷战时期联合国集体安全制度的运作即为典型。这个时期，美苏两个国家频繁使用安理会常任理事国的否决权，阻止安理会通过不利于自己的决议，从而限制联合国发挥有效的作用，致使联合国在冷战当中近乎处于无所作为的境地。

《联合国宪章》将维持国际和平及安全的主要责任赋予了安全理事会，因而安理会常任理事国的否决权问题，无疑是有关联合国的最重要和根本性的问题。它所体现出来的是大国一致的原则，即在涉及国际和平与安全的重大问题上，只有在大国保持一致的前提下，联合国才能采取切实有效的措施，假如其中一国持反对意见，那么安理会便无所作为。① 无疑，大国一致的原则原本是为了在解决涉及国际和平与安全的重大问题上能够让大国友好协商，精诚合作，以使共同行动更为有效，同时也防止某些国家为了自己利益独断专行，利用这种特权利己谋私，从而保证一致行动更加民主与公正。不过，在冷战时期美苏对峙的局面下，超级大国为了谋取安全方面的相对利益，安理会的否决权成为保护自身与各自集团的利益以及攻击对方的最常用武器之一。《联合国宪章》设置否决权的意义不仅不能实现，而且成为超级大国争权夺利的工具，有时甚至成为助纣为虐的工具。

在冷战时期，在使用否决权方面，安理会每个常任理事国都有行使记录，但美苏两国使用的次数占到绝大多数。这时，否决权实际上成了美苏为首的东西方进行冷战、维护自身利益的工具。② 据统计，从1946年到1986年的40年间，安理会内总共行使否决权223次，平均每年5.57次，其中95%以上是美苏两国使用的。③ 更具体地讲，由于在“二战”后很长一段时间里，以美国为代表的西方把持了联合国，联合国成了它们的“表决机器”，当时行使否决权的主要是前苏联。据统计，从联合国成立到1955年，安理会常任理事国共行使否决权82次，其中前苏联占79次。④ 从1956到1965年，安理会常任理事国共行使否决权31次，其中前苏

---

① 参见张小明：《冷战及其遗产》，上海人民出版社1998年版，第194页。

② 同上，第195页。

③ 同上。

④ 参见李铁城：《联合国的历程》，北京语言学院出版社1993年版，第213页。

联使用否决权共26次，而美国在同期没有使用一次否决权。[①] 这一段时期前苏联频繁使用否决权，主要是因为在这个阶段的美苏争霸中，由于实力的劣势使前苏联不得不处于守势。在"二战"结束后的头20年，前苏联在军事与安全方面所面临的问题是，其不仅需要巩固相对而言阵脚不稳的社会主义阵营，也需要遏制美国为首的资本主义阵营的不断扩张与实力膨胀。因此，这段时期前苏联在安理会频繁使用否决权，阻止安理会通过对其不利的决议，从而达到维护其军事与安全利益的目的。[②]

联合国成立至1970年，美国从来没有在安理会使用过否决权，不过这并不表示其在这个时期不需要利用安理会常任理事国的否决权同前苏联进行斗争。事实上，在1965年安理会理事国由11个国家增加到15个国家之前，安理会理事国中绝大多数都是同美国站在一起的，而且除了前苏联外的其他常任理事国都是美国的盟友，因此美国根本不需要使用否决权，就足以使安理会否决对其不利的决议案——这就是所谓的美国"暗藏否决权"（hidden veto）。[③] 从20世纪60年代开始，大批新独立的国家加入联合国，且1965年安理会成员国的数目从原先的11国增加到15国，这使得安理会中的中立国和支持前苏联为首的社会主义集团的国家增多，美国因此越来越难以控制安理会，其"暗藏否决权"也就逐渐消失。因而从1970年开始，美国在安理会频繁使用否决权。在1970~1982年间，美国在安理会使用否决权达35次，比其他常任理事国都要多得多。[④] 在1980年至1988年5月10日的统计中，安理会常任理事国共行使否决权47次，其中美国多达30次，接近总数的三分之二。[⑤] 在这个时期，美国多次使用否决权，不仅是维护自身利益，也袒护自己的盟友，同时反对前苏联及其盟友。[⑥]

否决权的频繁使用所导致的后果是消极的，使得联合国在冷战时期发挥的作用极为有限，特别是在涉及东西方斗争领域，它更是无能为力。从现实看，整个冷战时期，地区冲突不断、战乱频繁，对国际和平与安全，构成了严重的威胁。这些地区冲突大多与东西方冷战、超级大国的插手有关，而冷战破坏了"大国一致"原则，联合国关于制止侵略和军事冲突的集体安全机制难以发挥作用。在东西方冲突

---

① 参见梁西：《国际组织法（总论）》（修订第五版），武汉大学出版社2001年版，第148~149页。

② 参见张小明：《冷战及其遗产》，上海人民出版社1998年版，第195~198页。

③ 同上，第198页。

④ 同上，第199页。

⑤ 参见梁西：《国际组织法（总论）》（修订第五版），武汉大学出版社2001年版，第149页。

⑥ 参见张小明：《冷战及其遗产》，上海人民出版社1998年版，第199页。

色彩较浓的地区冲突中（除了个别例外，比如朝鲜战争），诸如柏林封锁和柏林危机、古巴导弹危机、越南战争、安哥拉内战、阿富汗战争等，联合国的集体安全机制基本上是无能为力的。

当然，诸如否决权的滥用对联合国安理会处理国际冲突方面的负面影响，只是自私的权力利益观对国际法与国际组织的发展的消极影响的一个表现，在国际法与国际组织发展的其他方面，其一样发挥得淋漓尽致。因此，现实主义者有关权力利益观的理论与分析，为这段时期国际法的缓慢发展与屡遭破坏，以及国际组织艰难运作等现象提供了一种解释途径。

（二）现实主义的国家利益观与冷战时期经济领域的国际法的发展

摩根索认为，无论对于哪个国家，其国家利益的内涵都有两个共同性（great generalities）：其一是在逻辑上所必需的利益，包括领土完整、政治制度的延续、文化的认同等，它们是国家之所以成为“国家”的核心利益或根本利益，是相对永久存在的利益；其二是由环境决定与变化的利益，是国家依环境变化而不断更新自己的内容的利益，可称为次要利益、可变利益等。① 可见，在传统现实主义者的眼中，经济利益尚未成为国家利益构成因素，即使有所考虑，也不会是最重要的因素之一。②

众所周知，市场经济的天然扩张本性，决定国内市场发展到一定的程度时必然需要突破国界的制约而向全球扩展，从而实现国内外经济的交流与互动。这时，各国原有的保护本国市场免受外来冲击的各种制度可能反过来成为阻碍其扩张与交流的壁垒。因此，对于整个世界市场来讲，各国传统主权制度造成了对国际市场的条块分割，并在经济国际化趋势下成为严重妨碍资源的全球优化配置与生产力发展的篱笆或壁垒。但在传统现实主义影响下的国际关系，即使各国已经认识到这种分割世界市场的国家行为对本国经济发展的危害，但为了政治、军事等与“权力”紧密相关的利益，就不惜放任这种危害的存在，甚至甘愿付出较大的经济代价。可见，冷战思维与东西方意识形态分歧带来的权力之争，致使国际经济法律自由化举步维艰。这一点我们可以通过对东西方在这个时期都将经济利益当成实现军事与政治利益的手段或工具，并为了后者不惜牺牲前者的做法加以证明。

一方面，美国及其西方盟国在“二战”后开辟了对社会主义国家封锁围剿的

---

① *See* Hans Morgenthau, *Another Great Debate: The National Interest of the United States*, Vol. 46, No. 4, American Political Science Review, 1952, p. 972.

② 参见刘志云：《国家利益观念的演进与二战后国际经济法的发展》，载《当代法学》2007 年第 1 期，第 85 页。

另一个战场，即经济战场，把经济手段以及经济制裁当做遏制以前苏联为代表的社会主义阵营的重要工具。1949 年，美国通过了《出口控制法》，授予总统“禁止和限制”所有商业出口的权限。为了管理对社会主义国家的出口，该法案还授权总统建立许可证制度。作为该制度的组成部分，商业部起草了一个禁运项目的商品清单，列入禁运清单的包括了任何有军事意义或者有助于增强社会主义国家军事和经济潜力的产品。在 1951 年，美国国会通过涉及终止除南斯拉夫外的所有其他社会主义国家的贸易优惠之内容的“贸易协定延长法案”，以达到限制来自社会主义国家的进口的目的。该法案规定，根据 1934 年《贸易协定法》规定的关税减免优惠已经不适于社会主义国家。而且，美国的经济封锁战线不仅有单边行动，也有多边合作，表现为美国还协同其他西方国家实施类似的经济封锁政策。例如，1949 年 11 月西方国家根据美国的提议，达成了成立“输出管制统筹委员会”（COCOM）的协议。该委员会于 1950 年 1 月 1 日正式成立，因其总部设在巴黎，故称“巴黎统筹委员会”，简称“巴统”（1994 年 4 月 1 日已正式宣告解散）。① 为了克服盟国对禁运政策的抵制，1951 年美国国会通过了《共同防务援助法》（即“战争法案”）。该法案授权总统一旦发现任何国家有向社会主义国家出口战略物资行为，即可采取削减对该国的军事、经济和财政援助等行动。在战后初期西欧、日本严重依赖美国援助的情势下，这一法案实际上成了美国迫使他国屈从自己的有效工具。②

另一方面，在东西方的经济战场，不仅以美国为首的西方国家的经济封锁妨碍了东西方正常的经济交流，以前苏联为代表的社会主义国家所采取的对抗措施及其关于对外经济关系的指导思想，也同样限制了东西方经济往来。针对西方的经济压力，前苏联采取措施，加强同盟国的经济联系，试图建立独立于资本主义经济体系之外的社会主义经济体系。前苏联不仅自己拒绝参加“马歇尔计划”，也不允许东欧国家接受“马歇尔计划”的援助。同时，尽管布雷顿森林会议召开时前苏联是主要参与者之一，但最终它拒绝批准该会议达成的协定，也不参加 IMF 和 WB。而其他一些社会主义国家，如捷克斯洛伐克和波兰，虽然参加了 IMF 和 WB，但也分别于 1950 年和 1954 年退出这两个组织。为加强社会主义国家之间经济合作，前苏联于 1947 年夏分别同保、捷、匈、南、波签订了双边贸易协定。并在 1949 年 1 月成立“经济互助委员会”（CMEA），以达到加强前苏联同东欧国家的经济联系以及与西方资本主义经济体系对抗的目的。③ 实际上，在“二战”后很长一段时间内，

① 参见张小明：《冷战及其遗产》，上海人民出版社 1998 年版，第 157 ~ 158 页。

② 同上，第 158 页。

③ 同上，第 156 ~ 160 页。

前苏联、东欧及其他社会主义国家在国际经济交流方面遵循了以孤立主义为特征的“两个平行市场”理论。①“两个平行市场”理论极大地妨碍了社会主义国家同西方国家的经济往来，因为它直接把社会主义国家对外经济活动限制在所谓社会主义世界市场之内。在此思想的指导下，在冷战时期，特别是在冷战初期，前苏联和东欧国家的对外经济活动主要是在经互会成员国之间进行。②

至此，我们可以看到，在冷战初期，无论是以美国为首的西方资本主义国家阵营，还是以前苏联为首的社会主义国家阵营，都坚持了以军事与安全为核心的现实主义国家利益观。在这种观念指导下，获取经济利益而要求国际市场自由化被置之脑后，经济对抗与制裁成为军事与政治攻势的工具。这个时期，代表生产力发展要求的国际经济自由化立法发展缓慢，这种立法主要限制在资本主义国家领域；同时，无论是 IMF、WB，还是关贸总协定（GATT），活动范围相当有限，基本上都把社会主义国家排除在外。前苏联与东欧国家不仅拒绝参加 IMF、WB，在 1989 年以前也一直拒绝参加《ICSID 公约》。与此相反的是，一些逆市场而动的国际经济法律却不断抛出，如成立“出口管制统筹委员会”（COCOM）的协议、《关于成立经济互助委员会的公报》等。无疑，这些协议的实际运作效果对国际经济的发展构成致命的障碍。

至 20 世纪 80 年代，随着东西方军事对峙的缓解与消除以及经济全球化的迅猛发展，市场力量正在取代国家权力特别是政治和军事权力而成为维护国家利益的重

① 冷战爆发后，前苏联为加强对东欧国家的控制，巩固社会主义国家间的团结，于 1949 年成立了经互会。由于东欧经济并入前苏联轨道最初得到比较顺利的发展，使得前苏联领导人认为有可能利用社会主义国家间联合的经济力量，达到在集团对抗中战胜资本主义集团的目的。因此，斯大林于 1952 年在他那篇著名的《苏联社会主义经济问题》中明确提出了世界已形成两个平行市场的论断。他认为，第二次世界大战后，统一的无所不包的资本主义世界市场已经瓦解，出现了社会主义阵营与资本主义阵营对立的局面，而这种阵营对立的经济结果就是有了两个平行的也是相互对立的市场。他还特别乐观地对两个市场的前途作了判断，提出了以社会主义市场逐步包围、蚕食资本主义市场的思想，认为在总危机进一步加深的情况下，资本主义市场是不断衰败和缩小的；而社会主义市场是不断繁荣和壮大的，它不仅不需要从资本主义国家输入商品，而且将把自己的商品输往其他国家。虽然斯大林没有明确阐述两个市场之间的关系，但根据总危机、集团对抗思想和前苏联的实际操作情况判断，在前苏联看来，世界市场分割为两部分，二者之间不仅是互不往来的，而且是相互对立的。后来的前苏联领导人虽未再明确重复斯大林的这个理论，但其在思想上和实践中显然是继承了这一理论的。参见《两个平行市场与经济竞赛的失败》，available at http：//ouyasuocass. cn/chinese/ Production/ USSRjt/00504. htm，visited March 6，2005.

② 参见张小明：《冷战及其遗产》，上海人民出版社 1998 年版，第 160 页。

要手段。① 这时，西方国际关系学者开始把促进人民的经济福利与幸福纳入国家利益的基本内容，并构成国家核心价值和最基本的对外政策目标。具体地讲，无论是新自由主义者，还是新现实主义者，同样认为国家安全和经济福利两者都很重要，分歧只是哪个优先的问题。② 对此鲍威尔曾设计一个理论模式，试图为两个学派在国家利益立场上的鸿沟之间，架起一座桥梁。在他的理论模式中，国家被假定为处在一个军事力量竞争的世界中，各国均试图将它们的经济福利最大化。③ 可见，与传统现实主义的观点相比，虽然新现实主义与新自由主义对国家利益的视角有所差异，但无疑有助于唤起美国为首的发达国家对于开展国际经济全球合作的更大重视。从总体上看，它们均比传统现实主义的国家利益观对国际经济合作与立法的影响更具积极性。当然，由于传统现实主义与新现实主义仍然是一脉相承，攫取政治权力与保证军事安全是它们的首要任务，而这种因素的存在从根本上难以消除新现实主义对国际经济法律自由化的发展现象解释不足的软肋。④

更具体地讲，虽然新现实主义已开始认识到经济利益应是国家利益的重要方面，主张经济力量在国际关系中占有一定的地位，但其仍然坚持国际社会处于无政府状态，国家关注的核心仍然是权力、安全和生存问题，经济利益的实现最终是为追求国家安全。这种把经济利益作为实现国家安全的手段，并为了目的放弃手段也在所不惜的观点，对国际经济法律自由化的促进是有限的。⑤ 例如，虽然一些新现实主义者对国际政治经济学的探究（如"霸权稳定论"）确实有助于提高对国际经济法律机制的功能和价值的重新认识，但他们仍坚持摩根索为代表的传统现实主义的基本观点，即在他们看来，政治权力仍为国家行动的基本追求，与政治利益相比，国际经济合作的利益预期是次要的，为了前者牺牲后者乃是理所当然之事。可见，新现实主义者虽然开始对"低级政治"重视，并试图寻求国际经济合作方式，但其显然过分渲染政治色彩，视国际政治为决定因素，推导出"政治因素导致经

① 参见丁志刚：《全球化背景下国家利益的认证与维护》，载《世界经济与政治》1998 年第 8 期，第 69 页。

② 参见大卫·A. 鲍德温：《新自由主义、新现实主义和国际政治》，载［美］大卫·A. 鲍德温：《新现实主义和新自由主义》，肖欢荣译，浙江人民出版社 2001 年版，第 7 页。

③ 有关鲍威尔的理论假设与论证过程，详见罗伯特·鲍威尔：《国际关系理论中的绝对获益与相对利益》，载［美］大卫·A. 鲍德温：《新现实主义和新自由主义》，肖欢荣译，浙江人民出版社 2001 年版，第 209～233 页。

④ 参见刘志云：《国家利益观念的演进与二战后国际经济法的发展》，载《当代法学》2007 年第 1 期，第 85 页。

⑤ 同上，第 85～86 页。

济后果”① 的结论也在所难免。

总之，在新现实主义者眼中，经济利益仍然依附于政治利益或军事安全，经济政策仍然是政治斗争的工具或产物，无论是赞成低关税还是提倡贸易保护主义，或是主张投资自由化、国际金融的监管等，首先满足的是国际政治斗争的需要。显然，这种否定生产力对社会发展的决定作用与国际经济法律自由化是市场经济发展的必然逻辑的观念，从宏观与长远的眼光看，必然会对国际经济法律自由化的发展产生不利影响。例如，它将给国际经济法律自由化的进程带来许多政治性因素，从而使立法内容有偏离世界资源由市场配置的目标的危险。

四、新自由主义的国家利益观与后冷战时代国际经济立法的繁荣

至20世纪80年代，尤其是冷战结束以来，随着传统现实主义的衰落，强调制度与规则的新自由主义登上国际关系理论的舞台，并与新现实主义并驾齐驱，占据了当代国际关系学的主流地位。与强调权力的现实主义国家利益观不同的是，新自由主义的国家利益观来源于对商业自由主义的有条件的接受以及对复合相互依赖的概念的坚持，虽然他们并不像商业自由主义学者一样主张自由贸易与经济相互依赖能够自动产生和平，但是，他们至少认为经济开放与经济利益的获取是产生和平的必要条件，从而将经济利益纳入国家利益的内涵。他们认为，在相互依赖的世界里，经济利益与政治利益并驾齐驱，甚至占据优势成为不言而喻之事。因此，国家利益应包括生存、独立、经济财富，即“生命、自由、财产”。② 可见，与现实主义相比，新自由主义者更强调经济利益在国家利益中的地位。他们认为，权力不再是国家行为的唯一目标，武力不再是国家对外政策的有效手段，全球相互依赖、经济技术合作逐渐占据国际关系的主导地位。而对于经济利益与国家安全在国家利益中哪个更具重要性的问题，即使前者不是更重要，也是同等重要的，经济利益显然是国家安全的根本保证。③ 而要获得这种保证，新自由主义者实际是认为展开经济合作尤其必要，即国家利益必须从传统的“权力利益”转变成新型的“合作利

① 参见倪世雄等著：《当代西方国际关系理论》，复旦大学出版社2001年版，第352～353页。

② 有关对此问题的详细论述，可参见刘志云：《国际经济法律自由化原理研究》，厦门大学出版社2005年版，第152～154页。

③ 参见倪世雄等著：《当代西方国际关系理论》，复旦大学出版社2001年版，第129～130页。

益"，即从权力争斗为特征的国家利益观过渡到以合作取得共同利益的"合作利益观"。① 而这种合作利益观为后冷战时代国际法的发展，尤其是国际经济法的发展，提供了良好的解释功能。

（一）新自由主义的国家利益观与晚近国际经济法的发展

无疑，理论与现实之间的结合程度，是理论能够在实践中产生多大影响的关键因素。因此，新自由主义者的国家利益观是否符合当前的国际政治经济环境，是决定它能够在多大程度上影响或解释晚近各国参与国际经济法律自由化的积极性大幅度提高这一现象的关键所在。

在20世纪50、60年代，东西方的紧张对峙不得不让美苏阵营以国家安全为首要任务，许多正在寻求独立的殖民地与半殖民地国家也不得不以实现或维持政治主权为目标。而20世纪70年代爆发的"中东石油危机"的后果是使除中东石油国家以外的大部分国家与地区陷入经济萧条的困境，尤其是使"二战"后许多曾经历经济高速增长阶段的发展中国家的发展停滞不前。这时，经济增长与经济利益对于南北双方的重要性突然变得格外突出。在摆脱困境与促进经济发展的感召之下，即使在20世纪50、60年代曾团结西方国家对社会主义国家积极开展禁运的巴黎统筹委员会的工作也不再像以前那样顺利。仅20世纪70年代，为首的美国提出的"例外申请"就比任何成员都多，在1978年甚至达到申请总数的62.5%。② 而且，对美国倡导的经济制裁的政治效果，西欧国家开始表示怀疑，英国、法国与联邦德国、意大利等国的领导人甚至公开批评美国的经济制裁政策，并且不顾禁令继续履行同前苏联签订的管道设备合同。无疑，这时美国同西欧盟国的关系实际上已经产生了裂缝，影响了西方同盟。美国为弥补这种裂缝被迫采取了让步措施，即在1982年11月13日，里根总统宣布取消天然气管道制裁。③ 同样，在20世纪80年代上半期，西欧、日本也没有完全听从美国的指挥，它们同前苏联、东欧国家的经济活动基本上照常进行。仅在1983年，西欧同前苏联的贸易就达到了315亿卢布，占前苏联同发达资本主义国家贸易总额的82%。由于美国孤掌难鸣以及经济制裁效果有限，这个时期的东西方经济关系实际上没有因为政治因素而遭受太大的损

---

① 有关新自由主义国家利益观的阐述，详见［美］罗伯特·基欧汉：《霸权之后：世界政治经济中的合作与纷争》，苏长河、信强、何曜等译，上海人民出版社2001年版，第59～77页。"合作利益观"这一词语为本文作者所概括。

② 与此形成鲜明对比的是，在20世纪50、60年代，美国没有向巴黎统筹委员会作出任何向苏联出口的"例外申请"。参见张学斌：《经济外交》，北京大学出版社2003年版，第402～405页。

③ 参见张小明：《冷战及其遗产》，上海人民出版社1998年版，第172页。

害。换句话说，随着东西方经济关系的发展，政治因素对经济关系的影响也在逐步减小。①

同样，这种转变亦发生在发展中国家或其他一些社会主义国家。以中国为例，在20世纪70年代以前，国家安全与阶级斗争曾是新中国所坚持的国家利益的核心，“政治挂帅”与“以阶级斗争为纲”等喧嚣一时的口号与方针即是这种内涵的体现。而20世纪80年代以后向以经济建设为中心的转变，以及邓小平所阐述的“三个有利于”，即有利于发展生产力，有利于提高人民生活水平，有利于增强综合国力的思想,② 实际上是在表明中国的国家利益的内涵开始向经济利益与经济增长范畴延伸，直至以它们为倚重。而分三步走的经济发展目标，即是这种崭新的国家利益观的具体体现。③ 当然，中国的转变只是世界总体形势变迁的一个缩影。实际上，20世纪80年代以来，东西方的意识形态分歧与南北方有关新旧国际经济秩序之争告一段落，更多的发展中国家或转型国家选择了务实的态度，合作与发展成为新的主题。典型如前苏联、东欧国家，在20世纪80年代中期以后，对对外经济发展战略作出了重大调整，推动本国经济走向国际经济舞台成为新的战略中心。在指导思想上，这些国家更新了观念，盛行多年的“两个平行市场”理论自此完全被“国际经济一体化”的概念取代。同时，在与西方发达国家主导的国际经济组织的关系上，这些国家也改变了以往的态度，即从消极抵制转为积极参加或要求参加。例如，捷克斯洛伐克、罗马尼亚、匈牙利和波兰等东欧国家较早地参加了IMF和GATT，1985年前苏联也要求以观察员的身份出席GATT的协商会议，并积极关注IMF的活动。1988年经互会同欧洲经济共同体正式签署了建交协议。④

至此，我们可以看到，新自由主义者的新国家利益观是适应国际形势的产物，而正由于其与现实的结合紧密程度，使得该理论对各国参与国际立法的积极性提高之现象，具有一定的影响或解释作用。一般来讲，国家利益的内涵形成大概有两种基本模式，即政府为实现自己的目标而有目的阐述“国家利益”或国内某些集团满足自己要求而力求“国家利益”的概念符合自身的愿望。⑤ 因此，一旦各国政府对国家利益的认识扭转，经济利益成为国家利益中的核心部分，并作为保证国家安全与获取国家权力的“绝对的基本手段”时，各国攫取与维护国家利益的战略

---

① 参见张小明：《冷战及其遗产》，上海人民出版社1998年版，第173页。

② 参见《邓小平文选》第3卷，人民出版社1993年版，第251、372页。

③ 同上，第251、266～267页。

④ 参见张小明：《冷战及其遗产》，上海人民出版社1998年版，第174页。

⑤ 有关国家利益的内涵转变的基本模式的阐述，可参见李少军：《论国家利益》，载《世界经济与政治》2003年第1期，第8页。

与策略也同时发生改变。为了达到攫取与维护国家利益的目的，打开国门与发展经济成为必要。同时，这种认识也将加强国内某些利益集团寻求国际合作的筹码。实际上，在东西方紧张关系缓解，经济发展成为各国首要或基本任务的氛围下，主张自由贸易的集团更多时候成为国内占优势的群体，国家对外政策更多的时候是受到它们的影响，以及反映它们的需求的。① 这样，从逻辑上讲，在政府与国内相关利益集团的双重努力下，在实践中国家利益的内涵如理论描绘般从国家安全的传统内涵向经济利益延伸，并以经济利益为倚重，成为顺理成章之事。

自20世纪80年代以来，尤其是冷战结束，随着东西方军事对峙的消除与经济全球化的迅猛发展，自由市场体制逐渐成为全球更为通行的经济发展模式，经济利益也开始成为国家利益的最根本部分。这时，正如新自由主义的代表人物之一，罗伯特·基欧汉所指出的："自由主义之所以能够得到贯彻，部分原因在于符合美国的利益，从而得到美国持续不断的支持。同时，国际经济交往所带来的效率和福利也符合各国利益。为获得这些福利，还需要订立一系列的协议。"② 因此，一旦经济利益成为国家利益内涵的重要组成部分，各国在经济上相互依赖的紧密关系所要求的国际经济法律自由化变得明确，即制定符合世界市场统一趋势的国际经济规则成为各国欲求之目标。③

据统计，至2002年底，各国签订的双边投资条约总数已达2181个，绝大部分为20世纪90年代以后签订。这些条约涉及的国家增加到176个，其中超过45%为发展中国家之间签订。④ 与此相应的，至2002年底，各国之间共签订了2256个避

---

① 对于国内利益集团试图将自身利益上升为国家利益之现象，现实主义大师摩根索在1952年的一篇文章里就已指出。他写道："只有在面对亚国家、其他国家以及超国家利益可能的侵犯时，国家的利益才具有合法性。在亚国家的水平上，我们将会发现集团利益，尤其是道德集团和经济集团，它们试图把自己的利益当成国家的利益。查尔斯·A. 比尔德（Charles A. Beard）曾经强调，虽然有点片面，美国已经到了某些集团的利益代表了整个美国的利益这个地步了。这些利益集团竭尽全力对我们的对外政策持续施加压力，宣称他们的利益与国家的利益是一致的。除几个少数例子外，它们已经成功地影响了美国对外政策方针的确定。" *See* Hans Morgenthau, *Another Great Debate: The National Interest of the United States*, Vol. 46, No. 4, American Political Science Review, 1952, pp. 973-974.

② ［美］罗伯特·基欧汉：《霸权之后：世界政治经济中的合作与纷争》，苏长河、信强、何曜等译，上海人民出版社2001年版，第248～249页。

③ 参见刘志云：《国家利益观念的演进与二战后国际经济法的发展》，载《当代法学》2007年第1期，第87页。

④ UNCTAD, *World Investment Report 2003*, p. 89. available at http://www.unctad.org/en/docs//wir2003_en.pdf, visited March 14, 2004.

免双重征税协定。仅2002年,有64个国家签订了68个避免双重征税协定。① 而作为最大的发展中国家的中国，至2003年12月底，已与106个国家签订双边投资条约，与81个国家签订避免双重征税协定。② 同时，区域经济一体化也蓬勃兴起，尤其以北美自由贸易区、欧盟、东盟等为代表。另外，至2006年底，WTO这个全球最大的国际经济组织的成员已经达到150个。而且，仍有数量众多的国家或地区为加入该组织而展开紧锣密鼓的谈判。其他国际经济组织或国际经济条约也一样，如《ICSID公约》，其成员数量至1966年10月荷兰加入时只有20个，至2003年11月已增长到154个。③

（二）全球化背景下“合作利益观”的演进与当代国际法

就如起初是在与新现实主义的论战中逐渐成长，并最终取得与新现实主义并驾齐驱的地位一样，与别的理论学派的论战也是取得主流地位后的新自由主义的一个重要内容。面对别的学派的种种质疑，新自由主义者不断地从理论上完善自身，做到“与时俱进”，其中就包括了国家利益观点。在全球化背景下，新自由主义的“合作利益观”得到了全新的发展，相应地，其对国际法的影响或解释功能，也得到提高或改善。

一方面，新自由主义者尝试将“合作利益观”的解释力向国际安全领域扩展。就如新自由主义从经济学中借鉴了大量的方法论一样，其理论框架一开始就似乎更适合国际经济领域，或者范围更大一点即非安全领域，而不适合解释安全领域的问题。之前，新自由主义者也似乎有意避开对安全问题的深入讨论，而将研究重心放在国际经济、金融、贸易等领域。然而，如果新自由主义的“合作利益观”只适合于非安全领域，则只能说明这种理论是不完整的，也不能在现实中囊括国家利益的全部。正是这一点遭到了新现实主义的批判。在回应新现实主义批判的过程中，新自由主义者开始关心安全领域内国际制度的作用问题，并认为国际制度对于国际安全是不可或缺的，从而进一步丰富和发展了“合作利益观”的国家利益模式。例如，大卫·雷克（David Lake）经过研究认为，国际体系中冲突与合作模式的核心之一是国际安全领域的制度，实际上，与联盟、协调、均势等相比，安全领域的

---

① UNCTAD, *World Investment Report 2003*, p. 89. available at http://www.unctad.org/en/docs//wir2003 _en.pdf, visited March 14, 2004. p. 21.

② 详见《中国与106个国家签订双边投资保护协定，与81个国家签订避免双重征税协定》，载上海WTO事务咨询中心信息部编：《WTO快讯》第61期（2003年12月16日~12月31日）。

③ ICSID, *List of Contracting States and other Signatories of the Convention* (*as of November* 3, 2003). available at http://www.worldbank.org/constate/c-states-en.htm, visited May 30, 2004.

国际制度更为广泛。而且，国际制度在安全领域是至关重要的，因为它能够促进合作，约束国家行为，更好地克服安全困境。在具体的论证中，雷克将安全领域的国际制度分成强制形成的“等级制国际制度”（hierarchic institution）与谈判形成的“无政府国际制度”（anarchic institution）等两类。后者是指成员国为了克服无政府状态下的安全困境而达成的国际制度，如果合作不能提供足够的附加收益，国家没有背叛的诱因，或者国家可以容忍机会主义行为时，国家之间就会形成无政府安全制度，冷战时期由美国牵头建立的北约即是典型。相反，当合作既富有吸引力，可以为合作者提供很大的收益，而背叛行为的风险又极高时，国家之间就会形成等级制安全制度。诸如势力范围、保护国、非正式帝国和帝国等都是等级安全制度的形式之一，冷战时期前苏联支持建立的华约体系即是典型。除雷克外，其他一些新自由主义者也开展了对安全领域的合作问题以及国际制度的研究，并得出加强安全领域的合作以及选择适当的合作模式符合各国的国家利益之结论。① 客观地讲，虽然新自由主义者这些努力尚不尽人意，但这是他们增强“合作利益观”的解释范围与解释力的一种尝试，是一种对“合作利益观”的理论完善的努力。在这种努力之下，也有利于增强“合作利益观”对国际立法的合作的解释的全面性及周密性，即其解释范围从主要限于国际经济、国际环境等非安全领域的立法向包括国际安全领域的立法延伸。

另一方面，面对冷战结束与全球化迅猛发展的新局面，新自由主义者与时俱进地发展了“合作利益观”的内涵。如新自由主义的代表人物之一即约瑟夫·奈新近指出，北约对于科索沃的军事干预，引发了一个发人深思的问题。那就是：在前苏联解体之后以及信息化时代，美国当务之急是应如何重新定义它的国家利益。奈坚持认为，虽然用来解释对外政策作出的理由，或者依其作出对外政策的“国家利益”是一个模糊不清的概念，对此的讨论一直处于热烈状态，但正如美国国家利益委员会于1996年所宣称的“国家利益是讨论所有国家对外政策的基石……事实上，这个概念已为政府机构，议会成员以及普通市民广泛而频繁地使用了”，抛弃“国家利益”这样一个术语会是一个错误。② 虽然并非所有人都同意美国国家利益委员会所确定的包括战略利益、地缘政治利益、经济利益、人道主义利益、民主利益等在内的国家利益的内容名单，但这完全可以作为讨论国家对外政策的基础。而且，冷战结束后，权力的概念及内涵在不断扩大，虽然软权力与硬权力都很

---

① *See* John Ikenberry, After Victory: Institutions, Strategic Restraint, and the Rebuilding of Order after Major Wars, Princeton University Press, 2001, p. 4.

② *See* Joseph Nye Jr., *Redefining the National Interest*, Vol. 78, No. 4, Foreign Affair, 1999, p. 22.

重要，但在信息时代，软权力相对以前变得更加重要。美国的价值观是软权力中很显著的资源，民主与人权因素成为美国国家利益的重要组成部分。①

同时，奈把对美国国家利益的威胁分为三类，即把像前苏联曾经那样对美国所构成的那类威胁排在最高的A类名单中；B类名单中主要是可能会对美国利益产生威胁，但危及不到美国的生存的威胁，如朝鲜与伊拉克问题；C类名单包括重要的“突发事件”，这些事件会间接影响国家安全，而不会对国家利益有直接的威胁，像科索沃、波斯尼亚、索马里、卢旺达和海地等。如今，一个奇怪的现象是C类问题反而在对外政策议程上占了支配地位。这是因为一方面自冷战结束后A类名单威胁的消失，另一个方面则是，在如今的信息时代，C类名单上的问题成为了媒体关注的焦点。C类问题的威胁实际上涉及国家利益中的人权问题。对此，奈认为，人权政策本身不是对外政策，而只是对外政策的一个组成部分，人道主义问题占据舆论的支配地位常常是把注意力从A类战略问题转移开来为代价。② 奈最后指出，在信息时代，光有审慎态度是不能决定国家利益的，只有将美国的价值目标与权力相联系，才会得出更好的判断。在美国历史上，国家利益的判定总会引起争论，这是在一个健康的民主社会中的正常现象。但是，在信息时代关于美国国家利益的辩论，应该更多地注意今天美国权力特有的属性；相应地，它应该建立战略性的重要事务；并且它应该发展更为审慎的规则，以使美国将战略经济与人道主义利益融于一体，形成的一个有效的外交政策。③ 无疑，奈的这种观点实际上是扩大了国家利益观的外延，即在冷战结束与全球化背景下，除“生命、自由、财产”外，国家利益应该还包括人道主义利益、民主利益、安全利益等等。国家利益的这种外延的扩张，势必带来“合作利益观”的解释力向安全、人权等领域的国际合作与国际立法方向延伸的问题及影响力。

总之，在冷战结束以及全球化背景下，新自由主义者试图将他们所支持的、以合作为特征的国家利益观的内容向民主利益、人道主义利益等方面扩展，也希望这种以合作为特征的“合作利益观”的影响范围以及解释力向安全、人权等领域延伸。虽然目前他们的这种尝试仍然需要进一步的理论论证以及完善，但是这种尝试的理论意义是巨大的，如果能够建构新的成熟理论则意味着“合作利益观”的解释力将不仅仅局限于国际经济与国际环境的合作与立法方面，而且将触及到国际安全以及国际人权等方面的合作与立法问题。新自由主义的这种努力是否成功，我们

① *See* Joseph Nye Jr., *Redefining the National Interest*, Vol. 78, No. 4, Foreign Affair, 1999, pp. 24-25.

② *Id.*, pp. 26-28.

③ *Id.*, p. 35.

拭目以待。

五、全球化背景下“观念利益观”的兴起及其视野下的国际法

冷战结束后在全球化的背景下，立足于反思主义认识论的建构主义理论日渐活跃，对占据主流地位的新现实主义与新自由主义理论提出极大的挑战，并最终构成当前国际关系理论的三足鼎立之势。与立足于理性主义认识论的新现实主义与新自由主义不同，建构主义坚持的是“观念利益观”。这种立足于反思主义的国家利益观对现实主义与新自由主义的国家利益观具有相当大的冲击力，也对国际法的地位与发展提供了一种别开生面的解释途径。

（一）“观念利益观”的提出及在解释国际法的各种现象方面的优势

虽然对国际法的看法有所差别，但无论是“权力利益观”，还是“合作利益观”，都属于理性主义国家利益观，并坚持了物质本体论或变相物质本体论。以温特为代表的建构主义者则相反，他们立足于反思主义认识论提出了“观念利益观”。① 与“权力利益观”相比，其强调“利益即是观念”，权力的意义在很大程度上是由利益分配建构起来的。② 与“合作利益观”相比，“观念利益观”突出了观念的建构作用而不仅仅是因果作用。当然，这不意味着“观念利益观”与理性主义利益观相对立，其既不是表示观念比权力和利益更重要，也不是说观念独立于权力和利益。这种观点只是在阐明：权力和利益之所以能够发挥实际作用，是因为

---

① 有关建构主义国家利益观的阐述，详见［美］亚历山大·温特：《国际政治的社会理论》，秦亚青译，上海人民出版社 2000 年版，第 143～171 页。“观念利益观”这一词语为本文作者所概括。

② 对于“观念利益观”，温特作出了两方面的界定：其一，坚持“利益就是观念”之理念并不意味着是在认为所有观念都是利益，也不意味着利益不再具有独立的解释能力。实际上，利益不仅可以像理性主义国际关系理论所讨论的那样起到解释作用，也可以独立于不构成利益的观念而存在，就像因果性解释所要求的那样。在各种不同的观念之中，有些观念建构了利益，而有些观念并没有建构利益。如果观念建构了利益，那它的解释能力就不能仅仅作为利益之外的一个原因变量，而置于与利益并列的地位了。其二，权力的意义在很大程度上是由利益分配建构起来的，只有一小部分利益建构因素是物质性的——建构利益的物质力量就是人的本性——其余建构利益的因素是观念因素，因为计划和设想是由共有观念和文化建构的。同样，“观念利益观”并不是认为利益不会产生作用，而是要表明：物质主义对利益的解释是十分有限的，更多的解释是由理念主义作出的。参见［美］亚历山大·温特：《国际政治的社会理论》，秦亚青译，上海人民出版社 2000 年版，第 145 页。

造就权力和利益的观念起到了作用，即权力与利益的概念必须以观念为先决条件。①

无论是“权力利益观”，还是“合作利益观”，都恰当地解释了国际法的某些特征，包括对强权的依附性、本身的软弱性、能够辅助国家之间的合作等特征。但是，由于认识论与本体论的局限，它们的解释是不全面的，既没有看到国际法在国际结构中的应有地位，也没挖掘出国际法的潜在效用，而立足反思主义认识论的“观念利益观”正好弥补了这种缺陷。例如，拘泥于理性主义认识论，无论是“权力利益观”，还是“合作利益观”，都很难对国际法的建构与遵守作出全面的解释。② 拿遵守问题来讲，国家对国际法的遵守不一定或不仅仅是出于“权力利益观”所描绘的外在压力或“合作利益观”所强调的利己动机。因为，对于大部分强制力欠缺的国际规范的遵守，外在压力所起的作用是有限的；而别国对国际法的遵守对己是有利的，自身的遵守在短期内却必须付出成本，这样利己动机也不足以完整解释遵守现象。相反，如果这种“观念”起到作用，即国家“认同”规范的合法性，愿意承担规范赋予的角色，并认为这种遵守是符合自身国家利益，或有利于其国家利益的实现的，显然是对上述外在压力的欠缺以及利己动机在解释上的不足的弥补。无疑，这正是“观念利益观”的优势所在。再如，从本体论看，无论是“权力利益观”还是“合作利益观”，都认为国际体系是一种“物质结构”，国家利益是由物质构成，其实现主要取决于各国在国际社会中所处的相对位置，以及它们之间物质实力的分配状况。而作为非物质的国际法，显然不构成国际结构的一部分，更不能起到关键性作用。但“观念利益观”不同，其主张国际社会的基本结构是一种社会结构，占支配地位的信仰、观念、规范、文化和认识等非物质因素，决定着国家的行为模式与国际关系状况，并建构出各国的国家利益。依此逻辑，属于非物质范畴的国际法律规范以及法律文化或观念的地位与作用得以空前提升，有时甚至可以决定国家行为模式及国家利益的构成和实现。③

无疑，建构主义的“观念利益”是对“权力利益观”与“合作利益观”的一种理论深化。之所以说它是理论深化，在于它并不是建立在对前两者推翻之基础上，而是建立在批判、吸收，乃至提高的理念之上。因此，它起到了对“权力利

① 参见［美］亚历山大·温特：《国际政治的社会理论》，秦亚青译，上海人民出版社2000年版，第167页。

② 这一点尤其是表现在国际经济法的建构与遵守问题上，有关此阐述可参见刘志云：《国家利益观念的演进与二战后国际经济法的发展》，载《当代法学》2007年第1期，第88页。

③ 如国际经济法在国际经济体系或国际经济结构中的地位即为典型，有关此阐述可参见刘志云：《国家利益观念的演进与二战后国际经济法的发展》，载《当代法学》2007年第1期，第89页。

益观”以及“合作利益观”的补充作用。当然，这种理论深化或补充对国际法的认识以及影响是不一样的。

（二）“观念利益观”视野下的国际法

对于“观念利益观”对国际法的认识、影响或解释，我们可以从其各个方面，包括本质、起源、内容以及特征等，分别对国际法的解释或影响展开论述。

1. “观念利益观”的本质与国际法的地位。

无论是“权力利益观”还是“合作利益观”，都没有考虑过国家利益的产生问题，而是把观念与利益作为并列变量，共同推进国家的对外政策及行动，而建构主义者的认识与此相反，他们坚持了利益的本质为认同，并是后天塑造完成的观点。实际上，建构主义认为，国家利益固然与物质密切相联系，但利益本源上却根植于认同、规范及其结构之中，即建构主义提出了以认同定义的国家利益观。①

具体地讲，建构主义理论并没有把国家利益当做没有意义的东西而加以拒绝和忽视，也不把国家利益看成是客观条件必然决定的产物，而是把它看成由社会认同所建构的产物，认为应该把国家利益放到更宽泛的社会建构的世界的一部分加以研究。② 同时，利益又分客观利益与主观利益两种。前者是需求和功能要求，是再造国家身份必不可少的因素；后者是指国家对于怎样实现自我身份需求所实际持有的信念。③ 国家利益是一种客观利益，但其与国家持有的信念紧密联系，即是国家的观念决定了国家认同（即身份），而国家认同决定了国家利益。④ 因此，作为一种行为体的国家，其行为是被许多植根于团体、类型、角色和集团身份的利益所驱动的。以美国为例，四种可以再造的身份构成了美国的国家利益，包括如果没有对有组织的暴力的垄断权就不能成为国家的实体（corporate）身份、如果不实施私有财产权也就不能成为资本主义国家的类属（type）身份、如果没有从属国就不能成为霸权国家的角色（role）身份以及如果没有与西方国家的团结也就不能成为西方国

---

① 参见郭树勇：《建构主义与国际政治》，长征出版社2001年版，第108页。

② 参见［美］詹姆斯·多尔蒂、小罗伯特·普法尔茨格拉夫：《争论中的国际关系理论》（第五版），阎学通、陈寒溪等译，世界知识出版社2003年版，第102页。

③ 参见［美］亚历山大·温特：《国际政治的社会理论》，秦亚青译，上海人民出版社2000年版，第290～291页。

④ *See* Jutta Brunnee and Stephen J. Toope, *International Law and Constructivism: Elements of an Interactional Theory of International Law*, Vol. 39, No. 1, Columbia Journal of Transnational Law, 2000, p. 32.

家的集体（collective）身份等，构成了美国的国家利益。①

无疑，建构主义的这种思路有利于我们对国际法地位的重新认识。就如上述对美国国家利益由四种身份构成的示范中，我们可以解释一系列的国际法律制度的产生以及得到维护的原因，或者说这些法律制度的地位所在。例如，为了维持实体身份的需要，个体国家就有创建国际法上的主权制度的欲望；反过来，主权制度的构建以及维护，构成国家利益的一部分，有利于这部分利益的实现。再如，美国认同自己的类型属于资本主义国家，就有贯彻私有产权制度与保护资本主义市场秩序的需要，尊重与维护这种国际法律制度构成它的国家利益的一部分。为此，在“二战”后，美国倡导建立了以市场为核心的、以 IMF、WB 以及 GATT 为支柱的资本主义自由市场秩序体系。尊重与维护这种市场秩序体系，也成为其他资本主义国家的国家利益所在。同时，作为霸权国的美国，维护既是维持其霸权地位又是一种国际社会的公共产品的霸权规则与霸权秩序也成为美国国家利益的重要组成。为达到此目的，美国与其他西方大国展开合作，推动着以 IMF 为中心的国际金融秩序以及 GATT 为中心的国际贸易秩序的运转。当然，霸权不是帝国主义，霸权体系的运作既是霸权国家的利益所在，也是一种体现公共利益的公共产品。因此，支持与遵守这个支撑霸权体系运作的国际法体系，也成为认同美国的霸权地位的其他国家的国家利益所在。此外，美国作为西方国家的一员，需要维护与盟国的团结，也要反对非西方国家的挑战，这也构成它的国家利益的一部分。由此，在“二战”后美国与一些欧洲资本主义国家签订了《北大西洋公约》，并据此组建北大西洋公约组织，从而实现团结了盟友并与前苏联为代表的社会主义国家集团对抗之目的。当然，支持与尊重《北大西洋公约》以及推动北约的正常运转，也成为其他参与国家的国家利益所在。

无疑，建构主义所提出的利益的本质为认同，并从认同（身份）的角度出发界定国家利益的方法，开启了一种从国家的角色认同类推出国家利益的组成，并由此推导出国家支持相关的国际法律制度的创立与发展成为其国家利益，从而国家必须支持与尊重相关国际法律制度的研究思路。在这种研究思路中，相关国际法律制度的创立与维护构成特定国家的国家利益。这样，就实现了国际法律制度与国家利益的紧密的结合，对相关国际法律制度的认同与尊重实际上构成国家利益的一部分。“从某种角度看，机制化（institutionalization）是一种新的身份与利益内在化的进程，而不是发生在行为体的外部以及仅仅影响到它们的行动；社会化

① 参见［美］亚历山大·温特：《国际政治的社会理论》，秦亚青译，上海人民出版社 2000 年版，第 289～291 页。

（socialization）是一种自我认知的过程，并不单纯是行为本身。”① 一旦将国际法与国家利益的关系，证明为血肉相连、相辅相成，国际法的地位就得以提升至前所未有的位置。因此，与按照“权力利益观”，或者“合作利益观”中国际法律制度只是维护国家利益的工具的认识相比，“观念利益观”明显地提高了国际法的地位。

2. “观念利益观”的起源与国际法的作用。

理性主义国际关系理论在研究国家利益时，总是倾向于两个基本假定，即不仅假定国家利益为可以从客观环境和物质特征中推演出来的国家偏好，而且假定国家偏好来源于国家内部，特别是外部世界变化引起的国内行为体、利益集团偏好的变化。② 对此，建构主义者不以为然，他们认为，国家作为一种行为体，其行为是被许多根植于团体、类属、角色和集体身份的利益所驱动的。由于这些身份中的大多数因文化和历史背景而异，在抽象意义上很难说明国家利益的内容。因此，把国家利益理解为偏好，是不正确的。③ 而且，在许多情况下，国家对于自身的利益并不了解，国家利益常常是国家从国际社会中学习的结果，即建构国家身份和利益的观念在很大程度是由国际体系层次无法还原的整体规范结构造就的。④ 显然，建构主义者的这种观点展示了国际规范具有对国家的身份与利益的塑造功能。

实际上，由于建构主义坚持了社会本体论，认为国家利益也是从国际行为体的互动以及国际规范中而来，因此，国家利益可以被界定为国家在“国际规范语境内对于何为‘善良’、何为‘适当’所做的理解。当国际规范语境随着时代变迁而变化时，国际持有的规范与价值观随之变动，国家利益也相应调整”⑤。如果从国际法的角度看，我们可以清楚地看到，随着国际法的发展，不同的国际法语境下国家利益将有不同的塑造进程。例如，在20世纪以前有关尊重主权与禁止战争的国际法律制度不够健全的时候，为实现或扩容国家利益而展开争夺并诉诸于战争的现象屡见不鲜，国家通过坚船利炮进行“攻城掠地”式的扩张仍然是习以为常之事，大国吞食小国以及小国的高死亡率是这种争夺与战争的常见后果，“一战”的爆发使这种实现与扩容国家利益的做法以及带来的惨烈后果发展到登峰造极的地步。在小国、弱国的高死亡率面前，国际社会首要考虑的是如何保障这些国家的“生存权”问题。由此，“一战”后签订的《凡尔赛和约》开始体现出人类对战争的反思

---

① Alexander Wendt, *Anarchy is What States Make of it: The Social Construction of Power Politics*, Vol. 46, No. 2, International Organization, 1992, pp. 396-397.

② 参见郭树勇：《建构主义与国际政治》，长征出版社2001年版，第110页。

③ 参见［美］亚历山大·温特：《国际政治的社会理论》，秦亚青译，上海人民出版社2000年版，第292～293页。

④ 同上，中文版前言，第40～41页。

⑤ 郭树勇：《建构主义与国际政治》，长征出版社2001年版，第111页。

以及强调了对国家主权必要尊重的重要性；依据该和约而成立的国际联盟便是这种反思与试图实现对各国主权尊重的努力。《国际联盟盟约》所建立的集体安全制度以及该制度的实践试图使国家意识到依靠战争并不是获取国家利益的最好方式。同时，国际联盟成立之后相继签订或草拟的《限制海军军备条约》、《日内瓦协定书》、《洛迦诺公约》等是对禁止战争的继续探讨，而到《非战公约》的签订，表明了国家社会对禁止战争的鲜明态度，并且要求国家放弃以战争作为推行对外政策以及实现国家利益的做法。无疑，禁止战争方面的国际法律制度的发展，实际上是一个付诸战争与实现国家利益之间的关系由紧密走向松散的过程。

“二战”后，《联合国宪章》旗帜鲜明地反对战争并加强了集体安全制度的有效运作机制，联合国也先后制定了一系列尊重国家主权与反对非法干涉的国际条约或宣言，反对战争与尊重国家主权的国际法律制度走向完善。这时，国家“攻城掠地”式的扩张遭到国际社会的谴责；《联合国宪章》为小国、弱国的“生存权”提供了保障。《威斯特伐利亚和约》所反映的政治主权平等原则不再是欧洲国家的特权，在理论上，其适用范围扩大到世界上所有国家，即所有从殖民与半殖民制度下获得独立的国家，不论大小，不论其经济与军事力量的强弱，都享有平等的主权。至此，国家社会基本上已把诉诸于战争与实现国家利益脱钩，即使有偶尔违反现象，得不偿失的结果也成为最好的反面教材，如1990年伊拉克入侵科威特所引发的“海湾战争”以及后果即为典型。

总之，有关禁止战争之观念、禁止战争的国际法律制度以及国家对这些法律制度的逐渐学习与接受的过程，塑造或改变了国家利益的内涵。这也表明，建构主义对国家利益起源的看法是符合一定的实际的。如果建构主义的“观念利益观”能够成立或具有一定的合理性，无疑，将使人们改变对国际法的作用的看法以及大大提高国际法律制度的地位。

3. “观念利益观”的内容与国际法的发展。

建构主义认为，国家利益的概念是指国家的再造要求或安全要求，它是一种客观利益。作为客观利益的国家利益不仅仅是指导行动的规范性原则，而且是具有因果意义的、促使国家采取某种行动的力量。也是部分出于国家有着这种客观利益的要求，所以才会确定自己的主观利益，如某种偏好。当这种客观利益与主观利益吻合在一起时，国家利益的内容就得以确定。因此，作为客观利益的国家利益对于国家的主观利益，如偏好，具有因果意义。① 那作为客观利益的国家利益的内容是什么呢？建构主义者作出了与现实主义者和新自由主义者不一样的回答。

---

① 参见［美］亚历山大·温特：《国际政治的社会理论》，秦亚青译，上海人民出版社2000年版，第293页。

建构主义者认为，现实主义者仅仅把国家利益定位在“生存”范畴并由此推导出权力利益观不免过于狭隘，而新自由主义者，如乔治与基欧汉把其从“生存”扩展到“独立”以及“经济财富”仍然不够充分。事实上，第四种利益，即“集体自尊”（self-esteem）应该并列进去。这四种利益的形式可能因国家的身份不同而存在区别，但是，所有的国家的根本需求是一致的，即如果国家需要再造自我，就必须考虑这四种需求。① 换句话说，如果国家需要存在与发展，就必须满足这四种利益。正因如此，这些利益成为国家对外政策行为的客观限制因素，它们起到了“选择机制”的作用。当然，这四种利益的涵义一直处于变化状态，随着国际环境的变化而变化。而且，它们有时也会产生矛盾，需要确定孰先孰后的问题。但从长远的观点来看，四种利益必须得到实现。如果国家做不到这一点，就会逐渐灭亡。事实上，这些利益的真正意义在于促使国家认识它们，解读它们的涵义，并依此决定应该怎样定义主观利益。② 显然，与现实主义者以及新自由主义者的观点相比，建构主义者对国家利益内容的认识在物质利益外，多了一种精神利益，即民族的集体自尊，或曰国家自尊。那什么是“集体自尊”或“国家自尊”呢？温特作出了详细的阐述，即“集体自尊指一个集团对自我有着良好感觉的需要，对尊重和地位的需求。……集体自我形象可能是正面的，也可能负面的。这一点部分地取决于与有意义的他者之间的关系，因为通过移位于他者才能认识自我的。负面的自我形象往往是通过自己认知到的、他国蔑视和侮辱而产生的。正因为如此，负面自我形象很可能出现在高度竞争的国际环境之中（如第一次世界大战后的德国以及如今的俄罗斯）。如果团体要满足其成员的自尊需求，就不能够长期忍受这样的形象，因此也就会通过抬高自我和/或贬低和侵略他者的行为弥补自我的负面形象。正面的自我形象则是来自于相互尊重和合作的。主权得到其他国家的承认在这里尤其重要，因为这意味着，至少在形式上一个国家是被他者视为具有平等的地位”。③

从国际法的角度看，作为国家利益的重要组成的国家自尊在两个方面与其发生联系。一方面，国际法在一定程度上塑造“国家自尊”。例如，国际法上的对新成立的国家或政府的“承认”便是获取国家自尊的一种方式。虽然一个新成立的国家，即使在没有得到他国承认的情况下，只要它拥有确定的领土、定居的人民以及政府与主权等国家存在所需要的必要因素，作为国家实体的本质是不会受到影响的。但是，获得来自国际法的外部承认不仅意味着其取得国际社会的成员资格，该

---

① 参见［美］亚历山大·温特：《国际政治的社会理论》，秦亚青译，上海人民出版社2000年版，第294页。

② 同上，第296页。

③ 同上。

国作为国际法主体所享有的一切权利得到尊重，也意味着国际社会认为该国家在国际关系中的各种行为是有效的，为其与承认国之间建立正式的外交关系奠定基础，以及意味着对旧的国家或政府的承认的撤销，新的国家以及政府享受原有国家或政府在国际上享有的一切权利。因此，对于新成立的国家或政府来讲，获得国际法上的“承认”是建立其国家自尊至关重要的一环。由此，《国际联盟盟约》、《非战公约》、《联合国宪章》、《国际法原则宣言》等国际法律制度逐步建构起国际法上的“不承认原则”，即规定缔约国或成员国不承认任何通过武力或武力威胁及其他不合法手段而取得的领土。从实践看，因国际法上规定的“不承认原则”而使一个国家不能获取国际法的主体资格的现象也屡见不鲜。同样，国际法的其他一些制度对于国家自尊的塑造也是至关重要的，尤其是自《非战公约》以来发展起来的禁止战争的国际法律制度以及《威斯特伐利亚和约》签订以来三百多年间逐渐发展起来的主权制度等。实际上，也是这些国际法律制度使国际社会能够从“人人为敌”、“国国为敌”的霍布斯式国际体系，演进到当今各国间大致形成了最低限度的互信和共识，遵从一种“我活也让别人活”的洛克式国际体系。在这种体系中，国家之间达成了这种共识，即相互承认主权，并尊重主权与领土完整，承认彼此间对生存与发展的管辖权。① 对于大国来讲，这些国际法律制度保证与塑造了一个和平共处、独立自主，以及自由竞争的国际环境；对于小国、弱国来讲，这些国际法律制度塑造了它们在国际社会中“体面生存”的自尊，保证了它们在国际社会的主体资格以及作为国家而与大国一样平等享有发展的权利。

另一方面，国家对“国家自尊”的追求可能会遵守、破坏或改变国际法。具体地讲，国家可能为了获取正面自我形象而遵守国际法，或者为了摆脱负面形象而破坏或改造国际法。首先，国家正面的自我形象来自于相互尊重和合作，所以国家尊重国际法是获取正面形象的重要途径之一。罗尔斯在《万民法》中曾把国内社会分成五类：即“合理的自由人民”；“合宜的人民”；“法外国家”；“负担不利条

---

① 例如，1970 年联合国大会通过的《国际法原则宣言》中有关“各国主权平等之原则”的规定是：各国一律享有主权平等，不问经济、社会、政治或其他性质有何不同，均有平等权利与责任，并为国际社会的平等会员国。而对主权平等的具体制度包括：（a）各国法律地位平等；（b）每一国均享有充分主权的固有权利；（c）每一国均有义务尊重其他国家的人格；（d）国家的领土完整及政治独立不得侵犯；（e）每一国均有权利自由选择并发展其政治、社会、经济及文化制度；（f）每一国均有责任充分并一秉诚意履行其国际义务，并与其他国家和平共处。

件的社会”；“仁慈专制主义社会”。① 显然，这五类分法代表了五种“国家形象”。例如，对于“法外国家”，正是由于其富有侵略性与危险性，不尊重人权与国际法而得来的负面形象。其次，为了摆脱负面形象，负担这种形象的国家可能试图破坏国际法。如“一战”结束作为战败国的德国被迫接受了《凡尔赛和约》体系，承受了领土割让或放弃、军力限制以及巨额战争赔款等耻辱条件。为了摆脱这种负面形象，之后德国一直尝试从事实上破坏《凡尔赛和约》体系的规定，尤其是希特勒上台后这种行为变得变本加厉，1936 年甚至发布了《德国关于废止诺迦若公约和重占莱茵非武装区的备忘录》的单方面声明，② 宣布“按照一民族保卫边疆和维持防御方法的基本权利，德国政府已自今日起在莱茵非武装区域恢复德国的完全和无限制的主权”，从而达到法理上的破坏。事实上，“二战时希特勒德国的扩张，很大程度是对一战中德国的民族耻辱进行报复，是旨在实现一种精神利益，仅仅从德国争夺国际市场、势力范围等物质利益分析德国国家利益是不全面的”③。最后，为了获取正面形象或负担负面形象的国家可能试图改造国际法。例如，1945 年 6 月，联合国诞生，五大战胜国美、苏、英、法、中成为联合国安理会中拥有否决权的五个常任理事国。日本、德国虽然也是大国，但因其是“二战”的发动者，一

① 在《万民法》中，罗尔斯把国内社会分成五类：一种是“合理的自由人民”(reasonable liberal people)，是指具有合理正义的宪政民主制的社会；第二种则是“合宜的人民”(decent peoples)，其基本结构，罗尔斯称之为“合宜的协商等级制” (decent consultation hierarchy)，该制度下的人民被称之为“合宜等级制人民”(decent hierarchical peoples)。罗尔斯对“合宜协商等级社会”的定义是，这些社会的成员在公共生活当中被视为不同集团的成员，每个集团在法律体系中都由合宜协商等级制里的一个团体来代表。罗尔斯将其与自由人民统称为“组织良好的人民”(well-ordered peoples)。第三种为“法外国家”(outlaw states)，指富有侵略性与危险性，不尊重人权与国际法的国家；第四种为“负担不利条件的社会” (societies burdened by unfavorable conditions)，罗尔斯对其的定义是，这种承受不利条件的社会不从事侵略扩张，却缺乏政治及文化传统，缺乏人力资源和技能，而且往往缺乏组织良好所必需的物质与技术资源。罗尔斯认为，组织良好社会（相对）长期的目标，是要将承受负担的社会（如同“法外国家”一样）带入“组织良好的人民”的社会，“组织良好的人民”有义务援助“承受不利条件的社会”的人民。最后，即第五种是“仁慈专制主义社会” (benevolent absolutisms societies)。罗尔斯认为，该社会尊重人权，但由于其成员在政治决策中被剥夺了有意义的角色，所以这种社会组织不够良好。参见［美］约翰·罗尔斯：《万民法》，张晓辉等译，吉林人民出版社 2001 年版，第 4 页。

② 有关《德国关于废止诺迦若公约和重占莱茵非武装区的备忘录》的详细内容，可参见王绳祖、何春超、吴世民编选：《国际关系史资料选编（17 世纪中叶～1945）》（修订本），法律出版社 1988 年版，第 685～689 页。

③ 郭树勇：《建构主义与国际政治》，长征出版社 2001 年版，第 112 页。

直被排除在常任理事国名单之外。然而，随着国际政治经济形势的发展变化，日本、德国已重新融入国际社会，它们也分别成为世界上第二、第三大经济体，印度、巴西等国也成为南亚、南美最强大的国家。这些国家希望成为安理会常任理事国，在国际事务中拥有更大的发言权。于是，借联合国改革的东风，这四个国家结成“四国联盟”，要求通过有关修改《联合国宪章》从而使它们成为安理会常任理事国的决议。显然，《联合国宪章》有关五大战胜国成为联合国安理会拥有否决权的五个常任理事国的规定，给予了这些国家足够的“自尊”。而在经济上已经成长为大国的德国、日本、印度以及巴西，试图通过修改《联合国宪章》而成为安理会的常任理事国，从而获得与其经济地位相称的政治地位，并由此满足它们的“大国自尊”。

总之，建构主义将“国家自尊”这种精神利益列为国家利益的组成部分，对于现实主义与新自由主义局限于物质利益范围对国家利益的界定是一种重大进步。而这种做法对于考察国际法的地位与作用，以及国际法的发展变化提供了另一条有效途径。无疑，国际法对“国家自尊”有着良好的塑造功能，这种作用必须得到国家的重视，也提高了国际法的地位。而国家利益中“国家自尊”的获得或改变，可能有利于国际法的遵守，也可能导致国际法的破坏或革新。凡此种种，都表明在研究国际法的遵守以及变动时，有必要考察相关国家的“国家自尊”的获取或变动的原因，从而为更好地解释国际法的各种现象寻找有效路径。

4.“观念利益观”的特征与国际法的分析。

无疑，从国家利益使国家具有自我实现的“性质”之命题，可以很自然地推导出国家从本质上是寻求自我利益或利己以及国家利益的特征为利己主义的结论。不过，建构主义者认为，从某种意义上讲，有的时候，甚至是大部分的时候，国家确实是利己的。但这种利己的本性并不是现实主义理论预先给定的假设，其既不是国家利益的固有特征，也不是从后天获得的。如果不理解自我，尤其是自我与他者的关系，就无法理解自我利益。自我利益是一种主观利益，是对怎样实现需求的认识，其典型特征是对他者采取单纯的工具性态度，即为了实现自身的满足，他者是可以被利用的。但是，自我利益并不是国家的内在属性，它是对怎样实现国家的自我需求的偶发性认知，这些需求在具体情景中和与他者的关系中被激活。因此，自我利益是由文化建构而成的。① 至此，建构主义推翻了理性主义国际关系理论有关国家利己主义为它们本质属性的看法，并且得出一个重要的结论：如果国家利己主义不是天生的，那就意味着这种特性是可以改变的。换句话说，国家利益的特征是

① 参见［美］亚历山大·温特：《国际政治的社会理论》，秦亚青译，上海人民出版社2000年版，第298～299页。

由文化建构，其利己特征是可以改变的。

建构主义者承认，在物质资源匮乏的世界，满足自我需求往往与他者发生冲突，这将驱使国家习惯以利己的方式解释其内在的、客观的国家利益。因此，在其他条件相同的情况下，国际体系包含了使国家趋于“现实主义”思维的因素。不过，国家一开始这样做的时候可能确实是出于自我利益的考虑，但随着时间的推移，这种认同得以内化，即一群国家就会认为彼此同属“我们”之列。这时，这个群体的成员之间涉及整个团体事务的时候就不会再各自寻求自我利益了。简单地讲，问题已在于国家能否习惯这个额外的“社会身份”，或曰“集体身份”，这种身份超越了国家本身，创建了群体认同的“同心圆”。① 因此，在社会学习没有达到认同并形成集体身份之前，国家利益纯粹是自私的，表现为强烈的工具理性，现实主义与新自由主义的利益观念即在于此，但是一旦经过社会学习，使国家得到并习惯了一个额外的“社会身份”，国家利益的自我利益特征就得以改变，至少已不是纯粹的工具理性。因此，不是国家关心与支援别国，以及与他国展开合作的所有行为，都纯粹是作为实现自我利益的手段或目的，“利他”或“互利”的行为一样广泛地存在。

站在国际法的立场，建构主义者对国家利益的特征的解释有利于对国际法的分析，表现在以下两个方面：一方面，建构主义者的观点有利于国际法的“合法性”命题的论证。实际上，理性主义国际关系理论有关国家完全是由利己利益驱动的假设是将国家利益从本质上界定为自我利益，自私成为最主要的特征，从而排除了它们经过学习而超越利己主义的可能。这就表明，国家遵守国际法完全是属于自我利益的动机，或者说经过成本/效益的考虑，从而排除了国家通过在国际社会的活动所培养的“法治意识”或者守法习惯，排除了国家将对国际法的遵守变成从内心感觉自己必须遵守的义务。无疑，在这种理论思路中，国际法的“合法性”问题是得不到解决的。实际上，国际法律规范并不是一个纯粹由权利、义务以及惩罚等要素，并有强制力保障它们实现的规范集合。相反，许多道德性、价值性的准则占据了国际法律规范的大幅比例。诸如《国际法原则宣言》、《各国权利与义务宪章》、《世界人权宣言》、《斯德哥尔摩宣言》等许多对国际社会产生重大影响的重要国际法律制度，甚至基本上是由这种道德性或价值性的规范所组成。虽然它们广泛地使用了“有义务”、“必须”等强制词语或“不得”、“反对”等禁止性词语，但这些规范并没有获得强制力保障的待遇。显然，这种没有具体的权利、义务或惩罚规定的道德或价值规范，在没有强制力的保障下，其实现的方式更多只能依靠个

① 参见［美］亚历山大·温特：《国际政治的社会理论》，秦亚青译，上海人民出版社2000年版，第300～301页。

体国家将其内化成外交思维中的义务意识以及认同这种国际法律规范的“合法性”，才能够得到尊重与被遵守。而要做到这一点，纯粹的利己主义思想是不可能的。只有国家承认自己的“集体身份”，明白自己作为国际社会的一员必须尽到这些最基本的义务或要求，即让国家利益摆脱了纯粹的利己主义思维才能做到对道德性或价值性的国际法律规范的遵守。对此，温特指出：“当今大多数国家把自己视为‘国家组成的社会’的一个部分，它们遵循这个社会的规范，不是出于对自我利益的考虑，认为这样做对它们各自的利益有好处，而是因为内化并认同了这些规范。……在涉及许多共存的根本问题上，国家已经获取了某种程度的集体利益，这种集体利益远远超出了‘现实主义’的构想。”①

另一方面，建构主义有关文化建构国家利益的特征，或者说国家利益是后天培养的观点有利于国际法的建构，从而给国际法的发展指出了一个更为乐观的前景。无疑，当前的国际社会面临着包括人口膨胀、贫富分化、恐怖主义、环境危机、生态失衡等各种各样、威胁人类生存与安全的全球性问题。这些问题的合作机制，包括国际法律制度，有着强烈的“公共物品”（public goods）的特征，② 这种特征让抱着利己思想的各国难以展开合作与取得成果。例如，近几个世纪以来，随着生产力的迅猛进步，人类创造出前所未有的经济增长和物质财富，同时也对环境与生态的破坏发展到登峰造极的地步。由于环保、生态问题的跨国性，使它们日益成为全球公共问题。正由于这些问题的跨国界特征，决定了解决环保或生态问题的多边法律制度具有“公共物品”的性质，而这种性质不仅不能保证各国之间合作的积极开展，却可能使各国成为潜在的“观望者”或“免费搭车者”（free-rider）。这种个体理性与集体理性的矛盾，不仅难以使全球环保或生态问题得以解决，而且可能

---

① ［美］亚历山大·温特：《国际政治的社会理论》，秦亚青译，上海人民出版社 2000 年版，第 302 页。

② 公共物品是一种来自经济学的术语。一种物品，如果能称得上是公共物品的话，它必须同时满足两个条件，或者说，公共物品具有两个特征，一是供应的相联性，即一个人对物品的消费不会减少任何其他人对该物品的消费额；另一个是排他的不可能性，即任何人都可以消费它，但任何人都不可以也不可能阻止其他人消费它。参见苏长河：《全球公共问题与国际合作：一种制度的分析》，上海人民出版社 2000 年版，第 117 页；Kenneth W. Abbott, *Modern International Relations Theory: A Prospectus for International Lawyers*, Vol. 14, No. 2, Yale Journal of International Law, 1989, pp. 379-381.

使这些问题的多边合作陷入“公用地悲剧”式的困境。① 而且，环境或生态的保护还有与经济发展相冲突的一面。这样，与直接能带来经济效益的自由化立法相比，众多国家对环保的多边立法严重消极，有关环保合作的区域、多边谈判举步维艰。不过，就如温特所言，“虽然个人有着天生寻求自我利益的特征，但他们仍然可以不断克服这样的想法，形成集体身份。社会身份理论的全部内容就是：什么是团体认同的决定性因素。人是社会动物，如果人总是自私的，那么也许他们永远也不会组成社会。……我提出国家也会通过学习而相互认同。社会身份理论没有排除这种可能，并且强调了团体身份的可塑性”②。实际上，经过环境保护主义者、关注环境保护的国家，及其关注环境的政府间组织与非政府组织的努力，大多数国家通过“学习”逐渐认同了“人类只有一个地球”或“地球只有一个”的概念，意识到环境保护问题已不是哪个国家的问题，而是关系着整个人类社会能否持续发展的问题。这时，保护环境构成国家利益的一部分。由此，世界各国在《斯德哥尔摩宣言》中郑重宣布：“……为了这一代和将来的世世代代，保护和改善人类环境已经成为人类一个紧迫目标，这个目标同争取和平、全世界的经济与社会发展这两个既定的基本目标共同和协调地实现。”无疑，《斯德哥尔摩宣言》是国际环境法发展史上的一座重要里程碑，之后国际环境法得到了迅速的发展，并成为国际法的一个独立分支。由国际环境立法的历史我们可以看出，在解决国际社会所面临的众多全球性问题时，要克服集体理性与利己主义的矛盾，就必须通过各种方式的宣传行动，使得各国通过学习逐渐建立共同利益的意识，并使这种意识进入它们的国家利益，改变并重新塑造它们的国家利益，才能达成有关方面的国际合作与国际立法。

至此，我们可以看到，理性主义国际关系理论有关国家利益为自私之特征的理论假设，既难以回答国际法的“合法性”之问题，也难以理解各国是如何克服个体理性与集体理性的矛盾，达成旨在解决全球公共性问题的国际合作与国际立法的。而“观念利益观”所主张的在大多数情况下利益具有自私之特征，但可以通

---

① 1968年，英国科学家加雷特·哈丁（Garrett Hardin）在美国著名的《科学》杂志发表了《公用地的悲剧》（The Tragedy of the Commons）一文，这篇文章悲观地描述了理性的追求利益最大化的个体行为，是如何导致公共利益受损的恶果的。哈丁的“公用地的悲剧”，如今几乎成了人们描述全球环境灾难的代名词。一方面，追求自身利益最大化的个体行为，最终并没有导致整个社会利益的最优结果；另一方面，当存在社会共同利益的时候，个体可能不会采取合作性的集体行动去实现这些共同利益。参见苏长河：《全球公共问题与国际合作：一种制度的分析》，上海人民出版社2000年版，第9～11页。

② ［美］亚历山大·温特：《国际政治的社会理论》，秦亚青译，上海人民出版社2000年版，第302页。

过后天的学习改变这种特征的论述为解释国际法方面的以上两个问题提供了一种合理的解释途径。

六、结束语

与国家利益是国际关系中国家行为的出发点与归宿的地位相对应的是，国家利益的内涵是国际关系理论研究中的一个核心概念，是各个学派，包括理想主义、现实主义、新自由主义等紧密围绕，不能回避的问题。事实上，各个学派都对国家利益问题发表了自己的旗帜鲜明、特色各异的看法，包括理想主义的“自由主义意识形态国家利益观”、现实主义的“权力利益观”、新自由主义的“合作利益观”等。从各自的侧重点以及理论论证来看，它们之间的分野是鲜明的。同时，这种分野给国际法的发展所带来的影响或所能提供的解释也各有区别。

具体地讲，理想主义的自由主义意识形态国家利益观为国际法的发展带来的影响是双重的。在“一战”结束，理想主义占据国际关系理论与实践的主导之时，来源于自由主义意识形态的“制止战争与寻求和平”的理念成为美欧大国的国家利益的一部分，并为“一战”后国际立法带来繁荣。这一时期，国际法的发展取得前所未有的成就，同时也为国际组织的表现提供了足够空间。无论是《凡尔赛和约》体系还是国际联盟及其实践活动，都是国际法与国际组织发展史上里程碑的事物，为以后联合国的创立与运作以及联合国法律体系的构建与发展提供了最好的示范。实际上，“二战”后，理想主义有关“制止战争与寻求和平”的理念仍然构成美国等大国的国家利益的一部分，并影响了联合国与联合国法律制度、GATT与《1947年关贸总协定》、IMF与国际金融管理制度的构建。然而，理想主义的意识形态国家利益观在某些时候也给国际法的发展带来一些消极影响，主要表现在冷战时期美苏意识形态的冲突所造成的对国际法与国际组织的运行效率的破坏或影响。当然，在“二战”后的国际关系的实践中，理想主义与现实主义的国家利益观已经交织在一起。尤其是在冷战时期现实主义占据主流地位的时候，“权力利益观”给国际法的发展以及国际组织的运作造成的消极影响是有目共睹的。自20世纪80年代，尤其是冷战结束以来，随着全球化的发展，国家之间开展合作成为国际关系各个领域的首要之事，这时，新自由主义的“合作利益观”对国际经济立法产生积极影响，或者说给全球化背景下国际经济立法的繁荣提供了一定的理论解释。在新自由主义的“合作利益观”的视野下，国际经济法在国际政治经济的地位与作用得到了比以前更加正面的肯定。

不过，我们必须认识到，在国家利益的研究中，无论是理想主义模式，还是现实主义模式，以及新自由主义模式，都存在某种理论缺陷。实际上，在上述理论研究繁荣的同时也面对着各种批评，这种批评大体集中在两个方面：一方面，“国家利益”这个词是模糊的——很难明确地定义以及澄清特殊利益与“国家利益”之间的关系；另一方面，这个概念并没有给外交政策的形成提供清晰的指导——它可能无法反映一个多元社会的各种声音，同时它还可能鼓励一种狭隘的国家主义倾向。① 同时，国家利益的概念要被普遍接受，其面临的最大障碍之一就是两种观点之间的根本性分歧：其一是宽泛地理解国家利益，进而相当的模糊；其二则想要把国家利益局限在大量的具体内容上或单一的利益，从而不定多变。② 无疑，理想主义与现实主义国家利益观所存在的缺陷正好代表这国家利益研究中的两大缺漏，或者说批评的两面。而这种理论缺陷同时也给国际法的发展的解释问题带来不完善之处。例如，理想主义国家利益观实际上陷入了两个理念上的误区：一是将国家利益完全等同于国家的主导意识形态的做法，实际上是把国家利益是国家行为的根本驱动因素这一假定，与意识形态是国家行为的驱动因素之间完全混同；二是一旦我们把国家利益与国家主导意识形态等同起来，则这时国家利益很容易被视为一个千古不变的常数。③ 同样，对于现实主义将生存视为国家利益的全部或主要部分的观点也值得推敲。诚然，把涉及国家存亡的国家安全作为国家的最基本要求，这应该是任何一个国家都应有的反应，但当一个国家的生存并不受直接威胁、领土不受外来侵犯的时候，则国家的安全需求和其他需求之间的关系就变得较为复杂。因此，如果说“过于静止”与“一成不变”是理想主义模式对国家利益的解释的最大弊端，那“多变无常”却是现实主义模式的弊病，结果是两个模式都无法作为比较准确的解释模式而使用。即如果我们依照理想主义模式推理，那必须面对的是对国家行为规律的解释和预测会出现较大的差错的风险；如果我们依照现实主义模式的推理，那可能又无法得到任何较普遍的、较有规律性的结论，④ 因为“一旦用权利作为衡量的尺度，那摩根索之流就可在任何时间与任何条件下定义出不同的国家利益，从而轻而易举地解读政治家们的思维”⑤。

---

① *See* Rozeta E. Shembilku, *The National Interest Tradition and the Foreign Policy of ALBANIA*, Master of Arts in Law and Diplomacy Thesis, April 23, 2004, pp. 11-12. available at http: // fletcher. tufts. edu/research/2004/ Shembilku-Rozeta. pdf, visited July 21, 2007.

② *Id.*, p. 12.

③ 参见秦亚青：《霸权体系与国际冲突——美国在国际武装冲突中的支持行为（1945～1988）》，上海人民出版社1998年版，第30～31页。

④ 同上，第56～57页。

⑤ *See* Rozeta E. Shembilku, *The National Interest Tradition and the Foreign Policy of ALBANIA*, Master of Arts in Law and Diplomacy Thesis, April 23, 2004. p. 17. available at http: // fletcher. tufts. edu/research/2004/ Shembilku-Rozeta. pdf, visited July 21, 2007.

而与理性主义国际关系理论对国家利益的界定相比，建构主义的界定有着独特的意义。同时，其与国际法的关系更加紧密。从理论上讲，可以给国际法的发展带来更全面以及更积极的影响，或者提供一种站在独特视角的理论解释。具体包括，建构主义对于国家利益的本质的认识有利于国际法的地位的提高；对于国家利益的起源的分析可以为国际法的作用提供另一种视角的分析；对于国家利益的内容的理解有利于阐明国家利益与国际法的紧密联系；对于国际利益的特征的诠释为全球化背景下国际法的进一步发展提供更加乐观的前景。总之，建构主义有关观念建构国家利益的思路不仅在理论上对国际法的建构与遵守现象，具备良好的解释功能，也在实践中有利于国际法的地位与作用的提高。不过，我们必须明白的是，尽管从理论上讲建构主义国家利益观可以为国际法的发展带来更积极的影响（或者提供另一种视角的解释），但仍然留下许多问题值得我们思考。因此，就如建构主义的整个理论体系仍然需要进一步完善一样，其国家利益观对国际法的解释仍然需要进一步理论完善，其影响也需要时间来检验。

实际上，在国际关系与国际法的实践中，意识形态、权力、合作以及观念，都可能占据国家利益的一部分，只是在某个时空内哪一部分占据主流而已。但是绝大多数时间内，我们在对国家利益进行理论探讨以及分析其对国际法的发展的影响时，必须把各种要素考虑进去，并对各种要素之间的关系以及特定时期孰重孰轻进行全面考虑，才能够得出更为准确的结论。

Abstract The national interest is the core concept in the theory of international relations, and also the considerate or decisive factor in the political, economical and judicial cooperation and foreign policy. The various mainstream theories in the different stages of international relation have explored the theory of national interest extensively and thoroughly and proposed various paradigms. The idealist view from the perspective of liberal ideology, the realist view which has defined the interest as power and the neo-liberalist view which has defined the interest as cooperation and the constructivist view which has defined the interest as conception, have stressed the different facet of national interest and reflects the emphasis of the foreign policy in different periods. This variation of emphasis has exerted some influences on the international law and international organizations in the different periods. It has also provided a international relation perspective for the analysis of the international law and international organizations in the same period.

Key words national interest; the theory of international relation; international law

（审稿：谢晓庆）

习惯国际法真的是一个幻象吗?

——美国学者的博弈论研究述评

□ 姜世波*

内容摘要 1999年杰克·L. 戈德史密斯和埃里克·A. 波斯纳的一篇论文和2000年的一部著作，开启了将博弈论引入国际法研究的序幕。两位教授的结论，即习惯国际法并没有效力，它必须通过国家利益，在满足国家利益时才会得到执行，各国援引习惯国际法只不过是一种修辞，一种"廉价交谈"，这一否定习惯国际法效力的结论引起了很多学者的不满，不少学者纷纷撰文批驳其论点和方法。同时，这一方法也引起不少学者进一步拓展用理性选择方法研究国际法的兴趣。部分学者的研究不是否定习惯国际法，而是深入研究习惯国际法形成中的多边合作问题、阐明问题、效率问题等。最后，本文从肯定习惯国际法的视角为其作了辩护，认为习惯国际法是个现实的存在，并非如两位教授所认为的，是一个人为的虚构的幻象。

关键词 习惯国际法 博弈论 国家利益 阐明 国际关系理论

目 次

乍看这一题目可能会有些危言耸听，因为人们基本上承认，国际法的存在是一

* 山东大学威海分校法学院副教授，博士研究生，国际法与比较法研究所所长。

个不争的事实。① 每当国际风云变幻，我们就不难看到国际舞台上法律的较量。然而，这一论题却并非笔者故弄玄虚，而是来自近年来博弈论方法进入国际法领域研究时，某些学者经过认真的实证考察得出的结论，并且由此引发了一场至今硝烟未尽的论战。

一、论战的缘起：对习惯国际法的否定

博弈论自1937年作为一种数学理论产生以来，已经被广泛运用于研究经济、政治、军事、外交、社会学等诸多社会科学领域。作为一种分析方法，它对人类的行为和社会制度具有深刻的解析力。将博弈论引入法学研究的第一部著作据称是美国芝加哥大学法学院道格拉斯·G. 拜尔、罗伯特·H. 格特纳、兰德尔·C. 皮克三位教授合著的《法律的博弈分析》，② 而首次将博弈论和理性选择理论用于研究习惯国际法的作者同样是该校法学院的另两位教授——杰克·L. 戈德史密斯（Jack L. Goldsmith）和埃里克·A. 波斯纳（Eric A. Posner），他们在1999年《芝加哥大学法律评论》第66卷上发表了题为《习惯国际法的一个理论》（A Theory of Customary International Law，以下简称“理论”）一文，其原始文本为芝加哥大学法律经济学系列研究报告之第63号，该报告曾被置于互联网上公开接受讨论。③ 该文发表后在美国法学界产生了很大反响，因为它用博弈论模型对几种公认的所谓习惯国际法规则进行了实证分析。他们指出，各国都是理性行为体，皆以追求自身利益最大化为行为策略的出发点。理性国家在坚持国际习惯的概念和抱怨其他国家违

① 人们一般认为，国际法的两个最重要的渊源就是条约和国际习惯。虽然有学者认为国际法一般并不仅仅指国际习惯、多边公约，甚至包括既不是条约也不是习惯的国际组织的决议，尤其是联合国大会的决议等。（*See* Grigory Tunkin, *Is General International Law Customary Law Only*? Vol. 4, No. 4, European Journal of International Law, 1993, pp. 534-541.）但笔者却还是认为，所谓普遍国际法，通常就是指习惯国际法。因为条约，包括多边公约，归根结底还是国家间的“契约”（协议），其效力来源于各国的同意，而真正对各国具有普遍约束力的还是习惯国际法。

② 见该书中译本译者严旭阳先生为该书所写的《博弈理论：法学研究方法的创新——译者的话》，法律出版社1999年版。

③ Chicago John M. Olin Law & Economics Working Paper No. 63 (2nd Series), available at http: //www. law. uchicago. edu/Lawecon/WkngPprs_ 51-75/63. Goldsmith-Posner. pdf, Visited March 7, 2008; Jack L. Goldsmith & Eric A. Posner, *A Theory of Customary International Law*, Vol. 66, No. 4, U. Chi. L. Rev., 1999, p. 1113. 该文成为两位教授后来所著《国际法的局限》一书中的第一章（Jack L. Goldmith & Eric A. Posner, The Limits of International Law, Oxford University Press, 2005）。*See also* Jack L. Goldsmith & Eric A. Posner, *Understanding the Resemblance Between Modern and Traditional Customary International Law*, Vol. 40, No. 2, Va. J. Int'l L., 1999-2000, p. 639.

反规则时并不是出于法律义务感,① 各国对国际习惯嘴上说得好听，只是因为它们力图“避免被指责”为不可靠的合作伙伴,② 或者借此展示它们在协作模型中的行为信息。③ 该理论反对传统习惯国际法形成理论所主张的习惯国际法产生于因一国出于法律义务感而服从一个规范的观念，认为传统理论把因果关系恰恰给颠倒了，并不存在一个外在的、具体化了的所谓习惯国际法来约束各国以某种方式行为，确切地说，习惯国际法只不过是各国对因追求自我利益的相互作用而派生的行为常规贴上的标签而已。④

他们认为，各国在追求自我利益的过程中会在四种情况下产生行为常例(bahavoir regulaties)：利益一致（coincidence of interest)，强迫（coercion)，双边重复囚徒困境(the bilateral iterated prisoner's dilemma）和协作（coordination)。那些传统上认为构成习惯国际法的行为实际上都可以视为上述四个不同行为逻辑的一个变量。第一，有些称为习惯国际法的东西更适合认为是产生于利益一致的行为，从这种行为常例的产生中每个国家都会从中获得好处。第二，某些习惯国际法行为最好理解为产生于强迫。这种情况属于一个大国（或者具有共同利益的国家之间形成的联合体）以实力威胁其他国家参与某种行为，而这种行为若没有强迫，那些国家是不会从事的。通过利益一致或强迫而形成的行为常例，虽然都被传统观点认为形成了国际合作，但实质上这是一种错误的表述。第三种情况才是真正的合作。这种情况最好的博弈模型是双边重复囚徒困境，在这种困境下两个国家经过长期博弈将获得相对较高的收益，从而避免了短期内欺诈的诱惑。如果满足了某些条件,⑤ 就可以在获得较高利益的地方形成行为常例。第四种情况是协作的情形。在这种情况下，“每个国家的最佳策略行动取决于另一国家的策略行动”以取得更好

① Jack L. Goldsmith & Eric A. Posner, *A Theory of Customary International Law*, Vol. 66, No. 4, U. Chi. L. Rev., 1999, pp. 1135-1138; Jack L. Goldsmith & Eric A. Posner, *Understanding the Resemblance Between Modern and Traditional Customary International Law*, Vol. 40, No. 2, Va. J. Int'l L., 1999-2000, pp. 663-665.

② Jack L. Goldsmith & Eric A. Posner, *A Theory of Customary International Law*, Vol. 66, No. 4, U. Chi. L. Rev., 1999, pp. 1136-1137, p. 1151.

③ Jack L. Goldsmith & Eric A. Posner, *A Theory of Customary International Law*, Vol. 66, No. 4, U. Chi. L. Rev., 1999, pp. 1137-1138.

④ Jack L. Goldsmith & Eric A. Posner, *A Theory of Customary International Law*, Vol. 66, No. 4, U. Chi. L. Rev., 1999, p. 1172.

⑤ 这些条件包括各国的低贴现率，博弈的无限持续，以及背叛的有限收益等。*See* Jack L. Goldsmith & Eric A. Posner, *A Theory of Customary International Law*, Vol. 66, No. 4, U. Chi. L. Rev., 1999, p. 1126.

的收益。① 有时各国会面临并需要合作来解决某些问题，在这些情况下，如果各国采取同一或者均衡的行动就会比不采取这种行动获得更高的收益，这时各国就会通过协作形成与习惯国际法相联系的行为常例。不过，无论合作还是协调，只在双边情景下才有生命力，不可能产生于多边情景下。“理论”一文主张这四种策略立场中没有一种是真正的多边规范的合作，各国仅单边地追求国家利益就会产生行为常例，而这些在过去却被典型地认为构成了习惯国际法。多边的行为常例总是反映着利益一致或者强迫（因此并非法律之类），而反映合作或协调的行为常例仅产生于双边情景下。② 表现为多边习惯国际法规范的东西是虚幻的，它们是在所有这些模式中某些利益一致和相互结合的产物，或者是某些国家受到一个或少数大国强迫的产物，或者是在离散的双边情景下一个囚徒困境或合作博弈的产物。因此，传统上认为的那些各国遵守习惯国际法规范的行为都不是出于法律义务感，相反是源自不同策略情形下的自我利益的理性计算。③ 按照博弈论模型，策略情形改变也就会导致各国改变它们的行为模式，这也解释了国际习惯变化之谜。④

因此，这一理论在几个根本方面不同于标准习惯国际法概念：它拒绝通常认为习惯国际法建立在法律确信、合法性、道德以及相关概念基础之上的观点，拒绝承认各国遵守习惯国际规范是因为道德或法律义务感的缘故。相反，他们认为，各国遵守规范以及规范本身都源于它们在国际舞台上追求自我利益的政策。⑤ 换句话说，习惯国际法不是控制各国行为的外在力量，它标志着人们的行为是内生于各国追求自我利益的相互作用的结果。另外，他们的理论拒绝传统上主张与习惯国际法

---

① Jack L. Goldsmith & Eric A. Posner, *A Theory of Customary International Law*, Vol. 66, No. 4, U. Chi. L. Rev., 1999, p. 1127.

② Jack L. Goldsmith & Eric A. Posner, *A Theory of Customary International Law*, Vol. 66, No. 4, U. Chi. L. Rev., 1999, p. 1115. 在这篇文章中，作者使用多边合作、去中心化的演化、非中心化的问题解决以及行为常例来指涉国际习惯，而否定有什么法律确信。

③ Jack L. Goldsmith & Eric A. Posner, *A Theory of Customary International Law*, Vol. 66, No. 4, U. Chi. L. Rev., 1999, p. 1139; Jack L. Goldmith & Eric A. Posner, The Limits of International Law, Oxford University Press, 2005, p. 35, pp. 42-43.

④ Jack L. Goldsmith & Eric A. Posner, *A Theory of Customary International Law*, Vol. 66, No. 4, U. Chi. L. Rev., 1999, pp. 1133-1135. 按照习惯国际法形成的标准解释，由国家实践转变为国际习惯法，其核心要素是法律确信，但当一个既有的习惯改变之初，它究竟是违反既有习惯的不法行为，还是创造了一个新的国际习惯的先例？二者之间是无法调和，无法自圆其说的。

⑤ Jack L. Goldsmith & Eric A. Posner, *A Theory of Customary International Law*, Vol. 66, No. 4, U. Chi. L. Rev., 1999, p. 1115.

相联系的行为常例所反映的单一的、一元的逻辑。① 相反，这些行为反映了重要性不同的逻辑结构，这些结构产生于历史的偶然情景之下。

随后戈德史密斯和波斯纳两位教授用一些例子检验了他们的理论，这些例子涉及四个传统习惯国际法领域：捕鱼船在战时免予拿捕作为战利品（Free Ships，Free Goods），外交豁免（Ambassadorial Immunity），关于领海（Territorial Sea）宽度的法律和哈瓦那邮船号案（The Paquete Habana）。② 他们尤其注重各国对这些制度在不同时代、不同情景下的不同表现。通过详尽的分析，他们试图证明各国都是以其国家利益最大化的方式行事的，当具体情势变得对国家没有利益时，国家就认为不需要遵守有关的国际法律义务了。据两位教授称："我们选择研究这些法律领域是因为它们代表了习惯国际法的广泛系谱，也因为这些习惯国际法规范按照传统的解释，也是最有生命力的存在。案例研究提供给我们几个教训，主要的教训是传统上理解的习惯国际法具有很少的解释力。所谓国家行为构成习惯国际法，实际上是完全不同的、具有不同逻辑的变化的实践，这些不同逻辑取决于特定情景下各国利益的相互作用。案例研究表明，与习惯国际法相联系的行为并不反映一元根本逻辑。即使习惯国际法被理解为一种规范力时，它在指导国家行为上也并不能独立起作用。案例研究也揭示了评论家们和法院仅对一个行为常例的观察就得出习惯规则是如何犯错误的。另外，在分析习惯国际法的过程中，法院和评论家们太过于依赖各国说什么，而牺牲的是它们做了什么和为什么这么做。他们倾向于把习惯国际法限定在那些从规范视角看是'善的'行为常例，而贬低了那些糟糕的'礼让行为'，那些违反习惯国际法规则的行为，或那些作为例外的常例。"③

---

① 关于传统习惯国际法形成理论（即标准解释）的一元论根据，两位教授是指传统理论认为习惯国际法是一元的、普遍的、外在的。"一元"意味着它所描述的行为具有同一逻辑形式，不存在其他逻辑形式；"普遍"意味着它约束着所有国家，大国也不能例外；"外在"意味着它对国家行为是一种外在的强制，而不是国家是否愿意接受所能改变的。而这些在"理论"一文中，被两位教授以大量的历史事实一一击破。*See* Jack L. Goldsmith & Eric A. Posner, *A Theory of Customary International Law*, Vol. 66, No. 4, U. Chi. L. Rev., 1999. *See also*, Jack L. Goldsmith, Eric A. Posner, *Further Thoughts on Customary International Law*, Vol. 23, No. 1, Mich. J. Int'l L., 2001-2002, p. 194.（以下简称"进一步思考"）。

② Jack L. Goldmith & Eric A. Posner, The Limits of International Law, Oxford University Press, 2005, pp. 45-78. 而在"理论"一文中，可能是由于篇幅限制，两位教授只研究了中立（neutrality）、外交豁免（diplomatic immunity）和海事管辖（maritime jurisdiction）三个例子。Free Ships, Free Goods 的例子在后来的"Understanding the Resemblance Between Modern and Traditional Customary International Law"一文中得到了补充。

③ Jack L. Goldsmith & Eric A. Posner, *A Theory of Customary International Law*, Vol. 66, No. 4, U. Chi. L. Rev., 1999, p. 1116.

二、对习惯国际法虚无论的反击

戈德史密斯和波斯纳两位教授的文章发表后，很快便引起美国国际法学界和国际关系学界的关注，许多人纷纷写文章对他们研究的结果和方法提出质疑。① 在《国际法的局限》一书出版后，很多国际法学者和国际政治学者也对此书加以评析。② 但这些评论中引起两位教授关注的当数西雅图大学法学院 Mark A. Chinen 副教授的回应，③ 因为这一回应揭示了两位教授文章中的几处要害，使他们不得不认真对待。在双方来来往往的交锋中，可谓针锋相对：

首先，就习惯国际法作为影响国家行为的工具来说，博弈论的分析认为，当利益发生改变时，不管是习惯还是条约，哪一种法律渊源都不能依靠来影响国家行为。然而，Chinen 认为，即使这是真的，国际法也能继续作为工具用来增强所期望的国际合作。另外，博弈论虽然解释了为什么各国合作或者不合作，但它不能解释任何新的国际合作问题，如基本人权。我们对适用习惯或条约影响国家行为是否抱有自信，取决于我们对遵守法律规范水平的整体评价，而不仅仅是几个案例、几个领域的规则适用水平。

第二，关于适用习惯国际法作为判决的规则渊源问题，他感觉采用描述性批判

---

① 这些回应的文章包括但不限于：Mark A. Chinen, *Game Theory and Customary International Law: A Response to Professors Goldsmith and Posner*, Vol. 23, No. 1, Mich. J. Int'l L., 2001-2002, pp. 143-189; Jun-shik Hwang, *A Sense and Sensibility of Legal Obligation: Customary International Law and Game Theory*, Vol. 20, No. 1, Temp. Int'l & Comp. L. J., 2006, pp. 111-131; David M. Golove, *Leaving Customary International Law Where It Is: Goldsmith and Posner's The Limits of International Law*, Vol. 34, No. 2, Ga. J. Int'l & Comp. L., 2005-2006, pp. 333-377; Detlev F. Vagts, *International Relations Looks at Customary International Law: A Traditionalist's Defence*, Vol. 15, No. 5, European Journal of International Law, 2004, pp. 1031-1040; Mark A. Chinen, *Afterword*, Vol. 23, No. 1, Mich. J. Int'l L., 2001-2002, p. 201; Edward T. Swaine, *Restoring (and Risking) Interest in International Law*, Vol. 100, No. 1, Am. J. Int'l L., 2006, p. 259; Paul Schiff Berman, *Seeing Beyond the Limits of International Law*, Vol. 84, No. 5, Texas Law Review, 2005-2006, pp. 1265-1306.

② 仅笔者在 Westlaw 数据库中以书名在题目中检索就找到了至少九篇书评，这些书评既有来自国际法学界的批评意见，也有来自国际政治学界的评论。

③ Chinen 与戈德史密斯和波斯纳两位教授展开了两轮交锋，第一轮是 Chinen 以“Game Theory and Customary International Law: A Response to Professors Goldsmith and Posner”一文对两位教授的“理论”一文进行了反击；随后在 2001 年《密歇根国际法杂志》秋季卷上同时刊发了双方的辩驳性文章，先是两位教授以《进一步思考》一文作答，紧随其后的是 Chinen 的“Afterward”。

是不合适的，因为法律规则主要用于"评价"行为，而不是描述行为，两位教授的主要方法是描述性的。然而，如果涉及各国实际上如何行为与对那种行为如何评价之间存在广泛的不和谐时，就会产生评价的正确性问题，而在这方面，Chinen认为博弈论并没有告诉我们什么。"人们将期望在描述与评价之间实现某些通约，如果仅以法律评价不可能描绘真实世界是怎样的为由，就严重质疑法律性（legality）的话，那是没有道理的。"①然而，在之后的《进一步思考》一文中，两位教授回应说，Chinen在此问题上实际上谈的似乎是习惯国际法的修辞功能，即习惯国际法经常被用做判断和指责某一国家行为的工具。而且他们理解Chinen的意思似乎是，各国以这种方式引用习惯国际法的基础，是因为习惯国际法本身具备"法律性"。Chinen对此在Afterward中辩解说，虽然习惯国际法的评价作用与修辞功能之间有着密切联系，但他并没有把二者联系在一起的意思，"习惯国际法可以用来为确定一决策者或顾问的行动是否具有某种法律后果提供证立的理由，可以肯定，证立具有修辞的意味，但我所考虑的情形是，诸如尼加拉瓜案，国际法院的判决是美国违反了习惯国际法，或者当WTO上诉机构被要求考虑的是是否存在习惯国际商法"（而并不是什么修辞——笔者注）。② 他的观点就是："至少当我们考虑习惯国际法在世界上的运行方式时，我更把它看做是一种评价性工具，而不是描述性工具，或许更好的用词是论断性（predicative）而不是评价性（evaluative）。"③

第三，针对两位教授主张大多数传统上推定为合作的例子都表现为强迫或者是利益相合，只有少数，如外交豁免、各国不拿捕沿海捕鱼船作为战利品等，是真正合作的例子，而且还主张最好是塑造成一系列内嵌的双边囚徒困境而不是真正的多边合作的观点，④ Chinen主张各国间的"真正"合作有充分的理由解释为普遍和一致的国家实践。一方面，博弈论原则塑造了偏爱合作的模型，这应当能适用于习惯规范和条约的形成。然而相反，两位教授适用博弈论模型研究的结果是各国之间产生了相对低水平的合作。Chinen则认为，有近40000份条约文本保存于联合国，存在如此多的条约即表明了各国可以合作。如果各国能够通过条约开展合作的话，那么，它们就能通过习惯国际法合作。确切地说，他指出，习惯国际法产生于条约，也是条约的基础，因此，如此多的条约的存在意味着习惯国际法的生命力可以

---

① Mark A. Chinen, *Game Theory and Customary International Law: A Response to Professors Goldsmith and Posner*, Vol. 23, No. 1, Mich. J. Int'l L., 2001-2002, p. 156.

② Mark A. Chinen, *Game Theory and Customary International Law: A Response to Professors Goldsmith and Posner*, Vol. 23, No. 1, Mich. J. Int'l L., 2001-2002, p. 156.

③ Mark A. Chinen, *Afterword*, Vol. 23, No. 1, Mich. J. Int'l L., 2001-2002, p. 201.

④ Jack L. Goldsmith & Eric A. Posner, *A Theory of Customary International Law*, Vol. 66, No. 4, U. Chi. L. Rev., 1999, p. 1177.

作为国际合作的补充手段。另一方面，也存在着可以解释这种合作的博弈模型，那就是演化博弈模型。两位教授对此的回应是："理论上说 n 人重复博弈可以达成（在能实现高的共同收益的意义上），但那只能是在强假定（strong assumptions）的基础上。各国必须采用强硬的对欺骗国家进行报复的策略，而且也要报复那些不对欺骗国进行报复的国家，等等，但我们在现实世界中没有观察到这种策略。实际上，正如我们在前面（指两位教授的"理论"一文，笔者注）的研究中所解释的，我们所看到的显著例子是面对明显违反习惯国际法的行为，第三国并没有采取报复行为。此外，要克服一个 n 人博弈的囚徒困境，各国还必须拥有关于其他国家行为的大量信息，但在一种去中心化的世界中，信息通畅的渠道并不多，达成 n 人博弈合作是不可能的，并没有形成固定标准的习惯国际法案例表明满足了这些条件，或者另外表明有一个 n 人博弈囚徒困境。我们会很高兴有相反的证据来反驳我们，然而，Chinen 没能提供一个。"① 对此，Chinen 在 Afterward 中回应说：第一，一个群体中两两之间的博弈结果与 n 人博弈的结果实质上并没有什么不同；第二，如果他的条约和习惯国际法可以相互作用的观点是正确的话，像联合国这样的舞台就可以为习惯国际法的产生创造条件，提供各国沟通和相互获得信息的机会，在某种程度上去中心化的情况就会大大改善；第三，他认为在创立习惯国际法的过程中各国之间并不禁止相互沟通。基于这些理由，他认为形成习惯国际法并非不可能。②

第四，关于法律确信的概念问题，Chinen 主张最近亲社会行为的博弈论模型，尤其是强互惠模型，与严格的法律义务概念是相一致的，它显示出有时那些偏爱背叛的人仍然可以合作。虽然这些模型还正在发展中，他的观点也还只是尝试性的，即使这样，这些模型也意味着单从一个博弈论视角就得出各国从来就不是出于法律义务感而行为尚为时过早。③ 而两位教授在其《进一步思考》一文中回应说，即使各国由具有"强互惠性"的人领导，更加倾向于从事互惠行为，也没有什么会要求一定就要追随习惯国际法，因为除了习惯国际法，还存在很多维度的互惠。假如一个"强互惠者"变成了一国领导人，该国就会与其他国家保持着习惯关系，Chinen 假定，只要其他国家遵守现存的习惯国际法，那么这一领导人也将遵守。但是，相反该领导人完全可能通过违反这些规范以满足其互惠欲。比如，他可能决定通过废除联盟视为可恶的习惯国际法规范而最大限度地换取联盟的帮助。简言

---

① Jack L. Goldsmith, Eric A. Posner, *Further Thoughts on Customary International Law*, Vol. 23, No. 1, Mich. J. Int'l L., 2001-2002, p. 198.

② Mark A. Chinen, *Afterword*, Vol. 23, No. 1, Mich. J. Int'l L., 2001-2002, p. 204.

③ Mark A. Chinen, *Game Theory and Customary International Law: A Response to Professors Goldsmith and Posner*, Vol. 23, No. 1, Mich. J. Int'l L., 2001-2002, p. 146.

之，一个领导人倡导互惠并不意味着他通常只会通过遵守习惯国际法来换取。①对此，Chinen 回应说，他也并不指望一个强互惠者会总是遵守习惯国际法，但他讨论强互惠者的原因在于，博弈论解释强互惠者的亲社会行为恰恰构成了博弈论解释法律以及法律义务的起点。“强互惠者”充当着某些人的博弈论模型，这些人有时选择的是反对自我利益，他们遵守法律完全是可能的。②

另外还有一些学者质疑了戈德史密斯和波斯纳两位教授的结论。在纽约大学法学院 David M. Golove 教授看来，两位教授的研究在很大程度上主要聚焦于对经验证据的研究上，他认为，《国际法的局限》一书的核心甚至不是一本理论著作，因此，“以其人之道还治其人之身”，又或许是对两位教授指出 Chinen 没有拿出什么经验证据支持其反驳立场的警惕，③ Golove 对两位教授理论的批判主要集中在案例研究上，尤其是对两位教授所依据的四大案例之一——美英两国在美国内战期间关于中立的习惯国际法的信守问题进行了深度分析。他对历史资料的审查显示出以下两点：第一，两位教授对历史的解释是肤浅和不完整的，他们对旨在描述的历史事件并没能提供和谐的图画。第二，一个更彻底的历史资料的描绘——尽管是初步的——表明实际上的历史更加丰富，更加复杂，也对两位教授的解释更具挑战性。他认为，倒不是这一历史必然抵制自我利益的解释，确切地说，他认为两位教授的案例研究并没有抓住相关的历史，真正的历史资料显示，建立在习惯国际法规范基础上的合作可能才是更加稳定的形式，而不是两位教授的悲观主义猜想。在他看来，两位教授最关键的经验方面的研究并没能支持他们的一般假定。尽管 Golove 教授对于其他的几个例证没有再一一详细研究，但他认为，由于以下几个原因，它们似乎也不可能更有说服力。第一，他们解释美国内战的缺陷就已经严重影响了对历史提供和谐的解释。第二，他认为他选择的这个关于战争的案例研究，已具有足够的代表性，可以不必再选择其他领域的案例。如果两位教授的最有代表性的案例都不能支持他们的主张，那么就可以公正地得出以下结论，即所谓经验研究支持他

---

① Jack L. Goldsmith, Eric A. Posner, *Further Thoughts on Customary International Law*, Vol. 23, No. 1, Mich. J. Int'l L., 2001-2002, p. 197.

② Mark A. Chinen, *Afterword*, Vol. 23, No. 1, Mich. J. Int'l L., 2001-2002, p. 203.

③ 在《进一步思考》一文中，两位教授尖锐地指出，尽管 Chinen 的“Game Theory and Customary International Law: A Response to Professors Goldsmith and Posner”一文指出了他们的研究方法和结论存在这样那样的缺陷，但要否定他们的结论，Chinen 需要做两件事：一是提出一个满意的理论模型，比如强互惠者，说明各国都是以符合习惯国际法的方式行事的；二是提供证明这一理论的证据，而不是国际法教授的理论著述。至少他们认为在上文中还没有这样的证据来反驳他们的理论，有的只是抽象的说教。*See* Jack L. Goldsmith, Eric A. Posner, *Further Thoughts on Customary International Law*, Vol. 23, No. 1, Mich. J. Int'l L., 2001-2002, p. 92.

们的整体方法就并不足以令人信服。最后，Golove 教授指出，并不只是两位教授对美国内战历史的特殊描绘是有缺陷的，他们的一般方法论路径不仅反映在对内战的研究中，而且表现在对其他所有案例的研究中，对于他们，认为其提供了深刻的历史判断，那是不够严密的。①

其他的反驳者，如德国马克斯—普朗克学会集体财产研究院高级研究员 Anne van Aaken 教授在其对《国际法的局限》一书的评论中指出，该书的研究有时对理性作了有偏见的理解，只关注了博弈论的一些基本的、特殊的例子，而不能够解释国际法的最近发展。如果不进一步追踪国际经济法学的发展，就会像倒洗澡水时连婴儿一起倒掉了。这就是说，寻找国际法的局限并不等于就一定要否定国际法，相反，更加深奥微妙、建构性和有思想性的理性主义国际法方法需要得到进一步发展。他认为，虽然两位教授对国际法的批判在反映国际法制度性和概念性的局限方面是一个重要机遇，但它还远未实现这一目标。② Andrew Guzman 教授也持类似看法，他认为还应当考虑更复杂的理性选择模型和博弈论，看是否会产生与书中所描述的完全不同的结果。③ 另外，来自国际政治和国际关系学界的一些学者“同情地理解”两位教授的结论，但认为博弈论方法得出的结果，实际上国际政治理论界早已论及，两位教授的研究结论比国际政治学者更加极端。

三、习惯国际法博弈论研究的拓展

虽然戈德史密斯和波斯纳两位教授将博弈论用于分析习惯国际法（或国际法）所得出的结论受到众多学者的质疑，但这种方法的确引发了人们将理性选择方法运用于国际法研究的兴趣，从他们开始，越来越多的学者开始用博弈论方法研究国际法，他们不再满足于对两位教授的理论品头论足，而是以他们的研究为基础，将习惯国际法形成的理论研究推向深入。这其中有代表性的有：

（一）首先是 George Norman 和 Joel P. Trachtman 两位教授。他们在 2005 年发表了《习惯国际法博弈》一文，④ 对戈德史密斯和波斯纳两位教授的所谓习惯国

① David M. Golove, *Leaving Customary International Law Where It Is: Goldsmith and Posner's The Limits of International Law*, Vol. 34, No. 2, Ga. J. Int'l & Comp. L., 2005-2006, pp. 335-336.

② Anne van Aaken, *To Do Away With International Law? Some Limits to 'The Limits of International Law'*, Vol. 17, No. 1, European Journal of International Law, 2006, p. 289.

③ Andrew T. Guzman, *Reputation and International Law*, Vol. 34, No. 2, Ga. J. Int'l & Comp. L., 2005-2006, p. 379.

④ George Norman, Joel P. Trachtman, *The Customary International Law Game*, Vol. 99, No. 3, Am. J. Int'l L., 2005, pp. 541-580.

际法并不能影响国家行为，只是国家利益博弈的一种附带现象，以及不存在真正的多边合作的观点提出了不同看法，并进行了修正。值得指出的是，他们对习惯国际法的研究结论仍然是建立在博弈论基础上的，并没有否定博弈论方法对研究国际法的价值。但他们也认为，博弈论从来就不可能包容现实世界的一切细节，包括具有非常细微差别的决策制定。博弈论模型的目的不是预测或者规定行为（相反，这是法律所要做的），而是创设可检验的假定，一旦能够得到检验，我们就可以期望它能够告诉我们这个世界的某些有益的东西。

他们认为，戈德史密斯和波斯纳两位教授的错误在于他们把自我利益激励与法律激励人为地作了虚假的二分，把法律与自我利益割裂开来了。如果法律被人为地与自我利益分开，那么理性主义模型自然就会假定法律没有驱动力。然而 George Norman 和 Joel P. Trachtman 两位教授向我们展示了习惯国际法是如何能够修改相关行为的收益，从而通过对自利的满足影响行为的，即使只是在边际处。

针对戈德史密斯和波斯纳两位教授提出的作为习惯国际法理论核心的法律确信以及多边合作并不存在的观点，George Norman 和 Joel P. Trachtman 两位教授开发了一个习惯国际法的重复多边囚徒困境模型。通过研究，他们指出习惯国际法理论至少在其核心层面是内在融贯的。他们把法律确信理解为一种各国旨在接受一项法律规则的意图，它将充当各国行为的凝聚点（focal point），暗示着一套适用于法律的而不是其他的什么社会秩序的默示规则，而且在法律规则之间产生着重要的联系。他们的分析聚焦于习惯国际法背景下多边囚徒困境的参数。这些参数包括：(1）合作对背叛的相对价值；(2）有效参与的国家的数量；(3）国家数量的不断增加对增加合作价值或者背叛造成损害程度的影响，包括特定问题是否具有共同性、公共利益或者网络利益的特征；(4）各国可利用的关于服从和背叛的信息；(5）各国估价长期合作对短期背叛之间的相对耐受力；(6）预期相互交往的时间长度；(7）相互交往的经常性；(8）有关国家间其他双边或多边关系的存在。

上述参数都作为独立的变量合并进了他们所设计的模型中，但从规范立场看，对于政策创造力来说它可能是一种选择和控制参数。就是说，习惯国际法是否将影响国家行为要通过识别这些参数来决定，通过这些可以打开一条规范性制度设计之路，各国可以重构某些制度以促进习惯国际法的形成和运作，而不是致力于更多自发和静态的条约制定。虽然说制度动态主义和社会固有性（social inherence）使社会规范在国内背景下更具吸引力，但至少在某些国际背景下也有吸引力。①

（二）华盛顿大学经济系 Vincy Fon 副教授与乔治·梅森大学法学院教授、法

① George Norman, Joel P. Trachtman, *The Customary International Law Game*, Vol. 99, No. 3, Am. J. Int'l L., 2005, p. 543.

经济学研究项目主管 Francesco Parisi 的《习惯法与阐明理论：一种经济分析》一文,① 将戈德史密斯和波斯纳两位教授坚持的双边习惯模型延伸到多边习惯，延伸到对正在形成中的习惯的不确定性和迟滞问题的博弈研究。他们评估了各方的参与和成就激励是如何受到这些因素存在的影响的。他们认为参与和成就激励在识别现实生活条件下传统习惯形成过程方面呈现出特别的重要性。习惯规则产生于过去的实践，在实践固化为有约束力的习惯之前，各方从事的行为都以自愿为基础。他们认为，有两个主要因素影响着个别行为体选择从事某一行为：（1）行为的直接成本和收益（即情景收益，circumstantial interest）；（2）它们在建立习惯规则过程中可能获得的利益，这将决定规则在未来的约束力（即规范利益，normative interest）。在某些情况下，情景利益起着决定性作用：各方从事特定行为是因为它们的直接利益（即在当时这样做符合它们的利益），而不管预期该行为在未来是否可能产生有约束力的规则。在其他情况下，规范利益起主导作用：各方从事某一行为是为了建立规范未来交往行为的有约束力的习惯规则。但无论怎样，规则都具有短期的约束效果，限制各国背离所公认的规则追求其短期的情景利益。

在情景利益与规范利益之间会产生紧张关系，出现冲突。在这种情况下，习惯法形成过程就会引发关于合作的问题。双边一次博弈也许不能形成合作，但在信息不畅通的情况下，通过长期重复博弈则可以形成合作。而且，在各方认为存在互惠的情况下，或者各国认识到正在形成的规则在未来能够带来收益时也会形成合作。② 更为特殊的是，他们认为，在每一这种实践中，即使只对一方产生成本，而对其他各方产生收益时，这一习惯做法也是可取的，因为总收益超过了各方产生的总成本。

针对传统习惯国际法理论强调法律确信的建构作用，而法律确信又会产生一系列无法解决的问题的状况,③ 此前，安东尼·达马托（Anthony D'Amato）教授在

---

① Vincy Fon, Francesco Parisi, *International Customary Law and Articulation Theories: An Economic Analysis*, Vol. 2, No. 2, International Law and Management Review, 2005-2006, pp. 201-232. *Also see* George Mason University School of Law, *Law and Economics Working Paper Series*, available at http://ssrn.com/abstract_id, visited July 7, 2006.

② Francesco Parisi 教授在其以博弈论研究互惠在国际法中的作用的专门论文中还得出结论，互惠是国际法体系中的超规则（meta-rule）。Francesco Parisi, Nita Ghei, *The Role of Reciprocity in International Law*, Vol 36, No. 1, Cornell Int'l L. J., 2003-2004, p. 123.

③ 尤其是令人棘手的循环问题，即个人必须相信一种实践（practice）在它变成法律（习惯法）之前就已经是法律的状况。

1971 年就提出了“阐明”（articulation）理论，① 即在任何习惯做法出现之前，习惯往往是处于模糊状态的，需要通过某种形式（如国家声明、国际组织决议等）对这种习惯加以表述清楚，这就是“阐明”，阐明可以代替实际行动，它本身就产生习惯规则。Vincy Fon 和 Francesco Parisi 两位教授设计的阐明过程模型允许各方在通过实践采取行动前或者同时来表达它们对潜在规则的共识。

在所有各方的情景利益和规范利益并不是平行的情况下，以下因素会对各方的参与和激励产生负面影响：（1）参与者的数量；（2）在未来习惯发展的不确定性；（3）在习惯形成和承认上的延误。这些因素对于评价习惯法形成的可选择机制都有重要意义。

首先，他们的模型显示，参与方数量的增加，会降低一方参加阐明过程的可能。然而，即使各方数量上的增加可能导致参与性降低，一旦参与出现，各方也将会承担合宜的努力水平，倡导理想的规则。这对于传统习惯法过程的描述是个实质性的进步，因为多边情景下传统过程往往是受到弥散的策略问题的影响的。其次，Vincy Fon 和 Francesco Parisi 两位教授的模型显示，针对未来习惯形成的不确定性，各方希望扩大努力，以影响他们希望通过阐明方式鼓吹习惯形成的可能性，因此阐明既会影响到参与水平，也影响着激励水平。最后，在阐明发生迟延的情况下，会对参与选择产生消极影响，也会影响传统习惯形成的过程：规则阐明耽搁的时间越长，各方越不大可能积极参与阐明过程。不过，这种耽搁不会影响到各方所倡导的习惯规则的质量标准。这些结果可以通过考虑延误实现规则会降低未来收益的贴现值来加以解释，从而削弱阐明事业的参与激励水平。另一方面，对未来事件的延误并不会改变未来的期待利益与期待成本。因此，如果参与限制得到满足的话，就没有理由改变最佳努力选择，不管延误的时间会有多长。在这种情况下，习惯形成过程中的阐明也改进着传统过程中关于各方的激励水平和正在产生的习惯的质量满意度。②

总之，根据他们的理论，习惯法产生于在习惯做法形成之前或者各方同时对阐明达成共识之时，通过他们的研究可以辨别出选择性习惯形成机制的潜在利益以及多余的限制（residual limitations）。最突出的是，习惯规则可能更容易出现在提前阐明成为可能的时候。同样，习惯形成的阐明过程尽管在不均衡情景下对于次优习

① Anthony D' Amato, The Concept of Custom in International Law, Cornell University Press, 1971, pp. 73-102.

② George Mason University School of Law, *Law and Economics Working Paper Series*, pp. 25-28. available at http：//ssrn. com/abstract_id, visited July 7, 2006.

惯的产生留有空间，但相比传统过程而言，它总会改善参与方的成就激励。①

（三）有的学者还展开了对习惯效率问题的研究。典型的作品如乔治·梅森大学法学院副教授 Eugene Kontorovich 的《国际法中无效率的习惯》。② 在该文中，他通过研究发现，习惯规则经常被认为是理想的，因为在某些情况下，它们能促进赖以产生的那个群体的福利。但除非这些情况也能适用于国家之间，习惯规范的法典化有效率的观点并不适用，国际法上的习惯与国内法上的习惯应当作不同对待。在国际法领域，如果一个各国习惯性的行为能够加以确定的话，它自然就会提升到法律义务的地位，不需要独立审查该习惯是不是个善的习惯，国际习惯也就是习惯国际法，这种习惯的具体化与私法中习惯的待遇形成鲜明对照，私法中的习惯需要国家加以选择确定。这就是说，国际习惯并不一定都是善行，国际法将习惯规范法律化不用独立调查其可取性（desirability），虽然习惯在私法背景下比起在国际法背景下更有效率，但国际法对习惯的采纳比起私法背景下更加容易。③

法经济学者对于习惯在私法背景下是否推定有效有着不同的看法。最乐观的看法认为私法习惯普遍具有提升福利的作用，因此，法院应当在法律上承认这种实践。但即使乐观主义者也认为，有效率的习惯只可能产生于某些情况下：在孤立的、同质的成员所组成的群体中，成员间存在活跃的重复交易的情况下，群体成员间扮演着互惠的角色，才能形成有效率的习惯。但是，这是否适用于国际习惯呢？Eugene Kontorovich 发现，大量国际习惯不应当期望它是有效的，甚至以最乐观的习惯观念来看也是如此，因为国际社会的主体在很多国际背景下是缺乏同质性、缺少重复交易及互惠角色等特征的，这意味着习惯国际法不应当都视为无差别的现象。确切地说，建立一个习惯国际法规范的标准应当随着不同的实体背景、不同的国家群体以及不同的领域而不同。有的情况下，诸如外交特权，可能满足有效率的习惯的标准。有效率的国际习惯可能存在于某些次全球化群体中，这些社群可能是地区性的、经济上的甚至是认知上的；有效的习惯更可能产生于与某些实体问题有关的领域，例如外交关系，而不大可能产生于诸如战争这样的问题上；习惯的产生不能企求是全球性的或者跨越诸多实体问题的，不能认为商品贸易者所形成的行业

---

① George Mason University School of Law, *Law and Economics Working Paper Series*, p. 29. available at http://ssrn. com/abstract_id, visited July 7, 2006.

② Eugene Kontorovich, *Inefficient Customs in International Law*(March 2007), Chicago John M. Olin Law & Economics Working Paper No. 334 (2nd Series), available at https://www. law. uchicago. edu/Lawecon/wkngPprs _301-350/334. pdf, visited December 20, 2007.

③ Eugene Kontorovich, *Inefficient Customs in International Law*(March 2007), Chicago John M. Olin Law & Economics Working Paper No. 334 (2nd Series), Abstract. available at https://www. law. uchicago. edu/Lawecon/ wkngPprs_301-350/334. pdf, visited December 20, 2007.

惯例应约束所有其他商业参与者，一个由很多国家组成的大群体的实践也不能期望要约束所有其他国家，国际法学者应该寻求在不同的法律领域，在不同群体的国家间形成能增进其福利的习惯。①

四、评论

从戈德史密斯和波斯纳两位教授的国际法博弈论研究来看，整体上呈现出对国际法（包括习惯国际法）调整国际关系秩序作用的否定，他们甚至认为习惯国际法只不过是人为的虚构，实质上只是国家利益的化身，是各国追求实现其国家利益的解释工具。但是，这两位教授似乎也意识到这样做的危险性，因此，在遭到Chinen的反击后也不得不小心翼翼："我们并无意于质疑习惯国际法的'地位'(无论那意味着什么)，或者攻击或威胁习惯国际法。确切地说，我们只是试图理解习惯国际法是如何工作的，以及在这样做时我们主张我们的理论，而不是实证主义理论更加融贯，更能解释有关证据。"② 应当承认，他们的研究为我们开辟了一条从国家利益视角洞悉国际法本质的新路径，这也是所有学者对其研究结果加以肯定的地方。各国追求国家利益这是共识，每个国家都是追求其军事、经济、政治和文化利益最大化的理性实体，甚至可以说，各国所进行的这些理性选择之间的复杂关系构成了国家间以及国家与其他主体间国际生活的生动画卷。博弈论适用于国际关系，完全能够抓住各国因追求国家利益才形成了现实的国家间的行为常例这一事实。然而，追求国家利益就一定会否定规范的存在，就一定会否定国际法规范的作用吗?

第一，正如有的学者指出的，各国追求实现国家利益与信守习惯国际法之间并不是水火不容的。诚然，某一特定的国家行为可以反映国家利益的作用，但国家利益并非国际行为理由的全部。习惯国际法之所以能够形成，恰恰反映了它们符合了各国所追求的国家利益。③

第二，历史上曾有很长一个时期对国际法持否定态度，历史上也有很多学者，尤其是法律实证主义者，诸如奥斯汀和哈特，主张国际法根本不是"法"。前者把

---

① Eugene Kontorovich, *Inefficient Customs in International Law* (March 2007), Chicago John M. Olin Law & Economics Working Paper No. 334 (2nd Series), Abstract and Conclusion. available at https://www.law.uchicago.edu/Lawecon/wkngPprs 301-350/334.pdf, visited December 20, 2007.

② Jack L. Goldsmith, Eric A. Posner, *Further Thoughts on Customary International Law*, Vol. 23, No. 1, Mich. J. Int'l L., 2001-2002, p. 196.

③ Jack L. Goldsmith, Eric A. Posner, *Further Thoughts on Customary International Law*, Vol. 23, No. 1, Mich. J. Int'l L., 2001-2002, p. 196.

法律定义为“主权者的命令”,① 而国际社会并没有一个主权者；后者则指出缺乏一个由次级规则所组成的融贯的体系来为国际法提供合法性和有效性。② 这一主张的当代版本在学术上部分可归之于国际法是否必须转化为国内法才能发挥作用的争论。这些认识实质上都是只把国内法才视为法律，而否定国际法的法效力。这些理论从法哲学观点看只是其中一种学术流派，自然法和法社会学理论早已为国际法的法律性提供了依据。

尽管学者们和评论家们可以为国际法的法效力问题而争论不休，但无可否认的事实是，国际法在继续前进，条约体制在继续激增,③ 致力于执行国际法的制度在增加,④ 各国已开始为确保基本的人权而战，推翻着随意践踏权利的暴君；国际金融组织通过限制给予援助以监督履行国际法义务;⑤ 新国家以规定保护人权的宪法脱离黑暗的过去;⑥ 跨国组织的产生作为国际行为体与主权国家平起平坐，它们在诸如国内法院、国际关系和国内政治等不同层面的国际法对话比以往任何时候都受

---

① 何勤华:《西方法学史》，中国政法大学出版社 1996 年版，第 316 页。

② ［英］H. L. A. 哈特:《法律的概念》，许家馨等译，法律出版社 2006 年版，第 187 页。

③ 想一下最近的例子就有:《联合国气候变化框架公约京都议定书》（1997 年 12 月 11 日签署于日本京都，2005 年 2 月生效),《禁止使用、储存、生产和转让杀伤性地雷以及销毁地雷公约》（1997 年 9 月 18 日签署于挪威奥斯陆，1999 年 3 月生效),《联合国反腐败公约》（2003 年 10 月 31 日签署于墨西哥梅里达，2005 年 12 月 14 日正式生效),《联合国残疾人权利国际公约》已经于 2007 年 3 月 30 日开放供签署，2006 年 12 月的《保护所有人免遭强迫失踪的国际公约》等。

④ 其中最为著名的是国际刑事法院、非洲法院和前南斯拉夫国际刑事法庭和卢旺达国际刑事法庭。

⑤ 例如，世界银行、国际货币基金组织以及其他国际金融和贸易组织越来越施加有条件的援助以促动政府改革。*See* Carlos Santiso, *Good Governance and Aid Effectiveness*: *The World Bank and Conditionality*, Vol. 7, No. 1, Geo. Pub. Pol'y Rev., 2001, p. 1; *See also* François Gianviti, General Counsel, International Monetary Fund, Address at International Monetary Fund Conference: Economic, Social and Cultural Rights and the International Monetary Fund, 2002, pp. 38-40, available at http: //www. imf. org/external/np/leg/sem/2002/cdmfl/eng/gianv3. pdf, visited October 23, 2007（描述了把社会和政治权利与经济生存能力联系起来，证明国际货币基金组织以良好治理为条件给予援助是正当的）; Harold James, *From Grandmotherliness to Governance*: *The Evolution of IMF Conditionality*, Vol. 35, No. 4, Fin. & Dev., 1998.（提供了关于国际货币基金组织在当代使用有条件的援助与腐败作斗争和促进透明性民主制度发展的历史）

⑥ National Security Council, National Strategy for Victory in Iraq 4-5 (2005); David Luban, *Just War and Human Rights*, Vol. 9, No. 2, Phil. & Pub. Aff., 1980, p. 160, pp. 160-181.

到重视。① 尤其是出现了超国家组织及法治,② 如欧洲联盟。戈德史密斯和波斯纳两位教授的认识显然陷入了把法律只看作强迫个人或国家做他们不想做的事情的实证主义的陷阱里去了。

第三,基于对国家利益的博弈论分析,戈德史密斯和波斯纳两位教授甚至批判说,太多的规范性是“国际法学科的主要问题”。③ 两位教授的建议是,国际法学者们应当少花时间“宣布国际法的价值”,而应花更多时间“理解国际法是如何工作的”。他们竭力主张国际法学科要追随国际关系理论聚焦于实证调查而不是规范探究的做法。④ 实际上,在笔者看来,国际法学科的规范研究与国际政治和国际关系学者的实证研究都是必不可少的。只有实证研究,只关注描述现实而不能提出国际政治的规范要求,就不能把国家间关系纳入法治轨道,那只会加剧国际关系的“无政府状态”,国际社会的秩序就难以实现公平正义,这正是20世纪50年代后国际关系理论从传统的强调国家利益为核心的新现实主义和新自由主义逐渐发展到注重规范作用的制度主义和建构主义的原因所在。⑤ 事实上,规范的创立从来就不忽视利益和利益冲突的存在,在一定意义上说,法律就是利益冲突解决方案的规范表达,国内法也是如此,只不过利益均衡化的规范表达在国内是由中心化的权威强制保障的,而国际社会中这一机制则相对比较软弱,但今天的法学理论对于法律本质的认识已不再局限于法律实证主义的视野,法律的多元化思维、自然法和社会学法学理论构成了国际法作为法律的基本理论基础。况且,对国际法而言,国际社会正在建立执行国际“强行法”的机制。另一方面,诚如亨金所言,大多数法律都是“既存习惯(mores)的编纂”,它反映了既存的秩序。也只有当国际法反映“各国的真正利益和态度时”,它才会是可靠和可行的。⑥

诚然,习惯国际法在规范性上具有不确定性,但这种不确定性并非不可克服,国际社会都在致力于通过条约,尤其是多边公约来“阐明”(articulate)国际习惯,

---

① David Gray, *Rule-Skepticism*, *"Strategery," and the Limits of International Law*, Vol. 46, No. 3, VA. J. INT'L L. 2005-2006, p. 563, pp. 564-565.

② John Head, *Supranational Law: How the Move Toward Multilateral Solutions Is Changing the Character of "International" Law*, Vol. 42, No. 3, U. Kan. L. Rev., 1994, p. 605, 622.

③ Jack L. Goldsmith & Eric A. Posner, *Understanding the Resemblance Between Modern and Traditional Customary International Law*, Vol. 40, No. 2, Va. J. Int'l L., 1999-2000, p. 663.

④ Jack L. Goldsmith & Eric A. Posner, *Understanding the Resemblance Between Modern and Traditional Customary International Law*, Vol. 40, No. 2, Va. J. Int'l L., 1999-2000, p. 663.

⑤ 关于国际关系理论的历史发展及当代的三次大论战,参见倪世雄等著:《当代西方国际关系理论》,复旦大学出版社2004年版。

⑥ Henkin, How Nations Behave, 2nd ed., Columbia University Press, 1979, pp. 93-94.

同时，条约内容的不断重复也在建构着习惯国际法。① 国际法的不确定性如国内法的不确定性一样，需要的不是因不确定而否定其存在，而是加以完善。

总之，诚如Chinen指出的，博弈论研究方法主要是一种描述性方法，其价值在于剖析社会运行的方式和过程，而法律则是规范性的，其价值在于预测、评判、规范社会行为。作为研究社会的两种方法，二者应当是并存的而不是相互排斥的关系。就国际秩序的现状和理想要求来说，与两位教授所主张的国际法学者应当花更少的时间宣布国际法的规范价值相反，今天，笔者认为学者们应当花更多的时间解释法律是什么，国际社会应当花更大的精力研究建立什么样的机制执行国际法，制定什么样的国际规则是可以执行的。

第四，难怪戈德史密斯和波斯纳两位教授让国际法学者向国际关系学者多多学习，我们发现，原来博弈论与国际关系理论有异曲同工之妙。饶有趣味的是，博弈论对国家行为的描述，对国家利益的强调，使我们不自觉地会联想到国际关系理论中的现实主义和自由主义的理性主义假设，因为这些理论对国际制度必要性的认识都建立在国家对权力和利益追求的假定基础上。古典现实主义秉持的就是国际法弱法主义，认为国际法的效力根据来源于均势和共同利益；② 新现实主义也认为国际制度是国际权力分配的副产品，“在国际政治中，法律和制度是受追求权力的斗争限制和支配的。”③ 新现实主义关于制度有效性的基本前提假设就是“安全困境”，也就是靠霸权国或主要大国主导下的国际制度维持国际结构的稳定，即国际行为体对规范自愿或被迫接受。新自由制度主义的制度有效性的基本前提假设是：“博弈者的偏好和身份是固有不变的。”它也是从理性利己主义和功能理论考察，认为国际制度的有效性在于：它能够帮助国家处理或缓解诸如不确定性、信息与分配的非对称性、道德风险、不责任行为等问题，“通过降低被欺骗的可能性使合作变成更加明智的选择”。④ 在无政府状态下，国际制度作为一种公共物品，在限制约束行为体行动的同时，又能够促成行为体之间的合作，降低合法交易的成本而增加非法交易的成本。即便遵守国际制度不符合利己政府的短视利益，他们也会基于对变革

---

① Mark E. Villiger, Customary International Law and Treaties: A Manual on the Theory and Practice of the Interrelation of Sources, 2nd ed., Kluwer Law International, pp. 167-191.

② 徐晓明：《国际法是一种弱法——汉斯·摩根索国际法思想述评》，载《上饶师范学院学报》2002年第1期，第38页。

③ [美]大卫·A. 鲍德温：《新现实主义和新自由主义》，肖欢容译，浙江人民出版社2001年版，第149页。

④ Robert .O. Keohane, After Hegemony: Cooperation and Discord in the World Political Economy, Princeton University Press, 1984, p. 97.

制度难度和国际谈判的不确定性等因素的考量而选择遵守。①

这些分析使我们看到二者的理论预设和结论是何等惊人的相似！然而，博弈论者研究的视野却远没有国际关系学者所研究的范围开阔，诚如美国加州大学洛杉矶分校法学院 Kal Raustiala 教授在其对《国际法的局限》一书的评论中指出的，戈德史密斯和波斯纳两位教授的研究忽略了国际关系二十年来的研究历史，并不能解释国际关系合作的结构，尤其是在国际制度与国内政治偏好和制度之间存在着突出的复杂但却重要的相互反馈、相互影响的关系，对它们的研究在政治学文献中早已触及，而在《国际法的局限》一书中则没有得到体现。② 博弈论者更没有看到，在自由制度主义国际关系理论中，制度③已经被作为影响国家行为和国际关系的独立变量，更没有看到建构主义国际关系理论所承认的制度的建构功能，承认文化、观念、制度在建构国家身份和利益偏好中的作用。④ 可见，博弈论研究至多还只是停留在现实主义国际关系理论的框架内。⑤

第五，按照理性选择理论，各国宣布它们遵守国际法只是一个策略，不是因为有法律确信。众所周知，虽然法律确信观念存在许多问题和矛盾。⑥ 然而，另一方面，习惯国际法由客观和主观要素构成的命题又如此被广泛接受，以至于在国际和

---

① Robert . O. Keohane, After Hegemony: Cooperation and Discord in the World Political Economy, Princeton University Press, 1984, pp. 107-109. 对这三种理论的理性主义基础的分析参考了随新民：《国际制度的合法性与有效性——新现实主义、新自由制度主义和建构主义三种范式比较》，载《学术探索》2004 年第 6 期，第 69 ~ 74 页。

② Kal Raustiala, *Refining the Limits of International Law*, Vol. 34, No. 2, Ga. J. Int'l & Comp. L., 2006, p. 423.

③ 1982 年在美国召开了以国际制度为主题的研讨会，通过了由克拉斯纳（Stephen Krasner）起草的定义：国际制度是"在国际关系某一特定领域，国际角色在认识上趋于一致的原则（principle）、规范（norm）、规则（rule）和决策程序（decision making procedures）"。

④ ［美］亚历山大·温特：《国际政治的社会理论》，秦亚青译，上海人民出版社 2000 年版。

⑤ 关于国际关系理论从新现实主义、新自由主义，到建构主义的发展，参见［美］彼得·卡赞斯基、罗伯特·基欧汉和斯蒂芬·克拉斯纳编：《世界政治理论的探索与争鸣》，秦亚青等译，上海人民出版社 2006 年版，译者前言。

⑥ *See* Anthony D'Amato, The Concept of Custom in International Law, Cornell University Press, 1971, pp. 47-56, 66-68; *See also* Michael Byers, Custom, Power, and the Power of Rules: International Relations and Customary International Law, Cambridge University Press, 1999, pp. 129-146. （解释了习惯国际法概念的四个问题：时序悖论，国家实践的属性，认识论循环和引申的同意）。

国内法院争论案件时没有律师会因为难以抓住法律确信的概念而放弃使用习惯国际法。[①] 一国采取何种行为固然有国家利益的考虑，但国家利益并非考虑的唯一因素。例如，比利时 2000 年 4 月 11 日签署了一份国际逮捕令缉捕刚果民主共和国前外交部长，主张该部长的行为按照国际法是非法的。刚果在国际法院对比利时提起诉讼，国际法院拒绝了比利时在逮捕令案中的主张，坚持外交部长的司法管辖豁免权已经受到侵害。[②] 在那一案件中，人们可能会争论说，比利时坚持其签署逮捕令就是为了实现其某种策略目标，然而，与此同时，很难找到任何理由让人相信比利时就根本没有意图尊重国际法义务，比利时或许真诚相信它就是支持国际法规则的，认为比利时对国际法持怀疑态度是没有道理的。事实也是，比利时在国际法院裁决后，在 2003 年按照国际法院的判决修订了其国内法。

戈德史密斯和波斯纳两位教授还提出，在一国违反习惯国际法时，其他国家在其利益未受影响时经常会保持沉默，例如，在伊朗侵入美国在德黑兰的大使馆时以及这之后，“没有哪个国家从伊朗撤回大使，美国也没有施加制裁”。[③] 两位教授援引这一事例是要证明外交豁免并不是法律义务意义上的表现，而是所有国家之间两两交往的策略均衡。正如 Jun-shik Hwang 教授所言，戈德史密斯和波斯纳两位教授过于简单化和错误解读了人质危机事件。没有国家中断与伊朗的外交关系以回应人质扣押这一事实，并不一定意味着在那一事件中没有看到法律问题。关闭一国使馆并不是唯一的、必然的表达一国法律立场的方式。至于经济制裁，联合国安理会没有接受决议草案施加经济制裁，不是因为对外交豁免缺乏法律义务感，而是因为苏联作为安理会常任理事国在政治上鼓动否决。缺乏有效的集体制裁与不存在法律义务感不是一回事。不卷入其他国家间的争端有各种理由，不能说其他国家保持沉默就代表国际法不存在。[④]

诚如建构主义所认为的，国家利益并不会孤立于社会心理现实而起作用。国家利益不是单一的，它们通过复杂的规范和对政策的多种价值的争论过程而产生。因此，各国追求单一利益为基础的相互作用的简单化的博弈论模型，几乎不能成为真

---

① 因为就国际法院而言，似乎它也并不大关心习惯国际法的定义问题，虽然它也经常注意是否可能推定主观要素的存在。*See* Ian Brownlie, Principles of Public International Law, 6th ed., Oxford Universtiy Press, 2003, pp. 7-10.

② The Arrest Warrant of 11 April 2000 (Dem. Rep. Congo v. Belg.) 2000 I. C. J. 121 (Feb. 14).

③ Jack L. Goldsmith & Eric A. Posner, *A Theory of Customary International Law*, Vol. 66, No. 4, U. Chi. L. Rev., 1999, p. 1155.

④ Jun-shik Hwang, *A Sense and Sensibility of Legal Obligation*: *Customary International Law and Game Theory*, Vol. 20, No. 1, Temp. Int'l & Comp. L. J., 2006, pp. 128-129.

实世界的基础。① 适当的政策理念并非产生于真空，确切地说，它们是因人类依赖一系列不同的假定、关于正义的理念、全球策略观念和对道德的信念而形成的。这些假定、理念和认识范畴本身部分又是通过社会学法学家们所称的“法律意识”塑造起来的。② 也就是说，利益观念本身就是由法律意识建构的。因此，那些在任何历史中某一时段流行的法律规范，包括国际法规范，都可以影响政策制定者和一般公民如何思考国家利益。另外，鉴于任何国家决策都不可避免地是各种官僚政治权力中心相互斗争的结果，而它们又都受到外在压力团体、游说者、非政府组织等的影响，因此，对国际法更加复杂的理解就需要研究国际法律规范授予国家政策制定机构特定的内外部权力的方式，以及提供给它们的观点和力量。③

总之，习惯国际法不能简单地与国际利益划等号，正如国内法也体现了利益调整，也会被经常违反，而我们并不否定其法律性的存在一样，习惯国际法也是一种生动的真实存在，而非人们的虚构，它不是一种幻象。

Abstract The introduction of Game Theory into the study of international law dates back to 1999, when Jack L. Goldsmit and Eric. A. Posner published their writings on the subject. The two authors are of the opinion that customary international law has no legal effect, And it is binding only when it satisfies national interests. In fact, customary international law is invoked by nations only as a rhetoric and a “cheap talk”. This position

① Paul Schiff Berman, *Seeing Beyond the Limits of International Law*, Vol. 84, No. 5, Texas Law Review, 2005-2006, p. 1306.

② Kristin Bumiller, The Civil Rights Society: The Social Construction of Victims, Johns Hopkins University Press, 1988, pp. 30-32.（审查了“法律意识形态在建构群体意识方面的作用”）; Patricia Ewick, Susan S. Silbey, The Common Place of Law: Stories From Everyday Life, University of Chicago Press, 1998, p. 45.（把“法律意识”界定为“每当一个人根据法律概念或术语解释某件事情时——无论是欢迎还是批判，无论是认为适合还是抵制——就产生了法律性”，而且“反复援引法律就确认了它能够包含社会关系”）; Michael W. Mccann, Rights at Work: Pay Equity Reform and The Politics of Legal Mobilization, University of Chicago Press, 1994, p. 7.（“法律（或权利）意识……是指持续的、动态地建构一个人通过适用法律传统和话语对社会王国及其关系的理解”）; Sally Engle Merry, Getting Justice and Getting Even: Legal Consciousness among Working-Class Americans, University of Chicago Press, 1990, p. 5.（主张“法律意识就是通过诉诸法院的行为和通过谈论权利和应得利益所作的表达”，而且这种“意识通过个体经验而形成”）; Susan S. Silbey, *Making a Place for Cultural Analyses of Law*, Vol. 17, No. 1, Law & Soc. Inquiry, 1992, p. 39, 42.（指出“法律的贡献在于澄清每天生活的意义和价值”）.

③ Paul Schiff Berman, *Seeing Beyond the Limits of International Law*, Vol. 84, No. 5, Texas Law Review, 2005-2006, p. 1280.

invites much criticism from scholars who in their subsequent writings refuted this argument as well as its methodology. At the same time, the introduction of this approach also inspired many scholars to further employ rational choice in the study of international law. Some scholars do not deny the existence of customary international law, and conduct in-depth studies of the problems in the shaping of customary international law such as multilateral cooperation, articulation, efficiency, etc.. The present author concludes that customary international law is a matter of reality other than a Mirage as suggested by Goldsmit and Posner.

Key words customary international law; game theory; national interests; articulation; international relations theory

（审稿：谢晓庆）

国际能源机构表决制度研究*

□ 肖兴利**

内容摘要 OECD 理事会决议和《IEP 协定》奠定了 IEA 表决制度的法律基础，《IEP 协定》规定的三种正式表决规则和由理事会实践发展而来的非正式表决程序构成 IEA 表决制度的基本内涵，一国一票制与加权投票制相结合、规则性与灵活性相结合、务实性与创新性相结合是 IEA 表决制度的主要特点。

关 键 词 国际能源机构 表决制度 投票规则

目 次

国际能源机构（International Energy Agency，以下简称 IEA）的诞生源于发达工业国家，主要是经济合作与发展组织（Organization for Economic Co-operation and

* 本文为教育部哲学社会科学研究重大课题攻关项目“中国能源安全问题研究——法律与政策分析”子课题“国际能源机构的法律制度研究”（05JZD0003）的阶段性研究成果。

** 武汉大学国际法研究所博士研究生，湖南省高级人民法院法官。

Development，简称 OECD）成员国，对 1973 年中东石油危机的反思。1974 年 11 月 15 日，OECD 理事会通过《关于建立国际能源机构组织的决议》；11 月 18 日，IEA 16 个创始成员国代表在巴黎签署《国际能源计划协定》(Agreement on an International Energy Program，以下简称《IEP 协定》)，标志着 IEA 正式成立。IEA 是当前全球最重要的石油消费国组织，它通过执行石油紧急分享计划、制定与实施能源安全政策、与产油国及其他石油消费国进行合作等手段，成功地应对了历次石油危机的考验，有效地维护了成员国的能源安全。中国作为目前世界第二大石油消费国，迫切需要加强与 IEA 的接触与合作，在条件成熟时也可以考虑加入 IEA，以利用该国际机制维护我国的能源安全。

IEA 的内设机构主要包括理事会、管理委员会、秘书处与四个常设小组（分别为紧急问题常设小组、石油市场常设小组、长期合作常设小组、与产油国及其他消费国关系常设小组）。理事会由各成员国的部长组成，是 IEA 的权力机关和最高决策机关，有权对 IEA 范围内的一切事项作出最终决定。管理委员会由成员国的高级政府代表组成，主要根据《IEP 协定》和理事会授权履行有关职责。秘书处主要负责 IEA 的日常管理和运作。四个常设小组按照《IEP 协定》规定可对其权限范围内的任何事项进行审查、提交报告，或履行理事会授权的其他职责。理事会和管理委员会经多数表决通过，可以设立执行国际能源计划所必需的其他机构。① 在 IEA 的基本法律制度中，理事会的表决制度颇具特色。据不完全统计，在 IEA 成立后的前二十年里，理事会通过的决议、建议或发布的宣言、结论等多达 120 余个②，如此高效率的表决制度在当前的国际组织中实属少见。笔者通过分析 IEA 理事会表决权的法律基础、制度架构及实践运作情况，探讨 IEA 表决制度的主要特点，期望丰富国际组织表决制度的一般理论，并为中国全面了解这一当前最重要的国际能源组织的运作机制，进一步加强与 IEA 的接触与合作提供决策参考。

一般来说，成员国参与国际组织的价值在于“能够通过其决策以权威形式分配有价值的东西”③。成员国创建 IEA 的目的正是希望通过对石油这一影响国家经济命脉的战略资源进行分配，以保障能源的供应安全，从而促进国内经济持续稳定增长。由于国家理性希望能够最大限度地参与国际组织的决策，掌握对利益的分

① 理事会按照《IEP 协定》规定创立的其他机构包括：预算支出委员会、能源研究与技术委员会、非成员国委员会、石油产业咨询委员会及煤炭产业咨询委员会。

② *See* Richard Scott, The History of the International Energy Agency: The First Twenty Years (Principal Documents), Vol. III, Paris 1994, pp. 3-11.

③ 詹姆斯·多尔蒂，罗伯特·普法尔茨格拉夫：《争论中的国际关系理论》，世界知识出版社 1981 年版，第 500 页。

配，因此国家之间围绕权力安排的斗争必然会反映在国际组织的表决制度上，成员国在特定领域的实力对比往往会直接影响特定的国际组织的决策模式。① 在石油消费领域，美国是当前世界上最大的石油消费国。据统计，2006 年美国石油消费量占世界消费总量的 24.1%，2007 年美国日均原油消费量达 2080 万桶②。这种强大的消费实力在 IEA 表决制度中的体现就是美国拥有 44 个石油消费投票权重，占所有成员国石油消费投票权重总和的 44%。此外，欧盟成员国的石油消费投票权重之和也达 34%。可见，美国和欧盟是影响 IEA 表决制度运行的两股关键力量。这种权力格局直接反映在《IEP 协定》有关投票权的分配与表决规则的条文中。

一、法律基础

1974 年 OECD 理事会决议是奠定 IEA 基本制度框架的重要文件，而《IEP 协定》既是 IEA 的基本章程，也是该组织的基础法律文件。因此，有关 IEA 表决制度的法律渊源主要是 OECD 理事会决议和《IEP 协定》。

OECD 理事会《关于建立国际能源机构组织的决议》中只有两个条文涉及 IEA 理事会表决制度。决议第 4 条规定："理事会有权制定其程序规则和表决规则。"第 6 条规定，修订《IEP 协定》须经全体一致同意。可见，OECD 理事会决议对 IEA 的表决制度规定得相当简略，它实际上授权 IEA 理事会自行制定其程序规则和表决规则。这表明，虽然 IEA 建立在 OECD 框架内，但后者并不想干预 IEA 的机构设置和基本制度，而是将决定权留给 IEA 的创始成员国。

有关 IEA 表决制度的法律基础主要体现在《IEP 协定》的有关条文中。《IEP 协定》中直接规定表决规则的是第 61 条和第 62 条。第 61 条规定了理事会表决规则的适用范围。首先，须经理事会多数表决通过的决议有两种：一是有关《IEP 协定》管理的决议，包括适用对成员国明确规定强制义务的协定条文所作的决议；二是有关程序问题的决议。其次，所有建议都由理事会以多数同意表决通过。最后，除上述两种决议之外的其他一切决议，特别包括向成员国增加本协定中没有明确规定的新义务的决议。

第 62 条对三种具体投票规则作了明确解释，并规定了各成员国拥有的投票权重以及投票权重的增加、减少和再分配等问题。首先，协定规定所有成员国的投票

① 参见史哲：《向现实妥协：对集体安全组织决策模式的分析》，载《国际论坛》2002 年第 6 期，第 46 页。

② 参见郗凤云：《世界石油天然气供需现状及趋势》，载中国经济信息网，http://www.ebtime.net/html/hy/20077/hy 20077ny22165171677.html，2007 年 12 月 10 日访问。

权包括三个部分——一般投票权（GVW）、石油消费投票权（OVW）和综合投票权（CVW），并以列表形式具体规定了每个成员国的三种投票权重。其次，协定对三种具体投票规则作了如下解释和限定，“全体一致同意”是指所有出席并投票的成员国都投赞成票，弃权的成员国将被视为没有投票；“多数同意”要求赞成票占普通投票权重的50%和综合投票权重的60%；“特定多数同意”包括两种，一种要求赞成票达到66个一般投票权重，另一种要求赞成票占综合投票权重的60%且一般投票权重达到57个。最后，协定规定理事会有权决定每年对各成员国投票权重的数额和分配情况进行审查，并视情况进行增减或重新分配。

除第61条、第62条以外，有关表决制度的规定还散见于《IEP协定》其他条文中。例如，第6条规定理事会经多数同意可决定紧急情况下进行石油分配的实际程序和石油公司参与的程序和形式；第50条第2款规定“理事会应经多数表决通过它自己的议事规则”；第51条第3款规定：“理事会经多数表决通过，可以将其任何一项职责授权给本组织的任何其他机构。”在《IEP协定》中，类似的条文还有很多，它们具体规定了IEA表决规则的适用范围和事项，也是确立IEA表决制度的法律依据。

二、制度架构

国际组织的表决程序包括两个基本问题，一是投票权的分配问题，一是表决权的集中问题。①

（一）投票权分配规则

投票权的分配是行使表决权的前提条件，主要的分配方法包括一国一票制和加权投票制。一国一票制以国家主权平等原则为基础，在19世纪曾得到广泛应用。从当前的国际实践看，一些经济、金融等领域的专门性国际组织，通常会根据成员国的实力大小、人口多寡、责任与贡献的多少及利益关系的轻重等标准分配给成员国不等量的投票权。②《IEP协定》将成员国的投票权分为三种类型，即一般投票权（GVW）、石油消费投票权（OVW）和综合投票权（CVW），在向成员国分配投票权时也分别采用了上述两种方法。

一般投票权（GVW）的分配遵循一国一票制原则。每个成员国均拥有3个权

① 梁西著：《国际组织法》（修订第五版），武汉大学出版社2001年版，第33页。

② 参见杨泽伟著：《国际法析论》（第二版），中国人民大学出版社2007年版，第129～132页。

重的投票权，挪威作为IEA的“准成员国”，在按照有关规定行使表决权时，也和其他成员国一样享有3个权重的一般投票权。

石油消费投票权（OVW）则按照加权制原则进行分配：所有成员国的投票权重之和为100，根据各成员国石油消费量占团体消费总量的比例来确定其投票权重，而成员国的石油消费量基本上是按照1973年成员国消费石油产品的数据确定的。① 因此，石油消费投票权重最初是根据16个创始成员国的石油消费比例在它们之间进行分配的。后来每次增加新成员时，IEA理事会均视情况对各成员国的投票权重做了相应调整。值得注意的是，石油消费投票权重排名前五位的国家分别是美国（44）、日本（14）、德国（8）、法国（6）和英国（6），而希腊、爱尔兰、卢森堡、新西兰、葡萄牙等国的石油消费投票权重为0。可见，成员国之间的石油消费投票权（OVW）数值相差非常悬殊。

尽管《IEP协定》第62条第6款规定，理事会应当根据各成员国在总的石油消费量中的份额变化定期审查和修订其投票权重，秘书处也应根据最新数据对各成员国的石油消费投票权（OVW）进行非正式的重新计算，但是在实践中，理事会从未正式提出审查和修订投票权重的要求。这一方面是因为成员国的石油消费份额变化不大，不足以使理事会采取行动；另一方面，成员国也希望表决规则保持原样，因为即使理事会采用多数同意表决规则，修改后的石油消费投票权重并不一定就会改变或影响理事会的决议。

综合投票权（CVW）是一般投票权与石油消费投票权之和。《IEP协定》规定可决票的计算要分为两个序列，即要求一般投票权（GVW）和综合投票权（CVW）分别达到一定的数额或比例。这一规定显然不同于国际货币基金组织或世界银行的表决规则。在后两个国际组织中，一国的总投票权就是基本投票权与加重投票权之和，计算可决票只需要计算总投票权即可，而不再单独计算基本投票权。因此，基本投票权仅具有象征意义。而按照IEA的表决规则，基本投票权在某些情况下能够对理事会的决策发挥决定性作用。例如，“多数同意”或“特定多数同意”规则要求，赞成票必须同时达到一般投票权（GVW）和综合投票权（CVW）的多数，理事会才能通过有关决议。这一规定表明，一国一票制对决议的通过仍然具有关键性作用，即使少数石油消费大国能够凭借其较高的综合投票权重达到多数，但如果其提议不能获得其他多数成员国的赞成，就无法达到一般投票权的多数来通过决议。这是IEA表决制度与其他国际组织加权表决制的一个重要区别。这一安排体现了《IEP协定》起草者的智慧：既考虑石油消费大国的特殊利益，又兼

① Richard Scott, The History of the International Energy Agency: The First Twenty Years (Origins and Structure), Vol. I, Paris 1994, p. 192.

顾大小国家之间的平等，从而避免少数大国垄断 IEA 的决策。

（二）表决权集中规则

表决权的集中是行使表决权的有效结果，涉及形成或通过决议所需的可决票的数量，实质上体现成员国对决议的赞成或同意程度。IEA 的表决权集中规则包括全体一致同意和多数表决制。根据赞成票是否同时要求一般投票权（GVW）和综合投票权（CVW）均达到多数，多数表决制又分为单一多数制和复合多数制。

1. 复合多数制。

IEA 的复合多数制是一种特殊的表决规则，它要求：不仅必须获得多数成员国的赞成票，且投赞成票的成员国的石油消费投票权重还必须达到多数；只有同时符合这两个条件，才能产生有效的理事会决议。按照该规则，理事会要通过一项决议，既要获得一定数量成员国的支持，更要得到石油消费大国的支持。

第一种复合多数制规定在《IEP 协定》第 62 条第 3 款中，它要求赞成票必须占全部综合投票权重的 60% 和一般投票权重的 50%。该款规定主要适用于理事会作出的以下三类决议：第一类是有关国际能源计划管理的决议，包括适用对成员国明确规定强制义务的协定条文所作的决议；第二类是有关程序问题的决议；第三类是所有的建议。《IEP 协定》在每一章中都特别规定了适用多数制的决议类型。例如，“紧急共享制度”部分的某些敏感事项必须由全体一致同意或多数表决形成决议。此外，适用多数制的还包括有关紧急共享制度、国际石油市场信息系统、与石油公司的协商机制等问题的大部分决议，以及设立新机构、成立秘书处、制定预算案或其他组织性事项和财政性问题。

第二种复合多数制规定在《IEP 协定》第 62 条第 4 款第 1 项中，它要求赞成票须占全部综合投票权重的 60% 且一般投票权须达到 57 个①。该规则只适用于《IEP 协定》明确规定的以下五种决议：（1）成员国增加应急储备义务的决议；（2）不启动或部分启动需求抑制措施的决议；（3）为应对紧急形势而采取必要措施（包括提高强制需求抑制水平）的决议；（4）继续实行需求抑制措施的决议；（5）全部或部分解除需求抑制措施的决议。这些决议主要是在石油供应出现紧急情况时启动、维持或解除需求抑制等应急措施，其内容均涉及成员国按照《IEP 协定》承担的法定义务。由于牵涉到成员国自身的重大利益，故《IEP 协定》对这些事项规定了更高的表决标准，要求 IEA 的有关行动必须得到更多成员国的赞同。从 IEA 的制度设计看，该表决规则有利于保护紧急需求抑制措施免受政治因素的

---

① 所有成员国的一般投票权重之和为 75，即要求投赞成票的国家占所有成员国的 76% 以上。

干预。因为当秘书处提出启动、不启动、维持或解除紧急措施的建议时，主要是基于事实判断而非政治考虑。如果要根据政治方面的考虑反对秘书处的建议，就必须得到大部分（约 76%）成员国的支持。

要求一般投票权和综合投票权均达到多数的复合多数制是 IEA 表决制度的特色：它既要求决议必须获得多数成员国的认可和支持，体现多数意志；又要求决议必须得到大国的支持，体现大国意志。唯其如此，IEA 理事会作出的决议才能既反映少数大国利益，又照顾多数小国利益，从而有效防止大国的“少数专制”和小国的“多数暴政”。

2. 单一多数制。

《IEP 协定》第 62 条第 4 款规定的“特定多数同意”实际上包含了两种表决规则——单一多数制和第二种复合多数制。该款第 2 项规定，理事会决定不启动、继续实行或解除第 17 条规定的对成员国进行可获得石油分配的应急措施时，必须获得 66 个一般投票权①的赞成票。按照该规则，理事会通过有关可获得石油分配的决议只需得到 IEA 多数成员国的支持即可，而不需要考虑投赞成票的成员国的石油消费量的大小。这一表决规则仅采用了体现成员国主权平等的“一国一票制”原则，而没有考虑成员国的石油消费能力及经济实力等其他因素。由于表决事项涉及的是仅惠及个别成员国的选择性应急措施，例如，对类似 1973 年石油危机中遭受禁运的少数国家提供紧急援助等，其他成员国可能因缺少直接的经济、政治利益而不愿意作出必要牺牲来启动紧急共享机制。因此，必须对这种紧急石油分配措施提供特别保护，在表决机制的设计上就是要求阻止启动或解除这类应急措施必须经过绝大多数成员国的同意。②

从同意的程度看，单一多数制只要求多数成员国的同意，而不考虑成员国的石油消费能力，看似比复合多数制标准低，但其对成员国赞成票的要求实际上更高，按现有 25 个成员国数计算③，必须获得 22 个成员国的同意票。

3. 全体一致同意。

《IEP 协定》第 62 条第 1 款规定：“全体一致同意”要求出席并投票的所有成员国投赞成票。弃权的成员国将被视为没有参与投票。因此，根据“全体一致同意”规则，只有反对票具有否决效力，缺席和弃权都不能阻挠理事会通过有关决

① 即必须得到 22 个成员国的赞成票，占所有成员国的 88%。

② 按《IEP 协定》起草者的构想，不启动或解除这类应急措施要求除 2 个成员国之外的所有成员国同意。由于 IEA 成员国有所增加，反对的成员国数量也需相应增加，按照现有比例，必须有 5 个成员国的反对票才能阻止理事会通过类似决议。

③ http：//www. iea. org/Textbase/about/membercountries. asp，2007 年 12 月 26 日访问。

议。“全体一致同意”适用于协定明确规定的所有情形，以及所有为成员国增设协定没有规定的新义务的决议。此外，协定没有规定适用多数制或特别多数制的“其他决议”，也适用“全体一致同意”，这实际上是一个后备条款。

《IEP 协定》中明确规定适用“全体一致同意”的条文共有六个，分别涉及启动应急措施、提供石油市场信息、审查和修订投票权重及变更经费分摊比例等重要的事项。在过去的三十多年里，IEA 理事会通过了一些要求适用“全体一致同意”规则的重要决议，包括“1976 年的长期合作计划”、1991 年海湾危机期间“协调一致的能源紧急反应应急计划”，以及在新成员加入时修改各成员国的投票权重。但是，上述决议中并没有记载其适用的表决规则，也没有明示采用了全体一致同意。实际上，这些重要决议都是由理事会采用协商一致方式通过的。按照“全体一致同意”规则，每个成员国都有否决权，这是国家主权平等原则的体现。然而，从 IEA 表决制度可以明显看出，成员国希望减少或限制单个国家否决理事会决议的情形。①

三、实践运作

IEA 的表决机制设计得如此复杂细致，主要是为了保护所有成员国在不同形势下的不同利益。在国际能源机构成立初期，该制度确实充分发挥了这一职能。但是，在后来的决策实践中，理事会总是试图摆脱这些表决规则的约束，而寻求更为灵活务实的决策方法和程序。

（一）表决规则的适用情况

虽然《IEP 协定》为 IEA 理事会制定了前述非常详尽的表决规则，但理事会在实际决策过程中却并未频繁适用这些规则。实践证明，许多重大议题和敏感事项都没有提交正式程序予以表决，而是通过“协商一致”等其他非正式程序在成员国间达成共识。例如，IEA 理事会议程的确定属于程序性事项，可适用的表决规则是《IEP 协定》第 61 条规定的第一种复合多数制。但在实践中，由于理事会总是通过“协商一致”来确定议程，而从未将该事项交付正式表决程序，故该表决规则也从未得到适用。

除上述“备而不用”的情况以外，某些适用表决规则的紧急情况从未出现或极少发生，也是导致 IEA 表决规则总体利用率不高的原因之一。例如，单一多数

① Richard Scott, The History of the International Energy Agency: The First Twenty Years (Origins and Structure), Vol. I, Paris 1994, p. 189.

制适用于一个或几个成员国出现石油供应短缺时，IEA 进行可获得石油分配的情形。由于实践中从未发生这类情况，理事会也就从未适用单一多数制达成或通过相关决议。又如，第二种复合多数制按规定可适用于理事会作出的五种决议，但在实践中，理事会仅通过了有关增加成员国紧急储备义务的决议，且在该类决议中根本没有提及表决规则或特定的多数要求，而其他几类决议也从未出现在理事会的决策实践中。①

从 IEA 的决策实践看，理事会或其他机构适用表决规则的情形非常少。IEA 刚成立时，曾有理事会主席逐个询问成员国代表的投票意向来计算表决结果的少数几个案例。例如，1976 年理事会制定《紧急状况管理指南》采用了多数制表决规则。② 但是，理事会在后期的决策实践中，逐渐形成了一些非正式的表决程序。即在讨论某一问题时，若理事会主席感觉到该事项足以获得多数成员国的支持，就直接宣布达成多数同意，而不再通过正式投票程序予以宣布或记载在相关决议中。例如，1994 年理事会制定“IEA 年度工作和预算计划”时就采用了这种非正式程序。

除上述少数几例适用表决规则的情形外，从总体看 IEA 表决规则的利用率并不高。这些表决规则大多存在“备而不用”或“有备无用”的现象，在实际适用时也有非正式化的倾向，但是并不能因此而否定这些表决规则的重要作用。正因为有如此详尽细致的表决规则作后盾，理事会在处理许多政治敏感问题时才能行动迅捷。因为表决规则设计得越详尽，成员国对自己的预期利益得失就计算得越准确，从而越有利于迅速达成利益妥协。而且，这些表决规则实际上还潜在地发挥着重要作用。一旦成员国意识到某一事项必须由全体一致同意或多数表决通过，就不大会固执地坚持无法获得其他成员国支持的意见，而会按照规则要求相应地调整其立场。

（二）协商一致的广泛运用

IEA 决策实践中的另一个重要特点是广泛应用协商一致程序（而不是动辄将议题交付正式表决），并且，成员国在决策过程中也表现出了高度一致的合作意识。IEA 体制内的“协商一致”，是指当理事会主席宣布他建议的会议结论时，没有成

① Richard Scott, The History of the International Energy Agency: The First Twenty Years (Origins and Structure), Vol. I, Paris 1994, p. 194.

② 理事会决议的一个脚注注明：该事项是根据《IEP 协定》第 6 条第 4 款、第 62 条第 3 款的规定以多数表决通过的，除意大利投反对票、新西兰表示保留、挪威没有参与投票外，其他成员国都投了赞成票。*See* IEA/GB (76) 24, Item3 (a).

员国提出足以导致正式表决的严重反对或保留。① 在实际决策中，为了保障紧急共享制度的完整性和可靠性，以及维持组织内部自由对抗的整体氛围，IEA 有必要采用一切可能办法避免在紧急共享机制或其他问题上出现争端。因此，理事会广泛运用了协商一致程序来代替《IEP 协定》规定的表决规则。因为协商一致可以降低两极分化和孤立少数的可能性，并增进组织内部的合作氛围，使成员国之间的相互妥协成为可能。在一定程度上甚至可以说，IEA 对协商一致程序的成功运用极大地促进了该组织的发展。

实践中，理事会总是尽可能在每一个议题上通过协商来达成一致。尤其是当理事会即将结束某个特定问题的讨论时，理事会主席认为某一措施有可能获得多数支持就会直接宣布结果，如果没有成员国表示反对，就视为所有成员国通过协商达成一致共识采用或实施该措施。在商议需经全体一致同意的事项时，理事会主席若感觉到对有关事项不存在明显反对意见，也会采用相同方法宣布达成一致。如果存在不同意见，则除采用前述程序外，还将在成员国间进行直接的协商谈判，直到找到一致同意的解决办法为止。在讨论需经多数表决的事项时，如果持反对意见的少数成员国不能阻止决议通过，则会被说服接受该决议；如果持反对意见的少数成员国能够阻止决议通过，且后期促成多数同意或协商一致的努力均告失败后，该议题最终将被推迟或中断。在要求全体一致同意的情况下，持异议的成员国要么最后形成支配性意见，要么达成特殊安排使相关决议对其不具有约束力，或者该议题也被推迟或中断。每当出现这些困境时，IEA 体制内的合作精神总会战胜其他因素，使得问题最终能以一种恰当的方式得到解决。

由此可见，协商一致程序的广泛应用使得 IEA 的表决规则基本上处于“消极适用”（备用）或“不适用”的状态。同时，它也使 IEA 有效地避免和减少了其他国际组织中常见的公开分裂、两极分化和严重对抗等影响组织正常运转和高效决策的情形。

（三）挪威的特殊实践

根据 1975 年 2 月《IEA 与挪威协定》（以下简称“挪威协定”）和 1975 年 3 月 IEA 理事会通过的《关于挪威参与的体制安排决议》（以下简称“挪威决议”），挪威不是一个“完全的”成员国。但是，挪威实际参与了 IEA 许多方面的工作，在 IEA 体制内实质上具有和成员国一样的地位。“挪威协定”规定，在《IEP 协

① Richard Scott, The History of the International Energy Agency: The First Twenty Years (Origins and Structure), Vol. I, Paris 1994, p. 186.

定》第5～8章①下，挪威享有成员国的权利并承担相应的义务。“挪威决议”则对挪威有权参与投票表决的三类决议作了明确规定：（1）关于经费分摊比例的决议，及《IEP协定》第5～10章下其他需经多数表决的事项；（2）《IEP协定》第1～4章下包括紧急共享机制的有关决议；（3）挪威决定参与的其他紧急情况下通过的相关决议。此外，根据《IEP协定》第64条第2款、第65条的规定，挪威可以全面参与IEA的特别行动，这实质上也授予挪威对该类行动的表决权。

根据“挪威决议”，挪威参与上述事项的表决时和所有IEA成员国一样拥有3个权重的一般投票权。因此，理事会在决策时，对挪威有权表决的问题，表决规则要求的表决权重应当相应增加。挪威参与多数表决通过的理事会决议，必然对挪威具有拘束力。对理事会以全体一致同意通过的决议，挪威则有权自主决定是否遵守该决议，而不应受其不愿遵守的决议约束。这种对挪威特殊地位的体制安排，使IEA表决制度在实际操作中发生了重大变更，但这种变更不是通过修订《IEP协定》的方式进行的②，而是通过成员国间的表决安排实现的。在IEA实践中，挪威和其他“完全的”成员国一样参与了理事会的许多决策程序，包括1990～1991年海湾危机期间全面参与IEA的石油紧急供应计划。

（四）书面程序

书面程序主要是在理事会休会期间对紧急问题迅速作出决定的一种决策程序。从严格意义上说，它属于不投票表决程序。由于IEA理事会在实践中大量采用了书面程序，它实际上构成IEA表决制度的重要组成部分。IEA首次适用书面程序是1976年1月，理事会通过了《有关长期合作计划的决议》；另一个重要实践是制定《IEA安全规则和程序》。在书面程序中，理事会通常以邮件、传真等方式将休会期间拟通过的决议草案或拟采取的措施告知成员国，如果成员国在规定期限内（通常是发出通知后21天，视情况可以延展）没有提出明确反对意见或者消极默许，该决议就视为有效通过，或者理事会将实施该措施。

在IEA的实践中，书面程序的适用范围非常广泛，包括接受成员国的自愿捐款、选举煤炭产业咨询委员会委员、调整成员国经费分摊比例以及授权非成员国参与能源研发计划等。

① 《IEP协定》第5～8章内容分别是：国际石油市场信息系统，与石油公司的协商机制，能源方面的长期合作，与产油国及其他石油消费国的关系。

② 修订《IEP协定》不仅困难重重，而且耗时较长，因此成员国采取了一种更为实用的解决办法。

四、IEA 表决制度的特点

在 IEA 成立后的三十多年里，其能源政策一直随着不断变化的国际能源市场形势、各国经济发展和能源结构改革情况而不断地做出调整和发展。IEA 理事会决策的议题从石油应急措施到新的改良能源技术的研发，从石油定价机制到长期能源合作，从能源对环境的影响到核聚变技术，几乎涉及所有的能源资源、能源领域、能源技术以及与能源相关的问题。IEA 成员国之所以能够在“能源”这一事关国家经济发展命脉的重要领域内取得如此多的共识、达成如此多的一致，其原因就在于 IEA 的奠基者在设计机构的表决制度时，既大胆借鉴了其他国际组织的决策模式，又充分考虑了机构本身的宗旨和职能，使表决制度充分体现了规则性与灵活性、务实性与创新性的有效结合。

首先，在投票权的分配上实行基本投票权与加重投票权相结合的模式，是借鉴了国际货币基金组织、世界银行等国际经济组织广泛采用的“布雷顿森林模式”。但是，IEA 对“布雷顿森林模式”作了重要改进：成员国的投票权被分成基本投票权（GVW）与综合投票权（CVW）两个序列；理事会在进行决策时，某些重要表决事项必须要求这两个序列的投票权都达到一定数额或比例才能形成有效决议。也就是说，基本投票权不再只是成员国投票权中微不足道的一部分，它还具有重要的独立价值。

IEA 创设的这种表决制度是“一国一票制”与加权表决制的有效结合，体现了国家主权平等原则与国家经济实力因素并重的制度安排。任何一个国际组织，其表决制度的设计都必须从根本上保证该组织能够有效运转，既不会因为权力过于集中而导致大国独断专行，也不会因为权力过于分散而导致拖延低效。IEA 的表决制度正是如此，它一方面实现了对成员国利益的合理分配，使能源消费大国相比小国拥有更多的决策权；另一方面也兼顾了大小、实力不同的国家的平等地位，使各成员国的权利主张和诉求都能得到尊重和反映。IEA 的表决制度既体现了国际经济组织决策制度的一般特性，又包含了颇具特色的制度创新。虽然 IEA 是在 OECD 框架内建立的一个独立自治的国际组织，但其表决制度的设计却没有完全照搬 OECD 的“一国一票制”，也没有简单效仿其他国际经济组织的加权表决制，而是将两者有机融合，创立了独具特色的表决制度。该制度的优越性在于：既维护了成员国的主权平等，又真实反映了国际社会的现实；既避免了“一国一票制”的低效，又切实保障了 IEA 的有效运转。这种兼顾实力不同、强弱有别的不同国家利益的制度安排，既反映实力强大国家的利益诉求，又照顾到实力相对弱小国家的利益关切，是国家主权原则与国际组织有效运转原则的有益平衡。笔者认为，这种新的表决制度和实践很可能会成为国际组织表决制度的一种新的发展趋势。2006年，OECD理事会部长级会议通过了一项关于改革内部决策机制的决议，决定自2006年6月1日起，OECD理事会内部决定将采取有效多数的原则，即60%的成员国与缴纳60%预算的成员国赞成，且没有3个共缴纳25%预算的成员国反对，即被认为有效多数同意。① 从OECD的新规则中不难看出IEA复合多数制的影子。

其次，IEA表决规则的设计尤其是投票权重的规定，在很大程度上充分考虑了欧共体和美国这两大力量的影响因素，既要在两者的利益之间寻求最佳平衡，又要避免任何一方成为操纵或阻碍IEA决策的绝对力量。这种构想主要体现在多数制表决规则的具体投票权重及比例的规定中。按照最新的投票权重安排，美国的石油消费投票权重占总权重的44%，欧盟则占总权重的34%，相比其他成员国而言，美欧均能对IEA理事会的决策产生决定性的影响。显然，理事会的任何决议、建议或声明，如果缺乏美国和欧盟的支持都不可能获得通过。但是，根据IEA多数表决规则，无论是在单一多数还是复合多数中，欧盟或美国单靠自己的力量都不足以挟持或阻碍理事会作出决议，而必须寻求其他成员国的支持。这种设计的精妙之处在于它促使美欧两大利益集团之间的合作多于对抗，因为IEA表决制度决定了两者之间的合作明显比对抗更容易实现。这应该是IEA表决制度能够高效运转的重要原因。

最后，《IEP协定》规定的正式表决规则和理事会在实践中发展形成的非正式表决程序相得益彰，互为补充。这些决策程序的优势体现在不同方面：全体一致同意有利于尊重和保护所有成员国的重大利益；多数制使许多重要决议得以通过，提高了理事会的工作效率；协商一致程序有利于最大限度地寻求共同利益，降低组织内部的分化和对抗风险，在成员国之间实现妥协和平衡；书面程序使理事会可以对紧急情况迅速做出反应，及时解决问题。理事会在决策实践中广泛运用协商一致、书面程序等非正式程序来取代正式表决，更体现了IEA表决机制的灵活、务实和高效。

Abstract OECD Council Decision and the IEP Agreement have established the legal basis for the IEA decision-making mechanism. The mechanism is mainly composed of three types of formal voting rules embodied in the IEP Agreement, and of the informal procedures developed from the practice of the Governing Board. Its major characteristics

① 参见胡冰：《经合组织改革内部决策机制》，载《国际商报》2006年5月30日第3版。

are the combination of one-country-one-vote system and the weighted voting system, the combination of regularity and flexibility as well as that of practicality and innovation.

Key words IEA; Decision-Making Mechanism; Voting Rules

（审稿：向 力）

论国际刑法上的招募儿童入伍罪

□ 王倩倩*

内容摘要 鉴于大量招募儿童入伍行为的出现，"二战"之后很多国际条约都对招募儿童入伍进行了禁止性规定，同时也作出了一定的发展。为了更好地保护武装冲突中的儿童，对使用儿童"直接参与武装冲突"应当进行扩张性的解释，同时招募儿童入伍的最低年龄标准也应由15岁提高到18岁。现今招募儿童入伍罪不仅是一项习惯国际法，而且已经发展为一项强行法。因而，任何国家不得以任何理由拒绝承担禁止与惩治招募儿童入伍的义务。

关键词 招募儿童入伍罪 武装冲突 儿童 习惯国际法 强行法

目 次

---

* 中国人民大学2006级博士研究生，前南斯拉夫国际刑事法庭实习生。本文仅为个人观点，并不代表任何组织与机构的意见。

第二次世界大战后，越来越多的儿童被招募进入武装部队或武装团体或直接参与武装冲突。① 据统计，全球 18 岁以下的儿童中大约有 1/4 在政府武装部队或反政府武装部队中服务，其中大部分儿童兵的年龄在 14 岁到 18 岁之间。② 他们被招募到军队从事各种各样与武装冲突有关的工作，包括参战和各项辅助性工作，例如侦察、埋地雷、从事间谍行动或充当劳力。③ 在过去的二十年中，武装冲突已导致 200 万儿童死亡。目前，全世界仍有 30 多万“儿童兵”卷入各种战争或地区武装冲突。招募儿童入伍的行为已经成为武装冲突中的一个寄生物，一个邪恶的产物。④ 很明显，现今存在的大量招募儿童进入武装部队或武装团体或使用儿童直接参与武装冲突的行为，不仅侵害了儿童的基本权利，而且违背了国际人道法要求最

① R. Brett and M. McCallin, Children: The Invisible Soldiers, 1st ed., Radda Barnen Stockholm, 1996, p. 23, 28.

② The Coalition to Stop the Use of Child Soldiers, *Child Soldier Global Report* 2004-*Complete Report*, p. 16, available at http://www.child-soldiers.org/library/global-reports? root_id = 159&directory_id = 165, visited December 26, 2007.

③ Boothby & Knudsen, *Waging a New Kind of War*: *Children of the Gun*, Scientific American Digital Magazine, June 2000, pp. 60-65, 88-90. G. Machel, The Impact on Armed Conflict on Children, Report of the Expert of the United Nations General Assembly, U. N. Doc A/51/306, 26 August 1996, para. 27. Ilene Cohn & Guys Goodwin-Gill, Child Soldiers: The Role of Children in Armed Conflict, 1st ed., Clarendon Press, 1994, p. 38. Coalition to Stop the Use of Child Soldiers, *Child Soldiers Use* 2003: *A Briefing for the* 4th *Security Council Open Debate on Children and Armed Conflict*, 2004, pp. 1-2, available at http://hrw.org/reports/2004/childsoldiers0104/, visited December 26, 2007.

④ G. Machel, The Impact of War on Children, C. Hurst & Co. Ltd, 2001, p. 7.

大限度保护平民的原则。由于招募儿童入伍行为的严重危害性，招募儿童入伍已经作为一项国际罪行予以禁止，而且实施该项罪行的国家与个人也被追究相应的责任。

一、与招募儿童入伍罪有关的国际公约

作为对大量招募儿童入伍行为的直接回应，一系列国际公约对招募儿童入伍行为作出了禁止性规定。应当注意到虽然每一部国际公约都以自己独有的框架与思考对武装冲突中招募儿童入伍的行为予以禁止，但值得一提的是，每个公约背后的立法目的是一致的，即将招募儿童入伍纳入到禁止名单中，以此敦促各国在其本国立法中对该行为同样予以禁止，从而最大限度地保护武装冲突中的儿童，使他们最大限度地免受武装冲突的影响。下文将对有关公约中涉及招募儿童入伍的规定进行比较与分析，并指出各个规定中存在的不足。

（一）《1949 年 8 月 12 日关于战时保护平民之日内瓦公约》

有关禁止招募儿童入伍的国际公约最早可以追溯到 1949 年，即《1949 年 8 月 12 日关于战时保护平民之日内瓦公约》（以下简称“日内瓦第四公约”）。① 根据该公约第 14 条与第 51 条：不满 15 岁的儿童是被保护免遭占领国招募的群体之一。②

但是，十分遗憾的是该条款只是对武装冲突中占领国单方面的义务，而不是对武装冲突各方的义务。③ 因此，如果被占领国招募儿童入伍，其招募行为并不在《日内瓦第四公约》的禁止之列。实际上，招募儿童入伍在受武装冲突影响的所有地域都会发生。很多情况下，招募儿童入伍的国家通常是被招募儿童的国籍国，即武装冲突中的被占领国。因此，禁止招募儿童入伍不仅应是武装冲突中一国对他国国民履行的一项义务，同时也应是一国对本国儿童履行的一项义务。但是由于传统国际法只调整国家之间的关系，这使得这一不足很难避免。

然而，作为第一个对禁止招募儿童入伍作出明确规定的国际公约，《日内瓦第四公约》的意义不容忽视，它为禁止招募儿童入伍设定了一个明确的法律标准，

---

① 参见《1949 年 8 月 12 日关于战时保护平民之日内瓦公约》（1949），1949 年 4 月 21 日至 8 月 12 日在日内瓦举行之外交会议。

② 参见《1949 年 8 月 12 日关于战时保护平民之日内瓦公约》（1949），1949 年 4 月 21 日至 8 月 12 日在日内瓦举行之外交会议，第 14 条，第 51 条第 1 款。

③ Prosecutor v. Zejnil Delalic, zdravko Mucic aka pavo, Hazim Delic and Esad Landzo aka Zenga, IT-96-11, Trial Judgement, 16 November 1998, para. 236.

即禁止强制招募15岁以下的儿童入伍。其后的公约都是在它的基础上对禁止招募儿童入伍的规定进行了补充与发展。

(二)《1949年8月12日日内瓦四公约关于保护国际性武装冲突受难者的附加议定书》以及《1949年8月12日日内瓦四公约关于保护非国际性武装冲突受难者的附加议定书》

作为对四个日内瓦公约的补充，分别适用于国际武装冲突以及国内武装冲突的两个附加议定书进一步推动了禁止招募儿童入伍规定的发展。其主要条款分别体现于《1949年8月12日日内瓦四公约关于保护国际性武装冲突受难者的附加议定书》(以下简称"第一附加议定书") 第77条第2款、第3款①以及《1949年8月12日日内瓦四公约关于保护非国际性武装冲突受难者的附加议定书》(以下简称"第二附加议定书") 第4条第3款第3项。②

与《日内瓦第四公约》相比，可以发现两个附加议定书对禁止招募儿童入伍予以了很大发展。首先，两个议定书不仅禁止强制招募儿童，而且都禁止缔约国使用儿童直接参加武装冲突。其次，两个议定书都将禁止招募儿童的义务由占领国扩展到武装冲突各方，表现在两个附加议定书都使用了"冲突各方"的用语，而非"占领方"。

同时，两个议定书对禁止招募儿童入伍的规定也存在区别。首先，《第一附加议定书》仅对招募儿童直接参与武装冲突予以禁止，但是《第二附加议定书》禁止所有类型的参与形式，即包括直接参与武装冲突以及间接参与武装冲突。《第二附加议定书》的这一规定更有利于保护武装冲突下的儿童。其次，《第二附加议定书》仅对招募15岁以下的儿童予以禁止。而《第一附加议定书》对15岁以上18岁以下的群体同样作出了规定，并要求缔约国在招募超过15岁但是不满18岁的群体时能更多地考虑年龄的因素，优先招募年龄高者。这种主体范围上的扩大更符合最大限度保护武装冲突下的儿童的原则。但是由于《第一附加议定书》仅使用了"尽力"一词，提请各个缔约国能够尽量依据这一原则行事，因而这一规定本身仅具有一般的建议性。

---

① 参见《1949年8月12日日内瓦四公约关于保护国际性武装冲突受难者的附加议定书》(1977)，第77条第2款、第3款。

② 参见《1949年8月12日日内瓦四公约关于保护非国际性武装冲突受难者的附加议定书》(1977)，第4条第3款第3项。

（三）《联合国儿童权利公约》

对保护儿童不断增加的关注导致了《联合国儿童权利公约》的诞生。① 1989年通过的《儿童权利公约》是迄今为止在保护儿童权利方面得到最广泛接受的国际公约之一，现今已有192个缔约国。② 该公约第38条第2款以及第3款同样表达了禁止招募儿童入伍的态度。

尽管《儿童权利公约》通常被归类为国际人权公约，但是第38条却被视为"连接共同点不断增多的两个部门法（国际人权法与国际人道法）最重要的桥梁之一"③，这体现在两个层面。一方面，类似于所有其他国际人权公约，《儿童权利公约》规定的义务不仅及于缔约国，而且也及于在缔约国管辖范围内的所有实体与法人，包括非政府武装团体。从这个角度来说，《儿童权利公约》不仅对政府设定了义务，而且间接地为武装冲突中的非政府组织设定了义务。其目的就是希望招募儿童入伍的行为能在政府以及非政府武装中都得到杜绝。另一方面，依据《儿童权利公约》第38条第4款的规定，《儿童权利公约》要求缔约国充分尊重其在国际人道法下承担的义务。这就表明在适用第38条时，必须同时参考《日内瓦公约》的相关规定，选择两者中保护儿童标准更高者予以适用。这种"双重保障"的作用，使得第38条既反映了国际人权法对儿童权利予以保护的要求，同时又体现了国际人道法的宗旨，即最大限度保护武装冲突中的平民。④

另外，《儿童权利公约》的实施，使得禁止招募儿童入伍的适用范围得到了扩大。在《儿童权利公约》生效之前，并非所有在国内发生的武装冲突或所有参与武装冲突的叛乱团体都符合《第二附加议定书》的适用范围，⑤ 因而使得受该冲突影响的或在该叛乱团体控制领域内的儿童很难得到应有的保护。虽然，有时可以援引《日内瓦公约》共同第3条的规定代替《第二附加议定书》第4条第3款第3项，⑥但是共同第3条中并未直接指明禁止招募儿童入伍，更不用说予以详细规定。

---

① 《联合国儿童权利公约》，U. N. Doc. A/RES/44/49（1989）。

② ICRC, *States Party to the Geneva Conventions and their Additional Protocols*, ICRC Annual Report 2006: Map of States Party, May 24, 2007.

③ G. Machel, The Impact on Armed Conflict on Children, Report of the Expert of the United Nations General Assembly, U. N. Doc A/51/306, 26 August 1996, para. 210.

④ Prosecutor v. Dusko Tadic, IT-96-21-A, Appeal Judgement, 20 February 2001, para. 168.

⑤ 参见《1949年8月12日日内瓦四公约关于保护非国际性武装冲突受难者的附加议定书》（1977），第1条。

⑥ 参见《1949年8月12日关于战时保护平民之日内瓦公约》（1949），1949年4月21日至8月12日在日内瓦举行之外交会议，第3条。

因此，共同第3条对武装冲突下的儿童的保护力度是不充分的。而适用《儿童权利公约》则使得缔约国领域内的所有儿童都将享受《儿童权利公约》的保护，不论武装冲突的性质如何。另外，考虑到《儿童权利公约》已经获得来自几乎所有国家的广泛承认，①不难看出禁止招募儿童入伍的行为已经成为一项被各国共同认可的普遍义务。就这点而言，《儿童权利公约》中对禁止招募儿童入伍的规定很明显反映了当时的习惯国际法。

虽然《儿童权利公约》也将儿童设定为18岁以下的群体，② 但是在禁止招募儿童入伍的规定中，仍然只禁止15岁以下的儿童入伍或直接参与武装冲突。对于已满15岁不满18岁的儿童，《儿童权利公约》只是建议冲突方招募年龄高者。这就存在一个问题，既然《儿童权利公约》明确主张已满15岁不满18岁的群体属于儿童，那么为什么仍然允许招募该类儿童入伍。这两个相互矛盾的规定只能说明《儿童权利公约》对两类儿童给予了区别性待遇。而待遇的不同必然导致所享有的权利的不同。然而，《儿童权利公约》没有指出为什么15岁以下的儿童与已满15岁不满18岁的儿童之间会享有不同权利。③

（四）《非洲儿童权利与福利宪章》

在区域层面，禁止招募儿童入伍的行动也早已展开。在1990年，非洲联盟制定了《非洲儿童权利与福利宪章》（以下简称"《非洲宪章》"）④，并对儿童入伍的问题作出了特别规定。作为唯一的一个规定禁止招募儿童入伍的区域性条约，《非洲宪章》沿袭了《儿童权利公约》第1条中有关儿童的定义，⑤在第2条中将"儿童"定义为18岁以下的人。同时在第22条中明确禁止18岁以下的儿童直接参与武装冲突，⑥而不仅禁止15岁以下的儿童直接参与武装冲突。

尽管53个非盟成员国中只有16个国家批准了该宪章，但是该宪章是迄今为止就禁止招募儿童入伍问题设定标准最高的国际条约之一，同时也是最接近于联合国

---

① Child Convention on the Rights of the Child, Campaign for U. S. Ratification of the Convention on the Rights of the Child, Part II.

② 参见《联合国儿童权利公约》，U. N. Doc. A/RES/44/49（1989），第1条。

③ 参见本文第2部分第3节之年龄标准的论述。

④ 参见《非洲儿童权利与福利宪章》，O. A. U. DOC. CAB/LEG/24.9/49（1990）。

⑤ 参见《联合国儿童权利公约》，U. N. Doc. A/RES/44/49（1989），第1条。

⑥ 参见《非洲儿童权利与福利宪章》，O. A. U. DOC. CAB/LEG/24.9/49（1990），第22条第2款。

儿童基金会与国际红十字会提出的保护标准的区域性公约。①《非洲宪章》对禁止招募儿童入伍的发展，即将已满15岁不满18岁的儿童纳入到保护的范围之内，对以后的国际立法的发展起到了抛砖引玉的作用。

（五）《国际刑事法院罗马规约》

通过国际社会的不懈努力，1998年的《国际刑事法庭罗马规约》（以下简称"《罗马规约》"）将招募儿童入伍行为作为一项国际罪行予以禁止。②依据《罗马规约》第8条第2款第26项与第8条第2款第5项第7目，招募不满15岁的儿童或直接使用儿童参与武装冲突在国际武装冲突与国内武装冲突中都作为战争罪纳入到国际刑事法院的管辖范围。③

从这两条的规定中可见，《罗马规约》标志着禁止招募儿童入伍的发展又迈上了一个新的台阶。一方面，禁止招募儿童入伍的义务由缔约国的一般义务扩展到个人的义务，由要求国家承担国家责任扩展到同时要求个人承担刑事责任。作为第一个以成文方式将招募儿童入伍行为作为国际法下一项罪行予以规定的国际公约，《罗马规约》对已成为习惯国际法的招募儿童入伍罪进行了编纂。另一方面，《罗马规约》对招募儿童入伍罪在国际武装冲突与国内武装冲突下分别作出了规定。这种立法方式使得招募儿童入伍罪的规定更为详细，更利于在司法实践中进行操作。

（六）国际劳工组织第182号公约：《有关禁止和立即行动消除最恶劣形式的童工劳动公约》

参照《日内瓦公约》对禁止招募儿童入伍所确立的标准，1999年国际劳工组织制定了《禁止和立即行动消除最恶劣形式的童工劳动公约》（以下简称"《第182号公约》"），④该公约在第3条第1款中将招募儿童入伍的行为视为"最恶劣形式的童工劳动"，并对该行为作出了相应的禁止性规定。同时，该公约在第1条以及第7条第1款中要求各个缔约国应当依据该公约规定的义务制定相应的国内法，包

---

① ICRC, *Optional Protocol to the Convention on the Rights of the Child concerning Involvement of Children in Armed Conflict*, No. 322, International Review of the Red Cross, 1997, pp. 107-125. UNICEF, *Adult War: Child Soldiers*, available at http://www.unicef, org/publications, visited December 26, 2007.

②《国际刑事法院罗马规约》, U.N. Doc. A/CONF. 183/9 (1998)。

③ 参见《国际刑事法院罗马规约》, U.N. Doc. A/CONF. 183/9 (1998), 第8条第2款第2项第26目以及第8条第2款第5项第7目。

④《禁止和立即行动消除最恶劣形式的童工劳动公约》, 38 I.L.M. 1207 (1999)。

括惩罚性规定。①值得一提的是，该公约第 2 条也对“儿童”作出了明确的定义，即儿童适用于 18 岁以下的所有人员。②

将第 1 条禁止强制招募儿童入伍的规定，第 2 条儿童的定义与第 7 条第 1 款建议采取刑事制裁措施的规定结合起来，不难看出该公约要求各成员国将强制招募 18 岁以下儿童入伍的行为视为一项罪行予以惩罚。

由此可见，一方面《第 182 号公约》遵循了《罗马规约》的规定将招募 15 岁以下儿童入伍的行为视为一项罪行，同时又对招募儿童入伍罪作出了一定的发展，即明确将禁止强制招募儿童的年龄提高到 18 岁。在此之前虽然《日内瓦第四公约》也明确规定禁止强制招募儿童入伍，但是并未明确儿童的年龄区间，而其后的国际公约都只将 15 岁以下的儿童作为禁止招募的对象。截止到 2004 年 8 月，已有 150 个国家批准了《第 182 号公约》。③国际社会对禁止强制招募 18 岁以下的儿童入伍的广泛认可在一定程度上使得该规定成为了一项习惯国际法。但是《第 182 号公约》并未将招募自愿应募者的最低年龄提高到 18 岁。

（七）《联合国儿童权利公约关于儿童卷入武装冲突问题的议定书》

为了加强《儿童权利公约》第 38 条的规定，缔约国要求起草一个议定书对《儿童权利公约》的部分规定予以修改。2000 年缔结的《联合国儿童保护公约关于儿童卷入武装冲突问题的议定书》（以下简称“《儿童权利公约议定书》”）④ 由此诞生。依据《儿童权利公约议定书》，各缔约国招募 18 岁以下的儿童直接参与武装冲突或招募 15 岁以下的自愿应募儿童直接参与武装冲突都是禁止的。但是，《儿童权利公约议定书》允许各缔约国在提交书面声明以及采取保障措施的情况下招募已满 15 岁而不满 18 岁的自愿应募者，这分别规定在第 2 条与第 3 条中。⑤ 其次，《儿童权利公约议定书》第 4 条第 1 款规定，非国家武装部队的武装团体，在

---

① 《禁止和立即行动消除最恶劣形式的童工劳动公约》，38 I. L. M. 1207 （1999），第 1 条，第 7 条第 1 款。

② 《禁止和立即行动消除最恶劣形式的童工劳动公约》，38 I. L. M. 1207 （1999），第 2 条。

③ The Coalition to Stop the Use of Child Soldiers, *Child Soldier Global Report* 2004-*Complete Report*, p. 15, available at http://www. child-soldiers. org/library/global-reports? root_id = 159&directory_id = 165, visited December 26, 2007.

④ 《联合国儿童权利公约关于儿童卷入武装冲突问题的议定书》，U. N. Doc. A/RES/54/263 （2000）。

⑤ 参见《联合国儿童权利公约关于儿童卷入武装冲突问题的议定书》，U. N. Doc. A/RES/54/263 （2000），第 2 条与第 3 条。

任何情况下以任何形式招募18岁以下的儿童参与敌对行动都是禁止的。①

《儿童权利公约议定书》对禁止招募儿童入伍的发展是显著的。这首先体现在禁止招募儿童的年龄由15岁提高到18岁。《儿童权利公约议定书》在继承《第182号公约》所取得的成就——“禁止强制招募18岁以下的儿童入伍”——的基础上，将招募自愿应募者的最低年龄也提高到18岁。其次，《儿童权利公约议定书》明确将招募18岁以下儿童进入缔约国武装部队开办或控制的学校作为禁止招募儿童入伍的排除条款。②《罗马规约》虽然在起草过程中提到将招募儿童进入军校予以排除，但是并未将该例外纳入到《罗马规约》的条款中。③因此，《儿童权利公约议定书》的规定对适用《罗马规约》的招募儿童入伍罪起到了补充作用。

（八）《塞拉利昂特别法庭规约》

由于在塞拉利昂的武装冲突中儿童被大量使用，《塞拉利昂特别法庭规约》第4条第4款对招募儿童入伍罪进行了规定。④ 该规定基本沿袭了《罗马规约》有关在国内武装冲突中招募儿童入伍的规定，即“强制征募或招募自愿应募不满15岁的儿童加入国家武装部队或团体，或利用他们积极参与敌对行动”。⑤

虽然《塞拉利昂特别法庭规约》并未对招募儿童入伍罪作出特别的发展，但是该规定通过赋予塞拉利昂特别法庭对招募儿童入伍行为的管辖权，使得招募儿童入伍罪在司法实践中得以更广泛的适用。

二、与招募儿童入伍罪相关的主要法律问题

（一）招募儿童入伍罪的“构成要件”

1. 招募儿童入伍罪的行为要件（actus reus）。

在《罗马规约》订立之前，两个《日内瓦附加议定书》与《儿童权利公约》都将招募儿童入伍行为定义为招募15岁以下的人（直接）参加武装部队或武装团

---

① 参见《联合国儿童权利公约关于儿童卷入武装冲突问题的议定书》，U.N. Doc. A/RES/54/263（2000），第4条第1款。

② 参见《联合国儿童权利公约关于儿童卷入武装冲突问题的议定书》，U.N. Doc. A/RES/54/263（2000），第4条第5款。

③ Otto Triffterer, The Commentary of Rome Statue of the International Criminal Court, 1st ed., Momos, Verlagsgesellschaft, Baden-Baden, para. 227.

④ 《塞拉利昂特别法庭规约》，U.N. Doc. S/2000/915/1315（2000）。

⑤ 参见《塞拉利昂特别法庭规约》，U.N. Doc. S/2000/915/1315（2000），第4条第4款。

体，或利用15岁以下的人积极参加敌对行动。① 1998年订立的《罗马规约》同样沿袭了上述公约的规定，将招募儿童入伍罪的行为要件明确规定为两类不同的行为，即招募儿童进入武装部队或者使用儿童直接参与武装冲突。② 使用“或者”一词连接这两类犯罪行为，使得招募儿童入伍罪的行为要件分为招募行为与使用儿童直接参与武装冲突两个相互独立的部分，而且并不需要两者同时存在。具体而言，一方面，实施招募行为本身就可以构成招募儿童入伍罪的行为要件，不论其后续行为是否存在，即是否在招募之后使用儿童直接参与武装冲突。但应当注意的是，招募自愿儿童进入军校并不构成招募儿童入伍罪，③ 因为招募进入军校并没有造成儿童与武装冲突产生任何联系。另一方面，如果不经过正式的招募活动或行政性登记，而将儿童直接送上战场参与武装冲突，同样满足招募儿童入伍罪的行为要件。这使得“招募”一词包括两层不同的含义，法律上的（de jury）招募儿童入伍，即招募行为本身，以及事实上的（de fecto）招募儿童入伍，即不经过办理正式招募手续，使用儿童直接参与武装冲突。

另一个值得一提的问题是“法律上的（de jury）招募儿童入伍”中“招募”一词的含义，即该词应仅指“强制招募”还是同时包括“强制招募”与“招募自愿应募者”两个方面。在回答这一问题之前，应回顾一下国际公约的相关规定。由于两个《日内瓦附加议定书》与《儿童权利公约》的文本都未明确对“招募”做出解释，④ 因而依据字面解释，“招募”是指“为了加强或维持军队的力量招募自愿应募者或为军队获取或寻找新的人员供给”。从该定义看，“招募”的方式并不限于强制招募，也可以是招募自愿应募者。

① 参见《1949年8月12日日内瓦四公约关于保护国际性武装冲突受难者的附加议定书》(1977)，第77条第2款。《1949年8月12日日内瓦四公约关于保护非国际性武装冲突受难者的附加议定书》（1977），第4条第4款。《联合国儿童权利公约》，U. N. Doc. A/RES/44/49 (1989)，第38条第2款与第3款。

② 参见《国际刑事法院罗马规约》，U. N. Doc. A/CONF. 183/9 (1998)，第8条第2款第2项第26目以及第8条第2款第5项第7目。

③ Otto Triffterer, The Commentary of Rome Statue of the International Criminal Court, 1st ed., Momos, Verlagsgesellschaft, Baden-Baden, para. 227. ICRC, *Optional Protocol to the Convention on the Rights of the Child concerning Involvement of Children in Armed Conflict*, No. 322, International Review of the Red Cross, 1997, p. 3.

④ 参见《1949年8月12日日内瓦四公约关于保护国际性武装冲突受难者的附加议定书》(1977)，第77条第2款。《1949年8月12日日内瓦四公约关于保护非国际性武装冲突受难者的附加议定书》（1977），第4条第3款。《联合国儿童权利公约》，U. N. Doc. A/RES/44/49 (1989)，第38条第2款与第3款。

而《罗马规约》与《塞拉利昂特别法庭规约》则明确使用了“强制招募或自愿应募”的用语，这使得“招募”一词的含义更为清晰。①

“事实上的（de fecto）招募儿童入伍”中“使用”一词的含义，在《罗马规约》的缔结过程中各国代表已经达成了一致，即“‘使用’这一措辞应当不仅适用于直接参战以及与参战有关的其他积极参与武装冲突的行为，诸如侦察、从事间谍行为、从事各类破坏活动、充当引诱物、信使以及看守检查站等……，还包括禁止使用儿童从事直接支持军事行动的角色，例如向前线运送支援品”。②可见，“使用”一词所强调的是使用的目的。因此，如果一个人在明知或有理由知道儿童不满15岁的情况下，直接使用该儿童从事与武装冲突有关的行为，其必然应当承担刑事责任，不论该儿童是被强制还是自愿参与武装冲突。

综上所述，招募儿童入伍罪的行为要件包括四类具体的行为，即强制招募儿童进入武装部队，招募自愿应募的儿童进入武装部队，使用被强制招募的儿童直接参与武装冲突，使用自愿应募的儿童直接参与武装冲突。只要其中一项成立，招募儿童入伍罪的行为要件就会成立。

2. 招募儿童入伍罪的心理要件（mens rea）。

有关招募儿童入伍罪的心理要件，在《国际刑事法院犯罪要件》（以下简称“《犯罪要件》”）中有相关的规定，招募儿童入伍罪的心理要件要求“招募者知道（knew）或者应当知道（should have known）被招募者是不满15岁的儿童”。③

《犯罪要件》对招募儿童入伍罪的心理要件设定了一个过于严格的标准，由于“应当知道”是一个相对模糊又主观的概念，通常会导致司法实践进入一个误区，即以招募者的招募身份或者职务而非其真实的心理状态作为“应当知道”的判断因素。④ 具体而言，即使招募者在招募时根本无法获知儿童的真实年龄，该招募者也应当对其招募儿童入伍的行为承担个人刑事责任。由此可见，“应当知道”是一种严格责任制（strict liability），其违反最基本的“自由意志本位”原则。《起诉应对1991年以来前南斯拉夫境内所犯的严重违反国际人道法行为负责的人的国际法

① 参见《罗马规约》第8条第2款第2项第26目与第8条第2款第5项第7目；《塞拉利昂特别法庭规约》，U. N. Doc. S/2000/915/1315（2000），第4条。

② The Report of the Preparatory Committee 1998, Add. 1. fn 12, War Crimes, Option 2, p. 25; ICRC, The Commentary to the First Protocol to the Geneva Conventions, Martinus Nijhoff, 1987, para. 3187.

③ Elements of Crimes for the International Criminal Court, U. N. Doc. PCNICC/2000/1/Add. 2 (2000), Art. 8 (2) (b) (xxvi) & Art. 8. (2) (e) (vii).

④ BingBing Jia, *The Doctrine of Command Responsibility Revisited*, Vol. 3, No. 1, Chinese Journal of International Law, 2004, p. 8.

庭规约》(以下简称“《前南规约》")① 与《起诉1994年在卢旺达境内犯有种族灭绝罪和其他严重违反国际人道主义法罪行者的国际法庭规约》(以下简称“《卢旺达刑庭规约》")② 则采用了“有理由知道”的标准,③ 而且被广泛应用于司法实践中。④ 与“应当知道”相比,“有理由知道”的标准要求在招募之前或招募之时存在客观条件使得招募人能够判断出被招募者是不满15岁的儿童。这类客观条件通常包括有关该儿童的报告、身份证明、发育情况、外貌等。在司法实践中,法院通常以一个心智正常人(reasonable person)的认知能力作为衡量标准,即如果一个心智正常的人在相同的情况下能作出判断,则推断该招募者也应当能够作出同样的判断。可见,“有理由知道”的标准比“应当知道”更具有合理性。

(二)招募儿童入伍罪与武装冲突的关系

1. 武装冲突的存在。

招募儿童入伍只有在存在武装冲突的情况下才被禁止或视为一项罪行。《日内瓦公约》及其《附加议定书》都是适用于战时的国际人道法公约。《罗马规约》以及《塞拉利昂特别法庭规约》都将招募儿童入伍罪列入战争罪项下,即要求该罪行的实施必须与武装冲突存在联系。⑤《非洲宪章》将禁止招募儿童入伍列入第22条武装冲突项下。《儿童权利公约》第38条明确规定该条仅适用于武装冲突中。⑥《儿童权利公约议定书》作为对《儿童权利公约》中关于儿童卷入“武装冲突”问题的补充,对于禁止招募儿童入伍的规定也要求与武装冲突相联系。《第182号公约》第3条同样明确将招募儿童入伍罪限于武装冲突。这就表明招募儿童入伍罪是一项必须以武装冲突的存在为前提的罪名。

---

① 《起诉应对1991年以来前南斯拉夫境内所犯的严重违反国际人道法行为负责的人的国际法庭规约》, U. N. Doc. S/RES/827 (1993)。

② 《起诉1994年在卢旺达境内犯有种族灭绝罪和其他严重违反国际人道主义法罪行者的国际法庭规约》,联合国文件 S/RES/955 (1994)。

③ 参见《起诉应对1991年以来前南斯拉夫境内所犯的严重违反国际人道法行为负责的人的国际法庭规约》, U. N. Doc. S/RES/827 (1993),第7条第2款。《起诉1994年在卢旺达境内犯有种族灭绝罪和其他严重违反国际人道主义法罪行者的国际法庭规约》,联合国文件 S/RES/955 (1994),第6条第2款。

④ BingBing Jia, *The Doctrine of Command Responsibility Revisited*, Vol. 3, No. 1, Chinese Journal of International Law, p. 7, pp. 22-25.

⑤ ICRC, *Optional Protocol to the Convention on the Rights of the Child concerning Involvement of Children in Armed Conflict*, No. 322, International Review of the Red Cross, 1997, para. 5.

⑥ 参见《联合国儿童权利公约》, U. N. Doc. A/RES/44/49 (1989),第38条第1款,第4款。

对于什么是武装冲突，《日内瓦公约》并没有作出一个准确的定义。前南国际刑庭在塔迪奇（Tadic）案中，根据《日内瓦公约》的有关规定和立法史，对武装冲突作出了定义：“武装冲突系指国家之间使用武力或政府当局与有组织的武装集团或在一国国内的武装集团之间存在着长期的武装暴力。”① 一国国内的动乱和紧张局势，如暴动、孤立而不时发生的暴力行为和其他类似性质的行为均不属于武装冲突。一些短期的、自发的使用武力的情况，也不能被认为属于武装冲突。②

考虑到该罪与武装冲突的紧密联系，下文将主要对两个问题进行论述。第一，招募儿童入伍罪中规定的“直接参与武装冲突”的范围。第二，招募儿童入伍罪应当仅是国际性武装冲突下的一项罪名，还是在国际性武装冲突与国内武装冲突中同时都应被禁止。

2. 直接参与武装冲突的范围。

《第一附加议定书》第77条中明确规定禁止使用儿童“直接参与武装冲突”，这与国际人道主义法对平民与战斗员的区分标准——“是否直接参与武装冲突”——保持了一致。“直接参与武装冲突”是指从事与战争有关的任何在目的与性质上很容易对敌方的设施或人员造成实际损失或损害的行为。③ 前线作战很明显是一种极易对敌方的设施或人员造成实际损失或损害的行为，属于“直接参与武装冲突”的范围。因而，“直接参与武装冲突”的人将不再享有平民的待遇。很明显如果使用儿童直接参与武装冲突会直接导致儿童的身份由武装冲突中的被保护者转变为不受国际人道法保护的战斗员。

《第二附加议定书》第4条第3款摒弃了“直接参与武装冲突”一词，而使用了“参与武装冲突”。“参与武装冲突”不仅包括“直接参与武装冲突”还包括“间接参与武装冲突”。“间接参与武装冲突”是指“除直接参与武装冲突之外的，与战争有关任何在目的与性质上对某一军事行动作出贡献的行为”。因而，“间接参与武装冲突”的行为一般包括在战场后方的后勤部门工作，如做饭、向前线运送物资、在远离战场的军事要地站岗。④ 很明显，这些行为虽然没有对敌方的设施

---

① Prosecutor v. Dusko Tadic, IT-94-1-T, Trial Opinion and Judgment, May 7, 1997, para. 561.

② 参见《1949年8月12日日内瓦四公约关于保护非国际性武装冲突受难者的附加议定书》(1977)，第1条。

③ Prosecutor v. Rutaganda, ICTR-96-3-T, Trial Judgement, 6 December 1999, para. 616. ICRC, The Commentary to the First Protocol to the Geneva Conventions, Martinus Nijhoff, 1987, para. 1679, 1944. ICRC, The Commentary to the Second Protocol to the Geneva Conventions, Martinus Nijhoff, 1987, para. 4788.

④ ICRC, The Commentary to the Second Protocol to the Geneva Conventions, Martinus Nijhoff, 1987, para. 4557.

或人员造成实际损失或损害，但却对军事行动作出了贡献，是武装冲突中所必不可少的要素。

然而，值得一提的是，不仅《第一附加议定书》，而且《儿童权利公约》、《罗马规约》以及《塞拉利昂特别法庭规约》都只禁止使用儿童“直接参与武装冲突”，这是否表明这些公约都将使用儿童“间接参与武装冲突”的行为排除在禁止范围之外？答案当然是否定的。实际上，在《第一附加议定书》、《儿童权利公约》与《罗马规约》的起草过程中，各国都对“直接”一词的含义作出了扩大性解释，从而使得一部分“间接参与武装冲突”的儿童被纳入到保护范围之中。国际红十字会从《第一附加议定书》的目的与宗旨出发对“直接”一词作出了解释，认为“既然起草者的目的是保障15岁以下的儿童免受武装冲突的影响，儿童不应被使用从事收集与传达军事信息、运送弹药与武器、提供供给等行为。”① 不仅缔约国对“直接”一词作出了扩大性解释，很多非政府组织也都支持这一扩大性解释的适用，即在定义儿童兵时，直接将间接参与武装冲突的儿童纳入到儿童兵的范围之内。②这种扩大性的解释符合了国际人道法的根本目的与宗旨，是符合国际人道法基本理念的合理解释。

由此可见使用儿童“直接参与武装冲突”包括两种方式：首先，使用儿童从事“很可能对敌方人员或财产造成损害或威胁”的行为，例如作战或在前线指挥部署。另一种方式是使用儿童从事“能对某一军事行动作出贡献”的行为，包括收集与传达军事信息、向前线运送支援品、弹药等行为。当然，并不是所有“间接参与武装冲突”的行为都构成招募儿童入伍罪。例如，招募儿童在远离战场的后方耕作，虽然所生产的粮食为战事提供了物资上的供给，为军事行动作出了巨大的贡献，但是这种招募行为并不能构成招募儿童入伍罪，因为儿童并未被直接置于武装冲突的危险之中，因而并不是广义上“直接参与武装冲突”的行为。

3. 国际武装冲突与国内武装冲突下的招募儿童入伍罪。

1998年《罗马规约》遵循了两个日内瓦《附加议定书》的做法，将战争法下的罪行明确分为两个部分予以规定，即国际性武装冲突下的战争罪与国内武装冲突

---

① ICRC, The Commentary to the First Protocol to the Geneva Conventions, Martinus Nijhoff, 1987, para. 1679, 3187.

② The Coalition to Stop the Use of Child Soldiers, *Child Soldier Global Report* 2004-*Complete Report*, p. 16, available at http://www.child-soldiers.org/library/global-reports? root _ id = 159&directory_ id = 165, visited December 26, 2007. UNIEF, the Prevention of Recruitment, 27-30 April 1997 Cope Town, available at http://www.unicef.org/emerg/files/Cape _ Town _ Principles.pdf, visited December 26, 2007. G. Machel, The Impact of War on Children, C. Hurst & Co. Ltd, 2001, p. 7.

下的战争罪。但是值得一提的是，1995 年前南上诉庭在塔迪奇案中指出："以国际主权为中心的标准已经逐渐被以人道为中心的思想所取代。因而，与维护人道主义相比，在武装冲突中区分冲突的性质已经失去了其价值。"①虽然塔迪奇案所作的结论是在前南斯拉夫特殊的武装冲突背景，即很难对国际性武装冲突与国内性武装冲突予以区分的基础上提出的，但这一观点得到了国际社会的广泛认可。因此，对同一罪行在国际武装冲突与国内武装冲突中的规定应当是一致的，但是就招募儿童入伍罪而言，《罗马规约》的规定并不是完全一致。

通过对比《罗马规约》第 8 条第 2 款第 2 项第 26 目与第 8 条第 2 款第 5 项第 7 目，可以发现"武装团体"的措辞仅出现在适用于国内武装冲突的第 8 条第 2 款第 5 项第 7 目中。因此，随之而来的一个问题是在国际性武装冲突下武装团体招募儿童入伍的行为是否不予禁止。

答案当然是否定的。在塔迪奇案中，上诉庭指出一国的武装力量以另一国的名义介入他国国内武装冲突可以使原本为国内性质的武装冲突转化为国际武装冲突。② 在这种特殊的国际性武装冲突下，如果一国非政府性武装团体招募不满 15 岁的儿童入伍或使用不满 15 岁的儿童直接参与武装冲突，由于《罗马规约》没有在国际性武装冲突中对武装团体予以规定，很可能会使得这种违反行为得不到惩罚。1998 年爆发的民主刚果共和国的国内武装冲突，由于乌干达、卢旺达、津巴布韦等国的出兵，国内武装冲突演化为国际性武装冲突。在这种情况下，由于在第 8 条第 2 款第 2 项第 26 目中并未将"武装团体"纳入条款中，乌干达反政府武装作为国内武装团体，其招募儿童入伍的行为很可能会处于《罗马规约》的管辖之外。因而，《罗马规约》应当将"武装团体"的用语同样纳入第 8 条第 2 款第 2 项第 26 目中。

（三）招募儿童入伍罪的年龄标准

1. 儿童的定义。

"儿童"是指"生理上并未成熟的人"，但是由于不同的文化与生理发育因素，各国对儿童的成熟都有不同的理解，从而使得儿童从 14 岁到 21 岁不等。③ 另一种

---

① Prosecutor v. Tadic, IT-94-1 ~ A, Decision on Defence Motion for interlocutory Appeal on Jurisdiction, 2 October 1995, para. 97.

② Prosecutor v. Tadic, IT-94-1 ~ A, Decision on Defence Motion for interlocutory Appeal on Jurisdiction, 2 October 1995, para. 97.

③ Ilene Cohn & Guys. Goodwin-Gill, Child Soldiers: The Role of Children in Armed Conflict, 1st ed., Clarendon Press, 1994, Chapter 3, pp. 7-8 & Annex: Voting Age and Military Age by Country.

是较为客观的定义，即以年龄为标准将"儿童"直接规定为18岁以下的群体。将儿童的年龄设定为18岁最早出现在1974年的重申与发展适用于武装冲突的国际人道法外交大会上，巴西首先提议要求禁止招募18岁以下的儿童。①同样，人权委员会在解释《公民权利与政治权利国际公约》第10条时也将"儿童"解释为"18岁以下的群体"。②1989年的《儿童权利公约》及《儿童权利公约议定书》与1999年的《非洲宪章》都将"儿童"明确规定为18岁以下的群体。③由于《儿童权利公约》与《公民权利与政治权利国际公约》的广泛认可度，18岁已经被国际社会广泛接受为划分儿童与成年人的年龄尺度。本文遵循国际通行的惯例，采用将"儿童"定义为18岁以下群体的定义，在此基础上讨论招募儿童入伍罪的年龄标准。

2. 招募儿童入伍罪的年龄标准。

虽然15岁作为招募儿童入伍的最低年龄标准已经得到了国际社会的普遍认可，但是非政府组织普遍将招募儿童入伍罪的年龄标准设定为18岁。第26届国际红十字会与国际红心月国际大会上明确指出：支持《联合国儿童权利公约关于儿童卷入武装冲突问题的议定书》将招募儿童的年龄与使用儿童直接参与武装冲突的年龄提高到18岁的议题。④1995年联合国儿童基金会在开普敦举行的有关"防止招募儿童进入武装部队和非洲儿童兵的复原与社会重新结合"的讨论会中指出招募儿童入伍的最低年龄应为18岁。⑤除了非政府组织，联合国安理会也通过决议，呼吁缔约国尊重并遵守《联合国儿童权利公约关于儿童卷入武装冲突问题的议定

---

① ICRC, *Optional Protocol to the Convention on the Rights of the Child concerning Involvement of Children in Armed Conflict*, No. 322, International Review of the Red Cross, 1997, pp. 107-125.

② 人权委员会报告，U. N. Doc. A/47/40，1992年9月10日，第13段。

③ 参见《联合国儿童权利公约》，U. N. Doc. A/RES/44/49 (1989)，第1条；《非洲儿童权利与福利宪章》，O. A. U. DOC. CAB/LEG/24. 9/49 (1990)，第2条。

④ ICRC, *Customary International Humanitarian Law, Report Prepared by the International Committee of the Red Cross*, 26th international Conference of the Red Cross and Red Crescent, Geneva, 4 to 7 December 1995. ICRC, *Optional Protocol to the Convention on the Rights of the Child Concerning Involvement of Children in Armed Conflict*, No. 322, International Review of the Red Cross, 1997, Section I & II.

⑤ UNICEF, *the Prevention of Recruitment*, 27-30 *April* 1997 *Cope Town*, available at http: // www. unicef. org/ emerg/files/ Cape_ Town_ Principles. pdf, visited December 26, 2007.

书》中的规定，这包括其中有关招募儿童入伍的年龄的规定。① 到 2004 年 8 月，已经有 77 国的政府批准了《联合国儿童权利公约关于儿童卷入武装冲突问题的议定书》。② 很明显，将招募儿童入伍罪的年龄提高到 18 岁将是招募儿童入伍罪今后发展的主要方向。因此，下文将对这一发展的必然性与可行性予以论述。

首先，将招募儿童入伍的年龄提高到 18 岁会扩大受保护儿童的范围，这与国际人权法提倡的“儿童最大利益”的原则以及国际人道法要求的“最大限度保护武装冲突平民”的原则是一致的。③ 具体而言，由于战场上的条件艰苦、医疗药物缺乏、伤口或者因从事繁重劳务而导致的身体上的损坏是得不到治疗的，每年死于武装冲突下的儿童兵确切数目更是难以计数。④ 即使儿童兵可以免于身体上的受伤，参与武装冲突对其心理成长也会产生巨大的影响。⑤即使一名超过 15 岁的儿童在生理上已经成熟，但是其心理年龄实际上是不成熟的。尤其在武装冲突的影响下，成长时期的心理很容易受到错误的诱导以致于产生扭曲的发展。⑥ 这种心理与生理上的损害不会因儿童年龄的不同而有所区别。因此，已满 15 岁不满 18 岁的儿童也应列入到保护的范围。

---

① Children and Armed Conflict, U. N. Doc. S/2003/1053, para. 6, 13; Children and Armed Conflict, U. N. Doc. S/2000/712, para. 10; Children and Armed Conflict, U. N. Doc. S/2001/852, para. 9; Children and Armed Conflict, U. N. Doc. S/RES/1460, para. 7; Children and Armed Conflict, U. N. Doc. S/RES/1539, para. 7; Children and Armed Conflict, U. N. Doc. S/RES/1261, para. 5; Children and Armed Conflict, U. N. Doc. S/RES/1379, para. 30, 31; Children and Armed Conflict, U. N. Doc. S/RES/1299, para. 3.

② The Coalition to Stop the Use of Child Soldiers, *Child Soldier Global Report* 2004-*Complete Report*, p. 14, available at http://www.child-soldiers.org/library/global-reports?root_id=159&directory_id=165, visited December 26, 2007.

③ Prosecutor v. Zejnil Delalic, zdravko Mucic aka Pavo, Hazim Delic and Esad Landzo aka Zenga, IT-96-21, Judgement, 16 November 1998, para. 266, 275. Prosecutor v. Dusko Tadic, IT-96-21-A, Appeal Judgement, 20 February 2001, para. 168.

④ Joshua Barenbaum, Vladislav Ruchkin & Mary Schwab-Stone, *The Psychosocial Aspects of Children Exposed to War*: *Practice and Policy Initiatives*, Vol. 45, No. 1, Journal of Child Psychology and Psychiatry, 2004, pp. 41-42.

⑤ Joshua Barenbaum, Vladislav Ruchkin & Mary Schwab-Stone, *The Psychosocial Aspects of Children Exposed to War*: *Practice and Policy Initiatives*, Vol. 45, No. 1, Journal of Child Psychology and Psychiatry, 2004, pp. 48-56.

⑥ The Coalition to Stop the Use of Child Soldiers, *Child Soldier Global Report* 2004-*Complete Report*, p. 72, available at http://www.child-soldiers.org/library/global-reports?root_id=159&directory_id=165, visited December 26, 2007.

其次，国家有义务将已满 15 岁但不满 18 岁的自愿应募儿童纳入禁止招募入伍的范围。现今禁止强制招募 18 岁以下的儿童入伍已得到国际社会的普遍认可，但是仍然有很多国家不愿意将招募士兵的年龄提高到 18 岁，其主要原因在于这些国家反对将已满 15 岁不满 18 岁的自愿应募儿童也列入禁止招募的范围，其理由是允许儿童自愿入伍是对“儿童行使自主权”的尊重①以及对“军事必要”的合法援引。由此而来的问题是，禁止招募 18 岁以下的自愿应募儿童入伍是否具有合理性。贫穷、个人崇拜以及复仇的心理是儿童自愿入伍的通常动机。② 智力上的不成熟往往使得武装冲突下的儿童会被不能控制的因素所左右甚至是误导。③ 儿童在这种情况下加入军队很难说是在充分了解武装冲突的性质以及目的的基础上作出的自愿选择。一个明显的例子是，饱受饥饿的儿童在没有任何其他谋生之路的情况下，会为了个人甚至是整个家庭的生计而选择加入军队。④ 这种由于年龄而导致的心智上的不健全，使得儿童自愿应募的行为很难被视为是其自由意志的选择。因此，国家拒绝承担禁止招募已满 15 岁不满 18 岁的自愿应募者入伍的义务是不合理的。

最后，将招募儿童入伍罪的年龄提高到 18 岁具有现实的可行性。首先，大部分的人权机构与非政府组织都主张 18 岁不仅是以任何形式招募儿童的最低年龄，而且也是使用儿童参与任何形式武装冲突的最低年龄，同时明确反对将招募自愿应募儿童的年龄设定为 18 岁。一个明显的例子是，国际红十字会主张，只要实施了正式的招募行为，包括将儿童加入军队的名单，不论是招募 18 岁以下的自愿儿童

---

① U. N. Doc. E/CN. 4/1994/WG. 13/2/Add. 3, para. 4. U. N. Doc. E/CN. 4/1998/102, paras. 58-59.

② Ilene Cohn& Guys. Goodwin-Gill, Child Soldiers: The Role of Children in Armed Conflict, 1st ed., Clarendon Press, 1994, Chapter 2, p. 11. G. Machel, The Impact of War on Children, C. Hurst & Co. Ltd, 2001, p. 7. ICRC, *Optional Protocol to the Convention on the Rights of the Child concerning Involvement of Children in Armed Conflict*, No. 322, International Review of the Red Cross, 1997, pp. 107-125.

③ ICRC, *Optional Protocol to the Convention on the Rights of the Child concerning Involvement of Children in Armed Conflict*, No. 322, International Review of the Red Cross, 1997, pp. 107-125.

④ G. Machel, The Impact of War on Children, C. Hurst & Co. Ltd, 2001, p. 7. Isobel McConnand and Sarah Uppard, *Children - Not Soldiers: Guidelines for Working with Child Soldiers and Children Associated with Fighting Forces*, *Save the Children*, available at http://www.reliefweb.int/rw/lib.nsf, visited December 26, 2007. Coalition to Stop the Use of Child Soldiers & UNICEF, Guide to the Optional Protocol on the Involvement of Children in Armed Conflict, UNICEF & Coalition to Stop the Use of Child Soldiers, 2003, p. 7.

兵还是强制招募18岁以下的儿童兵，该行为都是禁止的。① 其次，从各国的实践看，现今已有109个国家在其国内法中明确将18岁设定为强制招募儿童兵的最低年龄，也有不少国家同时将强制招募与招募自愿应募儿童兵的最低年龄设定为18岁，例如马其顿、泰国与哥伦比亚。② 这些国际实践为招募儿童入伍罪的年龄提高到18岁提供了现实的可行性。

三、关于招募儿童入伍罪的司法实践

由于《前南刑庭规约》与《卢旺达刑庭规约》并未将招募儿童入伍罪纳入管辖权，因此在这两个法庭中也没有相应的司法实践。到目前为止，有关招募儿童入伍罪的国际司法实践只有两个。第一个是塞拉利昂特别法庭对诺曼（Norman）的审判，③ 在上诉庭针对被告初步申请有关管辖权问题的决定（以下简称“诺曼案决定”）中，上诉庭对招募儿童入伍罪的习惯国际法地位进行了论述。④ 第二个相关的司法实践是国际刑事法院在2006年依据招募儿童入伍罪向被告卢加班（Lubanga）提起的起诉以及相关的审判。

（一）塞拉利昂特别刑事法庭的实践——诺曼案

与招募儿童入伍罪相关的第一个司法实践是塞拉利昂特别法庭上诉庭在2004年就检察官诉诺曼案中针对被告提出的有关法庭管辖权的问题作出的决定。由于该案是第一个与招募儿童入伍罪有关的判例，该案所反映的法律理念会对未来的相关审判产生深远的影响。

诺曼作为主管国内防御武装的前任副国防部长以及国内事务部长，被起诉包括招募儿童入伍罪在内的，危害人类罪、对日内瓦共同第3条与《第二附加议定书》的违反、其他对国际人道法的严重违反等八项罪名。⑤

---

① ICRC, *Optional Protocol to the Convention on the Rights of the Child concerning Involvement of Children in Armed Conflict*, No. 322, International Review of the Red Cross, 1997, para. 5.

② Ilene Cohn & Guys. Goodwin-Gill, Child Soldiers: The Role of Children in Armed Conflict, 1st ed., Clarendon Press, 1994, p. 38.

③ Prosecution v. Sam Hinger Norman, Moinina Fofana, Allieu Kondewa, Indictment, SCSL-03-14-I, 4 February 2004, para. 1, 17.

④ Prosecution v. Sam Hinger Norman, Moinina Fofana, Allieu Kondewa, Decision on Preliminary Motion Based on Lack of Jurisdiction (child recruitment), SCSL-04-14-AR72 (E), 31 May 2004.

⑤ Prosecution v. Sam Hinger Norman, Moinina Fofana, Allieu Kondewa, Moinina Fofana, Allieu Kondewa, Indictment, SCSL-03-14-I, 4 February 2004, para. 1, 17.

2003 年 6 月 26 日，被告律师向法庭提出了初步申请，认为法庭对检察官在起诉书中提出的招募儿童入伍罪不具有管辖权，理由是该罪在被告人实施该招募行为时，尚未成为习惯国际法。

上诉庭首先考察了与招募儿童入伍有关的国际立法。① 在此基础上，上诉庭论证并作出判定认为在 1996 年之前，禁止招募儿童入伍已经成为了一项习惯国际法，同时认为这一习惯法反映了国际社会通常的实践，② 因而反政府武装也必须遵守禁止招募儿童入伍的规定。③随后，上诉庭转而讨论辩护律师提出的“法无明文规定不为罪”（Nullum crimen sine lege）的问题，即行为人在实施该行为时，招募儿童入伍罪是否已经成为一项国际罪行。为了证明这一问题，上诉庭法官首先借用了塔迪奇上诉庭在有关管辖权的中期上诉决定④中提出的四点标准用以判断招募儿童入伍罪是否构成一项战争法的惯例，进而证明招募儿童入伍罪在被告行为实施之时已经构成了一项违反国际人道法的罪行。⑤ 这四项标准分别是：该行为必须违反了国际人道法的规定；该规定已经成为一项习惯国际法，或是一项国际条约的规定；该行为必须造成严重后果，换句话说，该违反必须构成对被保护的重要价值的侵害；对该规则的违反必然要求承担个人刑事责任。⑥ 对于前三项标准上诉庭并未花费大量的篇幅予以论述。⑦ 为了证明第四项标准，即该行为在 1996 年以前已经被习惯

---

① Prosecution v. Sam Hinger Norman, Moinina Fofana, Allieu Kondewa, Decision on Preliminary Motion Based on Lack of Jurisdiction (child recruitment), SCSL-04-14-AR72 (E), 31 May 2004, paras. 10-16.

② Prosecution v. Sam Hinger Norman, Moinina Fofana, Allieu Kondewa, Decision on Preliminary Motion Based on Lack of Jurisdiction (child recruitment), SCSL-04-14-AR72 (E), 31 May 2004, para. 17.

③ Prosecution v. Sam Hinger Norman, Moinina Fofana, Allieu Kondewa, Decision on Preliminary Motion Based on Lack of Jurisdiction (child recruitment), SCSL-04-14-AR72 (E), 31 May 2004, para. 22.

④ Prosecutor v. Tadic, Decision on Defence Motion for interlocutory Appeal on Jurisdiction, IT-94-1 ~ A, 2 October 1995, para. 94.

⑤ Prosecution v. Sam Hinger Norman, Moinina Fofana, Allieu Kondewa, Decision on Preliminary Motion Based on Lack of Jurisdiction (child recruitment), SCSL-04-14-AR72 (E), 31 May 2004, para. 26.

⑥ Prosecutor v. Tadic, Decision on Defence Motion for Interlocutory Appeal on Jurisdiction, IT-94-1 ~ A, 2 October 1995, paras. 86-93.

⑦ Prosecution v. Sam Hinger Norman, Moinina Fofana, Allieu Kondewa, Decision on Preliminary Motion Based on Lack of Jurisdiction (child recruitment), SCSL-04-14-AR72 (E), 31 May 2004, para. 27, 29.

国际法视为一项应当承担个人刑事责任的罪行，上诉庭再次援引了前南国际刑事法庭在塔迪奇上诉庭决定与卢旺达国际刑事法庭在阿卡耶苏（Akayesu）案中所作出的判决，通过指出《第二附加议定书》第4款“基本保证”本身具有刑事归责性，从而推论禁止招募儿童入伍作为《第二附加议定书》第4条下的一项规定，同样要求违反者承担刑事责任。① 最后，上诉庭列举了相关国家实践，② 证明招募儿童入伍的行为在1996年以前已经成为习惯国际法下的一项罪行。

诺曼案决定最大的贡献是对招募儿童入伍罪的习惯国际法地位进行了论述，并得出招募儿童入伍罪在1996年之前已经成为了一项习惯国际法。作为一个先例，该案所反映的法律理念将对未来的相关审判产生深远的影响。同时招募儿童入伍罪习惯国际法地位的确认，使得各国不论是否批准了《罗马规约》，可能都必须遵守禁止招募儿童入伍的义务。

（二）国际刑事法院的实践——卢加班案

2006年2月国际刑事法院依据《罗马规约》中有关的规定，对被告卢加班发布了通缉令。依据该通缉令，卢加班将仅以招募儿童入伍罪一项罪名被起诉。③ 2006年3月卢加班被转送到国际刑事法庭。2006年11月9日至11月28日，预审庭审查了被害人律师的资格。2007年1月29日，第一预审庭对检察官提出的三项起诉予以确认。审判庭认为有足够的证据证明被告卢加班在2002年9月至2003年8月13日作为共犯实施了招募自愿应募或强制招募不满15岁的儿童加入“刚果爱国者联盟”（Union des Patriotes，UPC），并且利用他们积极参与敌对行动。④ 审判庭同时认为有足够的理由相信“刚果爱国解放力量”（Forces Patrioteques pour la Libération du Congo，FPLC）招募大量儿童入伍并在军事训练后送上战场。⑤ 同时，卢加班与其他刚果爱国解放力量的高级将领达成共识或共同的目的通过招募儿童进入刚果爱国解放力量，并送上战场直接参与武装冲突或充当人体盾牌。⑥ 而且其明

---

① Prosecution v. Sam Hinger Norman, Moinina Fofana, Allieu Kondewa, Decision on Preliminary Motion Based on Lack of Jurisdiction (child recruitment), SCSL-04-14-AR72 (E), 31 May 2004, para. 30.

② Prosecution v. Sam Hinger Norman, Moinina Fofana, Allieu Kondewa, Decision on Preliminary Motion Based on Lack of Jurisdiction (child recruitment), SCSL-04-14-AR72 (E), 31 May 2004, para. 44, 49.

③ Prosecution v. Thomas Lubanga Dyilo, ICC-01/04-01/06.

④ Prosecution v. Thomas Lubanga Dyilo, ICC-01/04-01/06.

⑤ Prosecution v. Thomas Lubanga Dyilo, ICC-01/04-01/06.

⑥ Prosecution v. Thomas Lubanga Dyilo, ICC-01/04-01/06.

知这一目的并认识其结果。审判庭认为有足够的证据表明卢加班在执行该共同的计划中起到关键的协调作用，并亲自实施了很多职能。① 现在该案已经提交审判庭，并已经进入到审判阶段。②

卢加班案是国际刑事法院审理的第一个案件，招募儿童入伍罪也成为国际刑事法院适用的第一个罪行。相信在卢加班案中国际刑事法院对招募儿童入伍罪所做的论述会对各国和国际法庭以后的司法实践产生深远的影响，从而促进招募儿童入伍罪的发展。

四、招募儿童入伍罪的法律地位

（一）招募儿童入伍罪的习惯国际法地位

1. 有关习惯国际法的基本理论。

习惯法国际作为国际法最古老、最原始的渊源之一，是作为通例之证明而经接受为法律者。国际条约等其他国际法渊源往往要通过国际习惯起作用。③ 一般认为，一项习惯国际法规则的存在需要具备两个要素。其一是“国家实践”，即各国对同一个问题重复地采取类似的行为或不行为；另一个要素是“法律确信”，这就要求各国在实践中将这种作为或不作为，作为一种法律义务予以遵守。④ 国家实践与法律确信这两个要素在实践中很难进行明确区分，例如，言辞行为既反映国家实践又同时反映法律确信。

2. 有关招募儿童入伍罪的国家实践。

国家实践一般包括国家的言辞行为以及国家的实际行动。国家的言辞行为包括：军事手册、国家立法、国内判例法、对武装与安全部队的指示、战争期间的军事公报、外交抗议、官方法律顾问的意见、政府对于条约草案的意见、行政决定和规章、在国际法庭上进行的申诉、在国际论坛上的声明以及政府对国际组织通过之决议所持的立场。国家的实际行动包括：在战场上的行为、使用某些武器以及对不

---

① Prosecution v. Thomas Lubanga Dyilo, ICC-01/04-01/06.

② Pre-Trial Chamber I Commits Thomas Lubanga Dyilo for Trial, ICC-CPI-20070129-196-EN.

③ North Sea Continental Shelf Cases Judgment (Libyan Arab Jamahiriya v. Malta), 20 February 1969, ICJ Reports 1969, p. 3. Ian Brownlie, Principles of Public International Law, 6th ed., Oxford University Press, p. 5.

④ 马呈元：《国际犯罪与责任》，中国政法大学出版社 2001 年版，第 60 页。Prosecutor v. Tadic, Decision on Defence Motion for interlocutory Appeal on Jurisdiction, IT-94-1 ~ A, 2 October 1995, paras. 86-93.

同类别的人所给予的待遇等。①

衡量一项国际习惯法是否形成，通常以国家实践的“广泛度”、“一致性”作为评判的标准。其中“广泛度”并不要求一个绝对的数目，只要反映了一般性实践即可，特别是“深受其影响的国家”。② 但是在国际人道法领域，有关于国际社会整体利益的事项已经不是仅仅关系到单个“深受其影响的国家”，例如武装冲突方，而是必须进行全面的考察。各国在招募儿童入伍罪问题上的国家实践实际上已经达到了创设国际习惯法“广泛度与一定比例”的标准。首先，《日内瓦公约》及其《附加议定书》对招募儿童入伍的行为作出了禁止，而且《第二附加议定书》还将禁止招募儿童入伍列入“基本保障”中，③ 由此可见，招募儿童入伍的行为是一项对国际人道法所保护的重要价值的严重侵犯，因此，行为人必然要承担相应的刑事责任。④ 从《日内瓦公约》及其《附加议定书》、《儿童权利公约》等国际公约的广泛接受程度来看，⑤ 禁止并惩治招募儿童入伍的行为已经被绝大多数国家所认可，并作为一项习惯国际法约束着各国的国内立法与司法实践。正如国际法院在“使用与威胁使用核武器的合法性案”中指出：“人道法的广泛编纂、人道法条约的广泛接受程度、法典化后有关宣告条约无效的条款从未被援引过的事实等因素，都为国际社会提供了一套大部分已被视为管理并反映着最为广泛认同的人道原则的条约规则。”⑥

---

① ICRC, *Customary International Humanitarian Law*, *Report Prepared by the International Committee of the Red Cross*, 28th international Conference of the Red Cross and Red Crescent, Geneva, 2 to 6 December, 2003, p. 3. Juean-Marie Henckarerts, *Study on Customary Rules of International Humanitarian Law*: *Purpose*, *Coverage*, *Mythology*, No. 835, International Review of the Red Cross, 1999.

② North Sea Continental Shelf Judgment (Libyan Arab Jamahiriya v. Malta), 20 February 1969, ICJ Report 1969, p. 3.

③ 参见《1949 年 8 月 12 日日内瓦四公约关于保护非国际性武装冲突受难者的附加议定书》(1977)，第 4 条。

④ Prosecutor v. Tadic, Decision on Defence Motion for interlocutory Appeal on Jurisdiction, IT-94-1 ~ A, 2 October 1995, para. 86-93. Prosecution v. Sam Hinger Norman, Moinina Fofana, Allieu Kondewa, Decision on Preliminary Motion Based on Lack of Jurisdiction (Child Recruitment), SCSL-04-14-AR72 (E), 31 May 2004, para. 30. Prosecutor v. Jean Paul Akayesu, ICTR-96-4-T, 2 September 1998, paras. 616-617.

⑤ 《日内瓦第四公约》有 194 个缔约国，《第一附加议定书》有 166 个缔约国，《第二附加议定书》有 162 个缔约国，参见 http: //www. icrc. org/ihl，2006 年 12 月 26 日访问。

⑥ Advisory Opinion of Legality of Threat or Use of Nuclear Weapons, 8 July 1996, ICJ Report 1996, para. 82.

另外，招募儿童入伍罪不仅得到了102个《罗马规约》缔约国的认可①，而且很多《罗马规约》的非缔约国，例如中国、摩洛哥等，② 也明确表明禁止与惩治招募15岁以下儿童入伍或参与武装冲突的立场。各国通过不同的立法模式对招募儿童入伍罪进行了规定，具体而言，将招募儿童列为刑法的一项犯罪或在军事法规中予以规定。③除此以外，至少有15个国家，虽然没有明确在国内法中对招募儿童入伍予以规定，但是也从未在国家实际行动中从事过任何招募儿童入伍的行为。④

"一致性"的标准要求国际社会对该问题采用基本一致的做法与主张。一部分国家的相反行为不影响习惯国际法的形成，只要该相反行为遭到其他国家的谴责。⑤ 笔者认为，各国在招募儿童入伍罪问题上的国家实践实际上已经达到了创设国际习惯法"一致性"的标准。虽然现今仍有很多国家在实施招募儿童入伍的行为，但是，没有任何一个国家公开声明或表示招募儿童入伍行为的合法性，即使是那些在武装冲突中频繁招募儿童入伍的国家也一直公开表示会采取一切可行措施防止该类行为的发生。例如，刚果民盟接受了将征召入伍的年龄提高到18岁的提议，并为此拟定了必要的实际机制与具体安排；⑥ 布隆迪承诺拟订立法，将征募最低年龄从16岁升至18岁；⑦塞拉利昂政府和民防部队作出了不再征募18岁以下儿童入

---

① 《罗马规约》共有102个缔约国，参见 http：//www. icc-cpi. int/statesparties. html，2007年12月26日访问。

② 《中华人民共和国兵役法》第23条与第37条。

③ Prosecution v. Sam Hinger Norman，Moinina Fofana，Allieu Kondewa，Decision on Preliminary Motion Based on Lack of Jurisdiction（Child Recruitment），SCSL-04-14-AR72（E），31 May 2004，paras. 45-47.

④ *Prosecution v. Sam Hinger Norman*，Decision on Preliminary Motion Based on Lack of Jurisdiction（Child Recruitment），SCSL-04-14-AR72（E），31 May 2004，para. 44.

⑤ Fisheries Case Judgment（United Kingdom v. Norway），18 December 1951，ICJ Report 1951，pp. 136-137. Case concerning Military and Paramilitary Activities in and against Nicaragua（Nicaragua v. United States），27 June 1986，ICJ Reports 1986，p. 98，para. 186.

⑥ The Coalition to Stop the Use of Child Soldiers，*Child Soldier Global Report* 2004-*Complete Report*，p. 52，available at http：//www. child-soldiers. org/library/global-reports？root _ id = 159&directory_ id = 165，visited December 26，2007. General Assemble of UN，Annex to the Protection of Children Affected by Armed Conflict，A/54/430，1 October 1999，para. 91.

⑦ Assemble of UN，Annex to the Protection of Children Affected by Armed Conflict，A/54/430，para. 98.

伍的承诺;① 卢旺达政府宣告支持所有儿童士兵复员。②

3. 招募儿童入伍罪的法律确信。

一般而言，当国家实践达到广泛性与一致性时，法律确信也就形成了。只有当国家实践并不确定时，法律确信才对确定该实践是否促成了习惯国际法的形成起到重要作用。对于招募儿童入伍罪来说，有关招募儿童入伍罪的国家实践已经达到了习惯国际法的要求，而且各国也都赋予招募儿童入伍罪法律确信以拘束自己的行为。

如上所述，大部分的国家将禁止招募儿童入伍规定在其国内法、刑法典，或是军事法规中。③《第一附加议定书》的 166 个缔约国与《第二附加议定书》的 162 个缔约国都将遵守并履行第 77 条与第 4 条中禁止招募儿童入伍的义务。④ 另外，每年联合国安理会与联合国大会都会通过决议谴责招募儿童入伍的行为，并要求各国充分尊重国际法规定并采取措施制止招募与使用儿童兵行为的发生。⑤ 在欧盟议会、世界教会委员会等非政府组织发布的声明中，都呼吁各国对招募儿童入伍行为予以禁止与处罚。⑥ 不论是联合国安理会、非政府组织还是大部分的国家，其对招

---

① Assemble of UN, Annex to the Protection of Children Affected by Armed Conflict, A/54/430, para. 132.

② The Coalition to Stop the Use of Child Soldiers, *Child Soldier Global Report* 2004-*Complete Report*, p. 90, available at http://www. child-soldiers. org/library/global-reports? root_ id = 159&directory_ id = 165, visited December 26, 2007.

③ Prosecution v. Sam Hinger Norman, Moinina Fofana, Allieu Kondewa, Decision on Preliminary Motion Based on Lack of Jurisdiction (Child Recruitment), SCSL-04-14-AR72 (E), 31 May 2004, paras. 45-47.

④ 参见 http://www. icrc. org/ihl, 2006 年 12 月 26 日访问。

⑤ Children and Armed Conflict, U. N. Doc. S/RES/1314, para. 3; Children and Armed Conflict, U. N. Doc. S/RES/1539, para. 10; Children and Armed Conflict, U. N. Doc. S/RES/1460, para. 11; Children and Armed Conflict, U. N. Doc. S/RES/1379, para. 3; Children and Armed Conflict, U. N. Doc. S/RES/1261, para. 10; Children and Armed Conflict, U. N. Doc. S/RES/1612, para. 3, 5, 15; Children and Armed Conflict, U. N. Doc. S/RES/1299, paras. 25-31.

⑥ 1998 年欧盟议会有关儿童兵的决议, http://www. hrw. org/campaigns/crp/euro-parl. htm, 2006 年 12 月 26 日访问。1999 年使用儿童兵欧盟大会柏林声明, http://www. hrw. org/campaigns/crp/berlin. htm, 2006 年 12 月 26 日访问。1998 年世界教会委员会在第 8 届大会上发布的有关儿童兵的声明, http://www. hrw. org/campaigns/crp/wcc. htm, 2006 年 12 月 26 日访问。1999 年马普托声明, http://www. hrw. org/campaigns/crp/maputo-declaration. htm, 2006 年 12 月 26 日访问。1999 年 6 月有关使用儿童兵的蒙特维多声明, http://www. hrw. org/campaigns/crp/monte-dec. htm, 2006 年 12 月 26 日访问。2000 年阿曼声明, http://www. hrw. org/campaigns/crp/amman_ declaration. htm, 2006 年 12 月 26 日访问。2000 年加德满都声明, http://www. hrw. org/campaigns/crp/kathmandu. htm, 2006 年 12 月 26 日访问。

募儿童入伍行为的谴责与制止都反映出它们已经将招募儿童入伍罪作为国家的一项法律义务，予以遵守与执行。

可见，《日内瓦第四公约》、两个《日内瓦附加议定书》以及《儿童权利公约》在一定程度上促进了招募儿童入伍罪的习惯国际法地位的形成。《罗马规约》、《塞拉利昂特别法庭规约》对招募儿童入伍罪的规定构成了对该罪之习惯国际法地位的明证。而招募儿童入伍罪的习惯国际法地位使得该罪不会因非缔约国的身份、国际条约的失效或撤销、或是缔约国对相关条款的保留而归于无效。

（二）招募儿童入伍罪的强行法地位

1. 强行法的概念与判断标准。

强行法作为相对于任意法的一个概念，源于自然法学派“自然法高于实在法”的理论。国际强行法在联合国国际法委员会起草并最终通过的1969年《维也纳条约法公约》中得到确认。依据《维也纳条约法公约》第53条，强行法是指“为国家所组成的国际社会整体所接受并承认为不许减损且只能由嗣后具有同样性质之一般国际法规范加以更改的规范”。① 第64条同时规定“遇有新的一般国际法强制规则产生时，任何现有条约与该项规则抵触者即成为无效而终止”。第53条中规定的强制法的概念已被国际社会所接受，但是国际社会并没有对哪些国际法的规则是强制法规则达成一致意见。②但是，从国际强行法的定义中仍然可见，国际强行法具有两大特征：“国际社会的整体利益”与“绝对效力”。这两项特征是内含于强行法的基本特征，因而在检验一项国际法原则或规范是否属于国际强行法时，这两点可以作为判断强行法的标准。

（1）国际社会整体的利益。

对于“国际社会整体的利益”、“国际社会所保护的根本利益与价值”至今并没有一个明确的概念。在回答什么是“国际社会所保护的根本利益与价值”之前，笔者认为，需要首先引入一个与国际强行法相关的概念——“国家对国际社会整体所承担的义务”（obligation erga omnes）。

在国际刑法领域，国际强行法的确立意味着一个国家“对国际社会整体所承

---

① 《维也纳条约法公约》第53条。

② 不同的学者有不同的主张。参见王铁崖主编：《国际法》，法律出版社1995年版，第47～48页。Ian Brownlie, Principles of Public International Law, 6th ed., Oxford University Press, p. 513.

担义务”的产生，即全体国际社会的责任。① 正如国际法院在1970年“巴塞罗那牵引公司案”中对“国家对国际社会整体所承担义务”概念的论述，“一国对国际社会整体承担的义务……是关系到所有国家的利益的。考虑到此权利的重要性，所有国家均在保护该权利上具有法律利益，也即法律上的利害关系。这些义务是对国际社会全体承担的”。②因此，笔者认为，国际强行法规则所包含的“国际社会整体的利益”正是国家“对国际社会整体承担的义务”，反之，国家“对国际社会整体承担的义务”必然反映了“国际社会整体的利益”。

在“巴塞罗那牵引公司案”的判决中，国际法院以列举的方式提出了国家“对国际社会所负的义务”的部分内容，包括禁止侵略、禁止灭绝种族罪、禁止奴役与种族隔离的义务。③ 同时，国际法院指出这类义务一般源于与基本人权有关的一般国际法规或原则，并且已经成为一般国际法原则。④

综上所述，笔者认为，依据国际法院的先例判决，判断什么是国家“对国际社会整体承担的义务”较为明确。因此，如果能判定一项义务属于国家“对国际社会整体承担的义务”，那么该项义务也必然反映了“国际社会的整体利益”，保护该项利益的规则应当属于国际强行法。

（2）绝对效力。

强行法的绝对效力是指国际强行法对全体国际社会成员具有普遍约束力，对任何其他法律规范都有绝对效力，任何国家都不得以条约安排作出损抑。这种绝对效力是强行法的最大特点之一。它与习惯国际法规则的最大区别在于：习惯国际法对一贯表示反对的国家并不具有约束力，⑤ 但是强行法是不容反对的，因为其涉及到整个国际社会的共同利益。

产生“绝对效力”的一个重要前提是该规则获得了各国的普遍认可，而“普遍认可”绝不代表各国的全部认可。“绝大多数”或“普遍”并无一个具体的数量

① 刘大群：《论国际刑法的法理渊源及对传统国际法的冲击》，载赵秉志、卢建平主编：《国际刑法评论》（第一卷），中国人民公安大学出版社2006年版，第72页。

② The Barcelona Traction Light and Power Company Limited (Belgium v. Spain), 5 February 1970, ICJ Report 1970, para. 33.

③ The Barcelona Traction Light and Power Company Limited (Belgium v. Spain), 5 February 1970, ICJ Report 1970, para. 34.

④ The Barcelona Traction Light and Power Company Limited (Belgium v. Spain), 5 February 1970, ICJ Report 1970, para. 34.

⑤ Fisheries Case Judgment (United Kingdom v. Norway), 18 December 1951, ICJ Report 1951, pp. 136-137.

范围。个别国家的反对或损抑行为本身并不影响强行法规则的形成与性质。① 因此，不能仅从数量上判断一个规则是否获得普遍认可，而需要结合国家实践判断“不得损抑该规范”是否形成了“法律确信”，即反对或损抑该规范的行为是否受到绝大多数国家的否定。因而，笔者认为，虽然强行法比习惯国际法具有更高的等级与要求，即普遍性与效力的绝对性，但是构成强行法的要素与习惯国际法一样，仍需要通过结合国家实践判断该规范是否已具备了不得损抑的“法律确信”。

2. 招募儿童入伍罪已经成为一项强行法。

(1) 禁止招募儿童入伍的义务是一项对国际社会所负的整体义务。

首先，依据“巴塞罗那牵引公司案”中有关“对国际社会所负的义务”的论述，禁止招募儿童入伍的义务是一项“对国际社会所负的义务”。禁止招募儿童入伍的义务源于国际人道法最大限度保护武装冲突中的平民的原则，并且已经被编纂在包括国际人道法与国际人权法在内的大量国际条约之中；招募儿童入伍罪严重违反了对儿童基本权利的保护、违反了儿童利益最大利益化的原则。

(2) 招募儿童入伍罪具有绝对效力。

目前，招募儿童入伍罪一方面已经成为了一项习惯国际法，各国在实践中都将禁止招募儿童入伍作为一种法律义务予以遵守。另一方面，招募儿童入伍罪的规定具有强行法上的绝对效力。招募儿童入伍罪已经得到了绝大多数国家的承认，对该规定的反对或损抑行为必然受到国际社会的谴责。一国一贯招募儿童入伍的行为不能成为拒绝履行禁止招募儿童入伍义务的理由。因此，招募儿童入伍罪已经形成了不得损益的“法律确信”，各国将不得反对或损抑该规定，而应将其作为一项法律义务予以遵守。

但是，仍然有很多国家会以军事必要为由对招募儿童入伍罪作出损抑。笔者认为，即使是军事必要也不能成为招募儿童入伍的例外。首先，只有在法律有明文规定的情况下，才能援引军事必要作为例外性规定，否则军事必要不能作为辩护和免责的理由。战争法规本来就是在平衡人道与军事需要的基础上制定的，如果再进一步承认军事需要战争法规就毫无意义。② 因而对于可以援引军事必要作为例外的情况，国际条约都会作出明确规定，例如 1954 年《关于发生武装冲突时保护文化财产的海牙公约》第 4 条第 2 款、1977 年《第一附加议定书》第 54 条、《前南刑庭规约》第 3 条第 2 款，都使用了“除非处于紧迫的军事需要”或“在军事迫切需

---

① Case concerning Military and Paramilitary Activities in and against Nicaragua (Nicaragua v. United States), 27 June 1986, ICJ Reports 1986, para. 186.

② 朱文奇：《国际人道法概论》，建宏出版社 1997 年版，第 72 页。

要的情况下可放弃”等用语。① 纵观招募儿童入伍罪的相关国际立法，没有一个条款使用了“除非处于紧迫的军事需要”或“在军事迫切需要的情况下可放弃”等类似用语。这就表明军事必要并不能作为招募儿童入伍罪的例外规定。

其次，依据已经成为习惯国际法的“马顿斯条款”（Martens clause），②即使一国在没有法律明确规定的情况下仍然坚持援引军事必要作为减免禁止招募儿童入伍义务的理由，该行为并不能得到国际社会的认可。因为国际人道法的宗旨是最大限度地保护武装冲突下各方的平民，而不是武装冲突各方。国际人权法的原则同样是为了保护世界上的每个人，而不是国家。军事必要以牺牲儿童的利益与生命以保护国家或团体的利益，并不一定能起到实质性的军事作用，相反是对人类良知的否定，是对整个人类后代身体与精神道德的持续性破坏。

总之，招募儿童入伍罪的规定目前不仅是习惯国际法而且也是一项国际强行法。因而，任何国家或非政府组织不得以任何理由强制征募或招募自愿应募不满15岁的儿童加入国家武装部队或团体，或利用他们积极参与敌对行动。

结　语

儿童作为未来的一代与武装冲突中最脆弱的群体之一，必须被给予特别的关注以及关怀。而招募儿童入伍严重损害了儿童的基本权利与最大限度保护武装冲突下的儿童的原则。通过回顾有关禁止招募儿童入伍国际公约的发展历程，可以看出禁止招募儿童入伍的国际立法在不断地发展。

本文对招募儿童入伍的行为要件与心理要件进行了论述，指出该罪行为要件既包括招募行为本身，也包括使用儿童直接参与武装冲突。而“应当知道”作为一种严格责任，并不利于保护被告人，应当采用“有理由知道”的标准。同时，招募儿童入伍罪作为战争罪的一种，只有在存在武装冲突的情况下才成立。为了更好地保护武装冲突下的儿童，“直接参与武装冲突”的含义也应当进行扩大性解释，即将部分“间接参与武装冲突”的情况也纳入到“直接参与武装冲突”之中。招募儿童入伍罪的一个发展方向是招募儿童入伍罪中儿童的最低年龄应当提高到18

① 参见《关于发生武装冲突时保护文化财产的海牙公约》，第4条第2款；《1949年8月12日日内瓦四公约关于保护国际性武装冲突受难者的附加议定书》（1977），第54条；《起诉应对1991年以来前南斯拉夫境内所犯的严重违反国际人道法行为负责的人的国际法庭规约》，U. N. Doc. S/RES/827（1993），第3条第2款。

② 参见《1949年8月12日日内瓦四公约关于保护国际性武装冲突受难者的附加议定书》（1977），第1条第2款。Advisory Opinion of Legality of Threat or Use of Nuclear Weapons, 8 July 1996, ICJ Report 1996, para. 78.

岁。已满15岁不满18岁的儿童应当与15岁以下的儿童享有同样受保护的权利，因此，招募儿童入伍罪也应当把已满15岁不满18岁的儿童纳入到管辖范围之内。

有关招募儿童入伍罪的司法实践并不多，但是招募儿童入伍罪已经成为了一项习惯国际法，同时也是一项为国际社会所接受的强行法。相信今后会有更多的涉及招募儿童入伍罪的司法实践，从而对招募儿童入伍罪的各项法律问题予以明晰并为招募儿童入伍罪的进一步发展作出指引。

Abstract Owing to the dramatically increasing number of child soldiers recruited in armed forces and armed groups, a range of international treaties were concluded, regulating child recruitment and contributing to the prohibition and punishment of child recruitment. To provide better protection for the children in armed conflicts, the term 'direct participation in armed conflict' should be interpreted in a broader way, and the minimum age for child recruitment should be raised to 18. This crime has not only been a matter of customary international law but also a matter of jus cogens. Therefore, no nation shall be excused for evasion of its obligation to prohibit and punish child recruitment.

Key words crime of child recruitment; armed conflict; children; customary international law; jus congens

（审稿：谢晓庆）

外国公法适用的理论变迁*

□ 卜　璐**

内容摘要　依据不承认外国公法域外效力的古训，在审理涉外案件时，法官拒绝适用外国公法性质的法律，并且不承认执行根据外国公法产生的判决，这就是流传了几个世纪的“公法禁止原则”。这一原则固然有其存在的理据，但是随着国际交往的深入，国家对经济的干预的加强和现代福利国家的兴起，要求突破传统的公法禁止原则，在一定条件下适用外国公法的呼声越来越高。

关键词　外国公法　禁止　适用

目　　次

---

* 本文是司法部国家法治与法学理论研究项目“外国法适用的实践困境与理论选择”（项目编号：07SFB3030）的成果之一。

** 武汉大学国际法研究所2007级博士研究生。

（一）我国关于外国公法适用的现状

（二）我国对待外国公法的应有态度

公私法的划分产生于罗马法，对其划分的标准从产生之时起就有着诸多不同观点，有学者甚至列举出多达十七种标准。① 虽然对公私法的划分标准存在较大争议，但这一划分仍对法学理论以及国际私法的发展产生巨大的影响，并且较好地反映了法律规范的性质。在国际私法领域，这一划分为排除外国税法、惩罚性法律等管制法律的适用提供了天然的理由。即使是在没有公私法划分传统的英美法系国家，也曾经强调“没有一国法院会执行其他国家的惩罚性法律”②，也不会适用外国税法。③ 在此基础上，逐渐形成了所谓的“公法禁止原则（Public Law Taboo）”。④

传统上，国际私法基于国家主权原则，认为公法具有严格的域内效力，因而排除外国公法的适用，包括外国刑法、行政法、税法、反垄断法等都被排除在国际私法的适用范围之外，但是随着经济的发展，国家对经济生活的干预，对社会领域的权利以及社会福利的关注，使得其在公法领域制定了大量的法律规范，这些规范深入到许多民商事法律关系中。这时，一味地以外国公法为由排除所有非法院地国公法性法律在内国的适用，无疑不利于保护国际民商事法律关系的发展。根据国际私法晚近的发展趋势，并非所有的外国公法都不能适用。当法院审理涉外民商事案件时，如果依冲突规范的指引须适用某一外国法，这种外国法应包括所有依该外国法适用于该案件的法律规定，不得以该外国法律规定被认为具有公法性质而排除其适用。⑤

外国公法的适用问题，可以区分为强制实施性的适用或直接适用和非强制实施性的适用或间接适用两类。直接适用指一个国家根据其公法向外国法院对一个被告提起诉讼，请求它适用该法作出判决予以实施的情形。间接适用外国公法不涉及外国统治权的行使，在不妨害内国利益、不违反内国公共秩序的限度内，是可以容许

① ［日］美浓部达吉：《公法与私法》，黄冯明译，中国政法大学出版社2003年版，第22页。

② *See* The Antelope, 23 U. S. 66, 123 (1825).

③ ［美］西蒙·C. 西蒙尼德斯：《2001年美国冲突法司法实践述评》，孔令杰、王莉译，载《中国国际私法与比较法年刊（第六卷）》，法律出版社2003年版，第469页。

④ *See* William S. Dodge, *Breaking the Public Law Taboo*, Harvard International Law Journal, Vol. 43, Winter, 2002, p. 161.

⑤ 参见韩德培主编：《国际私法新论》，武汉大学出版社2003年版，第159页。

的。① 由于外国公法的直接适用还涉及国家豁免等一系列问题，所以本文的讨论主要针对外国公法的间接适用，是指在处理涉外案件或执行外国判决时，对外国公法的援引和执行。

一、传统的公法禁止原则

所谓“公法禁止原则”，是指在国际商事交往中，如果争议所涉的外国法是公法性质的法律，例如刑法、税法、反垄断法或保险法等，法院将不会适用该法去裁决案件，也不会执行外国法院适用这些法律作出的判决。② 最早明确提出这一概念的是美国学者 Andreas F. Lowenfeld，他在《国际舞台上的公法：冲突法、国际法以及对二者间相互作用的一些建议》一文中明确提出了“公法禁止（Public Law Tabu）”原则，他认为传统上“一国的法律被其他主权国家承认和适用存在着一些基本前提”，即这些法律是私法性质的，如果“这些法律是有关税法、贸易管制法或惩罚性赔偿的，情况就会大不一样了”。③

（一）公法禁止原则的缘起

虽然在现有的法律选择理论和方法中，很少明确提及“公法禁止原则”，但是在实践中，该原则却的确作为确定国际商事争议应适用的准据法的限制而存在。关于该原则的最早起源，尚没有确定的说法，但一般都认为它的出现可以溯源至存在了几个世纪之久的拒绝执行其他国家惩罚性法律和税法，许多判例④和著作中都论及了这一点。例如，戴西和莫里斯认为：“法院无权受理……要求执行外国惩罚性、税收和其他公法性质法律的诉讼。”⑤ 但也有人认为这一原则可以更早地溯源至承认和尊重他国主权独立和权利范围，例如在 *Moore v. Mitchell*⑥ 案中，Hand 法官就主张公法禁止原则表现出的基本原理涉及两个“不适当”，即一国详细审查其

① 李浩培著，凌岩编：《李浩培法学文集》，法律出版社 2006 年版，第 478 ~ 479 页。

② William S. Dodge, *Breaking the Public Law Taboo*, Harvard International Law Journal, Vol. 43, Winter, 2002, p. 161.

③ Andreas F. Lowenfeld, *Public Law in the International Arena: Conflict of laws, International Law, and Some Suggestions for Their Interaction*, Recueil Des Cours, Vol. 163, No. 2, 1979, pp. 322-326.

④ *See* Holman v. Johnson, 1 Cowp. 341, 343 (1775).

⑤ Morris & John Humphrey Carlile ed., Dicey and Morris on the conflict of laws, 13th ed., Sweet & Maxwell, 2000, pp. 89-90.

⑥ 30 F. 2d Cir. 600, 604 (1929).

他主权国家的法律是不适当的，且一国执行它未加详细审查的法律也是不适当的。

（二）公法禁止原则的表现

虽然在法律中明文规定因为外国法的公法性质而不予适用的国家不多，但是许多国家法院的一些习惯做法却是在实践中对这一原则的落实。传统上将公法从冲突法规范中分离出来，主要表现为以下四条规则，而这四条规则是大多数国家的法院在决定对国际民商事法律争议适用哪一或哪些法律时都会考虑到的：（1）法院将法院地国的冲突法限制在私法的范围内，因此将法院可适用的外国法的范围限定在私法的范围内；（2）法院对国际民商事纠纷不适用外国公法，假如该纠纷只能适用外国公法的话，法院则会驳回诉讼请求；（3）法院不会用其他法律取代可适用的法院地公法；（4）法院地公法的可适用性取决于该法的效力范围，而不取决于私方当事人的合意选择，也不取决于其他国家是否规制该国际民商事交易。①

前三条原则立法层面上反映了一国对冲突规范和公法之间关系的界定，反对外国公法具有可适用性的国家在立法中往往采取上述原则所反映的方法以排除外国公法的适用：第一种做法是直接规定冲突规范的适用范围，所有公法，无论是本国公法还是外国公法由于其公法性质都不能根据冲突规范的指引得以适用；第二种做法只规定不适用外国的公法；第三种做法是规定本国法律体系中存在着一些具有直接适用性质的公法规范，必须得到适用，因而就排除了其他国家有关公法对案件的适用。这三条原则是建立在传统的冲突法理论和判例法的基础之上的，侧重于从立法上寻求排除外国公法适用的方法。第四条原则则从司法角度诠释了当事人的合意选择和外国对案件的相关利益并不会影响法院对内国公法适用的认定，这一原则表现了法院在实践中的态度，它们的注意力往往集中在法院地公法的适用上，而不会考虑当事人选择的准据法所属的法律体系中的公法，也不会考虑案件所涉国际民商事法律关系是否应属于其他国家公法的效力范围。

（三）公法禁止原则的理据

在反对适用外国公法的国家，虽然做法各异，但是归结其不适用外国公法的理由不外乎有以下几种：

1. 借公共秩序保留原则排除外国公法。

第一种观点是借助公共秩序保留原则来排除外国公法的适用。依据国际私法关于外国公法的域外效力不予承认的古训，即当依冲突规范指引适用外国法时，若该

① Philip J. McConnaughay, *Reviving the " Public Law Taboo" in International Conflict of Laws*, Stanford Journal of International Law, Vol. 35, Summer, 1999, p. 261.

外国法是公法性质的法律，内国有权依本国的公共秩序保留原则排除其适用。① 持这种观点的学者认为，一国法院依其冲突规范指向某一外国法时，并未对该外国法加以辨别，因而该外国法的适用可能与法院地国的重大利益、基本政策、道德的基本观念或法律的基本原则相抵触，这时需要维护内国的公共秩序来排除外国法的适用。而所谓的法院地国的重大利益、基本政策、道德的基本观念或法律的基本原则都一般规定在一国强制性法律中，以保证其实现。从而一国强制性的法律往往成为该国公共秩序的组成部分，适用体现外国公共秩序的外国公法经常不符合内国的强制性法律，因而需借公共秩序保留原则排除这些外国公法的适用，以维护内国的公共秩序。西方学者大多支持这种观点，例如法国学者毕耶就把公共秩序视为保证社会平衡的法律的总和，他把刑法、行政法、不动产法、货币流通法、道德规范等均列入公共秩序之内。②

但是也有学者反对这种观点，认为国际私法只解决私法方面的法律冲突，因而也只认为在私法范围内可以承认外国法的域外效力，并允许在一定条件下适用外国法，国际私法上排除外国法的适用也正是在这个范围内提出来的。③ 因此，国际私法上公共秩序保留原则的适用实际上是限定在私法范围内的，不能与排除外国公法的适用混为一谈。

在论及公法禁止原则和公共秩序例外原则的关系时，必须面对的首要问题就是公法禁止原则仅仅是公共秩序例外的一个表现，还是位于冲突法范围之外的一个独立的法律范畴。正如上述提及的反对观点一样，有学者主张公法禁止原则与公共秩序保留有着本质的不同。这些学者认为，作为冲突规则的例外，虽然公共秩序的概念具有很大的弹性，因此有关其适用范围的判例法和著作观点较为混乱、模糊，但是可以理解的是，公共政策例外仅在私法领域适用，完全不适用于公法领域，因此与公法禁止原则有根本的不同；而公法禁止原则实际上是为冲突规范的适用划定了界限。④

首先，对于认为这二者属于不同的法律范畴的观点，笔者认为这种看法反映了传统冲突规范与公法适用之间的关系，但是近年来有所松动，越来越多的学者认识到在公法领域同样也有法律冲突的存在，在某些情况下依然有承认和适用外国公法

---

① 张庆麟：《析外汇管制的域外效力》，载《中国国际私法与比较法年刊》（创刊号），法律出版社 1998 年版，第 114～115 页。

② 参见钱骅：《国际私法教程》，中国政法大学出版社 1988 年版，第 87 页。

③ 李双元：《国际私法（冲突法篇）》，武汉大学出版社 2001 年版，第 280 页。

④ Philip J. McConnaughay, *Reviving the " Public Law Taboo" in International Conflict of Laws*, Stanford Journal of International Law, Vol. 35, Summer, 1999, pp. 264-267.

的必要，所以不能将二者截然割裂。其次，若仅以公共秩序保留为理由排除外国公法的适用本身还存在一定的局限性，即只有当外国公法的适用与法院地国的重大利益、基本政策、道德的基本观念或法律的基本原则相违背时才能适用。而在有些情况下，外国公法的适用还不至触及法院地国公共秩序的程度，或是外国公法的适用与法院地国的公共秩序相一致，这时就无法再借助公共秩序保留原则来排除外国公法的适用。可以说，以公共秩序保留作为排除外国公法的适用的理由，并不能就所有的外国公法规范的适用加以先验的排除，① 至多只能作为法院不适用外国公法的一个借口。Robert Leflar 也认为，主张税法和惩罚性法律可能违背公共政策，并不比完全直截了当拒绝受理此类诉讼，容易伤害到其他国感情。因为外国税法、惩罚性法律、管制法并没有表现出与公共政策之间更加激烈的冲突。② “毕竟，每个国家都要征税，每个国家都有刑法，几乎每个国家都用某种方式管制商业活动。”③ 随着国际经济一体化趋势，一些较为落后的国家不仅在经济发展模式上仿效欧美，而且在管制经济发展的立法上也仿效欧美模式，所以说适用公法性质的法律与违反公共秩序之间没有必然的联系。

2. 冲突规范不适用于公法领域。

第二种理由是公法规范在国际私法的调整范围之外，因而法官可以先验地排除外国公法的适用。冲突法规范在世界大多数地方，都以“国际私法规范”的名称为人们所熟知，这一名称从根本上反映人们对冲突法方法的理解，即冲突法规范习惯上被用做与私法有关的领域，而并不被用做与公法有关的领域。④ 孟西尼认为，法律体系与国家独立及主权之间的必然联系决定了公法的严格属地性，公法调整着社会交往以及个人与社会之间的关系。就这些关系而言，由于它们存在于国际私法范围之外，因此只能适用本领域内的法律，因而法官无需就是否适用和适用哪一外国法以代替法院地法而庸人自扰了。⑤

这种观点将冲突规范和公法分别置于两个没有交点的圆圈中，把所有的公法都

① 胡永庆：《论公法规范在国际私法中的地位——直接适用的法》，载《法律科学》1999年第4期，第92页。

② Robert A. Leflar, *Extrastate Enforcement of Penal and Governmental Claims*, Harvard Law Review, Vol. 46, No. 2, 1932, p. 217.

③ Andreas F. Lowenfeld, *Public Law in the International Arena: Conflict of laws, International Law, and Some Suggestions for Their Interaction*, Recueil Des Cours, Vol. 163, No. 2, 1979, p. 323.

④ Philip J. McConnaughay, *Reviving the " Public Law Taboo" in International Conflict of Laws*, Stanford Journal of International Law, Vol. 35, Summer, 1999, p. 261.

⑤ Franco Mosconi, *Exceptions to the Operation of Choice of Law Rules*, Recueil Des Cours, Vol. 217, No. 5, 1989, p. 129.

排除在冲突规范的法律选择之外，无论是内国公法还是外国公法都不能根据冲突规范的指引而适用，这就天然地排除了外国公法在适用问题上存在冲突规范。

3. 适用外国公法有违国家主权原则。

在论述第二种观点时，很多学者就提及在公法领域不存在冲突规范的原因是公法具有严格的属地性，这些公法性质的法律本身只具有域内效力，如果在本国境内适用域外的公法，有碍于维护本国的主权。沃尔夫认为，排除外国公法的适用完全是建立在另一基础之上——即建立在国际法的主权原则的基础上，建立在公法具有严格域内性的基础上。① 戚希尔指出，一个国家在其管辖范围内实施它的刑法，这是主权的表现，但这种刑法管辖权却不能在别国主权范围内实施。行政法、财政法等也都如此。②

从实践的角度看这一观点存在着内在的不可调和的矛盾。因为，在当前国际民商事实践中，一方面越来越多的国家主张将其国内公法性质的法律，如反垄断法、外汇管制法、保险法等适用于在其他主权国家境内发生的交易，但另一方面又反对外国公法性质的法律在其内国具有可适用性，认为它的适用违反了本国的国家主权。这实际上是要在不尊重他国国家主权的同时，要求本国的国家主权得到其他国家的尊重。因而以违反国家主权作为不适用外国公法的理由，在一定程度上无异于搬起石头砸自己的脚。

4. 本国公法的不可替代性。

持这种观点的学者大多认为，除国际私法领域外，在公法如宪法、行政法、刑法、财政法领域和诉讼法等领域，立法者并不解决法律冲突问题，而只是要规定内国法律生效的范围，因此，公法不包含冲突规则，而只包含一种“分界规则”，以规定内国公法中法律规范的地域效力，③ 超过这一界线的，则不属于本国公法的管辖范围。这实际上暗含的意思是，在本国公法界限范围内的，就必须排除外国公法的适用，只适用本国公法。

禁止取代法院地公法是一则根深蒂固的理念，如果法院地的强制性规则可以适用，那么将优先于当事人的选择和旨在代替法院地强制规则的外国法得到适用。正如 Batiffol 教授指出的那样，“如果合同准据法违反了法院地法固有的公法规范，毫

① 沃尔夫：《国际私法》，1945 年英文版，第 171 ~ 176 页。转引自李双元：《国际私法（冲突法篇）》，武汉大学出版社 2001 年版，第 281 页。

② Cheshire & North, Private International Law, Butterworths, 1987, pp. 131-137.

③ 参见李双元、谢石松：《国际民事诉讼法概论》，武汉大学出版社 2001 年版，第 88 ~ 90 页。

无疑问获胜的是法院地公法”。① Yntema 教授也强调了必须坚持上述观点，认为允许国际交易的当事人选择交易适用的准据法必须“遵守一般的公法规定”。② 传统的冲突法学者认为法院地公法不能被当事人意思自治和合同的冲突法规则所取代。这一点在欧共体《关于合同债务的适用法律公约》（1980 年）进一步得到明确。公约第 7（2）条对第 3（1）条规定的当事人意思自治选择准据法和第 4 条规定的当事人没有选择时的法律适用规则进行了限制，规定“本公约任何条款不得限制法院地法强制规则的适用，不论合同适用什么法律。”

这一理由实际上是将本国公法置于直接适用的法的地位，对于相关案件必须适用本国公法，从而排除了冲突规范指引的准据法国的公法以及当事人选择的准据法国的公法的适用（如果准据法国是其他外国）。

二、晚近适用外国公法的理论和实践

根据国际私法晚近的发展趋势，不仅理论上要求在一定条件下适用外国公法的呼声越来越高，而且在国际层面和国内层面也相继出现了一些适用外国公法性法律的立法和实践，“突破公法禁止原则的禁锢”③ 代表了外国公法适用理论的新趋向。越来越多的学者认为并非所有的外国公法都不能适用，当法院审理涉外民商事案件时，如果依冲突规范的指引须适用某一外国法，这种外国法应包括所有依该外国法适用于该案件的法律规定，不得以该外国法律规定被认为具有公法性质而排除其适用。④

（一）适用外国公法的原因

对外国公法禁止原则的突破并不是理论家的一时兴起，它是随着社会和法律制度发展，建立在实践需要基础上的对原有理论的修正。总的说来，在一定条件下可以适用外国公法观点的产生受以下缘由的影响：

---

① Henri Batiffol, *Public Policy and the Autonomy of the Parties: Interrelations between Imperative Legislation and the Doctrine of Party Autonomy*, in Lectures on the Conflicts of Law and International Contracts, p. 79. (quoting Philip J. McConnaughay, *Reviving the " Public Law Taboo" in International Conflict of Laws*, Stanford Journal of International Law, Vol. 35, Summer, 1999, p. 263.).

② Hessel E. Yntema, " *Autonomy" in Choice of Law*, American Journal of Comparative Law, Vol. 1, No. 4, 1952, pp. 348-351.

③ William S. Dodge, *Breaking the Public Law Taboo*, Harvard International Law Journal, Vol. 43, Winter, 2002, p. 161.

④ 参见韩德培主编：《国际私法新论》，武汉大学出版社 2003 年版，第 159 页。

1. 国家干预经济生活。

国家干预理论作为经济学上的一个争论不休的话题，也影响到法学领域有关外国公法适用的探讨。自20世纪初以来，所有工业国家的立法者们都试图引导经济生活，调整市场和投资，以及保护商品的生产、分配和消费以及提供服务这一系列环节中的特定的利益集团。“二战”后，随着各国国民经济的恢复、科技革命的发展以及生产和资本社会化程度的不断提高，资本主义基本矛盾日益尖锐，经济危机频发。在这种情况下，各主要资本主义国家不得不进一步加强政府对经济的干预，发展国家垄断资本主义。凯恩斯的国家干预主义盛极一时，影响了西方资本主义国家经济及相关法律制度的发展。

与此同时，战后福利国家的理论和政策的发展，把政府对经济的调节，公共工程设施、维持就业的措施以及政府用于社会保障的支出看成是福利国家的特征。①福利国家体现了现代国家管理职能的扩大，国家不仅干涉生产、流通领域，而且在分配领域也发挥着作用。以上两方面共同作用，导致了国家对经济领域和社会福利干预的强化，这种强化在很大程度上是通过制定大量的成文法规，诸如反垄断法、税法、外汇管制法、价格法规、贸易管制法等来实现的。通常说来，这些法律执行的是国家的公权力，保障的是国家公共职能的实现，按照传统公私法的划分当属公法领域。这就使得那些传统上只体现私人利益的经济交往和收益领域也越来越多地受到公法性法律来调整。

总之，随着战后福利国家的兴起，国家干预主义的观念占据了主导地位，国家对经济生活中的各领域均施加了控制作用。在私法领域，立法者们也试图在一定程度上规制经济生活，调整其中各种不平等的社会关系，在生产、分配、交换、消费各个环节中都有国家干预的介入。而现今，无论一个特定国家对于传统的市场经济观念如何坚定地信守，这也决不意味着放弃国家干预，经济调控和管制已经深入到包括民商事法律关系在内的经济生活的各个领域。以为用国际私法法规和一些最低限度的国际公法准则就可以对国际贸易、投资和市场的法律模式作出解释的看法已经明显地被证明是错误的。② 作为市场机制这只“无形的手”的补充，国家干预这只“有形的手”无处不在，国家立法机关通过立法实现了对经济生活的合法、有效的干预。这类法律作为调整国家与私人之间关系的管制性法律规范，无疑具有公法性，对许多私人之间的民商事法律关系来说又是必须适用的。因而产生的问题就是如何对待涉外民商事法律关系所涉外国的此类规范，如果适用必然会对传统的

① 厉以宁等：《西方福利经济学评述》，商务印书馆1984年版，第163页。

② ［德］尤尔根·巴塞多：《论经济法上德冲突规则》，刘东华译，赵李欣校，载《外国法译评》1996年第3期，第24页。

公法禁止原则提出异议。

2. 公私法划分的弱化。

对公私法的划分，最早可以溯源至罗马法时代，规定国家公务的为公法，规定个人利益的为私法。① 在欧洲大陆法系国家，对公、私法的划分根深蒂固。因为大多数欧洲大陆国家，对公法事项和私法事项适用不同的诉讼程序。在一些诸如瑞士那样的联邦制国家，公、私法的划分还涉及联邦和州之间立法管辖权的分配。但是自 19 世纪起，这种古老的法律分类在一定程度上失去了其存在的理由，公法和私法开始日益融合。国家对公共福利和经济秩序的关注已经扩大到私人关系领域，导致了国家采用公法规范干预私人关系。明显的例子就是雇佣合同、租赁协议和整个经济法领域都日益受到公法的调整。现代社会福利国家的发展在一定程度上降低了公、私法之间划分的意义。

随着公、私法之间的区分越来越模糊，冲突法上的公法禁止原则也越来越难以维持。规制性立法也开始侵蚀传统上由私法占统治地位的商事生活领域，在立法中存在大量这类型的法律。此外，一个显著的发展就是私法也服务于政府目的和公共利益。虽然相对于公法来说，私法与国家利益的关系相对松散，但立法者制定任何法律，都不可能不顾及公共利益。“传统的私法制度，如合同自由和财产私有，不能说完全服务于私人目的，恰恰相反，它们是市场经济法律体系的基石，并且服务于这一经济秩序和公共目标。”② Lowenfeld 教授早在 20 年前就写道：“在这些情形下，传统公私法之间的划分对跨国行为的影响，已经很小了，甚至不复存在了。”③

一方面，私法规范在保护私人利益，体现私人权利的前提下，也反映公共利益，强调两者的协调与融合，因而在私法体系内，也涵盖了一些公法性质的规范，同样适用于私人权利的限制和保护。例如关于自然人国籍的规定，属于国籍法，本身具有公法性，但它同时又构成国际私法的基础性规范。在涉外民商事法律关系中，涉及国籍的冲突经常出现，这时各国并不排斥外国此类公法的适用。再如关于公司最低注册资本的规定，各国都规定在公司法中，属于国家对经济秩序的干预，具有公法性，但在认定外国公司的权利能力时又必须适用这样的外国公法。另一方面，有些法律部门，如国际民事诉讼法和国际商事仲裁法等程序性法律，本身具有鲜明的公法特征，却因为对解决涉外民商事争议具有重要意义，而被整体纳入到国

---

① 周枏：《罗马法原论》，商务印书馆 1994 年版，第 83 页。

② ［德］尤尔根·巴塞多：《论经济法上的冲突规则》，刘东华译，赵李欣校，载《外国法译评》1996 年第 3 期，第 24 页。

③ Andreas F. Lowenfeld, *Public Law in the International Arena: Conflict of laws, International Law, and Some Suggestions for Their Interaction*, Recueil Des Cours, Vol. 163, No. 2, 1979, p. 326.

际私法的范围之内。至少从这一点上我们就可以看出国际私法本身并不排斥公法。

3. “直接适用的法”理论的发展。

虽然“直接适用的法”理论是法国学者弗朗西斯卡基斯于1958年才提出的，但笔者认为对该理论的研究推动了对外国公法适用的研究。所谓“直接适用的法”是指本来是意欲适用于多边案件的内国强制规则，不管是否受到法院地国冲突规范的指引，都直接予以适用。① 随着该理论的发展，学者们开始考虑如果这种法律是来自另一国家的法律，是否法院地也应予以适用呢?②

弄清直接适用的法与外国公法之间的关系，首先面对的就是直接适用的法究竟是属于公法还是私法，因为直接适用的法包括内国直接适用的法和外国直接适用的法，在回答前面问题的基础上，我们就可以得出外国公法的适用和外国直接适用的法的适用之间的关系。关于直接适用的法的性质，存在不同观点。有人认为此类规范应归属于公法范畴，也有人认为它既存在于私法领域也存在于公法领域，还有人认为直接适用的法兼有公法、私法双重性。③ 比较有说服力的观点是直接适用的法或多或少具有公法性，例如韩德培教授就认为：“直接适用的外国法，大部分都多少具有公法的性质。”④ Gonzalo 教授也认为，现在一般承认，至少在原则上承认，冲突规范所指向的外国法包括其公法，以及外国强制性法律规范中的公法规范，这些规范可以不顾争议的涉外因素必须予以适用，即所谓的警察法或“直接适用的法”。⑤ 笔者亦赞同此种观点，认为这类法律大多调整国家与私人之间的管制关系，一般包含公法的性质。因而在讨论内国法院是否可以适用外国直接适用的法时，遇到的最大障碍就是内国法院能不能适用外国公法性质的法律，这就回到了本文的主题。

所以说随着近年来，对“直接适用的法”的理论探讨和实践的深入，学者们也越来越关注外国公法的可适用性问题，这使得古老的公法禁止原则被重新拾起并接受检验。一些国家在立法中规定可以适用外国直接适用的法，实际上也就间接认

---

① ［美］西蒙尼德斯：《20世纪末的国际私法——进步还是退步?》，宋晓译、黄进校，载《民商法论丛》2002年第3号（总第24卷），第373页。

② 韩德培：《国际私法的晚近发展趋势》，载《中国国际法年刊》（1988年），法律出版社1989年版，第15页。

③ 胡永庆：《论公法规范在国际私法中的地位——“直接适用的法”问题的展开》，载《法律科学》1999年第4期，第91页。

④ 韩德培：《国际私法的晚近发展趋势》，载《中国国际法年刊》（1988年），法律出版社1989年版，第15页。

⑤ Gonzalo Parra-Aranguren, *General Course of Private International Law: Selected Problems*, Recueil Des Cours, Vol. 210, No. 3, 1988, p. 77.

可了外国具有公法性质的法律可以为内国法院所采用。

4. 主权限制理论。

适用外国公法侵犯了本国的国家主权恐怕是传统上不适用外国公法最常见的理由。在 *Government of India v. Taylor* 案①中，Keith 勋爵认为：“执行征税请求是对征税国主权的扩展，是一国主张在他国领域内主权的表现，（在缺乏条约或公约约定时）是违反主权独立原则的。” Dicey 和 Morris 也称此为对公法禁止原则“最好的解释”。② 但是，随着对主权限制理论的研究深入，主权已不再是公法禁止原则的万能借口。

国家是主权的，意味着国家对其领土内的一切人和物以及领土以外的本国人享有属地优越权和属人优越权。然而，主权国家有独立自主地处理其内外事务的权力，并不等于国家可以在对外关系上为所欲为。事实上，国家主权的行使还是受到各方面因素的限制的。③ 国际社会的实践也不乏国家在自愿基础上对其主权进行限制的例子，比较典型的例子是欧盟成员国通过将其广泛的权力让渡给欧盟而限制自身的主权。因而可以说，只要国家愿意适用外国公法或者是愿意承认执行外国公法性质的判决，国家主权原则已经不是障碍，因为国家可以通过国内立法、国际立法、司法判例等方式自愿限制自身的主权权力。国家主权原则的相对性为适用外国公法排除了主权上的障碍。

（二）适用外国公法的相关立法

1. 国（地区）内层面。

笔者在对 40 个国家和地区④的成文国际私法立法进行考察后，得出以下结论：第一，在这些国家和地区中没有一个国家和地区在立法中明确规定冲突规范所指引

---

① [1955] A. C. 491, 511 (H. L.).

② Morris & John Humphrey Carlile ed., Dicey and Morris on the conflict of laws, 13th ed., Sweet & Maxwell, 2000, p. 89.

③ 参见杨泽伟：《国际法析论》，中国人民大学出版社 2003 年版，第 162～181 页。

④ 这些国家和地区是中华人民共和国、中国澳门特别行政区、日本、泰国、韩国、约旦、阿拉伯联合酋长国、土耳其、蒙古、越南、埃及、马达加斯加、加蓬、突尼斯、波兰、德国、南斯拉夫、匈牙利、罗马尼亚、白俄罗斯、法国、意大利、希腊、葡萄牙、奥地利、瑞士、列支敦士登、秘鲁、美国路易斯安那州、加拿大魁北克省、委内瑞拉、澳大利亚、比利时、西班牙、吉尔吉斯共和国、立陶宛、斯洛文尼亚、哈萨克斯坦、朝鲜、俄罗斯。

的准据法只包含外国私法。① 第二，直至20世纪80年代末，各国和地区的立法才开始关注国际私法所涉的外国公法在域内的适用问题。准确地说，在1987年《瑞士联邦国际私法法规》之后，部分国家和地区才陆陆续续在其国际私法立法中对有关外国公法的适用作出专门规定。第三，对这一问题作出专门规定的往往是采取专章专编立法或是以法典形式进行国际私法的国家和地区。这不难理解，因为采用法典化或专章专编形式的国家和地区才有可能以总则的方式对有关国际私法一般问题作出特别的规定，而在那些采取分散式立法国家和地区往往缺少这类原则性规定。近年来，国际私法立法形式上的集中化更是呼应了上述第一个结论。第四，虽然许多国家和地区在其立法中对与国际私法有关的外国公法性法律的适用作出了不同规定，但大体上可以分为三类：①直接规定冲突规范所指向的准据法包括公法在内的整个法律体系；②针对外国公法性质的法律作出特别规定，不能仅因外国法的公法性而拒绝适用；③在规定外国强制性规范的适用时特别指名，不得因此类规范的公法性拒绝其适用。

（1）直接规定冲突规范所指向的准据法包括公法在内的整个法律体系。

采用这种立法方法的代表是瑞士。例如，1987年《瑞士联邦国际私法法规》第13条规定："本法对外国法的指定，包括所有依该外国法适用于该案件的法律规定。不得仅以该外国法律规定被认为具有公法性质而排除其适用。"

（2）只专门规定外国法的公法性不是其适用的障碍。

采用这种立法方法的主要有韩国、吉尔吉斯共和国。《韩国2001年修正国际私法》第6条规定了准据法的范围："当外国法的规定被本法指定为应适用的准据法时，该外国法的规定不能仅仅因为具有公法性质而被排除适用。"② 1998年《吉尔吉斯共和国民法典》第2卷第7编"国际和民事法律在私法关系中的适用"第1167条第4款："外国法律规范，不得仅因其具有公法性质而限制适用。"③

（3）规定外国直接适用的法不因其公法性而不被适用。

1998年《突尼斯国际私法典》第38条第2、3款规定："法官可以适用某项未被冲突规则指定的外国法的有关规定，只要此种规定被证实与需要解决的法律事实或情况具有紧密的联系，而且根据其目的该种规定确实有适用的必要。外国法律的

① 但是，1974年《阿根廷国际私法（草案）》第2条第2款曾经规定："准据法是指依有关规则其法律被指定适用的国家的私法。"但囿于资料所限，后来此草案是否通过审议并颁行不得而知。

② 沈涓译：《韩国2001年修正国际私法》，载《中国国际私法与比较法年刊》（第六卷），法律出版社2003年版，第637页。

③ 邹国勇译：《吉尔吉斯共和国民法典》（节录），载《中国国际私法与比较法年刊》（第八卷），法律出版社2006年版，第624页。

公法性质不妨碍其适用或对此予以考虑。”①

无论采取上述三种方法的哪一种方法，都表现了立法支持在一定条件下适用外国公法的态度。但这三种方法也各有利弊。第一种方法直接规定准据法包括该外国所有的法律规范最为全面彻底，不管是该外国的公法还是私法，也不管其是“直接适用的法”还是不具有“直接适用”效力的法，只要被冲突规范所指引，都应当考虑在内；但是只这样规定的话就忽略了既非法院地国、又非准据法国，而又与案件有密切关系国家的公法规范该如何适用了。第二种方法专门规定外国法的公法性不是其适用的障碍，显然非常具有针对性，就是为了打破陈腐的“不适用外国公法”的理念而作出的特别规定；但这一方法在实践中运用起来也并没有要求法官在必要的条件下必须适用外国公法的规定，只是强调不能仅以其公法性作为不适用的理由，暗含之意就是仍可以用其他方法排除外国公法的适用，所以这种立法方式就略显消极。第三种方法规定在适用外国直接适用的法时，不得因为此类法律规范的公法性而不适用，这种立法方法相对来说较为明确具体，具有可操作性；但是只在直接适用的法的范畴内讨论外国公法的适用，缺乏普遍性，不能反映立法对外国公法的一般态度。

除了上述三种明文规定可适用外国公法的立法模式外，也有学者认为承认外国直接适用的法的适用，也是间接承认了外国公法的可适用性。许多学者在论证外国公法适用时，都将外国直接适用的法的适用作为可适用外国公法的证明。② 而在现行法律文件中一般规定的却又是外国强制性法律（mandatory law）的适用问题。因此有必要明晰外国直接适用的法、外国强制性的法律、外国公法这三组概念之间的关系，在此基础上解决适用外国强制性法律是否代表认可了外国公法的适用。法的任意性规范与强制性规范的区分标准是当事人意思自治是否可以排斥、变更法律的适用。根据这个标准强制性规范是指依法定事实的发生而适用，不允许当事人意志加以排斥、变更的法律规范。在英国学者的著述中，有时就把直接适用的法（lois d'application immédiate）等同于强制性规则（mandatory rules or peremptory norms）。在笔者看来，这样定义未免过于宽泛，不是很确切。“直接适用的法”确实具有强制性的特征，但法院地规则是强制性的并不意味着必须绕开正常的冲突规范无条件

---

① 粟烟涛、杜涛译：《突尼斯国际私法典》，载《中国国际私法与比较法年刊》（第三卷），法律出版社 2000 年版，第 728～729 页。

② *See* Frank Vischer, *General Course on Private International Law*, Recueil Des Course, Vol. 232, No. 1, 1992, pp. 153-165; Hans W. Baade, *The operation of Public Foreign Law*, Texas International Law Journal, Vol. 30, Summer, 1995, pp. 468-471; William S. Dodge, *Breaking the Public Law Taboo*, Harvard International Law Journal, Vol. 43, Winter, 2002, p. 202.

地适用。否则，双边冲突规范的存在就变得毫无意义了。① 因为，一国法律体系中在公私法领域皆存在着大量强制性的法律规范，如果一概加以直接适用，无异于否定国际私法存在的价值。所以，可以认为直接适用的法具有强制性，但是强制性法律规范的外延要大于"直接适用的法"。现有的法律对适用外国强制性法律的规定并不是指外国所有的强制性法律规范，而必须是符合一定条件的外国强制性法律规范，即依据该另一国家的法律，无论法律关系的准据法为何，这些强行规范均应得到适用。② 可见，实际上现在国内国际立法中大量出现的有关适用外国强制性法律的规定从实质上说是规定了外国"直接适用的法"的适用。

对于"直接适用的法"是公法还是私法，学者们众说纷纭，尚无定论。主要有以下三种观点：第一，公法说，以巴迪福、利普斯顿认为"直接适用的法"是公法；第二，公私法兼具说，认为无论公法领域还是私法领域都存在"直接适用的法"；第三，折中说，认为由于"直接适用的法"调整领域和调整手段的特殊性，反映了政治国家干预到市民社会经济生活领域的结果，因而此类规范具有半公半私性质。③ 笔者认为，无论持上述何种观点，因为"直接适用的法"体现了强烈国家利益或政策，是国家主体对私人行为的规制或强制，所以均无法否认"直接适用的法"是具有公法性的，而且在其中公法因素占据着主导地位。在这个意义上说，诸如俄罗斯、白俄罗斯、比利时、阿塞拜疆等国虽然没有明确规定可适用外国公法，但其立法中规定的对外国"直接适用的法"的适用，也反映了这些国家对外国公法在本国的适用持宽容态度。这是国际私法立法上的一个新动向，这一新动向在下文所述的一些国际公约中亦得到反映。

我们有理由相信，随着世界范围内国际私法立法改革浪潮的风起云涌，④ 将会有更多的国家在其国内立法中关注外国公法适用问题，打破传统的"公法禁止原则"。

2. 国际层面。

(1) 国际法协会威斯巴登决议。

---

① *See* Frank Vischer, *General Course on Private International Law*, Recueil Des Course, Vol. 232, No. 1, 1992, p. 154.

② 参见《俄罗斯联邦民法典（第三部分）第四编》第 1192 条第 2 款："在适用某国法时，如果依该国法其强制性规范应调整相应关系而不论准据法为何，则法院根据本编规定，对该关系与之有密切联系的他国法中的强制性规范予以注意。同时，法院应当对此种规范的目的和性质，以及适用或者不适用的后果予以考虑。"

③ 参见胡永庆：《"直接适用的法"理论研究》，武汉大学 1998 年硕士学位论文，第 23～24 页。

④ 参见韩德培主编：《国际私法问题专论》，武汉大学出版社 2004 年版，第 3～9 页。

国际法协会在1975年威斯巴登（Wiesbaden）会议上作出的决议对外国公法的适用具有重要意义，它颠覆了传统的外国公法不可适用的观点，提出了冲突规范所指引的准据法应当包括所有的公法规范，没有理论和实践要求先验性地排除外国公法。该决议以“外国公法的适用”为主题，形成了四项决议①：

第1条　（1）由冲突规范指向的外国法条款具有公法性质并不阻碍该条款的适用，但需受一般的公共秩序保留的限制。（2）如果外国法某条款构成适用其他法律规范的条件或者必须考虑到上述外国法条款时，适用同样的规定。

第2条　所谓的外国公法的先验的不可适用性的原则，同其绝对的属地原则一样，若没有被实际运用，在司法判决和法学著作中援引该项原则：（1）并没有绝对的理论或实践上的理由；且（2）经常与公共政策原则相重复；（3）可能产生与当代国际交往不相符的不合理的结果。

第3条　对于某些类别的外国公法规范——诸如主要是保护国家利益而不是私人利益的公法规范的先验的不可适用性问题，出于类似的理由而适用相同的规则。

第4条　被视为公法性质的外国法律规范由于诸多原因适用的并不多，这一事实不会影响上述规则和声明的适用范围，诸多原因主要包括：（1）因为该问题的产生不是由于冲突规范中指引的社会关系的性质或该外国法律规范的主旨；（2）因为该外国法规范的适用范围被限制于其所源出的立法者的领域内，并且此项限制在原则上是受尊重的；或者（3）因为法院地国的机关经常主张，它们或者无权适用某类具有公法性质的外国法规范，或者在缺乏条约、互惠关系以及在有关国家间的经济、政治利益联系密切时，无需坚持此类外国法律规范的适用。

国际法协会1975年威斯巴登会议的决议无疑具有超前性，对于改变传统的外国公法不可适用的观点和做法具有重要的意义。虽然有学者认为，《威斯巴登决议》对准据法中的公法和私法规范作了统一的处理，其理由就是二者均构成由冲突规范所指引的准据法的组成部分，表现得过于激进，把所有的公法规范都包括进了准据法的范围内。如果完全按照决议办，就可能造成不公正的结果。② 但是笔者认为，仅从该决议的文本来看，它和其后出现的一些国家的国内立法一样，目的并不是将所有的公法规范都纳入到冲突规则所指引的准据法的范围内，而只是否定传统理论和实践中经常出现的外国法由于其公法性质而先验性的不可适用的观点。它主要表明了三个方面的立场：其一，外国法律规范的公法性质或其保护国家利益的立法目的并不能构成排除其适用的理由。其二，其理由是缺乏理论或实践依据、经

① The Institute of International Law: Session of Weisbaden-1975, available at http://www.idi-iil.org/idiE /resolutionsE/ 1975_ wies_ 04_ en.pdf, visited April 18, 2007.

② 徐冬根：《国际私法趋势论》，北京大学出版社2005年版，第420～421页。

常与公共政策保留原则相重复、可能产生与当代国际交往不相符的不合理的结果。其三，外国公法规范的适用不受该法本身的效力范围、国家间关系等的限制。至于该协议的第四条，笔者认为这一条主要是列举但未穷尽现在实践中不适用外国公法时所主张的理由，主张这些理由不能被用做阻止外国公法适用的借口。在这一点上决议确实有所偏激，因为外国公法的适用必须考虑到外国公法本身的规定以及国家间的互惠关系等一系列的因素，不是不受任何限制的适用。这表明了对待外国公法的两种态度必须协调、融合，找到一个平衡点：一方面，受国际主义—普遍主义理论的影响，希望平等地对待外国公法，将冲突规范扩展到体现公共利益的公法领域去；另一方面，不适用外国公法的原则长达数百年的存在也有其必须考虑的理由，国际私法的理论和实践尚不能向所有的公法领域开放。当前，世界上许多国家对适用外国公法的适用正是处于这两种态度交融的发展过程中。而且正如国际私法的实体正义和冲突正义不是对立的一样，适用外国公法的两种取向也不是截然对立的，二者之间仍旧可以在有限制地适用外国公法这一点上找到平衡。

本文的目的也在此，即阐明必须破除传统的外国公法不适用的陈腐观念，不能仅因为外国法的公法性质或由其对公共利益的保护而主张其不具有可适用性。在涉外民商事法律争议的解决中，在许多情况下也必须根据冲突规范的指引考虑到外国公法性质的法律。但是并不是说外国公法可以无限制地在内国法院得到适用，还必须遵守公法规范本身的自我限定。这一点，在后来的一些国家的国际私法成文立法中也得到了证明。

(2)《关于合同义务法律适用的公约》。

在 1980 年的《关于合同义务法律适用的公约》(以下简称《罗马公约》) 的起草过程中最先开始关注外国直接强制性法律规范的适用问题。① 后来，《罗马公约》第 7 条第 1 款规定：“根据本公约适用某一国的法律时，如依其情况，与另一国有着密切的关系，则该另一国法律的强制性规定得认为有效，但必须依该另一国的法律，亦不论何种法律适用于该合同均必须适用此种强制性规定时为限。在考虑是否认为此种强制性规定为有效时，应注意此种规定的性质和目的，以及其适用或不适用的后果。”这一条款被后来很多国际、国内立法所仿效，产生了广泛的影

① *See* Hans W. Baade, *The operation of Public Foreign Law*, Texas International Law Journal, Vol. 30, Summer, 1995, p. 470.

响，如《比利时国际私法典》第20条①、《阿塞拜疆共和国关于国际私法的立法》第5条第2款②等。

（3）《代理法律适用公约》和《关于信托的法律适用及其承认的公约》（草案）。

海牙国际私法会议通过的1977年《代理法律适用公约》第16条规定："在适用本公约时，如果根据与案情有重大联系的任何国家的法律，该国强制性规范必须适用，则此项强制规范可以予以实施，而不管该国法律选择规则规定的是何种法律。"这一条款与《罗马公约》第7条第1款相类似，在很大程度上被认为是对前者的仿效。③ 后来，《罗马公约》第7条第1款继续被海牙国际私法会议1984年通过的《关于信托的法律适用及其承认的公约》（草案）采纳，并做了一定的修改，公约草案第16条规定："不管冲突法规则如何规定，本公约不妨碍法院地即使对国际性案件也必须适用的法律条款的适用；如果另一国家与案件有足够密切的联系，那么，在例外情况下，可以给予该国具有前款述及的性质的规则以效力。"

（4）《国际货币基金组织协定》。

《国际货币基金组织协定》（以下简称《协定》）允许会员国采取措施限制资本项目外汇的转移④，各国的此类规定无疑具有公法性，但《协定》第8条第2款（b）项明确规定："凡涉及一会员国货币的外汇合同，若违反该会员国依本协定实施的外汇管制法，则在所有成员国境内一律无效。"虽然在实践中，对该条款的解释意见各会员国存在分歧，⑤ 但笔者认为这项规定无疑是以国际法的形式要求在协定的框架内，各会员承认其他会员国外汇管制法在本国的效力。近年来，许多国际

① 该条规定："当根据本法适用一个国家的法律时，可以适用与案件有密切联系的另一国家法律中的强制性规定或公共政策，如果并且只要根据该另一国家的法律，这些规则应予以适用而不考虑其他法律的适用。在决定是否适用这些强制性规则时，应对强制性规则的性质、目的以及适用或不适用的结果加以考虑。"引自梁敏、单海玲译：《比利时国际私法典》，载《中国国际私法与比较法年刊》（第八卷），法律出版社2006年版，第564～565页。

② 该条规定："若对一国法律的适用导致与案件有密切联系的第三国之强制性法律规范的适用，只要其不涉及协议选择的法律，第三国规范可优先适用。"引自邹国勇译：《阿塞拜疆共和国关于国际私法的立法》，载《中国国际私法与比较法年刊》（第七卷），法律出版社2004年版，第634页。

③ Hans W. Baade, *The operation of Public Foreign Law*, Texas International Law Journal, Vol. 30, Summer, 1995, p. 470.

④ 《国际货币基金组织协定》第6条第3款。

⑤ 参见李仁真、刘音：《外汇管制冲突及其法律选择问题刍议》，载《中国国际私法与比较法年刊（第九卷）》，北京大学出版社2007年版，第246～247页。

条约和国内立法都开始接受这项规定。①

（三）适用外国公法的实践

1. 英国。

（1）*Holman v. Johnson* 案。②

英国法院对外国公法的态度，可以溯源至 1775 年 *Holman v. Johnson* 案，在该案中 Mansfield 勋爵有一句著名的论断“没有一个国家会考虑其他国家的税法”，这句话被后世主张禁止适用外国公法的学者奉为法宝。

该案是一例货款追讨案件，原告的住所和惯常居所都在法国敦克尔克，他将一批茶叶出售给被告，并根据被告的指示在敦克尔克将茶叶交付，原告实际上知晓被告意图将这批茶叶走私去英国，但是其并没有顾忌这件事，还是照常把茶叶卖给被告了。但后来原告没有收到货款，于是在英国法院起诉要求被告支付货款，被告抗辩说他试图将茶叶走私进英国，而卖方确切知道这一点，因此英国法律不应协助卖方获得这一违法交易的价款。原告辩称他并没有做错，他的合同仅涉及在法国境内将茶叶交付给买家，而在法国他这样做是完全合法的。Mansfield 勋爵认为，茶叶买卖合同是建立在非法利用的意图之上的，原告是清楚地知道该目的，所以他无权援引英国法获得合同价款。Mansfield 勋爵最后认为合同应当依照英国法来判定，最终没有支持原告对茶叶货款的请求。

虽然英国法官驳回了原告对货款的请求权，但在该案中他们的出发点并不是为了保护被告的利益，而是出于对公共秩序的维护，因为“诈欺行为不得成为诉讼权利的根据”，是受英国公共政策保护的原则。该案中，Mansfield 勋爵也明确表明了这一立场，他认为“由被告口中说出原被告之间的合同是不道德的或非法的异议，听起来总是那么别扭。虽然该异议已被认可，但这样认定并不是为了保护被告的利益，而是基于一般公共政策的需要，可以这样说，与真实正义相反的是，这种公共政策碰巧是对被告有利了”。③ 从这一点上，可以看出，Mansfield 法官没有适用法国税法的理由是该合同与英国的公共政策相抵触，并不是因为法国税法属于公法。我们从 *Holman v. Johnson* 案的推理中，并不能得出不适用外国税法的判例法规则（Ratio）。

---

① Hans W. Baade, *The operation of Public Foreign Law*, Texas International Law Journal, Vol. 30, 1995, p. 470.

② 1 Cowp. 341, 98 Eng. Rep. 1120 (1775).

③ Andreas F. Lowenfeld, Conflict of Law: Federal, State, and International Perspectives, New York/Oakland/Albany, 1986, p. 879.

那么Mansfield勋爵“没有一个国家会考虑其他国家的税法”的“名言”又是怎样产生的呢？笔者认为Mansfield勋爵的这句名言不能孤立地看，必须结合其对这个案件的看法来理解。对*Holman v. Johnson*案而言，面临的一个问题就是合同履行地的税法规则是否可被适用来判定合同的有效性。其实，至少在Mansfield勋爵看来，并没有否认这种可能性。因为英国的冲突规范将案件所适用的法律指向合同履行地法——法国法，但若该案根据反致理论，依照外国法院说，英国法官应将自己设身处地地置于法国法官的地位去裁决案件，如果法国认为该交易违反了英国法，是不合法的，而不允许原告取得价款，那么英国法官也将作出相同的认定，即根据法国法院对反致的态度来决定是否适用英国法。但Mansfield勋爵否决了反致对本案的适用，因为他认为“没有一个国家会考虑其他国家的税法”，法国法院不会根据英国税法来认定合同的有效性。依据反致，就难以适用英国税收法来判定合同的有效性，因此Mansfield勋爵只得求助于另一方法——公共政策保留。

综上所述，在*Holman v. Johnson*案中，Mansfield勋爵的话并不是为了表明英国法院不会考虑法国的税法，而是在论述该案是否采纳反致之时，站在法国法院的立场上，强调法国法院不会考虑将英国的税法适用该案，因此实际上，我们不能将该案作为普通法上否认外国公法可适用性的判例。在该案中，英国法院没有支持原告诉讼请求，是因为其请求违反了英国公共政策的基本原则——“诈欺行为不得成为诉讼权利的根据”。即使是外国私法性质的法律，在绝大多数国家而言，有违本国的公共政策也同样不能得到适用。所以，如果从这一案例推导出一则普遍适用的原则——税法领域禁止冲突规范的进入，则无异于将牢固的堡垒构筑在一个非常脆弱的根基之上。① Mansfield勋爵的论述，“没有一个国家会考虑其他国家的税法”无论从何种意义上而言都只是一则“附带评论（*dictum*）”，对该案的判决而言并非必不可少的。② 而众所周知，在英美判例法上，只有“法律规则（*Ratio*）”才能为后案适用。③

笔者在这里之所以浓墨重彩地描写这一案例，就是想证明为后世所广泛引用的，所谓的公法禁止原则的源头也并不稳固，可见这一制度本身就不含有让人们固守的根基。

① Andreas F. Lowenfeld, *Public Law in the International Arena: Conflict of laws, International Law, and Some Suggestions for Their Interaction*, Recueil Des Cours, Vol. 163, No. 2, 1979, p. 324.

② Andreas F. Lowenfeld, Conflict of Law: Federal, State, and International Perspectives, New York/Oakland/Albany, 1986, p. 892.

③ 参见肖永平：《论英美法系国家判例法的查明和适用》，载《中国法学》2006年第5期，第118～119页。

（2）英国法院对待外国公法的态度。

从上述案例的分析中，我们可以看出并不能得出英国法院会先验性的排除外国公法在其境内适用。实际上，英国法院不会受理一个是为了执行外国惩罚性的、税务的或其他公法性法律而提起的诉讼。① 因为英国法院依据属地优越权原则，认为上述公法性质的法律是在一国主权范围内才可行使的规则，依据国际法，这些规则排他性的属于其国内法，所以不能在外国公法所属国的主权范围之外得到执行。无论是由该外国直接向英国法院起诉要求执行，还是通过私人当事人之间的诉讼行为要求间接地执行外国公法性质的法律，都不能得到英国法院的认可。而且，这一做法在后来1933年的英国《外国判决法》中得到了延续。

但是在不发生直接或者间接执行的情况下，如果外国惩罚性的、税收性的或其他公法与争议有关，该法将会被承认。这样一来，一个依据其准据法的惩罚性规则为无效的合同，将会被英国法院认为是无效的。② 这等于是说英国法院在案件的法律适用过程中，并不排斥作为准据法所属国的公法性质的法律规范对案件的适用和效力。英国1982年女王王座法院在一个判决中更是明确指出，没有什么外国的公法不能适用，而是要在每一案件中考虑是否有公共政策的特别理由，要求在内国不适用该外国法。③

2. 美国。

美国对待外国公法的态度，与它有关本国国内公法域外效力的理论密不可分。其实不难理解，这好像一个硬币的正反两面，如果对某一发生在本国领域外的行为（该行为因在国外实施无疑具有涉外因素）主张受本国公法约束，那么实际上就排除了外国公法对案件的适用。作为“市场经济宪章”的反垄断法集中体现了美国法院对本国公法性质法律规范域外效力的各种观点，笔者也从美国反垄断法的域外效力入手，探求美国适用外国公法的实践。

（1）美国法院对本国公法域外效力的三种观点。

当法律规范本身没有明确规定时，法院该如何确定《谢尔曼法》这类管制性规范的域外效力呢？历史上，联邦法院形成了三种不同的做法：（1）Holmes 法官在 *American Banana Co. v. United Fruit Co.* 案④中主张采用“属地原则”，当没有特

---

① Morris & John Humphrey Carlile ed., Dicey and Morris on the conflict of laws, 13th ed., Sweet & Maxwell, 2000, pp. 89-90.

② *Ibid.*

③ 韩德培：《国际私法的晚近发展趋势》，载《中国国际法年刊》（1988年），法律出版社1989年版，第16页。

④ 213 U.S. 347, 357 (1909).

别规定时，法律规范仅适用于美国领域内的行为。在该案中，他宣称："由于损害行为未发生在美国，因此没有违反《谢尔曼法》。"（2）Hand 法官在 *United States v. Aluminum Co. of America* (*"Alcoa"*) 案①中采用"效果原则"，如果外国公司在美国领域外的行为对美国产生影响或意图对美国产生影响，那么即可适用《谢尔曼法》。（3）Choy 法官在 *Timberlane Lumber Co. v. Bank of America* 案②中采用"利益衡平原则"，该原则要求衡量有关因素，以决定"与其他国家相比，美国的利益或与美国的联系是否足以证明其行使域外管辖权的正当性"。

（2）*Hartford Fire Ins. Co. v. California* 案。③

这则案例引起了广泛的讨论，因为在该案的最后判决虽然是依据"效果原则"适用了美国反垄断法，并且对美国《第三次对外关系法重述》认可的"礼让原则"作出了极大限制。但是在该案中，Scalia 法官代表少数派法官提出反垄断法域外效力的认定应该借鉴冲突法规则。这就使得依据冲突规范认定本国公法是否适用的观点向前迈进了一步。

哈特福德火灾保险公司是英国一家保险公司。在该案中，它被指控与美国一家保险公司在英国制定保险单时存在着共谋行为。虽然哈特福德公司和英国政府认为，这种共谋行为在英国是合法的，但美国联邦最高法院认为，英国法没有强迫企业必须进行共谋行为，因此，美国法和英国法在这个问题上没有冲突。根据这个判决，美国反托拉斯法域外适用中的礼让原则仅适用于特殊的情况，即外国法中必须明文规定，企业必须进行某种与谢尔曼法相背离的行为，以致企业不能同时遵守本国法和美国反托拉斯法。哈特福德火灾保险公司一案的判决至今有着很大的争议。在这个案件中，哈特福德公司是在本国领土上从事限制竞争的行为，且该行为没有违反英国法。因此，美国法院认定该公司违反美国反托拉斯法的判决自然就会引起"真正的法律冲突"。

联邦最高法院在该案的判决中，再次重申了《谢尔曼法》具有域外效力。所有的 9 名法官都拒绝 *American Banana* 案所确立的属地原则，但是法院在上诉其他两种方法的选择上产生了分歧。以 Souter 法官为代表的 5 名多数派法官主张采用 Alcoa 案的效果原则，认为"《谢尔曼法》适用于那些意图对美国产生实质影响并且也确实产生这种影响的外国行为"。以 Scalia 法官为代表的其他四名法官坚决反对这种观点，他们主张适用 *Timberlane* 案和美国《第三次对外关系法重述》采用的"利益衡平原则"。Scalia 法官主张，他的利益平衡方法是建立在"国际法律选择原

---

① 148 F. 2d 416, 444 (2d Cir. 1945).

② 549 F. 2d 597, 613 (9th Cir. 1976).

③ 509 U. S. 764 (1993).

则”的基础之上的。他解释道，冲突法分析可适用于反垄断法如同其可适用于侵权法一样，而 Souter 法官没有运用这种分析方法。①

虽然该案的判决早已一锤定音，对英国被告适用美国反垄断法也成为事实，但是 Scalia 法官所主张的运用冲突规范来认定反垄断法域外效力的做法却得到了许多学者的响应。Lowenfeld 教授也认为：“在许多方面，最高法院的判决都是令人失望的，与其说是判决结果令人失望，还不如说是该判决产生的影响更令人失望。”②其实早在 Scalia 法官之前，Trautman 教授就曾经主张：“一旦我们认识到问题可能是决定在两个或者两个以上国家的法律规范中，应对特定案件适用哪个国家的法律，很明显法院面临的问题就很像它在法律冲突中处理的问题一样。法律选择规则正是被用来解决此类问题的。”③ 笔者认为外国公法的适用不仅表现在立法上明确规定外国公法具有可适用性或是在司法实践中适用外国公法这种“显性适用”；而且还表现为一种“隐性适用”，即在法律选择过程中将内外国公法置于同等位置，平等地考虑外国公法是否适用，即使最终依据冲突规则没有适用外国公法，但是外国公法参与了法律选择过程，仍可以认为是对外国公法的适用，就如在本案中以 Scalia 法官为代表的少数派法官所主张的选择方法那样。

3. 德国。

德国作为大陆法系国家的代表，如同法国和瑞士一样，曾经极力主张“法院不适用外国公法”的古训。④ 但是现今，德国立法和实践已经逐渐摒弃传统观点。

德国著名学者 Gerhard Kegel 是国际私法传统方法的支持者，他认为公法属于其自己的冲突体系，该冲突体系有别于那些适用于国际私法的原则。在他看来，在缺乏被普遍认同的国家利益之时，“各国可以……在并且仅在其领域内干涉私权”。⑤ 德国联邦最高法院也曾接受过 Kegel 教授的观点，采用不适用外国公法原则。曾经有这样一个案例，法院认为一个按照前东德地区法律属于不可转让的债，

---

① William S. Dodge, *Extraterritoriality And Conflict-of-laws Theory: An Argument for Judicial Unilateralism*, Harvard International Law Journal, Vol. 39, No. 1, 1998, p. 103.

② Andreas F. Lowenfeld, *Jurisdiction Issues Before National Courts: The Insurance Antitrust Case*, ed. by Karl M. Meessen, Extraterritorial Jurisdictional in Theory and Practice, Kluwer Law International, 1996, p. 4.

③ *See* Donald T. Trautman, *The Role of Conflicts Thinking in Defining the International Reach of American Regulatory Legislation*, Ohio State Law Journal, Vol. 22, 1961, pp. 586-616.

④ F. A. Mann, *Conflict of Laws and Public Law*, Recueil Des Cours, Vol. 132, No. 1, 1971, pp. 182-184.

⑤ Frank Vischer, *General Course on Private International Law*, Recueil Des Cours, Vol. 232, No. 1, 1992, p. 166.

不再约束两个前东德地区的居民在联邦德国约定的债的转让，因为该法是公法之一，受严格的属地原则的支配。

与 Kegel 相反的是，德国许多国际私法专家主张准据法的完整适用，而不论所涉外国规范的性质。这一观点的支持者们认为没有法官会忽视第三国公法的私法后果和影响。① 德国著名国际私法学者、马克斯·普朗克外国私法与国际私法研究所所长康拉德·茨威格特（Konrad Zweigert）积极主张外国公法的适用，认为在公法领域也可以采用国际私法中的方法，即双边冲突规范来进行法律指引。②

德国法院认为在外国公法的适用上存在的主要问题是合同有效性问题，即违反法院地法范围之外的公法性质的法律是否会使合同无效。绝大多数公法规范体现了很强的国家利益，认为违反它的合同无效。通过适用这种制裁，法院地实际上是在协助外国执行其法律规范。

Kulturguterfall 案③代表了德国法院在这一问题上的看法。在该案中，联邦法院面临的是一桩尼日利亚文化遗产的非法出口问题。争议的焦点集中在被告，一家德国保险公司，是否需要为一批货物从尼日利亚的 Harcourt 港向汉堡港运输过程中发生的损害进行理赔。保险合同适用德国法。法院认为合同的无效性只能依照准据法和法院地有直接效力的法去认定，其他的法律都不被认为是无效性的依据。但是，依据德国法，违反尼日利亚的法律却又被认为是一种不道德的行为，因此法院判定合同无效，不存在可保利益。法院认为当事人违反正当的、受到普遍认同的外国国

① Frank Vischer, *General Course on Private International Law*, Recueil Des Cours, Vol. 232, No. 1, 1992, pp. 167-168.

② 茨威格特在《国际私法与公法》一文中，对这个问题进行了专门探讨。在这篇文章中，他提出两个问题：第一，国际私法规范所指引的外国法律是否以及在多大范围内包括外国的公法规范；第二，在公法冲突法中，能否采用国际私法中发展出来的方法，即通过多边或双边冲突规范来指引公法的法律适用。对于第一个问题，茨威格特指出，传统国际私法上的观点，即外国的公法在任何情况下都不能被本国法院适用，已经不再有效了。他列举了国际外汇法和国际卡特尔法中的例子进行了证明，最后得出结论认为，对于公法和具有公私法混合性质的现代经济法来说，最好也采用冲突法的解决办法来处理它们的法律冲突问题。对于第二个问题，茨威格特对传统的观点也进行了批判。传统的观点认为，只有在国际私法中，才采用双边的冲突规范来指引法律的适用，而无论所指引的法律是本国法还是外国法。因为对于私法案件来说，只涉及私人间的利益，国家只是作为一个中立的裁判人。而公法则相反，它涉及本国国家的管辖权限，因此每个国家都只规定本国公法的适用范围，并只由本国法院来适用本国的公法。茨威格特则分别探讨了在刑法和行政法领域中传统观点已经不再适用，进而肯定了在公法领域也可以采用国际私法中的方法，即双边冲突规范来进行法律指引。参见杜涛：《德国比较法学家康拉德·茨威格特的生平与学说》，载《德国研究》2005 年第 1 期，第 43 页。

③ BGH, 22 June 1972; BGHZ 59, 82.

家利益，不能受到保护，即使是非直接地通过运输保险加以保护。在这则案例中尼日利亚法律既非冲突规范所指向的准据法，也非法院地法，但是德国法院仍将这一第三国公法考虑在内，根据故意违反外国法的行为是不道德行为，使尼日利亚法律得到了实际上的适用。

但是德国的司法实践实际上是主张，否认第三国法律具有真正的法律性质，而仅将其看做事实。这种观点有其不当之处，因为对不道德行为的接受与否实际上同外国禁止性规定的内容和目的有关。如果尼日利亚允许文化商品的自由出口，就不会引起有关不道德的问题了。从本质上说，如果外国的立法政策依据德国法其被认为是正当的，德国法院就会实现该立法政策。所以，在该案中，德国法院以“不道德”之名维护了第三国公法在本国的效力。

4. 小结。

总的说来，各国都存在过大量的拒绝适用外国公法和执行外国惩罚性判决的案例，但是正如 Mann 所言，“在特定的情况下，某些具有公法性质的外国法未能得到他国法院的适用，这一事实并不能得出所有的外国公法都不适用的结论”。①

虽然曾经有观点认为，在对待外国公法的态度上，大陆法系国家和英美法系国家相去甚远。因为在大陆法系国家通常认为公法是属于国际私法规则范畴之外的，因而拒绝外国公法的适用，即使该外国法是适当的法律；而普通法系国家法院更愿意适用外国法，例如外汇管制法、贸易限制法、价格限制法等。②

但是晚近欧洲大陆法系国家的立法和实践表明在对待外国公法的态度上，欧洲大陆法系国家也逐渐开放，甚至比英美法系国家更为超前，例如瑞士、法国。由于前述总总，现今无论是英美法系国家还是大陆法系国家都不主张仅以公法性作为排除外国法适用的理由，并且在一些涉及公法事项的案件中，越来越多地适用外国公法性质的法律。

三、解读外国公法适用的理论变迁

（一）对传统公法禁止原则的反思

虽然 Robert Leflar 在 1932 年一篇有关不执行惩罚性和政府性权利的文章中就

① F. A. Mann, *Conflict of Laws and Public Law*, Recueil Des Cours, Vol. 132, No. 1, 1971, p. 182.

② Franco Mosconi, *Exceptions to the Operation of Choice of Law Rules*, Recueil des cours, Vol. 217, No. 5, 1989, p. 135.

指出，“最麻烦的是存在一条众所周知的法律规则，即没有法官会费事地去陈述它(指不适用外国公法的原因，笔者注)”。① 这反映了不适用外国公法原则虽然久已存在，但其产生的原因却很少得到明确、系统的阐述。实际上，外国公法禁止原则作为一条古老的制度，其存在并非毫无根据的。但是至少在今天看来，这些根据是存在漏洞的，当今经济与法律的发展，使得“公法禁止原则”当初存在的理由已经逐渐淡去，或相比适用外国公法的理由已经居于下风了。因而要求摒弃陈腐的不适用外国公法的做法。

1. 适用外国公法的现实困难及其解决。

许多学者认为，适用外国公法或者承认和执行外国公法性质的裁决，在实践中存在着诸多困难。首先，有很多学者认为外国公法规范本身是多层次的、复杂的。例如 Baade 在评价外国税法时认为：“适用外国税法确实存在诸多困难。一个成熟的税法体系可能是由规则、制度和会计实务等构成的错综复杂的网络，这一网络可能有一个独立的税收法院行使司法监管权的某一行政机构管理，并且还需要专门的税收律师和会计师的专业协助。想由一个享有一般管辖权的外国法院公平地适用此类法律，至少可以说不是件容易的事。”②

其次，如果案件涉及外国公法，而案件有关事实又都发生在国外，那么内国法院调查取证将面临很大困难。根据目前国际社会的普遍实践，进行证据调查作为行使国家司法主权的一种表现，如果没有有关国家明示或默示的同意是不能在该国领域内实施的，否则就侵犯了该国的领土主权。因此，在国外提取有关证据是民事诉讼法的一种特殊制度，必须依据有关国家的国内立法和国际条约的规定，才能获取案件所必需的处于国外的证据材料。而世界上目前有关取证的多边公约大多数是针对民事或商事证据的，例如 1970 年《关于从国外获取民事或商事证据公约》、1975 年《美洲国家间关于国外调取证据的公约等》，所以与公法有关的证据在获取上说相对困难。

最后，即使上述两方面困难都被克服了的话，外国惩罚性判决、税收判决以及其他公法性质的判决难以在其他国家得到承认和执行。而判决的承认和执行是国际民事诉讼的落脚点，得不到承认与执行的判决无法保护当事人的实体权利义务。

上述情况确实存在，但并不具有很强的说服力。第一，法院在适用他们自己熟悉的法律时会更加得心应手，但是在大量的案件中冲突法规则要求适用外国法，各

---

① Robert A. Leflar, *Extrastate Enforcement of Penal and Governmental Claims*, Harvard Law Review, Vol. 46, No. 2, 1932, p. 196.

② Hans W. Baade, *The operation of Public Foreign Law*, Texas International Law Journal, Vol. 30, Summer, 1995, p. 483.

国诉讼法也明确规定了外国法的查明制度，可以说查明外国法的内容在信息技术高度发达、交流手段多种多样、服务专业化程度越来越高的今天已经远不像以前那么困难。第二，在惩罚性、税收或其他公法性质的案件中，从法院地以外的国家获取证据也并不比合同或侵权案件困难。虽然《海牙取证公约》仅适用于民商事事项，但是当某国法律在国外被实施时，该国仍然可以设置机构以协助收集证据。甚而至于，许多国家都同其他国家订立了双边司法协助协定，以帮助它在刑事诉讼中获取证据。所以民商事领域的大量的取证条约的存在并不影响在包括刑法在内的公法领域司法协助的发展。第三，外国公法在执行上的困难确实是不争的事实，但这种困难也渐渐得到缓解。一国还可以通过非诉讼的方式，使其法律在外国得到实施，例如美国于1946年同法国缔结征税协助条约后，美国国税局发言人证实在其缔约的两年内，仅有一起要求执行外国税法判决的诉讼在联邦法院被提起，并且很快得到了解决。① 可见，外国公法在执行上的困难并不是恒久的，随着国家间合作的加深这一适用外国公法最大的障碍也会得到解决。

2. 适用外国公法与国家间的友好关系。

有些学者主张，适用外国公法势必要审查该法的内容是否与本国的公共政策相违背，但这种审查可能会伤害其他国家的感情。在 *Moore v. Mitchell*② 案中，Hand 法官认为，禁止执行外国惩罚性法律和税法的真正原因在于审查此类法律以判断它们是否违背法院地的公法可能会伤害该外国的感情。他甚至主张，对于一个外国来说越是重要的法律，如果选择拒绝适用对于该外国来说就造成越大的伤害。所以，他认为干脆禁止所有外国公法的适用，这样就可以避免因为对外国公法进行公共秩序的审查而伤害国家间的友好关系，虽然许多法院在后来沿用 Hand 法官的理论解释公法禁止原则，但笔者认为这种为了避免审查外国法影响国家间友好关系而拒绝适用一切公法的做法，无异于饮鸩止渴。

这种理解存在着明显的逻辑漏洞，如果认为不适用外国公法的理由是不想对外国公法进行公共政策的审查，因为此类审查会伤害到国家间的友好关系，那么解决这一问题的方法有两种：一种是制定一条规则禁止适用所有的外国公法，比如说传统的公法禁止原则就是这样做的；另一种是规定适用此类法律无须进行公共政策审查。而 Hand 法官也并没有证明为什么前一种方法比后一种方法更好。后一种方法看似天方夜谭，但是在有关外国征收的 Sabbatino 案③中，美国联邦最高法院就采

① William S. Dodge, *Breaking the Public Law Taboo*, Harvard International Law Journal, Vol. 43, Winter, 2002, p. 182.

② 30 F. 2d 600 (2d Cir. 1929).

③ *See* Banco Nacional de Cuba v. Sabbatino, 376 U. S. 398, 428 (1964).

用了这一方法，Harlan 法官基于国家行为理论认为，宣布一条外国法令无效“经常会伤害到征收国的感情”，因而不宜以公共政策为由宣布该外国征收法令无效。我们可以看到，Harlan 法官承认外国公法（外国征收法令显然属于公法范畴）有效的理由，与 Hand 法官认为的不适用外国公法的理由竟然是一样的，即会伤害到外国国家的感情。在这里，笔者并不是提倡不受公共秩序原则约束适用外国公法，如前文所述，公共秩序保留是经过立法和司法实践证明了的适用外国法的安全阀。举这样两个相互矛盾的案例，是为了说明传统上认为的适用外国公法会伤害到其他国家的感情的理论行不通。

3. 适用外国公法与促进外国政府利益。

有学者认为一国司法机构的设立和运行旨在维护本国政府的利益，而不是为了推动他国政府的利益，拒不执行外国公法的另一原因在于执行此类法律“将会促进外国政府利益的增长，而我国法院通常不会这样做”。①

这种明显带有特殊主义——国家主义色彩的观点存在着缺陷。许多学者都认为拒绝推动他国政府利益是毫无意义的。在 *Milwaukee County v. M. E. White Co.* 案②中，Stone 法官认为“可以说没有一个国家曾制定法律反对偿付其他国家的税收”。新西兰上诉法院在 *Attorney-Gen. for the U. K. v. Wellington Newspapers Ltd.* 案③中认为，“法院否认其有权采取措施保护其他友好国家安全的观点是一个历史性错误”。

不适用外国公法，以保护本国国民利益不受损害在理论上站不住脚，因为如果诉讼不是针对内国国民提起的，而是针对外国公法所属国公民或第三国公民提起的，这个理由就显然不能成立了。其实，在实践中某些国家的法院只是以保护国民利益为借口，实际上是为了避免本国国内财富的减少。正如适用外国私法不一定会不利于当事人一样，适用外国公法从长远看来也不必然会不利于本国国民的利益和国家财富的增长。

以国家主权原则为基础的管辖权包括属人管辖、属地管辖、普遍管辖和保护管辖。因而，尚无理论充分说明公法的适用范围仅限于制定国的领域内。一方面，国际常设法院的法官在 Lotus 案中就明确表示，国际公法并未将一国的管辖范围限制在其自己的领土范围内。另一方面，国际法并不禁止法院同意外国在其国内寻求公法上的权利。而且现在很多国家立法中都有规定本国的某一公法性质的法律具有域外效力，那么，此时如果以实施外国公法有违本国主权无异于否认自己国内立法的

① *See* British Columbia v. Gilbertson, 597 F. 2d 1161, 1165 (9th Cir. 1979).

② *See* British Columbia v. Gilbertson, 597 F. 2d 1161, 1164-1165 (9th Cir. 1979).

③ *See* Attorney-Gen. for the U. K. v. Wellington Newspapers Ltd., 1 N. Z. L. R. 129, 174 (C. A. 1988).

合理性。

（二）适用外国公法的必要性

1. 维护国家及其国民利益的需要。

在国际民商事交往尚不发达的年代，国家的权力行使空间也相对局限，而在全球化向纵深发展，国际交往频繁的今天，囿于本国的公法性规范已不能满足保护国家利益、维护国民利益的需要了。

长期以来人们认为如果政府能在执行彼此公法中合作，将会获得更大的收益。Templeman 勋爵在 *Williams & Humbert Ltd. v. W. & H. Trade Marks* (*Jersey*) *Ltd.* 案①中也认为，不执行外国税法等同于承认“欺诈行为的存在，而这种欺诈行为损害了所有国家，对任何一个国家都没有好处”，他建议通过国际立法来改变“不执行税法和惩罚性法律的”规则，避免此类行为。

首先以税收判决为例来说明国家间互不合作的危害。在 *United States v. Harden* 案②中，加拿大最高法院拒绝执行美国对加拿大居民征税的判决。在 *British Columbia v. Gilbertson* 案③中，美国第九巡回上诉法院也拒绝执行加拿大对美国公民的征税判决，实际上在该案中，法院就援引了加拿大法院在 *Harden* 案中对美国判决的拒绝执行来作为其理由之一的。在这种情况下，无论是美国政府，还是加拿大政府都没有从拒绝执行外国征税判决中得到实质性的好处。反观之，如果美国和加拿大政府都愿意执行对方的税收判决，对它们两国政府来说无疑会使自己的国内税法得到更好的执行，同时增加了税收。

在税收领域进行合作对国家和国民利益的益处，同样存在于那些惩罚性和管制性法律中。这类法律意在避免那些管制国认为是有害的行为，但是如果这种有害行为超出管制国的领域范围之外，那么它们的效力至少受到以下三点的限制：(1) 管制国对本国法律域外适用的限制；(2) 管制国法院对外国被告行使属人管辖权的限制；(3) 他国法院对判决可执行性的限制。在一定程度上说，法律的域外效力和属人管辖的规定属于一国的国内管辖的事项，一国可以自主决定。但是，他国法院对判决可执行性的限制就大大超出了一国的控制范围。假设管制国对本国境内没有财产的被告作出判决，那么判决的可执行性以及它所反映的法律的实施效力就得取决于外国法对他国判决的态度了。在判决执行上的合作无疑可以增加可供判决执行的财产数量，降低了被告将资产转移至另一国家从而逃避执行的几率，使得各

---

① [1986] A. C. 368, 428 (H. L. 1985).

② 41 D. L. R. 2d 721 (Sup. Ct. 1963).

③ 597 F. 2d 1161 (9th Cir. 1979).

国法律实施起来更为有效。总而言之，在税法、惩罚性法律、管制性法律等公法领域，以合作的态度执行他国公法，是维护本国国家利益和国民利益的需要。

2. 促进国际交往的需要。

国际社会发展至今，越来越多的国家认识到国家要发展离不开国际社会这个大舞台，世界范围内的友好交往与合作更加离不开国际社会。要在各主权国家林立的国际社会中，持续不断发展国家间的友好关系就不能一味地排除外国公法性质法律的适用。因为外国公法是指外国规定其国家与私人间的关系的法律,① 涉及外国国家主权的实现，盲目排斥外国公法可能会引起外国法院的报复，以及外国政府的反感，不利于国家间的正常交往和国际社会的发展。

特别是在现今国际形势下，经济全球化作为一种社会经济现象，表现为商品、服务和各种生产要素（包括资本、劳动力、技术、管理、信息等）在世界范围内的自由流动，各国之间的经济联系日益紧密。因而，在新的历史条件下，要想保证世界范围内经济交往的正常有序发展，我们应该以开放的姿态、甚至平等适用的态度来对待外国公法，尤其是调整经济统治关系的外国公法，而不是机械地墨守教条、照搬传统——凡外国公法一概没有域外效力、不予适用。②

3. 互联网环境下公法冲突的加剧。

如果说，在20世纪末互联网和电子商务对国际私法而言还是一个新领域的话，那么发展至21世纪，国际私法对互联网环境下的法律关系的研究也日趋成熟，各国也先后立法对网上交易活动进行管制，刑法、行政法、税法等公法性质的法律越来越多地进入到互联网领域。在Internet中，受传统公法调整的活动的影响往往跨过国界，也就使公法的效力范围经常溢出国外，引起所谓的公法冲突。③ 由于对物理空间地域疆界的打破，许多原本只规范国内事务的公法的效力溢出了国界，对所有的网上活动产生了“普适”性影响，公法冲突在所难免,④ 因而加剧了对外国公法的可适用性进行研究的必要性。在这种情况下，如果各国对外国公法仍然采取一概排除的态度，将无法适应互联网飞速发展的需要，因为对网络的规制将无法实现真正的合作与协调。

由此可见，摒弃传统的“公法禁止原则”，在一定条件下依据国际私法规范的

---

① 李浩培著，凌岩编：《李浩培法学文集》，法律出版社2006年版，第478页。

② 李仁真、刘音：《外汇管制冲突及其法律选择问题刍议》，载《中国国际私法与比较法年刊（第九卷）》，北京大学出版社2007年版，第244~245页。

③ 肖永平、李臣：《国际私法在互联网环境下面临的挑战》，载《中国社会科学》2001年第1期，第107页。

④ 肖永平：《肖永平论冲突法》，武汉大学出版社2002年版，第416页。

指引适用外国公法是外国公法适用理论发展的必然趋势。

四、外国公法的适用理论对我国的启示

（一）我国关于外国公法适用的现状

学者们对排除外国法适用的原因有不同的理解，大致说来包括以下几方面：（1）内国公共政策；（2）外国惩罚性法律；（3）外国税法；（4）外国的外汇管制法；（5）规避法律。① 其中（2）（3）（4）构成“公法禁止原则”的重要组成部分。而我国现行立法体系中对外国法适用排除的规定有二：第一，用公共秩序保留原则排除外国法的适用；② 第二，用我国直接适用的法排除外国法的适用。③ 所以，对于外国法的公法性是否可以作为排除外国法适用的先验性的理由，我国立法并没有作出明确规定。因而，一方面，从消极的意义上讲，我国在外国公法的适用方面存在立法空白，使司法实践面临困境；另一方面，从积极意义上讲，我国并没有规定传统的公法禁止原则，法官在解决该问题时拥有较大的自由裁量权。

我国目前还没有成文国际私法法典，我国的国际私法规范主要规定在《民法通则》及其司法解释中，寥寥数条略显单薄，而且我国《反不正当竞争法》、《个人所得税法》等单行法律法规对含有涉外因素的法律关系也没有规定法律适用，有关的司法解释也未涉及此类问题，因此从整个立法体系上看，在涉外法律关系中，我国立法对公法性质法律规范的适用处于真空状态。例如，我国在审理涉外不正当竞争时只能适用《民法通则》中的类似规定，根据第 146 条的规定，对涉外不正当竞争行为比照一般侵权行为处理。这样做不但会出现缺乏针对性及法官自由裁量过宽的问题，而且对于一个在我国始终被认为是经济法意义上公法性法律来适用民法，更显立法和实践的矛盾。所以从实际来看，现有制度已不能适应审理涉外案件的需要。

---

① *See* R. H. Graveson, Conflict of Laws, 7th ed., Sweet & Maxwell, 1974, pp. 168-182；并参见赵晋枚：《国际私法上外国法适用限制之实际标准》，载马汉宝主编：《国际私法论文选辑（上）》，五南图书出版公司 1984 年版，第 329～350 页。

② 《民法通则》第 150 条规定：“依照本章规定适用外国法律或者国际惯例的，不得违背中华人民共和国的社会公共利益。”

③ 《最高人民法院关于贯彻执行〈民法通则〉若干问题的意见（试行）》第 194 条规定：“当事人规避我国强制性或禁止性法律规范的行为，不发生适用外国法的效力。”关于这条是否为我国有关直接适用的法的规定尚存在争议，也有人认为这一条是我国立法对法律规避的规定。笔者支持前一观点。

在司法实践方面，根据笔者收集到的近年来公开发表的我国各级法院的案例来看，我国法院尚没有适用外国公法性质法律的情况，但这并不代表我国法院对外国公法适用的一般态度，因为造成这一现象的最主要原因在于我国涉外案件中，适用外国法（包括外域法）的比例本来就很低。根据学者对近五年我国涉外民商事案件的抽样统计来看，在每年调查的案例中适用外国法的比例分别为：2001 年 6%①，2002 年 5.5%②，2003 年 6%③，2004 年 0④，2005 年为 2%⑤。这组数字虽不是官方权威数据，但也在一定程度上反映了我国法院在涉外案件中适用外国法的现状，绝大多数案件以中国法为案件的准据法。⑥

我国在司法实践中几乎更不会考虑到外国公法性质的法律，但这不表示外国公法性质的法律对我国而言就毫无意义。因为随着香港、澳门的回归，以及日后内地和台湾的统一，中国一国两制三法系四法域的局面将长期存在，区际法律冲突频繁。针对同一个主权国家范围内的区际法律冲突我国可以采取考虑其他法域公法性质法律，和执行其他法域适用外法域公法的判决。

我国立法之所以长期忽视有关外国公法适用的规定，司法实践中几乎不会考虑外国公法规范适用的原因很多。既有一些不愿意适用外国法的共通原因，如外国法查明上的困难，公共秩序保留原则的滥用等，也有一些基于外国公法的性质而不主张其适用的特殊原因，这些特殊原因主要概括为以下四个方面：

1. 我国法学理论体系中不主张进行公私法的划分。

这种否认公私法划分的观点频繁出现在我国的法理学教科书中，主要依据是列宁的论述："我们不承认任何'私法'，在我们看来，经济领域中的一切都属于公法范围，而不属于私法范围。我们容许的……只是扩大国家干预'私法'关系的范围，扩大国家废除'私人'合同的权力，不是把罗马法典，而是把我们的革命

① 参见黄进、杜焕芳：《2001 年中国国际私法的司法实践述评》，载《中国国际私法与比较法年刊》（第六卷），法律出版社 2003 年版，第 440～453 页。

② 参见黄进、杜焕芳：《2002 年中国国际私法的司法实践述评》，载《中国国际私法与比较法年刊》（第六卷），法律出版社 2003 年版，第 20～31 页。

③ 参见黄进、杜焕芳：《2003 年中国国际私法的司法实践述评》，载《中国国际私法与比较法年刊》（第七卷），法律出版社 2004 年版，第 119～133 页。

④ 参见黄进、李庆民、杜焕芳：《2004 年中国国际私法的司法实践述评》，载《中国国际私法与比较法年刊》（第八卷），法律出版社 2006 年版，第 79～94 页。

⑤ 参见黄进、李庆民、杜焕芳：《2005 年中国国际私法的司法实践述评》，载《中国国际私法与比较法年刊》（第九卷），北京大学出版社 2007 年版，第 471～478 页。

⑥ 郭玉军：《近年中国有关外国法查明与适用的理论与实践》，载《武大国际法评论》（第七卷），武汉大学出版社 2007 年版，第 2 页。

法律意识运用到‘公民法律关系’上去。”① 这一否认公私法划分的理论倾向，导致了在我国的立法和司法实践中不会以外国公法为视角去研究法律适用问题。

2. 我国市场经济体制发展尚不健全。

众所周知，我国直至1993年十四届三中全会才明确提出建立社会主义市场经济体制的目标，直至现在我国市场经济体制发展还不完善，随之产生的是市场经济法制建设尚不完善，在社会经济生活领域的很多法律制度与其他市场经济发展较为完善的国家相比仍有较大的分歧，在立法和实践中不顾我国实际情况去适用外国公法，会对我国刚刚起步的社会主义市场经济产生不良影响。如涉外民商事法律关系涉及外汇管制、关税等领域，我国相关法律规范仍将直接适用，而不会考虑外国此类法律规范与案件的密切程度等。因此，我们不能奢望我国会在市场经济法制发展不健全的情况下，就对外国公法敞开大门。

3. 我国的国际私法立法相对滞后。

如前所述，外国公法的适用问题从20世纪80年代后，才为国际国内社会立法所关注。各国国际私法立法对该问题作出明确规定是直至1987年《瑞士联邦国际私法法规》之后才陆续出现的。而我国国际私法规范主要集中在1986年《民法通则》和1988年《最高人民法院关于贯彻执行〈中华人民共和国民法通则〉若干问题的意见》中，且不说这两部法律中的国际私法规范都是计划经济体制下的产物,② 而且我国迄今为之对国际私法的立法改革仍旧是“雷声大雨点小”。所以，我国的国际私法无法吸收借鉴国际上国际私法立法改革的最新成果也不足为怪了。

4. 我国司法实践中较少适用外国法。

如前所述，由于对冲突规范的性质认识不明、外国法查明中困难重重、最密切联系原则泛用等原因，我国司法实践中适用外国法的情况比较少，因而在很大程度上限制了立法和实践对外国公法的考量。

（二）我国对待外国公法的应有态度

1. 促进外国公法在我国的适用。

前文已对适用外国公法的必要性进行了归纳，现针对我国的实际情况，分析适用外国公法可带来的益处。

（1）促进我国公法规范域外效力的实现。

在公法的效力问题上，涉及的问题主要有两个：一是内国公法对本国领域外的法律行为的效力；二是本国是否在一定条件下承认外国公法在本国领域内的效力。

① 《列宁全集》第36卷，人民出版社1959年版，第187页。

② 参见肖永平：《肖永平论冲突法》，武汉大学出版社2002年版，第294页。

这两个问题虽然反映了公法效力的两个不同方面，但却是密切联系的。因为内国将本国公法扩及领域外的行为和当事人，在很多情况下需要外国承认并执行依本国公法作出的判决，以保证其国内判决在外国的承认及执行。显然，一国不能在否认其他国家公法在本国具有效力和可执行力的前提下，要求别国承认本国公法效力。所以这两个方面的问题是相互联系的。因而对我国而言，理论界和实务界也日益重视我国反不正当竞争法、外汇管制法、文化财产保护法等领域公法规范的域外效力。笔者认为，与此同时我国立法也应当对外国公法在我国的适用作出友好的表示，以扩大我国公法性质法律的适用，最终有利于我国国家和人民利益的实现。

(2) 有利于争议的公正合理解决。

由于国家对经济生活干预的加强，许多民商事法律关系涉及外国国家的利益，而这种利益的保护往往是通过外国公法性法律规范来实现的，如果一概排除这类法律规范在内国的效力，不适用与案件事实有密切联系的某一外国的公法规范，可能会导致不合理的审理结果。

(3) 顺应国际上国际私法立法改革的方向。

在近十几年来，进行国际私法立法改革的国家，许多都有关于适用外国公法或外国“直接适用的法”的规定，这种规定代表了国际私法立法的新动向。我国理论和实务界正在酝酿中的国际私法立法改革也应该抓住这一新的发展动向。

2. 我国适用外国公法可采用的方法。

在现阶段，对外国公法的适用作出友好的表示最好是抽象、概括的，这是由实践和理论上的不成熟和争议导致的。较早地制定法律规定外国公法的适用范围和外国公法在我国的效力，反而容易陷入被动的局面。

回顾上文我们分析的其他国家关于外国公法适用的规定。我们不难看出，若采用第一种模式，仿效 1987 年《瑞士联邦国际私法法规》第 13 条的做法，笼统地规定我国冲突法所指向的外国法包括所有外国法律规范，不因其公法性质而排除其适用，这会使得我国法院在为数不多的适用外国法的案件中，还要系统考量外国法律体系中的公法规范，这无异于“伤口撒盐”的效果，更加重了法院适用外国法的难度和不愿意适用外国法的倾向。笔者认为，最好是采用反向规定的方法，只规定“外国法的规定不能仅仅因为具有公法性质而被排除适用”。这种立法方式，既没有明确要求法院去主动考察外国公法规范，主动适用外国公法，但同时却表达了对外国公法的友好态度，表明外国法的公法性不会成为其适用的障碍。

虽然就我国目前来说，市场经济体制发展尚不完善，国家对经济的干预仍然很大，带有公法特征的管制性的法律仍然很多，但是在一定条件下适用外国公法不会危及我国的根本利益：首先，对于我国需要特殊保护的国家、社会、经济利益可以用直接适用的法排除外国相关公法的适用，直接适用我国法律；其次，对于根本违反我国社会公共利益的，还可以借助公共秩序保留原则来排除外国公法的适用。所以，在一定条件下适用外国公法性质的法律不仅是有利的，而且是可行的。

Abstract According to the wisdom of non-recognition of foreign public law, a court in charge of cases involving foreign elements shall not apply foreign public laws or enforce judgments applying these laws. which is the practice of the doctrine of public law taboo established over the centuries. Notwithstanding the justifiable aspects of this doctrine, with the advancement of international economic transactions, the increase of governmental intervention and the development of modern welfare states, there has been call for breakthrough in the public law taboo and for the application of foreign public law under particular circumstances.

Key words Foreign Public Law; Taboo; Application

（审稿：何其生）

论国际法在国际商事仲裁程序中的适用

□ 谢新胜*

内容摘要 与私人间国际商事仲裁不同，涉及国际法主体的国际商事仲裁主要以适用国际法为主。在当事人均为国际法主体或以协定、条约为基础的国际商事仲裁中，仲裁程序法为国际法，国内法院无权对仲裁进行司法支持与监督。而在一方当事人为国际法主体，另一方当事人为非国际法主体且以仲裁协议为基础的国际商事仲裁中，仲裁程序法的情况比较复杂，它既可能是国际法，也可能是国内法，但不论何种情况，国内法院强制执行仲裁协议的司法权不容剥夺。总的来说，无论仲裁主体如何，国际商事仲裁受以国际人权法为代表的国际公共秩序的制约，国家通过仲裁立法和司法履行人权义务，国际人权规则虽不直接调整仲裁庭进行仲裁程序的活动，但为获得有效裁决，仲裁庭应尊重人权规则。人权规则要求在国际商事仲裁程序法中普遍表现为仲裁的正当程序标准。

关键词 国际法 仲裁 程序法

目 次

* 中国社会科学院国际法研究中心助理研究员，副教授，法学博士。

（二）国际人权规则对国际商事仲裁程序法的具体影响

引　言

国际商事仲裁不能在真空中运行，它必须要从属于一定的法律体系，国际商事仲裁裁决的效力也不可能从天而降，它必须由一定的法律所赋予。仲裁本地化理论与非本地化理论的根本分歧在于：仲裁本地化理论认为仲裁只能由仲裁地程序法支配，仲裁裁决的效力也必然来源于仲裁地程序法，仲裁地法院对仲裁裁决的司法干预权不容剥夺；而仲裁非本地化理论则不仅着力使仲裁摆脱仲裁地法的束缚，而且从根本上摆脱任何国内法律体系的控制，仲裁裁决的效力来源于抽象的意思自治原则，除裁决执行国外，仲裁从最初的程序启动直到裁决的最后作出都免受任何国家的司法干预。仲裁中的当事人意思自治是塑造仲裁程序以及确定仲裁实体法的最高准则，现代仲裁法莫不以当事人意思自治作为仲裁立法的基本原则。然而，各国仲裁立法中意思自治的范围、程度以及形式等事项都有不同规定，“意思自治”本身也只有法律赋予其效力后，才能具有相应的法律约束力。在带有普遍性的国际公约，如《纽约公约》中，意思自治原则虽然有相当重要的地位，但由于其仅适用于仲裁裁决的执行事项，因而也不能轻易断定仅凭意思自治原则本身就可以赋予仲裁裁决以法律效力。当然，国际商事仲裁也并非一定受国内仲裁程序法的控制，从仲裁“非本地化理论”力图摆脱国内法律体系束缚这一点考虑，仲裁非本地化理论也有其现实基础。

因为在一些主体较为特殊，例如当事人为国家或国际组织等国际法主体的国际商事仲裁中，① 由于国家及国际组织拥有国际法上的豁免权，它们可能不受仲裁地程序法的控制与支配，在这些国际法主体之间以及这些主体与私人主体之间进行的国际商事仲裁有时完全摆脱国内仲裁程序法（尤其是仲裁地法）的控制，而受国际法律体系所支配。突出的例证是在“阿拉伯美国石油公司诉沙特阿拉伯王国案”② 与“德士古”（texco）案③中，仲裁庭均认为：涉及主权国家为一方当事人的仲裁程序基于“平等者之间无管辖权”的原则，不受到其他国家仲裁程序法的支配，而适用了国际法。值得注意的是，一般来讲，国与国之间的争议，主要是政

① *See* Toope, Stephen John, Mixed International Arbitration: Studies in Arbitration between States and Private Persons, Cambridge: Grotius Pub. Ltd., 1990, p. 149.

② *Ibid*, pp. 153-162.

③ *Ibid*, pp. 166-167.

治利益的冲突所产生的争执，因此有学者对诸如“美伊索偿仲裁”等国与国之间的仲裁能否界定为“商事仲裁”存有疑问，其实《国际商事仲裁示范法》虽未对该词作定义，但是提出：“对商事一词应作广义解释，使其包含不论是契约性或非契约性的一切商事性质的关系所引起的种种事情。”在本文中，作者也遵循对商事一词作的广义理解，以包括国际商务的所有方面。仅就本文所提及的“美伊索偿仲裁”而言，其本身是在伊朗的美国人质获释后，就上百个有关伊朗未审结的商事争议所作的仲裁，其中最为晚近的一个商业案件于2003年裁定。所以，对于国家与国家之间的仲裁，我们不必望文生义，绝对将其排除在“商事仲裁”范畴之外。事实上，国外有关国际商事仲裁的论著，将国家与国家之间的仲裁纳入论域的例子比比皆是。英国权威仲裁法专家艾伦·雷德芬与马丁·亨特所著的《国际商事仲裁法律与实践》，将包括“美伊索偿仲裁”在内的国家间仲裁都纳入讨论范围，并称美伊索偿仲裁“这些已经公开的裁判文书，连同大量分析文献。对于不同国籍仲裁员组成的仲裁庭适用贸法会仲裁规则和解决国际贸易争议的方式，提供了颇有价值的评论”。① 所以，在有些情况下，国与国之间的争议也会因商业利益的冲突引起，为解决此类争议，当事国根据协议将争议提交给他们自行选择的仲裁员处理，并相互约定遵守其裁决的解决争议的方式，由仲裁员组成的仲裁庭作出的裁决对当事国具有约束力，② 从广义上说，这种国际仲裁理所当然也属于国际商事仲裁的范畴。

当然，一方面虽在国际间存在不少有关国际仲裁的国际条约，但这些条约并不能构成一个完整的支配国际仲裁的法典，是否涉及国际法主体为一方当事人的仲裁案件都只能由国际法支配，还是并存适用有关国家的国内法，理论界存在分歧。另一方面，以仲裁主体划分，国际商事仲裁有可能是国际法主体之间的仲裁，也有可能是国际法主体与私人当事人之间的仲裁，由于这些仲裁案件的具体情形不同，是否都能完全摆脱国内法的束缚与国内法院的支持与监督，这都是理论与实践中存在论争的问题。

此外，国际商事仲裁因其跨国性，仲裁程序的进行与仲裁裁决的作出、撤销等问题都受到以国际人权法为代表的国际强行法的影响，但这些国际强行法是直接约束私人间的仲裁庭，还是通过国家对其国际人权义务的履行间接控制仲裁程序，这也是要着力探讨的论题。

① ［英］艾伦·雷德芬、马丁·亨特等著：《国际商事仲裁法律与实践》（第四版），林一飞、宋连斌译，北京大学出版社2005年版，第63～66页。

② 梁西主编：《国际法》，武汉大学出版社2000年版，第287页。

一、国际法作为国际商事仲裁程序法

在仅涉及私人主体的国际商事仲裁中，支配仲裁的程序法一般通过当事人选择仲裁地加以确定，这种方法一方面兼顾仲裁程序法律适用的稳定性与仲裁地对其领域内法律行为的属地管辖，使国际商事仲裁本身能较为便利地受到仲裁地法院的司法协助与监督，另一方面也体现了当事人以自己意思确定仲裁程序法的要求，有效平衡了仲裁私人民间性与国家强制保障力之间的矛盾。但在涉及国际法主体的国际商事仲裁中，问题变得更为复杂些，至少作为一方当事人的国际法主体与仲裁地国之间属于平等关系，根据“平等者之间无管辖权”的国际法原则，仲裁地国一般赋予该国际法主体以国家豁免权。在这种情况下，不仅法院地国对涉及国际法主体的诉讼管辖权可能会遭遇豁免，而且国际法主体参与的仲裁程序也可能因其主张豁免而免受仲裁地法院的干预，仲裁地国有关支持与监督仲裁的程序法自然也就没有在仲裁地国法院适用的机会。另外，从仲裁协议的订立、仲裁庭的设立、仲裁程序的进行以至仲裁裁决作出后的执行，都由仲裁当事人通过他们之间的协议以及仲裁主体与仲裁地国之间的协议确定法庭法，从而排除仲裁地国程序法支配仲裁的可能性，这些协议本身以及协议所确定的仲裁程序法通常为国际法。

（一）当事方均为国家的国际商事仲裁程序法适用

国与国之间的国际商事仲裁与普通的国际商事仲裁一样，都必须以自愿管辖为基础，以当事人之间的仲裁协议为仲裁程序启动的前提，也就是说，提交仲裁的争议，当事人必须事先或事后签订仲裁协定或条约，或是有关条约、协定中含有仲裁条款。所不同的是，普通国际商事仲裁中的仲裁协议由某国国内法赋予其法律效力，而国与国之间的仲裁条款由国际法赋予其法律效力，甚至仲裁条款或仲裁协定本身构成国际法的一部分。因此，从仲裁管辖权来源角度看，虽然国际商事仲裁管辖权均来源于当事人之间的仲裁协议，但从根本上讲，私人国际商事仲裁由国内法赋予仲裁庭以仲裁管辖权，国家间的国际商事仲裁由国际法授予仲裁庭管辖权。另外，国际商事仲裁的程序规则一般均由当事人约定，国家间的国际商事仲裁也不例外，但是，私人间国际商事仲裁的程序自治受到仲裁地国强制性规则的支配，而在国家间的仲裁中，仲裁程序规则不受任何国家强制性规则的制约，除非仲裁程序违反国际强行法或国际公共秩序。更重要的是，私人间仲裁由国家按照国内法所规定的程序保障其强制执行力，而国家间的仲裁的提起意味着当事人“诚心遵从裁决的义务”，靠当事人之间的自愿履行，若不履行，将因违反条约或协定的规定而引起国际责任。

国家间国际商事仲裁最典型的例子莫过于1981年根据解决美伊求偿问题的宣言成立的“伊朗—美国求偿仲裁庭”。① 该仲裁庭基于两国间的国际协定而设立，其目的在于解决1979年伊朗革命所引起的美伊外交关系危机中的商事争议，协定通过在阿尔及尔的一系列宣言作出，通常也称为《阿尔及尔宣言》（以下简称为《宣言》）。《宣言》赋予仲裁庭仲裁两国国民间以及两国国家间商业求偿问题的管辖权，并授权仲裁庭作为唯一有权解释《宣言》的机构。尽管管辖范围包含私人主体间的争议事项，仲裁庭仍声称其为“明白无误的国际性仲裁庭”，并且“只从属于国际法”，② 因为“根据当代国际法，私人主体作为国际协定所设仲裁庭的当事人这一事实本身并不能消解仲裁庭及仲裁程序的国际法属性”。③ 另外，虽然仲裁庭实际所在地在荷兰海牙，但《宣言》第6条第1款明确规定：仲裁庭所在地为海牙或其他由美伊两国约定的地点。从《宣言》可以看出，仲裁庭的实际所在地对当事人而言并不具有重要的法律意义，它只是一个中立、便利的地点。仲裁庭成立后，相当长的一段时期内并未与仲裁庭所在地的荷兰政府签订任何协定。直至仲裁庭成立后的1990年，在没有美伊两国政府介入的情形下，仲裁庭与荷兰政府签署协议，该协议第3条第1款规定：“仲裁庭在履行其宗旨的范围内，享有对荷兰的任何管辖与执行豁免。”因此，不少学者认为：“即使仲裁庭与荷兰之间没有签署任何协定，根据国际法的一般原则，荷兰法律不能支配仲裁庭的任何活动，仲裁庭的一切行为也与荷兰无关，不会引起荷兰的国家责任；此外，仲裁庭裁决也并非基于荷兰仲裁程序法作出，裁决效力与荷兰法律毫无关联。”④ 荷兰政府亦对此表示认同：“未签署协定并不意味着仲裁庭不享有根据一般国际法所享有的豁免权与其他特权，这已构成习惯国际法的一部分。”⑤ 实际上，从国际法的角度看，美伊两国所设立的仲裁庭并不具备国际法人资格，它只是两国在第三国设立的临时性机构，仲裁庭的豁免与特权只能来源于美伊两国在荷兰享有的特权与豁免。但总而言之，仲裁庭的仲裁活动完全排除仲裁地荷兰立法与司法的管辖。

仲裁所适用的实体法与支配仲裁的程序法之间的差别是明显的，从仲裁的实体法推测支配仲裁的程序法往往也无法成功。一般来说，在排除仲裁地法为仲裁程序法后，仲裁庭可自由、灵活地设定仲裁程序规则，只要不违反当事人约定与作为国

① Avanessian, Aida B, Iran-United States Claims Tribunal in Action, Graham & Trotman; Dordrecht; Boston: M. Nijhoff, 1993, p. 56.

② Avanessian, Aida B, Iran-United States Claims Tribunal in Action, Graham & Trotman; Dordrecht; Boston: M. Nijhoff, 1993, p. 63.

③ *Ibid*, p. 75.

④ *Ibid*, p. 72.

⑤ *Ibid*, p. 91.

际公共秩序的正当程序原则即可。① 具体到美伊求偿仲裁庭而言，为确定仲裁的程序法，《宣言》第1条第2款有明确规定："仲裁庭应依照《联合国贸易发展委员会（以下简称"贸发会"）仲裁规则》行事，当事人或仲裁庭为保证本协定顺利执行而对该仲裁规则修改者除外。"该条款有两点内容是明确的：首先，作为当事方的美国、伊朗以及仲裁庭本身均有权确定仲裁程序，这种权利来源于作为国际法文本的《宣言》本身，而不是任何国内法，因此，支配仲裁的法庭法当属国际法律体系。其次，虽然《宣言》规定仲裁规则应为贸发会仲裁规则，而且该仲裁规则第1条第2款规定仲裁规则不得与适用于仲裁的（程序）法律中的任何强制性法律相违背，但究竟何为适用于仲裁的程序法以及它是否为某国国内法，贸发会仲裁规则并未规定。因此，从《宣言》规定的仲裁规则完全照搬贸发会仲裁规则这一事实本身并不能推知仲裁程序法为荷兰法。再次，贸发会仲裁规则虽然规定了仲裁程序法强制性规则的优先效力，但这只是提醒当事人如果违背强制性规则，仲裁裁决可能遭遇撤销的命运，若当事人对此并不关注，执意依照自己的意思设定仲裁程序，仲裁庭应绝对尊重当事人的意思表示，毕竟仲裁庭是当事人的仲裁庭，而非任何机构的仲裁庭，在国家间的仲裁中，仲裁裁决依当事方的自愿履行，也不存在裁决的撤销问题，因此当事人确定的仲裁程序具有绝对效力，除非违反国际公共秩序，不受国内法强制性规则的制约。所以，对贸发会仲裁规则适用于本案最适当的解释是：适用于仲裁的（程序）法律应是《宣言》本身以及《宣言》背后的一般国际法原则。这一点虽然未在仲裁裁决书中具体阐明，但却为仲裁庭的实践所证实：②

首先，仲裁庭仲裁规则第33条对贸发会仲裁规则的相应条文作了明显修改，而完全援引了《宣言》第5条的内容。贸发会仲裁规则规定：仲裁庭应适用当事人选择或经其认为适当的冲突规范指引的实体"法律"，而仲裁规则第33条援引《宣言》的内容，从而主张："裁决应在本着尊重'法律'的基础上作出，仲裁庭可适用商事及国际法'规则'。"③ 毫无疑问，在法律适用上，贸发会仲裁规则较《宣言》的规定更为严苛，仲裁庭对仲裁规则的这一修改，恰好说明作为国际法形式的宣言是贸发会仲裁规则第1条第2款所规定的"可适用于仲裁的法律"。例如，在仲裁程序中，有当事人曾援引贸发会仲裁规则第1条第2款规定，认为仲裁

① Avanessian, Aida B, Iran-United States Claims Tribunal in Action, Graham & Trotman; Dordrecht; Boston: M. Nijhoff, 1993, p. 95.

② Avanessian, Aida B, Iran-United States Claims Tribunal in Action, Graham & Trotman; Dordrecht; Boston: M. Nijhoff, 1993, pp. 97-101.

③ *Ibid*, p. 175.

庭应遵守仲裁地法律中有关“时效”的强制性规定，仲裁庭则明确表示，虽然与争议有关的所有法律都与荷兰法中时效期限相同，但仲裁庭适用一年时效的决定绝非根据荷兰法所作出，而是根据《宣言》授权采用了国际商事实践中的一般做法。

其次，仲裁庭在决定对具体争议的管辖权事项时，也明显适用国际法。例如，仲裁庭在考察当事人是否适格时，适用国际法中关于双重国籍问题的一般原则；在决定有关仲裁的临时措施时，也未诉诸任何国内法，而认为临时措施是国际仲裁庭根据国际法所“固有的权力”。总而言之，仲裁庭在处理仲裁规则所未具体规定的事项时，均诉之于国际法的一般原则。

再次，有关具体仲裁程序的设置，仲裁庭以所谓“程序法的一般原则”解释其仲裁规则，而未援引任何国内法，任何国内法中的程序法规则，无论其是强制性的或任意性的，都不能制约仲裁庭灵活、自治的塑造仲裁程序的权力。如有关专家证言证据证明力问题，仲裁规则中没有明确规定，但仲裁庭并未适用荷兰法律中的有关规定，而是以“国际证据法律规范”中“已被接受的原则”为判断标准。

因此，仲裁庭自始自终从未援引仲裁地程序法的任何法律决定仲裁的程序问题，《宣言》本身以及《宣言》背后的国际法规则与原则规制仲裁程序的进行。

当然，有学者认为荷兰法支配仲裁程序的证据同样不可忽视:①

第一，仲裁裁决在荷兰法院登记这一事实说明仲裁受荷兰仲裁程序法支配。直接来源于贸发会仲裁规则的仲裁庭仲裁规则第 32 条第 7 款与第 34 条第 3 款要求仲裁裁决应根据裁决作出地法律规定在该国法院予以登记。对此，笔者认为，裁决登记并非裁决生效的要件，登记只是仲裁程序进行完毕后的无关紧要的事项，它并不能说明仲裁程序法的归属。

第二，伊朗曾于 1983 年向荷兰法院申请撤销仲裁裁决足以说明裁决受荷兰程序法支配。事实上，虽然伊朗政府曾对 10 项裁决提起撤销之诉，但最终该申请被撤回，荷兰法院也并未有机会阐述荷兰程序法是否适用于该裁决，美国政府更是对伊朗的做法表示强烈反对。一般不能认为伊朗政府的申请可以证明仲裁程序法与荷兰法有任何关联。

可见，认为仲裁受荷兰仲裁程序法支配的观点并不能得到充分证据的支撑，反观美伊求偿仲裁庭，在仲裁程序中根据其特定的程序规则，而没有适用包括仲裁地荷兰在内的任何国家的国内仲裁程序法。仲裁庭为履行《宣言》的特殊规定，对贸发会仲裁规则作修改，然后将之适用于仲裁程序。由于仲裁庭的特殊性质，仲裁程序非根据任何国内法作出，任何国内法院也不可根据本国法对仲裁程序进行司法

① Avanessian, Aida B, Iran-United States Claims Tribunal in Action, Graham & Trotman; Dordrecht; Boston: M. Nijhoff, 1993, p. 197.

干预，包括撤销仲裁裁决。

从更广泛的范围来说，国家间以条约、协定为基础在第三国设立的仲裁庭，排他性地从属于国际法律体系，国际法是此类仲裁的仲裁程序法。除非条约另有规定，仲裁地程序法不能适用于仲裁程序，仲裁地国法院也不能对仲裁裁决提供司法救济。

（二）ICSID 仲裁的程序法适用

基于一国政府同外国私人之间投资者签订的“特许协议”或“经济开发协议”等国家契约所产生的国家与外国投资者之间的争议应如何解决，国际上曾有较大争议。从宏观层面讲，投资东道国尤其是发展中国家东道国在原则上一般都坚持在本国法院解决投资争议，但从外国投资者方面看，外国投资者通常都不愿在东道国法院解决投资争议，他们往往担心国内司法机构不能对争议作出公正解决。因此，为找到能为发达国家及其海外投资者和发展中国家共同接受的国际投资争议解决方法，国际商事仲裁作为国际商人间争议的主要解决方法，其作用日益凸显。具体来说，国际商事仲裁解决投资争议有三种途径：其一，通过双边投资协定规定国际商事仲裁作为解决投资争议的方法；其二，通过多边投资争议规定国际商事仲裁解决投资争议；其三，也是最为重要的途径，则是一些国家在世界银行的倡导下，于1965 年缔结了《解决国家与他国国民之间投资争议公约》（华盛顿公约），并于次年根据公约要求设立了“解决国际投资争议国际中心”（ICSID），从而将仲裁引入为国际投资争议的主要解决方式。①

ICSID 仲裁的最大特点在于其在程序法的适用上完全摆脱任何国内法的控制，而具有法律适用上的“自恰性”。正如 ICSID 之父布鲁切斯博士所言：“华盛顿公约，因其是条约，构成了仲裁程序法，因而除了公约本身所提到的外，公约排除了任何国家仲裁程序法的可适用性。”也就是说，公约本身构成支配 ICSID 项下仲裁的程序法，公约关于仲裁的规定构成了一个“自恰的体制”。②

首先，从 ICSID 仲裁的管辖权来看，《华盛顿公约》第 25 条第 1 款规定：“ICSID 的管辖权适用缔约国和另一缔约国国民之间因投资而产生的任何法律争议，而该项争议经双方同意提交 ICSID。当双方表示同意后，任何一方不得单方面撤销其同意。”可见，当事双方的同意是 ICSID 仲裁管辖的前提条件，就东道国而言，同意以 ICSID 的仲裁方法解决同外国投资者之间的争议，在国际法上依据的是“自

① 余劲松主编：《国际投资法》，法律出版社 2003 年版，第 329～347 页。

② *See* Moshe Hirsch, The Arbitration Mechanism of the International Centre for the Settlement of InvestmentDisputes, Dordrecht; Boston: M. Nijhoff, 1993, p. 51.

愿选择方法原则”。① 所以，ICSID 仲裁程序的启动与仲裁庭的成立是以国际法上的国家主权原则为基础，而不同于国内法所规定的意思自治原则。

其次，在具体程序规则的塑造上，公约第 44 条规定：“任何仲裁程序应依照公约第四章第三节规定，以及除双方另有协议外，依照双方同意提交仲裁之日有效的仲裁规则进行。如发生任何本节或仲裁规则或双方同意的任何规则未作规定的程序问题，则该问题应由仲裁庭决定。”根据此条规定，ICSID 仲裁规则是一个独立于任何特定国家包括仲裁地国仲裁程序法的自治程序法体系。值得注意的是，ICSID 仲裁规则是公约本身的内容，② 具有强制性效力，当事人与仲裁庭必须遵守，而并非当事人根据国内法意思自治的结果，只有在公约第四章及仲裁规则均未规定的情形下，才允许当事人协议设定仲裁程序规则，从这个角度说，ICSID 仲裁当事人意思自治的权利来源于作为国际法渊源的国际条约，国际条约为支配仲裁的程序法。

再次，在仲裁裁决的撤销问题上，公约排除任何国内法院对仲裁裁决的司法审查，对仲裁裁决的救济只能通过 ICSID 机制根据公约规定进行。公约第 53 条第 1 款规定：“裁决对双方具有约束力。不得进行任何其他除本公约规定外的补救办法。除依照本公约有关规定予以停止执行的情况外，每一方应遵守和履行裁决的规定。”这一规定是针对争议双方当事人遵守和履行裁决义务而言的，这种义务并非国内法上的义务，实际上是对国际法中的“约定必须遵守”原则和“定案”原则的重申。裁决并非不可能出现错误，公约允许对 ICSID 裁决采取撤销裁决等补救措施，但所有这些补救措施仅限于 ICSID 依据公约进行，而不允许任何国家法院干涉。③ ICSID 撤销仲裁裁决完全依据公约规定，而不能诉诸于任何国内法，依公约第 52 条规定，任何一方当事人可基于下述一个或几个理由向秘书长提出书面申请，要求撤销裁决：（1）仲裁庭的组成不当；（2）仲裁庭显然超越管辖权；（3）仲裁员有受贿行为；（4）有严重背离基本程序规则的情况；（5）裁决未陈述其所依据的理由。从中可以看出，ICSID 裁决有效的一个重要前提在于不能违背基本程序规则，而基本程序规则的内容应从一般国际法中探寻。正如某个由 ICSID 理事会主席

---

① 余劲松主编：《国际投资法》，法律出版社 2003 年版，第 329～347 页。

② ICSID 仲裁程序规则主要包括：仲裁请求的提出和秘书长审查请求的权力（第 36 条）；仲裁庭的组成（第 37～40 条）；仲裁庭的权力与职能（第 41～43 条）；一方当事人缺席时仲裁程序的进行（第 46 条）；仲裁庭建议采取临时措施的权力（第 47 条）；裁决的作出（第 48、49 条）；裁决的解释、修改和取消（第 50～52 条）；仲裁员的更换与取消资格（第 56～58 条）；程序的费用（第 59～61 条）；仲裁程序进行的地点（第 62～63 条）等。

③ 余劲松主编：《国际投资法》，法律出版社 2003 年版，第 369 页。

任命的审查仲裁裁决效力的特别委员会①所称："根据公约有关条款所建立的特别委员会相信仲裁程序受公约本身的支配。而有关公约的解释必须与普遍接受的有关条约解释的国际法原则与规则相符合。"②

最后，从 ICSID 仲裁裁决的承认与执行上看，当事人根据公约规定不承认与执行仲裁裁决将产生国际法责任，而非违反任何国家国内法而导致的责任。当事人如果不自动履行裁决，他方就可能到有关缔约国承认与执行裁决。对此，公约除了规定当事人必须遵守和履行裁决外，又规定各缔约国也有义务承认与执行 ICSID 裁决。根据公约规定，当事人或其他缔约国不按照公约规定履行或执行裁决，将可能引起下列法律后果:③ 第一，争议一方缔约国不自动履行裁决，就违反了其遵守裁决的义务，产生国际责任，可能导致两种后果：其一，作为争议一方的投资者本国政府可恢复外交保护权或提出国际请求；其二，投资者本国政府还可以到国际法院对争议一方缔约国提起诉讼。第二，争议一方投资者不遵守和不履行裁决，可由缔约国在本国法院对其强制执行，如果需要在其他缔约国执行，则可以要求该第三国给予承认与执行，该第三国负有无条件承认与执行的义务，否则，就要承担公约规定的相应责任。第三，如果处于争议之外的其他缔约国拒绝承认与执行裁决，争议一方缔约国或其他缔约国可以到国际法院对拒绝国提起诉讼，要求其承担不遵守公约的国际责任。

综上所述，ICSID 仲裁的程序性事项，无论仲裁管辖权的基础还是仲裁程序的进行、仲裁裁决的撤销以及仲裁裁决的执行等都完全遵守以公约为渊源形式的国际法的规定。所以，ICSID 裁决完全游离于国内仲裁程序法与国内法院的控制之外，当事人不履行仲裁裁决可能导致国际责任。

（三）以国际法为程序法的仲裁具有的特征

从以上国家间仲裁与 ICSID 仲裁程序法的适用情形来看，以国际法为仲裁程序法的国际仲裁有一个明显特征，即作为仲裁管辖权来源及仲裁庭设立基础的并非是当事人根据国内法所订立的仲裁协议，而是直接根据国际法原则与规则所订立的作为国际法渊源的国际条约或协定。这些国际条约、协定结合习惯国际法及其他一些国际法原则构成国际商事仲裁程序法的自治体系。尽管没有哪个国际条约或习惯国

---

① ICSID 理事会主席在接到撤销仲裁裁决的申请后，应立即从仲裁员小组中任命三人组成特别委员会，负责审查此项申请，并作出是否撤销仲裁裁决的决定。

② *See* Moshe Hirsch, The Arbitration Mechanism of the International Centre for the Settlement of Investment Disputes, Dordrecht; Boston: M. Nijhoff, 1993, p. 55.

③ 余劲松主编：《国际投资法》，法律出版社 2003 年版，第 374 页。

际法对仲裁的程序法有系统、完整规定，但是，作为仲裁程序法（法庭法）的国际法可以授权当事人协议约定仲裁程序或者由仲裁庭决定仲裁程序，甚至直接援引某些已制定的仲裁程序规则去塑造仲裁程序，这种仲裁程序自治的效力也直接来源于国际法。另外，国际法的适用也完全排除了国内法院尤其是仲裁地法院对仲裁的司法干涉。

二、并存法作为仲裁程序法

前文所论国家间仲裁与 ICSID 仲裁都是在国际条约、协定的基础上建立仲裁庭，无论是仲裁协议的订立、仲裁程序的进行以至仲裁裁决的作出都排除国内法及国内法院的干涉。然而，在没有国际条约作为仲裁管辖权来源及仲裁庭设立基础的情形下，国际法主体与私人主体之间的仲裁庭是建立在国内法抑或习惯国际法基础上，仲裁程序根据国内法还是国际法进行，乃至仲裁裁决是否受到国内法院的司法干预，是值得讨论的问题。

（一）并存法的概念

实际上，国际商事仲裁受一定法律体系支配并不意味着国际商事仲裁必须受单一法律体系的控制。在一些特殊情形下，支配国际商事仲裁的程序法可能由国内法与国际法共同构筑，这就是国际商事仲裁程序法适用中的并存法。并存法的概念来源于国际商事仲裁实体法的适用，由于以国际法作为合同准据法存在弊端，特别是发展中国家认为，在与西方投资者订立合同时选择国际法或一般法律原则会束缚作为东道国之发展中国家的立法主权，有损于其利益，所以将国际法或一般法律原则与国内法结合起来，创立一个可适用的并存法律体系的做法呈发展趋势。① 而对于国际商事仲裁程序法的适用，不同的程序事项可能分别适用国际法或国内法，所以这种并存的法律体系也客观存在，例如，有关国际组织与私人主体的仲裁中，国际组织订立仲裁协议的权利来源于国际法，私人主体订立仲裁协议的权利来源于国内法，那么仲裁庭的设立与仲裁程序的启动可能受国际法与国内法的双重支配。再如，国际法主体根据习惯国际法有管辖豁免权，但各国国内法普遍认为国际法根据国内法订立仲裁协议本身意味着对豁免权的放弃，国内法院有权根据国内法执行仲裁协议，这也造成了国际法与国内法适用之间的张力。

① 韩健：《现代国际商事仲裁法的理论与实践》，法律出版社 2000 年版，第 309 页。

(二) 国际法主体与私人主体仲裁的程序法适用

国际法主体与私人主体在民商事合同中订立仲裁条款的情形在实践中较为常见，仅以联合国及其专门机构的实践为例，仲裁是解决其与私人主体间民商事争议最为普遍的方式，而近年来，几乎所有此类争议都选择适用联合国贸易发展委员会仲裁规则。① 国际法主体选择仲裁作为争议主要解决方式的原因大致有两点：其一，同意仲裁既可解决争议又可避免将争议实体提交任何国家的国内法院，因为国际法主体很可能不愿意将与争议有关的敏感材料暴露于公共领域，具有保密特性的仲裁是优于诉讼的选择；其二，仲裁庭更可能适用国际法主体所期望的准据法，尤其是国际法及一般法律原则，而不是诉诸于国内法，而诉讼中法律选择的方法较为僵化。②

就国际法主体订立仲裁协议的法律人格而言，即有国际法与国内法双重属性。如根据《联合国宪章》第104条第1款之规定，联合国应具有法律人格，有订立契约，购置财产和进行诉讼的权利；《联合国特权与豁免公约》第29条也规定，联合国有权订立以适当方式解决以联合国为一方主体的私法性质合同争议的条款，这些显然都属于由国际法规定的联合国从事民商事主体的法律人格，由于该种法律人格获得各有关国内法的承认，因此构成国内法律人格；另外，根据《联合国特权与豁免公约》第2条之规定，联合国有权缔结双边或多边协定，并享有相应的特权与豁免，除非联合国明示放弃豁免，联合国财产免受任何形式的法律管辖，这又属于联合国的国际法律人格范畴。国际法主体的这种双重法律人格导致理论界对仲裁协议的程序法基础有不同观点。

以曼恩（Mann）教授为代表的学者认为，无论仲裁另一方主体为何，只要有一方当事人为私人主体，则仲裁完全由国内程序法支配。③ 这种观点强调国际法主体的国内法人格。针锋相对的是，法国著名国际私法学家巴迪福（Batiffol）教授在1958年联合国巴勒斯坦难民署（UNRWA）与某私人主体的仲裁案中被任命为独任仲裁员，他对该仲裁的管辖权曾有如此论断："仲裁条款的效力来源于国际公法所赋予UNRWA的订约能力，它的有效性无须根据任何国内法判断"。④ 这种观点又将国际法主体在没有条约基础情形下订立的仲裁协议与本身即为国际法渊源的仲裁

① *See* Georgios Petrochios, Procedure Law in International Arbitration, Oxford University Press, 2003, p. 271.

② *Ibid*.

③ *Ibid*, p. 257.

④ *Ibid*, p. 257.

条约、协定的效力相等同，似乎只要因为国际组织从国际法中获得法律人格，那么国际法主体参与的仲裁也就必然从属于国际法。对此，绝大多数学者采取了折中的观点：对于国际法主体与私人主体之间仲裁程序法的归属，关键问题在于当事人双方订立仲裁协议的行为本身是否意味着国际法主体放弃其豁免权，因为只有国际法主体放弃其豁免权，国内法院方有权对仲裁实施司法干预，仲裁地程序法才有可能支配仲裁。① 事实上，管辖豁免原本针对诉讼而言，一般认为仲裁中不存在国际法主体拥有豁免权的情况。② 仲裁和诉讼是解决争议的两种不同方式，选择仲裁解决争议本身也意味对诉讼方式的排斥，但国内法院事实上又对仲裁程序事项具有监督与支持的功能，如仲裁当事人就仲裁协议的效力、仲裁程序的正当性、临时措施的采取、仲裁裁决的撤销以及裁决的承认与执行等问题发生争议时，国内法院事实上仍起着最终解决争议的作用。因此，在实践中，国际法主体与私方当事人所签订的仲裁协议，通常也被视为国家在一定范围内放弃了国家管辖豁免。至于仲裁协议在何种范围内隐含着管辖豁免的放弃，各国实践及有关国际条约的规定不尽一致。美国《1988 年外国主权豁免法修正案》将放弃的范围解释为“仲裁协议的实施、仲裁裁决的确认和执行”，澳大利亚也作了类似立法规定。英国《1978 年豁免法》则规定的比较笼统，仅规定“在联合王国法院涉及该项仲裁的诉讼中”予以豁免，但是否只要法院参与的事项都予以豁免，情况尚不明了。法国、荷兰等国法院则对与仲裁裁决实际执行有关的诉讼方面，持比较谨慎的态度。而《联合国 1991 年豁免草案》与 1972 年《关于欧洲国家豁免的欧洲公约》则作了相同的规定，在“仲裁协定的有效性或解释、仲裁程序、裁决的撤销”等相关的诉讼活动中，国家视为放弃管辖豁免。所以，从立法上来看，国内仲裁程序法适用于国际法主体与私人主体间仲裁在绝大多数情形下是没有障碍的，国内法院也可以顺利地实现对仲裁的司法干预。而就实践来看，国际法主体在仲裁中似乎从未对仲裁协议的国际法抑或国内法性质进行判断，国际法主体与私人主体之间的仲裁协议是在国际法与国内法共同的基础上订立。③ 一方面，至少在任何一方当事人不履行仲裁协议的情况下，将由国内法院（通常是仲裁地法院）强制执行仲裁协议。换句话说，国际法主体在没有公约为基础情形下订立仲裁协议意味着国际法主体在此事项上必须遵从国内

---

① *See* Georgios Petrochios, Procedure Law in International Arbitration, Oxford University Press, 2003, p. 209.

② *See* Marc Blessing, *State Arbitrations: Predicably Unpredicable Solutions?*, Journal of International Arbitration, Vol. 6, 2005, p. 446.

③ *See* Georgios Petrochios, Procedure Law in International Arbitration, Oxford University Press, 2003, p. 179.

法要求，放弃被国内法院强制执行仲裁协议的豁免权。因为从法院必须保障当事人民事或刑事诉权这项具有更高效力的国际人权法原则来说，仲裁协议的执行是救济私人一方当事人的惟一途径，拒绝执行仲裁协议等于对当事人“拒绝司法”。例如，美国法院及加拿大魁北克法院都曾在判例中认为：“仲裁协议只有以法院的强制执行力为保障才能认为是有效的，这是诚实信用原则的基本要求，没有什么当事人，包括国际组织，能够成为裁判他们何时、如何履行他们自己订立的协议的法官，仲裁庭无权强制执行仲裁协议，但法院有权这样做，并应毫不犹豫地执行之，即使执行对象是国际组织。”① 布鲁塞尔与巴黎法院也曾在仲裁员任命及替换问题上驳斥了某国际组织所主张的豁免权。② 还需说明的是，即使国际法主体签订仲裁协议可能在仲裁协议执行方面默示地放弃管辖豁免，但这并不意味着有关法院就自动获得了管辖权，其也仍需遵循相应的管辖权规则，只有具有充分的管辖权依据，方可行使管辖权。至于何谓“充分的管辖权依据”，美国、法国等许多国家认为仲裁地与法院地如属同一国家，则该法院即具有充分的管辖权依据；瑞士则以诉讼事由与瑞士是否存在实质性联系作为判断依据；《联合国 1991 年豁免法草案》第 17 条采用了商业争议“原应管辖的法院”的措词，而并没有直接对适当的管辖法院作出明确界定，对此，国际法委员会解释说“在正常情况下，法院可因仲裁地位于法院地国境内或因仲裁协定选定法院地的国内法作为仲裁适用法而拥有此种管辖权”。③ 一言以蔽之，仲裁地而不是其他法院享有执行仲裁协议的管辖权。另一方面，国内法院虽有权执行仲裁协议，但国际法主体相对国内法院的在其程序事项上的管辖豁免可能依然存在，仲裁协议的订立并不意味着国内仲裁程序法在所有方面都决定仲裁协议的效力。至少在一些案例中，国内仲裁程序法被排除适用，仲裁庭适用了国际法支配其他仲裁程序问题。例如，在著名的“克罗马罗依”④ 案中，ICC 仲裁庭在判断埃及政府是否为适格的被申请人时，适用了国际法而非仲裁地国程序法，从而认为：根据国际法理论，仲裁庭应保障私人主体与主权国家所订仲裁协议得以有效执行的权利，因为政府可通过随时变更国内法的手段使自己在国内法上的订约权受到限制。而令人遗憾的是，埃及法院最后仍然依据埃及仲裁程序法撤销了仲裁裁决，这或许是美国法院仍然执行该被撤销仲裁裁决的原因之一。

---

① *See* Georgios Petrochios, Procedure Law in International Arbitration, Oxford University Press, 2003, p. 276

② *Ibid*, p. 275.

③ 龚刃韧：《国家豁免问题的比较研究》，北京大学出版社 1994 年版，第 264 页。

④ Gary H. Sampliner, *Enforcement of Nullified Foreign Arbitral Awards*, Journal of International Arbitration, Vol. 3, 1997, p. 147.

值得注意的问题在于，虽然国际法主体将仲裁协议提交国际法支配的权利是毫无疑问的，但仲裁协议的另一方是私人主体而非国际法主体，他在其所属国与作为仲裁一方当事人的国际法主体间没有任何条约、协定的情况下，如何受国际法支配呢？曼恩教授即认为涉及私人主体的仲裁不可能受国际法支配。理由有两点：其一，根据国际法作出的仲裁裁决无法在《纽约公约》下执行；其二，国际法主体约定与私人主体仲裁就意味着完全放弃管辖豁免，因此，仲裁程序在仲裁地法院的司法管辖内。① 然而，这两点理由并不完全成立：首先，以国际法为仲裁程序法作出的无国籍仲裁裁决并非不可根据《纽约公约》得到执行；其次，国际法主体与私人主体签订仲裁协议的行为在某种程度上的确意味着放弃豁免，但根据不同法律规定，放弃豁免的范围并不相同，更何况在仲裁协议中当事人可以约定不放弃豁免。② 另外，个人也并非完全不能成为国际法主体，至少在国际刑法、国际海洋法的一些领域，当涉及国际法主体与私人主体的法律关系时，个人成为国际法主体已成为不争事实，那么在国际仲裁中，也没有充足的理由说明个人必然不能成为国际法的主体。当然，无论如何，国际法主体与私人主体间的国际仲裁只有少量在程序上适用国际法的案例，而且至少在仲裁协议的执行上（包括法院协助组成仲裁庭）不能排除国内仲裁程序法及国内法院的干预。所以，在国际法主体为一方当事人的仲裁中，一方面仲裁地法的适用仍然较为普遍。如在世界卫生组织 30 年来的仲裁实践中，仲裁程序依照仲裁地法的情形占有统治地位，因为适用仲裁地程序法可消除仲裁程序安排上的不确定性。③但另一方面，仲裁地程序法的适用有时并不妨碍仲裁庭根据国际法主体的国际法律人格将仲裁由国际法支配，相关国内程序法的适用只是国际法对具体程序规则的“援引”，当事人与仲裁庭可自由“替换”国内仲裁程序法。如在欧洲原子研究组织（CERN）与某国际财团的仲裁案中，④ CERN 协定的第 24 条第 1 项与联合国特权与豁免公约第 29 条第 1 项相一致，规定了 CERN 在国际法上的特权及豁免地位，而 CERN 协定第 33 条则规定了 CERN 订立合同的一般条件，CERN 据此有订立仲裁协议的权利。仲裁协议约定了裁决的期限、裁决效力撤销权的放弃以及仲裁程序事项适用瑞士苏黎世诉讼法。但在当事人与仲裁庭共同制定的“仲裁指南”中，《苏黎世诉讼法》由“民事诉讼法的一般原

---

① *See* Marc Blessing, *State Arbitrations: Predicably Unpredicable Solutions?*, Journal of International Arbitration, Vol. 6, 2005, p. 449.

② 《欧洲豁免公约》与《联合国豁免草案》都规定当事人在仲裁协议中不放弃豁免的，国际法主体的豁免权不放弃，也可以约定放弃豁免的范围。

③ *See* Georgios Petrochios, Procedure Law in International Arbitration, Oxford University Press, 2003, p. 276.

④ *Ibid*, p. 276.

则”所代替。对此，有学者认为，从总体上看，如果国际法主体同意适用国内程序法仲裁，那么仲裁程序法应为国内法；相反，如果国际法主体根据国际法设立仲裁庭，那么国际法应为仲裁程序法，国内法院亦不得干涉仲裁程序。也就是说，仲裁程序法的归属取决于国际法主体对国内法及国内法院的态度，因为国际法主体可根据国内法签订仲裁协议，国际法同样赋予国际法主体与私人主体订立仲裁协议的权利，如果国际法主体放弃豁免，那么国内仲裁程序法支配仲裁，国内法院有权对仲裁裁决进行司法审查；如果国际法主体根据国际法主张豁免，国际法支配仲裁，国内法院无权审查仲裁裁决的效力。正如 CERN 仲裁案裁决作出后，私人主体一方当事人向仲裁地瑞士法院申请撤销仲裁裁决，瑞士法院所主张的那样：“国际组织将争议提交仲裁并不意味着对豁免的放弃，除非国际组织放弃豁免或者将仲裁提交国内程序法（一般是仲裁地程序法）支配，仲裁裁决免受国内法院司法管辖。”①

然而，国际法主体究竟选择何种法律体系支配仲裁，在实践中并非一目了然，因为仲裁协议中通常并没有这样的明确约定。有学者认为：可从主合同的准据法条款中推测国际法主体倾向于选择哪个法律体系支配，如果仲裁当事人在主合同中选择国际法支配仲裁实体问题，那么可以判断在程序上，国际法主体倾向于适用国际法。② 但这种推定当事人意思的方法并不妥当。因为仲裁实体法与程序法的分际在实践中已广为人知，在国内仲裁程序法支配仲裁的情形下，当事人选择适用国际法支配仲裁实体的案例并不鲜见，当事人的实体法选择难以代表程序法选择，当事人即使在实体问题中适用国际法规则也没有必要将仲裁程序问题提交国际法律体系支配。这样看来，唯一可行的办法还是从仲裁协议有关仲裁程序与管辖权事项的约定中推定当事人的意思，这种方法无疑会赋予仲裁庭相当大的自由裁量权。例如，在 Aromco 案③中，独任仲裁员豪尔（Sauser-Hall）教授认为：由于作为被申请人的沙特阿拉伯在仲裁程序及裁决等方面享有针对国内法院的豁免权，当事人在仲裁协议中没有选择国内程序法就意味着仲裁受国际法支配。而独任仲裁员卡文则在 Sapphire 案④中持相反立场，他认为伊朗国家石油公司虽然相当于执行伊朗国家政策的国家机关，当事人也未就仲裁程序法达成任何协议，但从仲裁协议可以推测当事人选择的仲裁地在瑞士，因此瑞士程序法得以适用。所以说，有关国际法主体为

① *See* Georgios Petrochios, Procedure Law in International Arbitration, Oxford University Press, 2003, p. 277.

② *See* Marc Blessing, *State Arbitrations: Predicably Unpredicable Solutions?*, Journal of International Arbitration, Vol. 6, 2005, p. 451.

③ *Ibid*, p. 455.

④ *Ibid*, p. 456.

一方当事人的国际仲裁中，有关仲裁程序法适用的规则是混乱的，所谓“并存法”的概念并不能准确描述国际法主体与私人主体间仲裁程序法的适用情况，有时恐怕不得不是这种杂糅、复合法律适用情况的别称。

综上所述，支配国际法主体与私人主体间仲裁的程序法是一种复合性的法律体系，其可能既包含国内程序法又包含国际法，根据国际通行实践，在有关执行仲裁协议的事项上，法院可根据国内程序法规定对仲裁进行司法干预；除非国际法主体明确放弃豁免，国内法院不能对仲裁裁决进行司法审查，也就是说无权撤销仲裁裁决，也无权强制执行仲裁裁决。这似乎是一种混沌的情形，而且各国做法有时并不一致，各国立法对国际法主体与仲裁有关的豁免权范围规定不尽一致即是明证。但也许正如邓正来先生所表达过的意象，国际法主体与私人主体间仲裁的程序法的适用就如“雾中牛”① 一样，要想清晰地对其每个关节进行完全准确的描述似乎很难做到。

三、国际人权规则与国际商事仲裁程序法的适用

国际公共政策是国际公法上的概念，而国际商事仲裁程序法调整国际商业社会的仲裁程序法律关系，表面看来两者似乎风马牛不相及。但有学者认为：“各国经济贸易的发展与各种往来的频繁，一个真正的国际商业社会已经形成。在国际社会这一层次，也存在着反映整个国际商业社会普遍愿望、利益和基本价值观念的公共政策。”② 这种公共政策不仅带有商业社会的特殊性质，而且由于国际社会某些普遍价值观念的逐渐形成，一些国际社会通行的公共政策要求也反映在国际商事仲裁中，具体体现为“自然法的基本原则、普遍正义的原则、国际公法中的强行法和文明国家所接受的一般道德所组成”。③ 笔者基本赞成这种观点，虽然所谓自然法的原则在现代法律体系中可能并不存在，但至少由国际强行法所反映出的国际公共政策对国际商事仲裁程序法的影响的确不能随意忽视。实际上，从强行法的起源来看，最早出自于罗马法上的“私人协议不能改变公法”的古训，已经反映出强行法乃强制法、强制规律或绝对法的性质。而在现代国际法中，“国际公共秩序”或

① 邓正来先生曾对其他学者对其作品过于晦涩的批评回应道：“有些事物就像远处雾中走来的一头牛一样，它本身就是模糊的，要想完全对其阐释清楚，无异于苛责。”参见 2006 年 10 月 25 日邓正来先生在武汉大学的演讲。

② *See* Marius Emberland, *The Usefulness of Applying Human Rights Arguments in International Commercial Arbitration - A Comment on Arbitration and Human Rights by Aleksander Jaksi*, Journal of International Arbitration, 2003, Vol. 4, p. 67.

③ 万鄂湘等著：《国际条约法》，武汉大学出版社 1998 年版，第 318 页。

"国际公众政策"常被用做国际强行法的代名词，是指国际社会作为整体接受并公认不许损抑且仅有以后具有同等性质之一般国际法规律始得更改之规律。① 对这些国际强行法当事人不能由协议加以变更。撇开主权与人权之争不论，具有普遍意义的国际人权法规则作为国际强行法或国际公共秩序的法律功能在国际法学界已没有疑义。② 当然，国际人权规则作为国际法上的国际公共秩序，它是否直接适用于私人间的仲裁庭、它如何作用于仲裁程序法的适用，这在理论上是存在争议的。

（一）与国际商事仲裁程序法相关的国际人权法规则

一些国际公约直接规定了个人应有权受到国家民事、刑事司法救济，以及受到公平司法救济的权利，这些人权法规则对国际商事仲裁程序法有一定影响。例如，《欧洲人权公约》第6条第1款规定："在裁判当事人民事权利义务或任何针对其的刑事指控时，当事人有权在合理时间受根据法律所设立之独立与公正法庭的公平与公开听审。裁判结果应予公开宣告……"③ 类似地，《联合国公民与政治权利公约》第14条第1款也规定："所有人在法院或法庭面前应予平等。在裁判当事人的罪案指控或民事权利与义务的案件时，每个人都有权受根据法律所设立的有管辖权的、独立的以及公正的法庭的公平与公开听审。"④ 其他诸如《美洲人权公约》第8条第1款等也都有基本类似规定。⑤ 归纳起来，这些人权公约条款对缔约国设定的义务可归纳为两方面：其一，缔约国应保证在其领域内有个人诉诸司法机关寻求民事、刑事司法救济的权利和机会；其二，缔约国应保证个人能公平、正义的寻求司法救济，也就是说，司法程序必须符合独立、公正以及公开的要求。总而言之，个人的公平听审权必须由国家保障，至于国家通过什么方式或手段履行这些义务，各人权条约没有具体规定，一般由缔约国"程序自治"，通过本国立法和司法

① 万鄂湘等著：《国际条约法》，武汉大学出版社1998年版，第318页。

② *See* Neil Mcdonald, *More Harm Than Good? Human Rights Considerations in International Commercial Arbitration*, Journal of International Arbitration, 2003, Vol. 3, p. 78.

③ 英文原文为："In the determination of his civil rights and obligations or of any charge against him, everyone is entitled to a fair and public hearing within a reasonable time by a independent and impartial tribunal established by law. Judgment shall be pronounced publicly…"。

④ 英文原文为："All persons should be equal before the courts and tribunals, in the determination of any criminal charge against him, or of his rights and obligations in a suit of law, everyone shall be entitled to a fair and public hearing by a competent, independent and impartial tribunal established by law"。

⑤ *See* Neil Mcdonald, *More Harm Than Good? Human Rights Considerations in International Commercial Arbitration*, Journal of International Arbitration, 2003, Vol. 3, p. 527.

活动予以实现。对作为仲裁程序法律关系主体的当事人和仲裁庭而言，他们的行为并不会导致任何国家因违反国际人权法义务而承担国际责任，国际人权法对其也并无直接约束力，但这并非意味着国家没有义务保证私人仲裁程序遵循国际人权法的要求。我们知道，国家公权力从两个方面对仲裁进行调控：一是国家通过立法手段制定有关的仲裁程序法，并规定不得违反的强制性规则；二是通过司法手段对仲裁进行支持与监督，对仲裁裁决的效力具有司法审查权，承担国际人权义务的国家也应从这两方面保证仲裁程序符合人权法的要求，否则可能因本国国际商事仲裁的立法和司法行为引起国际责任。

（二）国际人权规则对国际商事仲裁程序法的具体影响

一般来说，国际人权法并不调整国际法主体以外个人的权利义务关系，因此不对私人性、民间性的国际商事仲裁庭产生义务。但理论界有关国际人权规则对国际商事仲裁程序的影响，却产生了三种不同的观点：一些学者认为，仲裁庭由私人设立及控制的事实充分说明仲裁庭不受任何国际人权法规则的制约，它也并非国际人权法中所称的“依据法律设立的法庭”，仲裁庭不会因违反国际人权义务而产生国际责任；瑞士联邦法院对此则有完全相反的看法，由于“在裁决具有法律拘束力及执行力上，仲裁庭裁决与法院裁决是相同的”，因此“仲裁庭应负有与法院裁判相同的国际人权义务”；还有一种折中观点则认为，虽然仲裁庭并非国际人权法条约中所称的“法庭”，但国际人权法对法院诉讼活动所施加的义务应在“理念上”为作出具有终局效力裁决的仲裁庭所遵守。对这几种看法，Petrochilos 博士认为：第三种观点一味调和矛盾，实际回避了问题的实质；而第一种观点是对国际人权公约的狭隘理解，混淆了仲裁庭是否导致国际责任与国家违反人权义务产生国际责任这两类性质不同的问题，要回答国际人权规则是否适用以及如何适用于仲裁程序的问题，必须从国家干预仲裁活动所体现的人权义务而非仲裁庭的人权义务出发。人权法规则实际上对国家施加了两方面的义务：首先是消极义务，即国家不得执行违反国际人权要求的国际商事仲裁裁决，否则视为国家直接对人权规则的违反，因为国家为此项行为相当于以公权力承认和接受仲裁庭的不公正行为，从而成为公共行为；其次是积极义务，即国家应在诉讼活动中保证有充分、适当的法律规则规范仲裁庭在仲裁程序中不得作出违反人权法规则的不当行为。因此，从国家所负担的这两方面人权义务可以推知：仲裁庭遵循人权法规则的要求是必然的，否则裁决结果不能为承担国际人权义务的国家公权力赋予法律效力。所以上述第二种观点是正确的。① 笔者基本同意 Petrochilos 博士的判断，但需要指出的是，上述国际人权法规则调整的直接对象是法院的诉讼活动，而并不直接约束国际商事仲裁，由于仲裁本身也是解决民商事争议的重要手段，与诉讼有着千丝万缕的联系，因此规范当事人诉讼权利的人权规则势必影响国际商事仲裁的程序法，这种影响也是间接的。具体体现在以下几方面：

1. 国际人权规则与仲裁协议对司法管辖的有效排除。

国际人权规则要求各国应保证在其领域内个人有诉诸司法机关寻求民事司法救济的权利和机会，这里所应强调的是国家只保障个人有“机会”就相关争议向司法机关寻求救济，而并不意味当事人没有放弃司法诉讼的权利。根据国际人权法律实践，当事人的民事诉权在某些情形下，尤其是合同中包含仲裁协议的情况下，可以被排除。例如，在著名的 Deweer v Belgium 案②中，欧洲人权法院曾有如此阐述：“当事人就刑事事项诉诸法院司法的权利更为绝对，而在许多民事争议中，当事人进行司法诉讼的权利常因缔约国国内法体系规定仲裁协议的效力而排除”，“这并不构成对欧洲人权公约的违反。”③ 而早在 1962 年的 X v FR Germany 案中，欧洲人权法院也已确认“仲裁条款在法律上构成对《欧洲人权公约》第 6 条第 1 款的部分减免”。而且，该项减免不仅包含当事人就案件实体向法院起诉的权利，还包括就争议解决结果向法院申请司法复审的权利。④ 至于在何种程度上，仲裁条款对司法管辖的排除是为有效，则由各国国内法根据人权法的要求加以确定。一般来说，人权法规则对仲裁协议有效性只有最基本的正义要求，即仲裁协议不得胁迫订立。根据欧洲人权法院相关判例，仲裁协议因胁迫或其他不正当手段诱使订立者不得产生排除司法管辖权之效力。但是，对于胁迫或诱使手段的解释，欧洲人权法院的实践是严格的。在 lundgren v Sweden 案⑤中，欧洲人权法院认为：如果某协会有关条款规定协会与会员之间争议必经仲裁解决，那么会员为加入协会对协会条款的整体接受，就意味着同意条款中的仲裁协议。也就是说，仲裁协议的“概括接受”不属于胁迫或诱使订立仲裁协议的范畴。

另外，国际人权法律实践虽然承认仲裁协议可以排除当事人就争议实体向法院提起司法诉讼的权利，但对仲裁裁决的异议，当事人依然有提起司法审查的权利，

① *See* Georgios Petrochios, Procedure Law in International Arbitration, Oxford University Press, 2003, pp. 152-159.

② *See* Georgios Petrochios, Procedure Law in International Arbitration, Oxford University Press, 2003, pp. 152-159.

③ *Ibid*.

④ *Ibid*.

⑤ *Ibid*.

这也是国际人权规则所赋予当事人民事诉权的具体表现，各国立法所普遍规定的当事人有申请撤销裁决之权利即为明证。但前文已述，瑞典、比利时、瑞士以及突尼斯等国的仲裁立法都允许当事人以协议排除当事人向法院申请撤销仲裁裁决的权利，这也并不违反上述国际人权法规则。因为这些国家之所以承认“裁决撤销权排除协议”（exclusion agreements）的效力，其目的在于根据当事人意思最大程度上加强仲裁裁决的终局性，只要协议意思真实，国家公权力没有理由干涉当事人对自己诉权的处分。同时该条款仅排除仲裁地法院撤销仲裁裁决的权利，执行法院仍可对仲裁程序进行司法审查，国家司法权对大多数仲裁裁决效力有最终的控制途径。

2. 国际人权规则与仲裁庭对仲裁程序的塑造。

从根本上说，仲裁庭只受当事人仲裁协议的约束，如果不考虑仲裁裁决的效力及执行问题，仲裁庭完全可以无视国内仲裁程序法中的强制性规则，更不用说间接调整仲裁程序的国际人权规则了。因此，如果当事人对仲裁程序有明确约定，即使违反强制性规则与国际公共秩序，仲裁庭也不得违背当事人意志。然而，除非罕见的情形，当事人总是想获得有效的、可执行的仲裁裁决，惟有如此才能达到利用仲裁解决争议的目的。从这个角度上说，国际人权规则对仲裁庭的约束力不容忽视。仲裁庭也尽力在仲裁程序中满足国际人权规则的要求，这在实践中通常有两个途径：其一，通过对当事人仲裁协议及所适用仲裁规则的解释，使仲裁程序符合人权规则要求；其二，对仲裁所适用的程序法作出与人权规则相一致的解释。实际上，国际人权规则大多已规定仲裁程序立法中的强制性规则，仲裁庭对强制性规则的尊重往往意味着满足国际人权规则的要求。不少仲裁立法规定有最低正当程序标准，这与国际人权规则有关“公平、公正”审理的要求是一致的。例如，仲裁庭应一方当事人查阅他方当事人拥有的文件资料请求时，将决定仲裁程序中的文件披露事项，它就不能忽视国际人权规则有关听审应“公平”的要求。倘若仲裁程序法为英国法，则该项要求体现在英国《1996 年仲裁法》第 33 条第 1 款第 1 项与第 34 条第 2 款第 4 项中；但倘若仲裁程序法为瑞士法，而《瑞士联邦国际私法法规》中并无文件披露的规定，所以既不禁止也未规定仲裁庭发出有关文件披露命令，那么国际人权规则有关“公平听审”的规则将不得不成为仲裁庭考虑决定的因素。①甚至如果仲裁程序法的强制性规则与国际人权规则相抵触，有学者也认为仲裁庭应遵循国际人权规则的要求而不惜冒仲裁裁决被撤销的危险。例如，如果瑞士法律中没有有关文件披露的规定被该国司法机关认为是该国禁止仲裁庭作出披露文件的决

① *See* Georgios Petrochios, Procedure Law in International Arbitration, Oxford University Press, 2003, p. 153.

定，但仲裁庭认为为符合人权规则的要求作出此项决定是必要的，仲裁庭应作出此项决定。① 所以，正如有学者所论："国际人权规则作为真正的国际公共秩序应该为仲裁庭所遵守，在国际社会对国际人权规则达成广泛共识的今天，没有国际仲裁庭能违反这些规则。"②

3. 国际人权规则与仲裁程序的最低正当标准。

国际人权规则要求"在裁判当事人民事权利义务时，当事人有权在合理时间接受根据法律所设立之独立与公正法庭的公平与公开听审"。这是人权规则对法院司法诉讼活动所设立的最低正当程序标准。但在 X v FD Germany 案③中，欧洲人权法院认为国际人权法对诉讼的正当程序标准同样应适用于仲裁活动。因为仲裁作为裁判当事人民事权利的手段，终究不能摆脱司法的监督与支持。④ 但究竟国际商事仲裁中"独立、公正"的仲裁庭应如何判断，听审的公平又所指为何，理论与实务上多有争议。

（1）独立、公正的仲裁庭。⑤作为国际人权规则要求的"独立、公正的法庭"在国际商事仲裁立法文件中有广泛的规定。《联合国国际贸易法委员会仲裁规则》第 6 条第 4 款、1998 年《国际商会仲裁规则》第 7 条第 1 款、1998 年《伦敦国际仲裁院仲裁规则》第 5 条第 2 款、《ICSID 仲裁规则》第 3 条等均强调了仲裁庭的独立性与公正性要求。仲裁庭的独立性与公正性实际上是有差别的两个概念：仲裁庭的独立性比较容易判断，它涉及组成仲裁庭的仲裁员与当事人之间是否有经济或其他联系，而公正性概念则关系到仲裁员对一方当事人或者争议的问题是否存在偏袒，它常常涉及仲裁员的心理状态，所以抽象性较强，不容易判断。

在国际商事仲裁中，有关仲裁庭公正性要求的争议焦点主要在对于三人合议仲裁庭来说，对所有仲裁员都提出公正性要求是否符合实际。在三人仲裁庭中，除双方当事人各任命一名仲裁员外，第三名仲裁员，即首席仲裁员将由双方当事人或由其他人或机构任命。原则上，应要求所有仲裁员是独立的。但问题在于，实践中，当事人在指定仲裁员时，一般都要与他意欲选为仲裁员的人接触，该待选仲裁员也

---

① *See* Georgios Petrochios, Procedure Law in International Arbitration, Oxford University Press, 2003, p. 156.

② *Ibid*.

③ *Ibid*, p. 157.

④ 值得说明的是，国际人权规则有关诉讼"公开审理"的要求与仲裁的保密特性有冲突，但欧洲人权法院从 Nordstrom-Jason v Netherlands 一案所确定的规则来看，当事人根据仲裁协议所进行的仲裁程序因其当事人对仲裁私秘性具有共同的意思表示而豁免《欧洲人权条约》第 6 条第 1 款有关"公开听审"的义务。*See* Nordstrom-Jason v Netherlands, 87A DR 112 (1996).

⑤ 韩健：《国际商事仲裁法的理论与实践》，法律出版社 2000 年版，第 170～176 页。

必然要询问有关争议的情况，或许还要询问仲裁酬金问题。由此，当事人指定的仲裁员在审理争议时很可能带有偏于该当事人的倾向。对此，不少学者认为，当事人可以各自指定一个具有一般性倾向的人作为仲裁员，但首席仲裁员必须完全公正。美国和英国法院也曾认可仲裁中的某些仲裁员属于有倾向性的仲裁员。但是，承认仲裁员可能具有倾向性或存在偏向的仲裁员这一事实，并不等于可以任由当事人指定有偏袒的仲裁员。国际上普遍的规则是：当事人指定的仲裁员不应该是有偏袒的仲裁员。例如，美国 1977 年起草的《商事争议中的仲裁员道德规则》规定：非中立仲裁员对任命他们的当事人可能有倾向性，但在所有其他方面则有义务作到善意、诚实和公平。

对于仲裁庭的独立性而言，则主要涉及仲裁员与当事人的关系及仲裁员的国籍两方面问题。对仲裁员与当事人关系而言，从各国仲裁立法和有关国际条约看，如果某人与当事人有直接的利害关系，或与仲裁结果有经济利益关系或存在其他可能使人对其作为仲裁员的公正性产生怀疑的关系，对能否选择该人为仲裁员主要有两种处理方式：一是基本上排除这类人担任特定案件仲裁员的可能性。例如《中华人民共和国仲裁法》第 34 条规定："有下列情形之一的，必须回避：是本案当事人或当事人、代理人的亲属；与本案有利害关系；与本案当事人、代理人有其他关系，可能影响公正仲裁的；私自会见当事人、代理人、或者接受当事人、代理人的请客送礼的。"第二种方式并未完全排除与当事人有某些利害关系的人担任仲裁员的可能性。按照这种方式的有关要求，仲裁员在被请求担任特定案件仲裁员时，必须立即公布其可能导致当事人否定其担任仲裁员的情节。例如 1981 年《法国民事诉讼法典》第 1462 条第 2 款规定："认为本人应回避之仲裁员，应将此情告知当事人。在此情况下，只有获得当事人的同意，他才能接受其任务。"至于仲裁员的国籍问题，它是国际商事仲裁中衡量或评判仲裁员是否独立的一个重要因素。虽然并无充分理由能够说明一个人的国籍会影响他作为仲裁员的独立性，但在国际商事仲裁实践中却已形成了一项原则，即一个人的国籍如果与另一方当事人国籍相同，在可能的情形下，一般不宜选择该人为独任仲裁员或首席仲裁员，除非当事人之间另有约定。例如，1998 年《伦敦国际仲裁院仲裁规则》第 6 条第 1 款规定："在当事人具有不同国籍时，除非当事人另有书面约定，则不应任命与当事人具有同样国籍的人为独任仲裁员或首席仲裁员。"

（2）"公平"的听审程序。国际人权规则对听审程序的基本要求是"公平"，但公平是抽象的法理概念，具体到国际商事仲裁程序而言，即要求仲裁庭在仲裁程序中"平等对待当事人"，相关条款在国际商事仲裁立法中多有表现：例如《示范法》第 18 条规定："应对当事各方平等对待，应给予当事每一方充分的机会陈述其案情”，而在有关国际性仲裁规则中类似规定就更多了。① 仲裁庭平等对待当事人的义务并不局限于在哪一阶段的仲裁程序承担，而是从仲裁庭的组成直到仲裁裁决的作出，可以说是贯穿于仲裁程序的始终。因而当事人对仲裁程序的所有事项、对方当事人的抗辩理由以及其他可能对仲裁庭裁决产生影响的观点，当事人都必须有充分的陈述机会。同时，任一方当事人在此程序中不得获取优于其他当事人的地位及权利。②

在国际商事仲裁实践中，“平等对待当事人”主要体现在当事人应获得“适当通知”与“陈述机会平等”两个方面:③ 所谓适当通知，主要指向所有当事人提供的关于仲裁员任命和进行仲裁的通知必须是充分的。例如，在一起德国案例中，申请人通过信件申请仲裁，该信件曾发送给德国被申请人，德国被申请人称申请人给有关仲裁机构的信件是不充分的通知，对其造成不公平。但法院判定，除信件外，仲裁机构秘书还曾三次要求被申请人指定仲裁员，而他却没有指定，因此对被申请人的通知是充分的，不存在不公平。④ 至于陈述机会平等，则意指必须为当事人有效地提供陈述案情的机会，但如果曾经适当通知当事人，当事人仍拒绝参加仲裁或在仲裁中持消极态度，则认为当事人有意放弃陈述机会。例如，在一起由美国新泽西地方法院判决的案例⑤中，一名美国被申请人曾被通知参加仲裁地在瑞士的仲裁，但该美国人没有参加，但在执行的申请承认与执行阶段，该美国人称，他在仲裁过程中未提出申辩，因为根据争议涉及的合同，他出售起搏器的代理权还未结束，在合同到期前无法进行核算，所以无法参加仲裁。新泽西地方法院驳回了被申请人的申辩，并推定，正当程序的主要要素是提供仲裁程序的通知和陈述的机会，由于被申请人收到仲裁通知，他应该而且能够在仲裁庭提出申辩。另外，“平等对待当事人”的含义还包括仲裁庭应把一方当事人的论点和证据告知另一方当事人，并允许另一方当事人就这些论点和证据发表自己的看法。例如，德国汉堡法院曾判定，仲裁庭未经口头审理和未将文件转达给被诉人便作出了裁决，属于违反正当程

① 《国际商会仲裁规则》第 15 条第 1 款、《伦敦商会仲裁院仲裁规则》第 14 条第 1 款、《美国仲裁协会仲裁规则》第 16 条第 1 款、《国际知识产权组织仲裁规则》第 38 条第 2 款、《解决投资争议仲裁中心仲裁规则》第 50 条第 1 款第 3 项、《新加坡国际仲裁中心仲裁规则》第 17 条第 2 款、《斯德哥尔摩国际仲裁院仲裁规则》第 20 条第 3 款以及芬兰仲裁规则第 20 条第 1 款，等等。

② *See* Georgios Petrochios, Procedure Law in International Arbitration, Oxford University Press, 2003, p. 136.

③ 韩健:《国际商事仲裁法的理论与实践》，法律出版社 2000 年版，第 415 ~ 421 页。

④ 韩健:《国际商事仲裁法的理论与实践》，法律出版社 2000 年版，第 415 页。

⑤ 同上，第 417 页。

序。法院认为，如果被诉人不知道仲裁庭作出裁决所依据的文件内容，这将违反国际仲裁中关于正当程序的业已放宽的标准。①

Abstract It is a commonly accepted rule that the matter of procedure shall be governed by *lex fori* in the conflict of laws. However, as a precondition, its application requires a dichotomy between substance and procedure. The problem originated and developed simultaneously with the conflicts law itself, and reflects the tension between the ease of judicial process and the certainty of results. The tests for such an dichotomy are, respectively, the classification of rights, functionalism and teleology, the last of which is subsequently examined in the discussion on choice of law applicable to limitation period. Owing to the materialization trend in the modern conflicts law, the substance-procedure dichotomy bears less significance in choice of law process.

Key words Conflicts; Substance; Procedure; Dichotomy; Materialization

（审稿：卜　璐）

① 韩健：《国际商事仲裁法的理论与实践》，法律出版社2000年版，第418页。

论冲突法中实体与程序的区分

□ 崔相龙*

内容摘要 “程序问题适用法院地法”是各国公认的冲突规则，其适用要求对实体与程序作出区分。这种区分是与冲突法本身相伴而生的，反映了司法任务简单化和判决结果一致两种价值的冲突。具体的区分标准可以总结为“权利分类”、“功能论”和“目的论”三种，这些标准在时效的法律适用中得到了集中体现。受到冲突法“实体化”潮流的影响，实体与程序区分在法律选择中的作用下降，扩大实体性识别成为当代冲突法的趋势。

关 键 词 冲突法 实体 程序 区分 实体化

目 次

---

* 武汉大学法学博士、西北政法大学国际法学院教师。

程序问题适用法院地法，是冲突法中根深蒂固的观念。① 至于如何区分实体和程序，却缺乏令人信服的共识。大陆法系冲突法理论很少单独讨论该问题，而是将其作为识别的一个方面，利用识别理论对具体问题作出实体或程序定性；英美法系则不然，"实体与程序"是法官排除外国法适用的重要手段，得到了冲突法理论长久的关注。② 本文拟从法哲学的角度，按照由一般到具体的思路，探讨冲突法中实体与程序区分的标准，并对本问题的发展趋势作出总结。

一、问题的由来

众所周知，有了人类的活动就会有纠纷和相应的解决机制。根据荣格教授的研究，跨国争议比现代民族国家的出现要早几百年，它是紧随具有较为成熟法律制度的社会之间的交流而出现的，这种状况早在公元前4世纪就存在了。③ 当然，古希腊是否存在现代意义上的冲突规范还是无法确知的。④ 罗马法中也没有冲突规范的存在，因为罗马人认为除罗马法之外的法律是如此粗糙，罗马外事裁判官（*praetor peregrinus*）在涉外案件中不是选择适用外邦法，而是根据公平正义以及罗马法的原则创造出一套新的法律，"由自然理性为所有人规定的规则被所有的人民遵循"，⑤ 这就是万民法（*ius gentium*）。古希腊罗马时期的涉外案件采用实体法的方法解决，根本否定外国法的适用，当然也就不存在区分实体与程序的必要了。

实体与程序关系的变化是与冲突法的诞生和发展同步的。在冲突法诞生之初，

---

① 参见韩德培：《国际私法新论》，武汉大学出版社1997年版，第162页；[英] J. H. 莫里斯：《戴西和莫里斯论冲突法》，李双元等译，中国大百科全书出版社1998年版，第1707页；P. M. North & J. J. Fawcett ed., Cheshire and North's Private International Law, 11th ed., Butterworths, 1987, p. 74; Pierre Mayer & Vincent Heuzé ed., Droit International Privé, 8ème ed., Montchrestien, 2004, pp. 353-356.

② *See* Walter W. Cook, *Substance and Procedure in the Conflict of Laws*, Yale L. J., Vol. 42, No. 3, 1933, pp. 333-358; Friedrich K. Juenger, *American and European Conflicts Law*, Am. J. Comp. L., Vol. 30, No. 1, 1982, pp. 122-125; Adrian Briggs, *In Praise and Defence of Renvoi*, Int'l & Comp. L. Q., Vol. 87, No. 4, 1998, p. 878; Symeon C. Symeonides, *American Choice of Law at the Dawn of the* 21 *Century*, Williamette L. Rev., Vol. 37, No. 1, 2001, pp. 14-15.

③ *See* Friedrich K. Juenger, Choice of Law and Multi-State Justice, Martinus Nijhoff Publishers, 1993, p. 6.

④ *Ibid.*

⑤ 张乃根：《西方法哲学史纲》，中国政法大学出版社1997年版，第77页。

欧洲大陆就出现了区分实体与程序的案件。① 巴托鲁斯（Bartolus）之前的后期注释法学派学者就有了关于冲突法的论述，巴尔都纽（Balduinus）更是首先提出“场所支配行为”（*locus regit actum*）的观念，并从此开始将程序法和实体法区别开来。他认为就前者而言，它应适用于在法院国进行的一切诉讼，而后者就不应该无条件地只适用法院地法了。② 巴托鲁斯主张将所有的法则（statute）分为“物的法则”、“人的法则”和“混合法则”，并以此为基础提出许多冲突法规则，其中关于诉讼程序，依法院地法。③ 直到 18 世纪，区分实体与程序、程序问题适用法院地法，逐渐被大陆法系冲突法学者接受为基本的规则。④

普通法系在冲突法中区分实体与程序要晚得多，因为普通法系冲突法的产生本来就比大陆法系晚许多年。⑤ 尽管英国法院在 18 世纪初期的案件中就对时效问题作过程序性识别，但直到 18 世纪末期才有意识地在案件中适用冲突法规则。⑥ 究其原因，首先是因为英国从地理上孤立于欧洲大陆，没有欧洲“城邦”之间的法则冲突，缺少冲突法产生的土壤；其次是英国普通法具有极强的程式性，法律争议的解决依赖于英国法上的救济。美国于 1648 年就出现了适用外国法的案例，⑦“尽管在冲突法案件中区分实体和程序经常成为实现特定判决结果的手段，但没有法院放弃这种基本的区分或者怀疑它的有效性”。⑧

实体与程序区分问题的重要变化是从 20 世纪 30 年代开始的，这时区分实体与程序的必要性及可能性遭到质疑，其中最重要的挑战者当数美国冲突法革命的先导人物库克教授。他认为，就“实体法”和“程序法”的区分而言，首先需要注意

---

① 1265 年，巴黎最高法院（Parlement）审理的一个案件中，被告提出根据“诺曼底的习惯”不出庭的理由，但该主张被驳回，原因是争议属于程序问题，应由法院地法支配。*See* Edgar H. Ailes, *Substance and Procedure in the Conflict of Laws*, Mich. L. Rev., Vol. 39, No. 3, 1941, p. 395.

② 参见李双元：《国际私法（冲突法篇）》，武汉大学出版社 2001 年版，第 103 页。

③ 参见韩德培：《国际私法新论》，武汉大学出版社 1997 年版，第 54～55 页。

④ *See* Edgar H. Ailes, *Substance and Procedure in the Conflict of Laws*, Mich. L. Rev., Vol. 39, No. 3, 1941, p. 398.

⑤ *See* Friedrich K. Juenger, *American and European Conflicts Law*, Vol. 30, No. 1, Am. J. Comp. L., 1982, pp. 118-119.

⑥ *See* Alan Watson, Joseph Story and the Comity of Errors: A Case Study in Conflict of Laws, University of Georgia Press, 1992, p. 3.

⑦ *See* Edgar H. Ailes, *Substance and Procedure in the Conflict of Laws*, Mich. L. Rev., Vol. 39, No. 3, 1941, p. 400.

⑧ *See* Edgar H. Ailes, *Substance and Procedure in the Conflict of Laws*, Mich. L. Rev., Vol. 39, No. 3, 1941, p. 401.

的是，在某些情况下这些分类的基础会完全消失，所有的问题都可以视为“实体性的”。① 库克教授的贡献在于明确指出在“实体”与“程序”之间有一个“过渡区”，我们无法去“发现”两者之间的界线，而只能依案件的目的去“划定”界线，实际上是用结果选择的方法来替代实体与程序区分的传统规则。尽管他没有提出全新的解决方案，但这种实体导向思维却影响至今。实体考虑的引入带来了区分实体与程序的方法论变革，冲突法理论上不再需要对所有的问题统一贴上“实体”或“程序”的标签；相反，“在划分它们之间界限的时候，需要考虑的是作这种区分的目的”。②

总结冲突法中实体与程序区分的历史，我们可以发现二者关系经历了一体——区分——相互融合的脉络。在人类社会的早期，人们用实体法方法解决仅有的“涉外”案件，那时没有区分实体与程序的必要；多边主义方法的出现，使适用外国法成为可能，实体与程序的区分成为影响外国法适用程度的重要因素；单边主义的“复兴”，模糊了实体与程序的界线，结果选择成为二者划分的出发点和落脚点。可见，实体与程序的区分与法律选择理论息息相关，因为这种区分最直接地影响到外国法能否适用。如此以来，程序与实体区分的基础和具体方法，也就成了冲突法理论无法回避的话题。

二、实体与程序区分的理论基础

在国内法中，实体与程序仅具有分类的意义，“程序法处理所有在诉讼中出现或者针对诉讼的事实、权利和事件，而所有其他的法律归入实体法”。③ 因为在纯国内案件中，法院只适用本法律体系中的实体法和程序法规定，实体与程序的区分不会影响到法律适用的结果，④ 一国的实体法和程序法共同适用于案件，在诉讼过程中并不会因法律的性质而排除适用。实体与程序的区分进入冲突法学者的视野，根源在于“程序问题适用法院地法”这一古老的冲突规范。具体而言，实体与程

---

① Walter W. Cook, *Substance and Procedure in the Conflict of Laws*, Yale L. J., Vol. 42, No. 3, 1933, p. 336.

② ［英］J. H. 莫里斯：《戴西和莫里斯论冲突法》，李双元等译，中国大百科全书出版社1998年版，第1707页。

③ Albert Kocourek, *Substance and Procedure*, Fordham L. R., Vol. 10, No. 2, 1941, p. 160.

④ 当然也有例外，若国内案件涉及联邦问题或法律溯及力问题，实体与程序的区分会影响到法律适用。但是，联邦问题是关于联邦法与州法之间的冲突，这二者是不同的法律体系，依其效力属平行的法律冲突，在法律适用的意义上与国际私法中不同法域之间的法律冲突是一样的。时效问题，在新法与旧法之间的冲突和适用上也是如此。

序的区分可能发生在案件的识别和准据法查明两个阶段:① 某项争议被识别为程序问题，就应适用法院地法；依冲突规范指定的外国法被确定为程序性法律，则应排除其适用。②

尽管仍存在不同意见，“程序问题适用法院地法”确实可以算做冲突法理论中最少争议的规则，从而在适用冲突规范时有必要首先区分何为实体问题、何为程序问题。

（一）支持区分实体与程序的主张

在支持区分实体与程序的理由中，最有说服力的当数“方便说”。戴西认为:“本规则的主要目的，是避免在审理法院所不熟悉的含有涉外因素的案件时的不方便。”③摩根教授也认为:“要求法官在审理涉外案件时，去了解或发现并适用外国法官运用的司法程序规则，即使并不影响法院地司法的过程和结果，也是不合理的，因为这需要非凡的精力、知识和能力，并且有可能导致诉讼过分迟延。”④ 这种观点在英美法系的学者中很有代表性。⑤ 我国也有学者认为，程序问题适用法院地法是实际的需要，“当涉外民事诉讼开始时，案件的准据法尚未确定，所以在程序问题上只能适用法院地法，不可能适用准据法。等到准据法确定之后，诉讼已经进行到相当的阶段，只能按照原来的程序继续进行”。⑥

支持区分实体与程序的另一理由是，程序问题与法院地具有更密切的联系。⑦ 根据“场所支配行为”的观点，一切诉讼行为应适用法院地的程序法。实际上，

① *See* Symeon C. Symeonides, Wendy C. Perdue & Arthur T. Von Mehren ed., Conflict of Laws: American, Comparative, International, West Group, 1998, p. 56.

② 参见［英］J. H. 莫里斯:《戴西和莫里斯论冲突法》，李双元等译，中国大百科全书出版社 1998 年版，第 1706 页；P. M. North & J. J. Fawcett ed., Cheshire and North's Private International Law, 11th ed., Butterworths, 1987, p. 78.

③ ［英］J. H. 莫里斯:《戴西和莫里斯论冲突法》，李双元等译，中国大百科全书出版社 1998 年版，第 1707～1708 页。

④ Edmund M. Morgan, *Choice of Law Governing Proof*, Harv. L. Rev., Vol. 58, No. 2, 1944, p. 155.

⑤ P. M. North & J. J. Fawcett ed., Cheshire and North's Private International Law, 11th ed., Butterworths, 1987, p. 77; Symeon C. Symeonides, Wendy C. Perdue & Arthur T. Von Mehren ed., Conflict of Laws: American, Comparative, International, West Group, 1998, p. 55.

⑥ 韩德培:《国际私法新论》，武汉大学出版社 1997 年版，第 162 页。

⑦ 也有学者认为是实现自然正义的需要。*See* Janeen M Carruthers, *Substance and Procedure in the Conflict of Laws: A Continuing Debate in Relation to Damages*, Int'l & Comp. L. Q., Vol. 53, No. 3, 2004, pp. 693-694.

“场所支配行为”，体现了特定行为与行为地之间的自然联系，而以“管辖权选择”为特征的传统冲突法中，地域联系在法律选择中起着主导作用。萨维尼主张“应适用的法律，只能是各该涉外民事关系依其本身性质有‘本座’所在地的法律”，萨氏认为程序问题以法院地为本座，反映了其对“场所支配行为”的接受。① 匈牙利学者萨瑟认为，国际民事诉讼法中能作为普遍原则的，仍然只能是最密切联系原则；但他同时指出，在许多情况下是要适用法院地法中的诉讼规范的。② 我国学者林欣也认为，“与法院的诉讼活动有最密切联系的法律是法院地的程序法，因此，诉讼程序适用法院地法是理所当然的事”。③

还有学者从预先排除公法适用的角度，来论证程序问题应适用法院地法。一般认为，国际民事诉讼程序属于公法的范畴，从而当然排除外国程序法的适用。④ 关于排除外国公法的理论，主要有:⑤

1. 冲突规范预先排除说。以孟西尼为代表，认为公法领域不存在冲突规范，也即公法的适用被排除在法律选择之外，法官可以先验地排除外国公法的适用。

2. 单边冲突规范说。以纽梅耶为代表，认为公法领域存在冲突规范，但只是单边冲突规范，因而只有法院地法得到适用。

3. 公共秩序说。该说认为适用外国公法，经常会造成违背法院地国家重大利益、法律和道德的结果，此时应排除外国公法的适用。这种理论主要流行在普通法系国家，如卢埃林（Karl N. Llewellyn）在论述法院地应适用对案件有实质影响的外国法时，指出了唯一的例外，那就是法院地的公共秩序。⑥

（二）反对区分实体与程序的主张

比较而言，反对的声音要弱得多。时至今日，程序与实体问题完全适用冲突规

---

① 参见［德］弗里德里希·卡尔·冯·萨维尼：《法律冲突与法律规则的地域和时间范围》，李双元等译，法律出版社 1999 年版，第 189～190 页。

② 参见李双元、邓杰、熊之才:《国际社会本位的观念与法院地法适用的合理限制》，载《武汉大学学报》（社会科学版）2001 年第 5 期，第 221～222 页。

③ 林欣:《论国际私法中的程序法与实体法问题》，载《外国法译评》1994 年第 4 期，第 79 页。

④ 刘铁铮、陈容传:《国际私法论》，三民书局 1998 年版，第 608 页。

⑤ 参见胡永庆:《论公法规范在国际私法中的地位》，载《法律科学》1999 年第 4 期，第 92 页。

⑥ *See* Edgar H. Ailes, *Substance and Procedure in the Conflict of Laws*, Mich. L. Rev., Vol. 39, No. 3, 1941, p. 393.

范指定的外国法，还是不可能的。① 实际上，持反对意见的学者也无法完全否定程序问题适用外国法带来的不便，他们只是反对无限制扩大法院地法的适用，主张增加适用外国法的机会，以最大程度地保持判决结果一致和维护既得权。所以，我们认为现阶段仍应以程序问题适用法院地法为原则，倒是可以参考反对者的理由，减少盲目的程序性识别，使冲突法中实体与程序的区分更加合理。

总体上看，反对严格的区分、由法官决定程序与实体问题准据法的理由有如下几种：

1. 适用外国法决定程序问题不会过分不便。有的学者认为，没有理由断言程序问题适用外国法必然会遇到更多困难，这种担心没有客观根据。“因为法官不仅不熟悉外国的程序法，而且往往更不熟悉外国的实体法，但并不因此就废止了对外国实体法的查明和运用。”②

2. 冲突法中不存在“公法预先排除说”。冲突法中程序问题的范围，不限于法院与当事人之间的关系，许多程序问题的影响完全限于当事人之间，如和解、撤诉等影响程序的行为，不一定都是公法性的。即使在涉及外国公法的情况，也不必然排除其适用。曼恩（Mann）就主张：“具有公法性质的某特定外国法在特定的情势中未得到法院地国的适用，这并不能支持所有的外国公法必不被适用的观点。”③ 1975 年的国际法协会《威斯巴登决议》也表明：由冲突规范指向的外国法条款具有公法性质并不阻碍该条款的适用。④

3. 最密切联系原则的要求。匈牙利学者萨瑟认为，国际民事诉讼法的基本原则是“最密切联系原则”，以此取代“程序问题适用法院地法”，可以使程序法在适用上更富有灵活性，更可以让法官有一个自由裁量的活动空间。⑤ 这种观点还有立法上的依据，如根据《美国第二次冲突法重述》第 122 条的规定，诉讼程序规则，“通常”由法院地州的本地法确定，而非必然由法院地法决定，可见《重述》的起草者意图留给法官灵活处理程序问题的可能。

4. 程序问题适用法院地法损害判决结果的一致。由于对如何区分实体与程序

---

① Roger C. Cramton, David P. Currie & Herma H. Kay ed., Conflict of Laws: Cases, Comments, Questions, 4th ed., West Publishing Co., 1987, p. 96.

② 翟中鞠、屈广清：《“程序法适用法院地法”原则之局限与克服》，载《法商研究》1998 年第 4 期，第 87 页。

③ 转引自胡永庆：《论公法规范在国际私法中的地位》，载《法律科学》1999 年第 4 期，第 93 页。

④ 参见《中国大百科全书·法学》，中国大百科全书出版社 1984 年版，第 599 页。

⑤ 李双元、邓杰、熊之才：《国际社会本位的观点与法院地法适用的合理限制》，载《武汉大学学报》（社会科学版）2001 年第 5 期，第 221 ~ 222 页。

问题没有统一的看法，程序性识别成为法院逃避适用外国法的工具。很早就有学者指出了适用外国法的这个漏洞，“法院经常借程序性识别避免适用其不欢迎的外国法，从而滥用了这一古老的规则”。① 针对这种现象，有的学者指出：“冲突法中实体与程序区分的根本缺点在于忽视了冲突法的基本目标——结果的统一性。”②

（三）现实的选择

理想的法律选择方法，或许是实体与程序问题共同适用冲突规范指定的法律，做到国际民事诉讼的“非本地化”（delocalization），使判决结果不会因为法院地的改变而受到影响。但这样的方法缺乏可操作性，法院在审理涉外案件时，实体问题涉及的规则可能并不多，但即便是法律关系最简单的案件，也可能会遇到管辖、送达、取证、判决的承认与执行等程序问题，要求法院在程序问题上全部适用外国法，会给法官带来过分的负担，也是不现实的。以至于库克教授认为，实体与程序问题的实质可以归结为：“法院可以在多大程度上适用外国法的规则而不至于带来过分的妨碍或不便。”③ 同样的，比尔教授主张，如果适用本地法的规则对法院带来的实际便利非常大，而这样做对当事人权利的影响是可以忽略的，则案件应由法院地法支配。④

程序问题适用法院地法也是实现正义的需要。司法过程的目的在于实现正义，具有跨国因素的案件在现阶段还主要由国内法院审理。不同地域的法院都有各自实现正义的方式，犹如卡多佐解释的遵守先例的原因：“先例的背后是一些基本的司法审判概念，它们是司法推理的一些先决条件；而更后面的是生活习惯、社会制度，那些概念正是在它们之中才得以生成。”⑤ 法院在审理涉外案件时，如果借用外国程序法，则极有可能出现法官根本无法理解程序背后的文化，适用的结果不伦不类，无法实现正义。从另一个角度看，在不同的案件中适用不同的程序规则，对

---

① Albert A. Ehrenzweig, *Specific Principles of Private Transnational Law*, Recueil des Cours, Vol. 124, 1968, p. 191.

② John W. Kinslow, *Substance and Procedure*, Okla. L. Rev., Vol. 18, No. 4, 1965, p. 457.

③ Walter W. Cook, *Substance and Procedure in the Conflict of Laws*, Yale L. J., Vol. 42, No. 3, 1933, p. 344.

④ *See* J. H. Beale, A Treatise on the Conflict of Laws, Baker, Voorhis & Co., 1935, pp. 1599-1601.

⑤ ［美］本杰明·卡多佐：《司法过程的性质》，苏力译，商务印书馆1998年版，第8页。

当事人合理预期的保护也就无从谈起了。①

总之，尽管程序问题适用法院地法多少会为实现判决结果的一致带来障碍，但在“人类法律共同体”尚未出现的时代，这确实是冲突法的现实选择。

三、区分实体与程序的一般方法

如何具体区分实体与程序是长期困扰冲突法学者的难题，因为在法律选择过程中，“我们的任何区分都有特定目的，目的的变化必然带来区分点的变化”。② 冲突法区别于其他法律部门的一个显著特征，在于它是“本地化的跨国司法”，即有管辖权的法院在维持本国审判机制的同时，可能适用内外国实体法解决案件的争议，并以实现判决结果的一致作为基本目标。因而，我们赞成库克教授的观点，冲突法中实体与程序问题的实质，就在于决定“在不致过分妨碍或不便的情况下，审理法院能在多大程度上适用外国法”。③

（一）权利分类方法

权利分类方法，就是根据法理学理论对权利的分类，区分权利与救济，把前者识别为实体问题，后者识别为程序问题。通常认为，最早提出在法律中区分实体与程序的学者是边沁（Bentham）。④ 边沁提出了主法（substantive law）和助法（adjective law）的区分，并认为此处的助法与程序法具有相同的含义。⑤ 但边沁所指主法与助法的区分，是服务于其“概念法学”分类的需要，而不是为解决具体法律争议提供普适的答案，这种抽象区分为后来学者的争论埋下了伏笔，产生了

---

① 对当代立法的分析也可以得出相同结论，意大利《国际私法改革法》第 12 条、匈牙利《国际私法》第 63 条、《罗马尼亚国有关际私法的第 105 号立法》第 159 条、也门《民法典》第 35 条、阿联酋《民事关系法典》第 21 条等，都规定诉讼程序适用法院地法。另外，美国《第二次冲突法重述》第 122 条也是如此规 定。

② Walter W. Cook, *Substance and Procedure in the Conflict of Laws*, Yale L. J., Vol. 42, No. 3, 1933, p. 337.

③ Walter W. Cook, *Substance and Procedure in the Conflict of Laws*, Yale L. J., Vol. 42, No. 3, 1933, p. 344.

④ *See* Albert Kocourek, *Substance and Procedure*, Fordham L. R., Vol. 10, No. 2, 1941, p. 157; D. M. Risinger, "*Substance*" *and* "*Procedure*" *Revisited*: *With Some Afterthougts on the Constitutional Problems of* "*Irrebuttable Presumptions*", UCLA L. Rev., Vol. 30, No. 2, 1982, p. 191.

⑤ *See* D. M. Risinger, "*Substance*" *and* "*Procedure*" *Revisited*: *With Some Afterthougts on the Constitutional Problems of* "*Irrebuttable Presumptions*", UCLA L. Rev., Vol. 30, No. 2, 1982, p. 192.

“实体与程序”和“权利与救济”异同之争。在霍兰德（Holland）看来，边沁所讲的“主法与助法”和“权利与救济”是一回事，在其《法理学原理》中，霍氏认为，“法律就是为了界定它应实现的权利或者明确实现权利的方法。前者界定并创制权利，称为实体法；后者提供辅助或者保障的方法，称为助法或程序法”。①萨蒙德（Salmond）不同意这种分类，它反对将“权利与救济”等同于“实体与程序”，而是认为救济实质上是实体权利的一部分，于是他将实体与程序的分类表述为，“实体法关乎司法程序的目的，而程序法关涉实现这些目的的手段和工具”，换言之，“程序法关心法院内的事情，而实体法处理法院外的事务”。②

与霍氏的观点类似，冲突法学者最初以“权利与救济”为标准来作出程序性或者实体性识别。戴西认为：“法院必须承认它执行的任何权利，但却不必执行它承认的所有权利”。③ 霍尔姆斯大法官也指出，“有效成立的合同在任何地方都有效，但并非在任何地方都是可执行的”。④ 实质上，这种方法就是将权利的存在与权利的实现方式相区别，前者为实体问题，后者是程序问题。⑤ 按照这种分类，在法国有效成立的口头合同，根据英国法得不到执行，因为禁止口头合同的英国《反欺诈法》只与程序有关，而不管合同权利的有效性。⑥ 同样，在西弗吉尼亚没有经过医疗鉴定专家组程序的受害人，可以在弗吉尼亚州的法院获得救济，因为法院地可以控制实现正义的方式是根本的程序法原则。⑦ 很显然，采用与霍氏如出一辙的“权利与救济”标准，把救济性权利（remedial rights）识别为程序问题，导致过多的程序性识别，是对“判决结果一致”目标的背离。

在瑞森格（Risinger）教授看来，冲突法中采纳的“权利与救济”标准，是对边沁“主法与助法”的误读。据其考证，冲突法上把“权利与救济”与“程序与实体”混为一谈，始作俑者是韦斯特莱克（Westlake），韦氏在其《论国际私法》中误把巴托鲁斯著作中的救济（ordinationem）译为程序（procedure），并经戴西的

① Thomas E. Holland, The Elements of Jurisprudence, 13th ed., Clarendon, 1924, p. 30.

② *See* Albert Kocourek, *Substance and Procedure*, Fordham L. R., Vol. 10, No. 2, 1941, p. 159.

③ ［英］J. H. 莫里斯：《戴西和莫里斯论冲突法》，李双元等译，中国大百科全书出版社1998年版，第1708页。

④ *See* Edgar H. Ailes, *Substance and Procedure in the Conflict of Laws*, Mich. L. Rev., Vol. 39, No. 3, 1941, p. 393.

⑤ 在此意义上，凡履行公共职能的法院和国家机构行使司法权的行为，即具有程序性。P. Mayer & Vincent Heuzé, Droit International Privé, 8ème ed., Montchrestien, 2004, p. 353.

⑥ Leroux v. Brown, 12 CB 801, 22 LJCP.

⑦ Vest v. St. Albang Psychiatric Hospital, Inc., 182 W. Va. 228, 387 S. E. 2d 282.

《论冲突法》(A Digest of the Law of England with Reference to the Conflict of Laws, 1st ed., 1896) 以讹传讹,"成为戴西以来冲突法领域关于实体与程序的权威解释"。① 无论是否误读,以"权利与救济"为标准区分程序与实体,一个直接的后果是把救济性权利识别为程序问题。根据哈特关于第一性权利和第二性权利的分类,救济性权利,如侵犯人身权后产生的赔偿请求权,同样属于实体权利的范畴,这正是萨蒙德教授的观点不同于霍兰德教授之处。② 好在理论上的偏颇并没有扼杀冲突法实践的生动,我们选取与前述 Leroux 案情形类似的 Monterosso Shipping Co. Ltd. v. International Transport Workers Federation 案为例,该案原告是争议船舶 Rosso 号的船东,被告是船上西班牙水手参加的工会组织。1979 年 11 月,被告同意向原告签发蓝色通行证,保证其不受被告在各地港口的"黑色行动"干扰,该协议在西班牙签订,但使用了被告伦敦总部制作的英文格式合同。后来,Rosso 号在瑞典港口工会行动中被扣,船东遂向英国法院起诉,要求被告承担违约损害赔偿。被告律师认为根据 1974 年英国《工会与劳动关系法》第 18 节,涉案协议属于集体劳动合同,不能在英国得到执行。③ 依"权利与救济"标准,合同的执行性问题应识别为"救济",属于程序问题,应适用法院地英国的法律,禁止合同在英国执行。而丹宁勋爵认为"该法影响到合同是否存在(实体问题),而不是关于合同能否执行(程序问题)"。④ 这种分析类似于萨蒙德对"实体与程序"的区分,是对经典冲突法作家"权利与救济"标准的修正,从而更接近边沁"主法与助法"的原意。

总结权利分类方法,从"权利与救济"标准过渡到"主法与助法"的标准,在识别结果上由程序性识别占优转向增加实体性识别的机会。但总的说来,"权利分类方法"是以"程序不影响实体"为假设,只有程序问题才适用法院地法,而实体问题适用冲突规范指定的法律,以此来实现判决结果的一致。实际上,正如梅因(Maine)关于实体法总是隐藏在程序的缝隙中的名言,从理论上讲,法院地(程序法)的变化,必然会影响到实体权利的运行,进而或多或少影响到判决结果的一致。因而,"权利分类方法"带有明显的机械性,无法真正解决遵循法院地程序与实现判决结果确定性之间的矛盾。

---

① *See* D. M. Risinger, "*Substance*" *and* "*Procedure*" *Revisited*: *With Some Afterthougts on the Constitutional Problems of* "*Irrebuttable Presumptions*", UCLA L. Rev., Vol. 30, No. 2, 1982, pp. 194-196.

② Albert Kocourek, *Substance and Procedure*, Fordham L. R., Vol. 10, No. 2, 1941, p. 195.

③ D. M. Kloss, *The Enforceability of Foreign Collective Agreements*, Modern L. Rev., Vol. 46, No. 6, 1983, p. 775.

④ Montrerosso Shipping Co. Ltd. v. International Transport Workers' Federation, [1982] 3 ALL ER 841 at 846.

（二）功能论方法

功能论方法，就是根据争议对案件结果影响程度分类，把对案件结果产生“实质”影响的问题识别为实体问题，相反则识别为程序问题。上文中权利分类方法假设程序不会影响到案件结果，借用国内法中“权利”、“救济”和“程序”等标签来识别冲突法中的实体与程序问题。由于这违背了“没有救济，就没有权利”的基本观念，在20世纪30年代遭到“现实主义”学者的抨击，被称为“机械法学”（mechanical jurisprudence）。① “现实主义”学者在批判“机械法学”的基础上提出了区分实体与程序的“功能论方法”（functional method），这种方法以特定事实对案件结果的“影响程度”为标准，“任何对案件结果有确定影响的事实，即使原来可能被识别为程序问题，都应当合理地识别，以保证不会仅仅因为法院地的改变而对案件的结果产生根本影响”。②

与权利分类方法相同，功能论方法也是以实现判决结果的一致作为区分实体与程序的基本目标，在保护既得权与考虑法院地的负担时，将天平倾向前者。但与权利分类法不同，功能论方法的前提是任何事实，即使依权利分类方法应识别为程序问题，都会对案件结果产生相应的影响。因为在“现实主义者”看来，“区分主法与助法是毫无意义的口号”，“这种区分是虚伪和误导的，实际上根本就不存在这种区分”。③ 功能论方法的关键，是根据识别对象对案件结果的影响程度来决定外国法或者法院地法的适用，“除可能受公共政策限制外，任何对当事人利益产生根本影响的外国法都可以自由地援引”。④ 劳伦森（Lorenzen）曾写道：“在准据法所属的州对当事人有实质影响的权利都应该得到承认与执行，而不管该问题在宪法或地方法中被贴上实质或程序的标签。”⑤

根据功能论方法，是否对案件结果产生根本或实质影响成为实体与程序区分的界线。据此，所有可能根本影响案件结果的事实都被识别为实体问题；相反，出于方便或保证司法公正的需要，诉讼程序规则和对结果影响不大的方面可以由法院地

① *See* Edgar H. Ailes, *Substance and Procedure in the Conflict of Laws*, Mich. L. Rev., Vol. 39, No. 3, 1941, p. 393.

② John W. Kinslow, *Substance and Procedure*, Okla. L. Rev., Vol. 18, No. 4, 1965, p. 456.

③ *See* Edgar H. Ailes, *Substance and Procedure in the Conflict of Laws*, Mich. L. Rev., Vol. 39, No. 3, 1941, pp. 393-394.

④ Edgar H. Ailes, *Substance and Procedure in the Conflict of Laws*, Mich. L. Rev., Vol. 39, No. 3, 1941, p. 393.

⑤ Edgar H. Ailes, *Substance and Procedure in the Conflict of Laws*, Mich. L. Rev., Vol. 39, No. 3, 1941, p. 394.

法支配。至于何为"根本"或"实质"影响，摩根教授认为，"根据法院的发现和推定，有关法律关系产生的事实，是实质性的；而有关提起诉讼的方法、诉讼主体之间的分工和有关提交案件材料的规则都是非根本性的"。① 这貌似权利分类说采用的标准，实际上与之有本质的区别。摩根教授属于"现实主义者"阵营，他反对一般性分类，他的这种分类纯粹是为了"有利于清楚地思考和准确的表达"。②

对具体案件的分析也证明了这一点。在 Fritzpatrick v. International Railway 案中，原告在加拿大安大略省遭受人身伤害，根据安大略《共同过失法》（Contributory Negligence Act of Ontario），被告承担原告具有共同过失的证明责任，而法院地纽约州法律没有这种规定，举证责任的性质成为案件争议的焦点。根据权利分类方法，由于举证责任与实现司法目的的手段和工具有关，极易被识别为程序问题。该案法院却将其识别为实体问题，适用安大略法，因为法院认为"该法创制了普通法上没有的权利"，因而它"影响到当事人的实质权利"。③ 在该案中，法院不是根据抽象的概念出发进行识别，而是依据争议对当事人权利影响的实际效果来识别并决定其是否达到"实质性"和"根本性"标准。遵循这种方法，许多困扰权利分类方法的难题可以迎刃而解，如英美合同法的"对价"要求，很明显应识别为实体问题，因为它在效果上影响到合同权利是否存在，当然具有"实质性"和"根本性"。④

较之权利分类方法，功能论方法具有显著的灵活性与合理性。但要求法院判断识别对象对案件结果的影响程度，不免令人担心其可操作性，法院是否有能力了解和适用外国的"程序"规则，这是否会给法院带来更大的不便？实际上，"法院只需要了解具有实质意义的规则"，"况且对抗制审判程序将审理限定在当事人主张的范围"。⑤ 所以，在对抗制诉讼模式和明确的外国法查明规则的作用下，功能论的方法具有"可操作的灵活性"。

（三）目的论方法

所谓目的论方法，就是以能否实现特定判决结果为标准来区分实体与程序的方法。前述两种方法，都是以追求判决结果一致为目标，这是传统冲突法追求"冲

① Edmund M. Morgan, *Choice of Law Governing Proof*, Harv. L. Rev., Vol. 58, No. 2, 1944, p. 158.

② *Ibid.*

③ Fitzpatrick v. International Railway 252 N. Y. 127, 169 N. E. 112 (1929).

④ Fritchard v. Norton, 106 U. S. 124 at 135, 1 S. Ct. 102 (1882).

⑤ Larry Kramer, *Rethinking Choice of Law*, Colum. L. Rev., Vol. 90, No. 2, 1990, p. 329.

突正义”的表现。总的说来，传统冲突规范是“管辖权选择规范”，把争议法律关系分配到特定地域是法律选择的基本目标，而不考虑被选择法律的内容及其适用的结果。“根据地域标准恰当的法律，在内容上可能并不恰当”。① 到20世纪后期，“实质正义”的观点逐渐渗入冲突法。与传统冲突法注重地域联系不同，“实质正义”的观点认为“跨国案件在性质上与纯国内案件没有质的不同，法官在含有涉外因素的案件中同样不能放弃公平合理解决纠纷的责任”。②

目的论方法明显受到“实质正义”的影响。在 Kilberg v. Northeast Airlines, Inc. 案中，纽约州居民吉尔伯格在发生于马萨诸塞州的空难中丧生，侵权行为地法（马萨诸塞州）有赔偿责任限额的规定，而法院地州（纽约州）没有这一规定。为了达到保护本州居民的“公共政策”，法院将赔偿限额识别为程序问题，从而适用法院地法。③ 采用目的论方法，“法官可以借助识别来达到希望的结果，他可以将不喜欢的外国法识别为程序性的，从而适用法院地法；或者相反”。④

与前两种方法不同，目的论方法不再以判决结果的确定性为目标，而是服务于个案的公平解决，并以能否实现法院地的公共政策作为区分实体与程序的根本依据，这就在方法论上发生了转向。权利分类方法和功能论方法，在性质上是多边主义的（multilateralism），区分实体与程序的目的在于减少因法院地的变化对判决结果的影响，只有不影响权利本身或是对案件结果不产生根本影响的事项才被识别为程序问题，在效果上大大限制了法院地法的适用。目的论方法则彻底滑向了单边主义（unilateralism），实体与程序区分的出发点和落脚点是法院地的政策，为达到符合法院地利益的判决结果，灵活地识别，某项争议可能因适用外国法不利于保护法院地居民而被识别为程序问题（如吉尔伯格案），实体与程序的区分成为实现法院地政策的附庸。无怪乎有学者评论适用目的论的案件“绝对违背了美国所有的先例”，“要不是一个错误的判决，就是法院的同情因素在作怪”。⑤

---

① Gerhard Kegel: *The Crisis of Conflict of Laws*, Recueil des Cours, Vol. 112, No. 2, 1964, pp. 184-185.

② Symeon C. Symeonides, *Material Justice and Conflicts Justice in Choice of Law*, in International Conflicts of Laws for the Third Millennium: Essays in Honor of Friedrich K. Juenger, ed. by Patrick J. Borchers & Joachim Zekoll, Transnational Publishers, 2001, p. 127.

③ Kilberg v. Northeast Airlines, Inc., 9 N. Y. 2d 34, 211 N. Y. S. 2d 133, 172 N. E. 2d 526 (1961).

④ Scott Fruehwald, *A Multilateralist Method of Choice of Law*, Ky. L. J., Vol. 85, No. 2, 1997, p. 368.

⑤ D. Sumner, *Choice of Law Concerning Survival of Actions*, Hastings L. J., Vol. 9, No. 2, 1958, pp. 130-131, pp. 136-137.

目的论方法的一个显著特征，就是无法一劳永逸地在实体与程序之间划出一条界线，而只能根据“公共政策”、“法院地利益”等观念的指引，结合个案的情况灵活地划分。而“公共政策”，是指一个国家或社会的重大利益或法律和道德的一般原则，是一个伸缩性极强的概念。在采用目的论方法的另一个典型案例中，加州居民格兰特因发生在外州的侵权行为对另一加州居民（侵权行为人）的遗产执行人提起赔偿之诉，侵权行为人死亡后侵权之诉能否存续（survival of the action）成为案件的焦点。由于依加州法律能更好地保护受害人，于是法院将争议识别为程序问题，适用法院地法，允许诉的存续。① 在案情类似的另一案件中，由于法院地（阿肯色州）不允许诉的存续而侵权行为地（德克萨斯州）允许，该问题又被识别为实体问题。② 可见，根据目的论的方法，有多少冲突法案件，就有多少条实体与程序的分界线。

对目的论方法，灵活性和结果定向是其区分实体与程序的根本特征。在支持者那里，“违背耳熟能详的冲突法说教与取得一个合理的判决结果之间，后者更可取”。③ 在其反对者看来，“为实现法院地的正义和公共政策观念而毫无道理地操控法律选择于股掌，冲突规范完全成了橡皮图章”。④ 真是“成也萧何，败也萧何”，目的论方法只能恰当游走于法院地利益和判决确定性之间，才不致于否定了冲突法。

回顾区分实体与程序的三种方法，分别根据识别对象是否对案件结果产生影响、影响的程度以及能否实现案件的特定结果来区分实体与程序，前二者以实现判决结果一致为目标，而后者服务于法院地公共政策的实现，这似乎暗合了冲突法从既得权向利益分析、从追求程序正义向实质正义的演进。

四、以时效为例分析实体与程序的区分

上文分析了实体与程序区分的一般方法，但这种理论上的总结只有在具体问题的法律适用中才能得到验证。受到不同国家司法传统的影响，法院援引“实体与程序”机制的情况会有所变化，如英国冲突法中实体与程序的区分涉及救济方式、

① Grant v. McAuliffe, 41 Cal. 2d 859, 264 P. 2d 944 (1953).

② Nelson v. Eckert, 231 Ark. 348, 329 S. W. 2d 426 (1959).

③ Roger J. Traynor, *Is This Conflict Really Necessary*, Tex. L. Rev., Vol. 37, No. 6, 1959, p. 657.

④ Roger C. Cramton, David P. Currie & Herma H. Kay ed., Conflict of Laws: Cases, Comments, Questions, 4th ed., West Publishing Co., 1987, p. 107.

损害赔偿、时效、证据、当事人、优先权、抵消与反诉等众多问题。①或许是由于“英格兰法学家给程序一词赋予了最广泛的含义”，② 美国冲突法中主要涉及时效、证据、损害赔偿、推定等问题；③ 法国冲突法中通常会涉及诉权和证据问题。④ 这些问题的共同特征，就是兼具实体和程序两方面的影响，很难对其作出简单、明确的定性。本文选取诉讼时效为例，考察实体与程序的区分在该具体问题中的运作，以求深化对本问题的认识。

由于对诉讼时效性质的不同认识，大陆法系和英美法系国家对其冲突的解决曾表现出截然不同的态度。大陆法系国家自巴托鲁思以来的传统观点认为时效影响到当事人的实体权利或请求权，是判断当事人权利义务不可分割的因素，应该作为准据法的一部分来考虑，所以时效问题应该依准据法所属国的法律确定。⑤ 按照英美法系的观念，诉讼时效影响到当事人的诉权，案件可能因为时效的经过而不予受理，因此更多地影响到权利的救济方式，所以时效在这些国家法律实践中经常被识别为程序问题，在涉外案件中要适用法院地法。但是自冲突法革命以来，英美法系在时效问题上逐渐放弃程序性识别的传统做法，越来越多地引入了实体选择方法；而大陆法系在坚持时效的实体性识别的基础上，又导入了利益分析的考虑，两大法系在解决时效法律冲突上呈献出趋同化的特点。

大陆法系国家在时效问题上一直采用权利分类说，并认为诉讼时效影响到实体权利或者请求权，故时效问题应识别为实体问题，一并适用主要问题的准据法。1928 年《布斯塔曼特国际私法典》第 16 章是关于时效的规定，是依主法律关系准

---

① ［英］J. H. 莫里斯：《戴西和莫里斯论冲突法》，李双元等译，中国大百科全书出版社 1998 年版，第 1706 页；P. M. North & J. J. Fawcett ed., Cheshire and North's Private International Law, 11th ed., Butterworths, 1987, pp. 79-105; David McClean & J. H. C. Morris ed., Morris: The Conflict of Laws, 5th ed., Sweet & Maxwell, 2000, pp. 472-489; J. H. Morris & P. M. North ed., Cases and Materials on Private International Law, Butterworths, 1984, pp. 627-651.

② ［英］J. H. 莫里斯：《戴西和莫里斯论冲突法》，李双元等译，中国大百科全书出版社 1998 年版，第 1707 页。

③ 参见陈隆修：《国际私法上实体法与程序法问题评论》，载刘铁铮等《国际私法论文集》，五南图书出版公司 1989 年版，第 206 ~ 213 页；John W. Kinslow, *Substance and Procedure*, Okla. L. Rev., Vol. 18, No. 4, 1965, pp. 457-461; Edgar H. Ailes, *Substance and Procedure in the Conflict of Laws*, Mich. L. Rev., Vol. 39, No. 3, 1941, pp. 408-413.

④ Pierre Mayer & Vincent Heuzé ed., Droit International Privé, 8ème ed., Montchrestien, 2004, pp. 356-362.

⑤ *See* Lauren Poplack Braustein, *Choice of Law: Statute of Limitation in the Multistate Products Liability Case*, Tul. L. Rev., Vol. 48, No. 4, 1974, p. 1134.

据法解决时效问题的代表，其第229条规定："对人诉讼的消灭时效，受将被消灭的债务所服从的法律支配"；第230条规定："对物诉讼的消灭时效，受有关标的物所在地法支配。"1982年《土耳其国际私法和国际民事诉讼程序法》第7条规定："时效，适用调整行为内容和法律关系的法律。"1987年《瑞士联邦国际私法》第148条规定："债权的消灭，包括时效，适用调整债权关系的法律。"此外，葡萄牙、蒙古、前苏东地区国际私法也有类似的规定。① 1973年10月在海牙签订的由欧洲国家参加的《产品责任法律适用公约》（第8条第9款）、1980年6月欧洲共同体《关于契约义务法律适用公约》（第10条第1款）和2007年7月通过的欧盟《非合同之债法律适用条例》（第15条第8款）都规定，时效规则是实体问题，应包括在准据法的适用范围内。

英美法系在传统上也是采用权利分类方法，但他们倾向于将时效识别为程序问题。这种做法起源于斯托雷对荷兰法则区别说的借鉴，17世纪荷兰学者认为应该以法院地的诉讼时效取代准据法国家的诉讼时效，因为提起诉讼的时间和方式应属于法院地法管辖事项，而非由诉因产生地法律支配。② 早在19世纪初，英美两国就确认了这一规则。根据莫里斯的解释，该规则在当时得以确立主要有两方面的原因：第一，外国人不应获得法院地居民所不能获得的利益；第二，在普通法上，诉因可赋予原告一种永久性的权利，而有关时效的法律则能起到剥夺当事人在法院获得司法救济的作用。③ 时效是作为影响救济方式的因素，故应识别为程序问题。尽管英国法将时效区分为两种情况：单纯禁止救济或者是消灭权利，前者是程序性的而后者是实体性的；但总体而言，凡是限制诉讼的法律都可能被识别为程序性的。④ 美国法院过去也是持这种观点，认为"诉讼时效涉及重大公共政策，因而可以最大程度地背离有利于适用外国法的一般规则"。⑤ 1839年，美国最高法院在M'Elmoyle v. Cohen案中确认时效属程序问题，⑥ 该案直到今天对美国法院的判决仍有重要影响。传统方法将时效识别为程序性问题，从而适用法院地法，由此带来

---

① 参见李双元、欧福永、熊之才：《国际私法教学参考资料选编》（上），北京大学出版社2002年版，第361、427、201、228、235页。

② *See* Lauren Poplack Braustein, *Choice of Law: Statute of Limitation in the Multistate Products Liability Case*, Tul. L. Rev., Vol. 48, No. 4, 1974, p. 1134.

③ 参见刘仁山：《加拿大在法律适用方面的新发展》，载《中国国际私法与比较法年刊》2002年卷，第75页。

④ *See* David McClean & J. H. C. Morris ed., Morris: The Conflict of Laws, 5th ed., Sweet & Maxwell, 2000, p. 487.

⑤ H. H. Kay, Gilbert Law Summaries: Conflict of Laws, Barbri Group, 1997, p. 132.

⑥ M'Elmoyle v. Cohen, 38 U. S. 13 pet. 312 (1839).

一个直接后果，就是“挑选法院”（forum shopping）的现象，原告往往可以通过选择在时效期间较长的国家进行诉讼，达到规避本应适用的较短时效的目的，这对被告是不公平的。①

由于存在上述问题，英美法系国家在时效识别为程序性问题的同时，也存在诸多例外，并且基本上以是否对权利的存在产生实质影响来判断时效的性质，可以视为功能论方法的一种体现。第一种例外是“专门时效”（special limitation period）。若纠纷涉及外国成文法规定的权利，该法同时专门规定了该权利的诉讼时效，则此诉讼时效应识别为实体问题。判断专门时效的方法有两种，即嵌入标准（built-in test）和专门性标准（speciality test）。前者是指规定在成文法中的时效对同一立法规定的实体权利而言是专门时效；后者是指虽然没有规定在同一法律中，但如果时效特别指向（specifically directing）某一权利，以至于构成该权利的一个方面，则构成专门时效。② 在 Bournias v. Atlantic Maritime Co. 案中，③ 法院就是采纳了“专门性标准”（speciality test）来区分程序与实体，因为被告无法证明巴拿马法中的诉讼时效是“专门针对”争议中的权利，因而时效应识别为程序性问题，由法院地法支配。④在 Baxter v. Sturm, Roger & Co., Inc. 案中，法院给出了确定“专门时效”的一个更直观的方法：若争议涉及普通法上的权利，则诉讼时效是程序性的；若争议涉及成文法创设的权利，则时效是实体性的。⑤“专门时效”是普通法上的例外，另一种重要的例外则是源自成文法，即“借入法”（borrowing statute）的规定。美国过半数州的立法中都有“借入法”，⑥ 如宾夕法尼亚州“借入法”规定：“若案件发生地州或国家的法律完全禁止一项诉因，则构成对在本州提起的诉讼的绝对抗辩。”⑦ 换言之，在准据法为外州法律时，若依该外州法诉讼时效届满，则可以适用该外州法有关时效的规定，但若原告为法院地州居民，且在诉因发生时即

① H. H. Kay, Gilbert Law Summaries: Conflict of Laws, Barbri Group, 1997, p. 133

② Christopher R. M. Stanton, *Note & Comment: Implementing the Uniform Conflict of Laws-Limitation Act in Washington*, Wash. L. Rev., Vol. 71, No. 7, 1996, p. 875.

③ Bournias v. Atlantic Maritime Co., 220 F. 2d 152 (1955).

④ *See* Roger C. Cramton, David P. Currie & Herma H. Kay ed., Conflict of Laws: Cases, Comments, Questions, 4th ed., West Publishing Co., 1987, p. 112

⑤ Baxter v. Sturm, Roger & Co., Inc., 230 Conn. 335, 644 A. 2d 1297 (1994).

⑥ The Michigan Legislative Council, *The Michigan Borrowing Statute: A Report to the Michigan Law Revision Commission and Recommendation to the Legislature*, available at http://council.legislature.mi.gov/mlrc/1997/borrow.htm., visited April 28th, 2005.

⑦ Mack Trucks, Inc. v. Bendix-Westinghouse Automotive Air Brake Co., 372 F. 2d 18 (1966).

享有权利，则为例外。① 适用“借入法”的一个难题在于如何确定作为诉因产生地的“外州”，许多州根据传统的既得权理论，也有其他州采用最密切联系说或政府利益分析说来确定应“借入”的法律。②

晚近英美法系国家时效法律适用表现出实体化倾向。这种趋势表现在两个方面：其一，成文法的规定，英美法系相继以成文立法或民间法的形式规定时效问题，并且大都规定时效问题按照主要问题的准据法确定；另一方面，受冲突法革命的影响，尤其是在美国，时效成为“政府利益分析”或者“法律选择考虑”中的一个因素，不再作为一个独立的程序问题。英国加入了1980年《合同法律适用公约》，转化适用该公约的国内立法《1990年外国合同法律适用法》规定时效为实体问题。1984年的《外国时效法》（Foreign Limitation Periods Act，1984）第1条第1款从总体上规定，在英国法院进行的诉讼，应适用外国法有关时效的规定，而非法院地时效法。③美国第二次《冲突法重述》（1986年修订本）在时效问题上放弃第一次《重述》中绝对的程序性识别，采用最密切联系说，其第140条规定：“未为法院地诉讼时效所禁止的诉讼可以进行，除一州在与时效有关的问题上与当事人或案件有更重要的联系，而在该州该诉讼的进行是被禁止的。”由莱弗拉尔（Leflar）主持制定的《统一冲突法——时效法》第2条，将时效规定为实体问题，依实体问题的准据法判断，与大陆法系的做法是一致的。④ 美国的许多州也通过立法规定了对时效的实体性识别。⑤

在经历了冲突法革命后，美国许多法院在审理时效问题时，直接采用目的论方法，放弃程序与实体的区分，适用“最密切联系”或“政府利益分析”方法来决定时效的法律适用。莱弗拉尔声称所有关于程序法律适用的问题都应当按照“法律选择五点考虑”来分析，这样会极大的减轻司法任务；温特劳布更是主张直接

---

① 陈隆修：《国际私法上实体法与程序法问题评论》，载刘铁铮等《国际私法论文集》，五南图书出版公司1989年版，第210页。

② Christopher R. M. Stanton, *Note & Comment: Implementing the Uniform Conflict of Laws-Limitation Act in Washington*, Wash. L. Rev., Vol. 71, No. 7, 1996, p. 877.

③ *See* J. H. Morris & P. M. North ed., Cases and Materials on Private International Law, Butterworths, 1984, p. 627.

④ National Conference of Commissioners on Uniform State Laws, *Uniform Conflict Laws - Limitations Act*, available at http://www.law.upenn.edu/bll/ulc/fnact99/1980s/uclla82.pdf#search='Uniform%20Statute%20of%20 Limitations%20on%20Foreign%20Claims%20Act', visited May 9th, 2005.

⑤ 美国已经有六个州立法采纳了《统一冲突法——时效法》：阿肯色州、科罗拉多州、蒙大拿州、北达卡塔州、俄勒冈州和华盛顿州。

适用政府利益分析法解决时效问题。① 如在 Henry v. Richardson-Merrell, Inc. 案中，一名魁北克婴儿在新泽西州起诉一家纽约药品生产商，因为该婴儿的母亲食用其生产的镇定剂导致婴儿先天缺陷，根据魁北克时效法不得提起诉讼，而根据新泽西州法律却可以。法院最终适用了魁北克法律，因为魁北克对于调整影响当地的商业行为和居民的行为有政府利益。② 在 Mahne v. Ford Motor Co. 案中，加州居民在佛罗里达州的交通事故中受伤，其向密西西比州的联邦法院提起针对汽车生产商的诉讼。法院认为时效应适用法院地法，因为损害发生地佛州对禁止当事人的诉讼没有政府利益。③

诉讼时效作为实体问题也是我国司法实践的通常做法。最高人民法院再审的“粤海公司案”比较有代表性。④ 该案一审和二审法院都没有涉及诉讼时效问题，因为原审两级法院都把争议定性为侵权问题，适用我国法律，诉讼时效为两年。再审中，最高人民法院将争议定性为合同问题，认为案件的准据法为 1924 年海牙规则，粤海公司请求已超过海牙规则规定的时效（一年），应驳回其诉讼请求。无论是原审法院，还是最高人民法院的推理，潜意识中都将诉讼时效作为实体问题的一个方面，统一适用准据法，而不是将时效定性为程序问题。

由于各国国内法上关于时效的期间和时效的法律效果存在差异，涉外案件中时效法律适用的冲突在所难免。大陆法系国家倾向于将时效法律适用作为准据法的一部分，统一适用准据法所属国法律；英美法系区分影响救济的时效和影响权利的时效，倾向于将时效识别为程序问题，适用法院地法。晚近英美法系国家在时效法律适用上有向大陆法系“看齐”的趋势，一方面是由于受国际立法的影响，另一方面也是当代冲突法“实体化”取向的表现。⑤ 同样的变化也发生在举证责任、损害赔偿等领域，以至于许多学者开始建议放弃冲突法中实体与程序的区分。⑥

---

① *See* Lauren Poplack Braustein, *Choice of Law: Statute of Limitation in the Multistate Products Liability Case*, Tul. L. Rev., Vol. 48, No. 4, 1974, p. 1140.

② *See* H. H. Kay, Gilbert Law Summaries: Conflict of Laws, Barbri Group, 1997, p. 134.

③ Mahne v. Ford Motor Co., 900 F. 2d 88 (6th Cir. 1990).

④ 最高人民法院再审的“粤海公司与仓码公司、特发公司等海上货物运输无单放货、提货、代理放货纠纷案”，资料来源于 http://www.court.gov.cn/popular/200303260227.htm，2008 年 3 月 9 日访问。

⑤ 有关英美法系法律选择的“实体化”，参见杜涛、陈力：《国际私法》，复旦大学出版社 2004 年版，第 119～124 页；宋晓：《当代国际私法的实体取向》，武汉大学出版社 2004 年版。

⑥ 车英、郭玉军：《构建和谐世界，研究基本理论——中国国际私法学会 2006 年沈阳年会综述》，载《武汉大学学报（哲学社会科学版）》2007 年第 1 期，第 142 页；卞晓琦：《论国际私法中的实体与程序问题》，载《河南公安高等专科学校学报》2007 年第 3 期，第 84 页。

五、结论

区分实体与程序，程序问题适用法院地法，是从法则区别说时代就为冲突法接受的规则。区分实体与程序的具体方法，经历了以是否影响权利（权利分类法）、对案件结果影响的程度（功能论方法）和结果选择（目的论方法）为标准的过程。可以发现，实体与程序区分的实质，就是在不带来过分不便的前提下，法院能在多大程度上适用外国法的问题。因而，实体与程序的区分总是受到不同时期法律选择理论的影响，是维护法院地利益与实现判决结果一致矛盾交锋的前沿。但从当代冲突法发展的趋势看，受到结果选择方法的影响，实体与程序的区分在法律选择中的作用下降：一方面，传统上需要严格区分的因素都可能作为法律选择考虑因素的一部分，从而实体与程序的区分不会绝对地影响外国法的适用；另一方面，当代冲突法立法和司法实践中扩大实体性识别的倾向非常明显，为实现法律适用的统一性，时效、举证责任、赔偿问题多适用基础关系的准据法。

Abstract It is a commonly accepted rule that the procedure shall be governed by *lex fori* in conflict of laws, but, as a precondition, its application requires a dichotomy between the substance and the procedure. The problem originates and develops simultaneously with the conflicts itself, because it reflects the contradiction between the ease of judicial process and the certainty of results. The separation is carried out on the basis of the classification of rights, its function and its purpose respectively, which is subsequently examined in the determination of applicable law to limitation period. Affected by the materialization trend in the modern conflicts, the substance/procedure dichotomy casts a less significance in choice of law process.

Key words Conflicts; Substance; Procedure; Dichotomy; Materialization

（审稿：卜 璐）

从中巴 FTA 看我国 BIT 在区域一体化实践中的发展

——迈向务实灵活的缔约新理念

□ 刘 彬*

内容摘要 中国与巴基斯坦 FTA 首次正式采用了“贸投合一”的缔约方式，其投资部分将 BIT 直接纳入。此种条约设计既具有较强的综合涵盖性和“非传统收益”的信号作用，也保持了对投资自由化的谨慎态度，并避免了与 GATS 相关规定的冲突；但“贸投合一”方式并非意味着将贸易条文和投资条文进行简单拼凑，也存在法律层面需要注意的若干新问题。投资内容纳入 FTA 框架已是当代大势所趋，而 FTA 由于贸易利益和投资利益的有机联系以及议题的广泛性，不同领域的交换妥协空间更大，较之单纯的 BIT 呈现出更多的复杂性。因此我国宜抛弃僵化单一的缔约理念和缔约模式，根据不同缔约国的具体情况，有针对性地对 FTA 的整体结构与自由化进程进行仔细设计，务实地坚持一定原则的同时又要具有更多的灵活性，贯彻以发展为导向的缔约战略。

关 键 词 自由贸易协定 双边投资条约 缔约理念

目 次

* 厦门大学法学院国际法博士研究生。

（二）“贸投合一 + RTA 例外条款”的综合利弊

（三）投资便利化等政策措施承诺的不足

四、中国在 FTA 实践中处理投资问题的政策性思考

（一）新时期我国 FTA 实践处理投资问题的缔约理念

（二）新时期我国 FTA 实践处理投资问题的策略选择

五、结论

2006 年 11 月 24 日，中国与巴基斯坦签署了自由贸易协定（Free Trade Agreement，FTA），标志着中国的区域经济合作战略在进一步的贯彻与发展中。值得注意的是，中巴 FTA 除货物贸易自由化之外，首次为投资专设单独一章（第九章），前后涉及投资定义、投资的促进与保护、投资待遇、征用、损害和损失的补偿、转移、代位求偿、争端解决等事项，并不涉及投资自由化的内容，① 实际上是将一个传统的 BIT（双边投资条约，Bilateral Investment Treaty）直接纳入到 FTA 中。而中巴之间过去已有 BIT 存在。② 本次 FTA 的第九章相对于先前的中巴 BIT，在所涉事项上并未有实质突破。相比之下，世界上一些重要 RTA（区域贸易协定，Regional Trade Agreement）③ 的投资部分早已超出传统的投资保护领域，迈向了更深入全面的投资自由化。以上就提出了一个直观性的问题：为什么在两国间已经存在 BIT 的情况下，中巴 FTA 又不厌其烦地将 BIT 再行纳入，然而在实质内容上却又仍然裹足不前，仍不轻易涉及投资自由化事项？这样做究竟意义何在？

---

① 投资自由化的概念有狭义和广义之分。狭义的投资自由化仅指对外国投资者的产业领域准入问题，即准入前阶段是否实行国民待遇的问题，而广义的投资自由化还包括传统 BIT 关于准入后阶段的投资促进与保护事项在内。本文对投资自由化采狭义概念，即专指准入前阶段的国民待遇问题。

② 中国与巴基斯坦于 1989 年曾签订相互鼓励和保护投资协定。参见《中华人民共和国政府和巴基斯坦伊斯兰共和国政府关于相互鼓励和保护投资协定》，See http://tfs.mofcom.gov.cn/article/h/at/200212/20021200058401.html，2007 年 8 月 27 日访问。

③ RTA 原指地理区域邻近的国家之间达成的关于削减彼此间贸易的关税与非关税壁垒、推行区域贸易一体化的国际条约，包括关税同盟（CU）、自由贸易区（FTA）、过渡协议等多种形式；但随着实践的发展，RTA 的概念已经大为扩展，其表现之一是当代许多 RTA 的调整事项已远远超出贸易领域，涉及投资、金融、知识产权、环境问题、贸易投资便利化等诸多事项，从而出现了“区域经济一体化协定”等一系列其他名词。本文仍采用 RTA 这一传统术语，但其含义则是广义性质的，对 FTA 这一术语的使用也是如此。

一、我国对投资自由化的谨慎立场及其缔约表现

由于发达国家的大力驱动和发展中国家对外资的态度转变，20 世纪 80 年代后国际投资法表现出比较明显的自由化趋势。在 RTA 中，北美自由贸易区(NAFTA)、欧盟以及东盟都是致力于内部投资自由化的典型代表。可以说，投资自由化问题已成为区域经济合作安排最引人注目的发展动向之一。①

我国目前也面临着来自国际社会投资自由化方面的压力，外商在这方面的期望值越来越高。然而从有关报道来看，近年来西方对我国的投资市场开放状况表现出一定的不满。② 但我们必须认识到，我国在投资自由化问题上的谨慎，除了立足于发展中国家的国情外，更与当前改革开放转型期的宏观形势密切相关。二十余年来我国经济增长的确成就巨大，但另一方面，迅速膨胀的经济也造成了一系列严重的经济与社会不协调的问题，比如环境污染、资源短缺、区域发展不平衡不协调、城市发展向农村征地与工程项目移民等活动引发的社会矛盾、国有经济控制力下降等。我国政府目前的政策重心正转向社会民生领域，同时正在反思过多依赖投资拉动的高耗能、高污染的经济发展方式。对于我国这样一个国情复杂的发展中大国，对外资过广过快的市场开放有可能加剧恶化上述社会问题，背离和谐社会的建设目标。③ 另外，我国二十余年来引资质量也存在一些客观不足，完全有必要进行及时调整，以产业政策为导向对外资加强必要的引导与控制，而不是不分良莠、放任进入。以上才是我国对投资自由化实行谨慎控制的根本原因所在。

---

① 余劲松：《区域性安排中的投资自由化问题研究》，载王贵国主编：《区域安排法律问题研究》，北京大学出版社 2004 年版，第 47 页。

② 美国商务部副部长 Frank Lavin 曾表示，在说服中国降低金融和电信等行业准入门槛的努力失败后，美国政府感到失望，*See* Mure Dickie，US Warns China on Stalled Liberalisation，at http://www.ftchinese.com/sc/story_english.jsp? id = 001010427，visited Aug. 15，2007；欧盟贸易委员曼德尔森表达了对欧盟企业进入中国建筑、银行和保险等行业的情况的担忧，认为欧盟企业遭遇“中国墙”，参见：http://www.ftchinese.com/sc/story.jsp? id = 001005425&pos = RELATED_STORIES&pa1 = 2&loc = STORY，2007 年 8 月 12 日访问；在最近中国反垄断法通过后，西方媒体又有评论认为，该法的通过标志着中国外资政策“拐点”的到来，增强对在国内的外资的限制并维护本国大型国企的利益是该法的主要目的之一，对可能危及国家安全的外资并购或其他行为进行国家安全审查集中体现了这一诉求，参见：《国外媒体关注反垄断法 称中国外资政策可能变化》，at http://news.sina.com.cn/c/2007-08-31/090713785952.shtml，2007 年 8 月 31 日访问。

③ 关于引进外资在这方面对我国经济社会发展的消极作用，参见郭飞、李卓等著：《贸易自由化与投资自由化互动关系研究》，人民出版社 2006 年版，第 243 ~ 253 页。

而在我国对外投资方面，有学者指出，即使在家电或纺织品等我国具有一定优势的行业，通过多方面的综合比较，可以认为现阶段中国企业向国内西部投资总体上要优于向国外市场进行跨国投资，西部开发战略应优先于“走出去”战略。① 此外，目前适宜我国投资的对象国家主要是发展中国家，而在巴基斯坦等国以及其他如东盟、中东、非洲等我国投资者活动较多的地区，政局不稳、恐怖袭击、对华人的敌视情绪等社会安全形势问题的存在也是投资环境的客观不利因素，对于我国与他国实行互惠的投资自由化也构成一定的阻碍。

我国在投资自由化问题上的谨慎立场，在与外国的条约缔结活动中有所体现。过去，中国签订的 BITs 就不曾涉及投资自由化的内容。② 而在近年来与外国缔结的 FTA 中，中国与智利 FTA 暂未涉足投资问题，中巴 FTA 仅涉及传统的投资保护事项。在中国与东盟 FTA 谈判过程中，中方原本只希望签订一份侧重于投资保护的多边协定，而不要涉及投资自由化，后经谈判，才同意双方的目标应是内容比较综合全面的投资协定；然而，投资谈判至今迟迟不能结果，据悉，分歧的焦点正是集中在投资自由化方面。③

二、中巴 FTA“贸投合一”缔约方式的内在动因

同样是暂不涉及投资自由化问题，中智 FTA 目前仅涉及货物贸易自由化内容，投资事项仍由双方过去的 BIT 调整；而中巴 FTA 则是将贸易和投资事项合并规定在 FTA 协议文件中（以下简称为“贸投合一”方式），投资部分是直接纳入过去的 BIT 作为 FTA 的单独一章。④ 两者的做法看似大同小异，但笔者认为，这其中却体现出不可忽略的区别。

（一）“贸投合一”缔约方式的基本动因和独特优势

在过去，国际贸易和国际直接投资被认为是两种不同的经济活动，但随着经济全球化趋势的日益深入，两者表现出越来越强的不可分割性。相应地，两种活动的

---

① 田青著：《国际经济一体化理论与实证研究》，中国经济出版社 2005 年版，第 204～208 页。

② 余劲松、詹晓宁：《国际投资协定的近期发展及对中国的影响》，载《法学家》2006 年第 3 期，第 158 页。

③ 陈辉萍：《构建中国——东盟自由贸易区投资法律框架》，载王贵国主编：《区域安排法律问题》，北京大学出版社 2004 年版，第 249、251 页。

④ 在其他国家的 FTA 实践中，这种将过去的 BIT 直接纳入的做法也时有所见，例如 1999 年中美洲国家与智利 FTA、2007 年马来西亚与巴基斯坦 FTA，等等。

规模呈现同步发展性特征，地区结构分布趋同，国际直接投资的产业流向和国际贸易商品结构的变化相一致；国际经济学中的国际贸易理论与国际直接投资理论不断融合。① 在国际区域经济一体化过程中同样也存在国际贸易与国际投资效应的互动，典型者如贸易创造效应伴随着投资转移效应，贸易转移效应伴随着投资创造效应，等等。

法律的发展植根于社会的发展。世界经济一体化趋势导致了国际经济立法一体化的趋向，使国际经济立法出现了内部整合的趋势，贸易、投资等领域的法律规则相互交融，联系程度空前紧密。② 因此，在各国缔结的 RTAs 中，贸易和投资事项的并存和交融也相应地日趋明显。由于贸易利益和投资利益的有机联系、纵横交错，在这些领域达成整体协议而不是各自单独进行，有助于缔约时各个谈判工作组协调互动，综合权衡利益得失，形成缔约的规模效益，节约立法成本，这一点对于人力物力相对不足、缔约谈判不堪重负的发展中国家相当重要。③ 另一方面，从南南合作国际经济法实践的晚近趋势来看，单纯的货物贸易互惠已不能满足发展需求，合作的重点已开始集中在投资问题上。④ 从上世纪 90 年代开始，南南投资日益增长，部分发展中国家包括我国的企业有向发展程度差于本国的国家进行投资的倾向。除非洲地区的区域合作协议中投资条款较少以外，南美和亚洲的区域合作协议更多囊括了投资问题，反映了南方国家资本流出的新趋势。⑤ 因此，在南南 RTA 中采取贸投合一缔约方式，更有着重要意义。

除以上基本动因外，贸投合一方式还具有自身的独特优势。我们知道，RTA 与 WTO 有所不同的是，前者有其自身特定的优先目标，涉及经济、政治、社会政策乃至国家安全等多个复杂层面。对此，传统的国际经济一体化理论已经不能很好

① 详见赵春明、焦军普：《当代国际贸易与国际直接投资的交叉发展趋势》，载《北京师范大学学报》（社会科学版）2003 年第 2 期，第 34～36 页。

② 徐崇利：《经济一体化与当代国际经济法的发展》，载《法律科学》2002 年第 5 期，第 116～117 页。

③ Maurice Schiff and L. Alan Winters, Regional Integration and Development, a co-publication of the World Bank and Oxford University Press, pp. 239-240.

④ 余劲松、詹晓宁：《国际投资协定的近期发展及对中国的影响》，载《法学家》2006 年第 3 期，第 154～155 页。*Also see* International investment Arrangements: Trends and Emerging Issues, UNCTAD Series on international investment policy for development, New York and Geneva, 2006, pp. 12-14.

⑤ UNCTAD, South-South Cooperation in International Investment Arrangements, UNCTAD Series on international Investment policy for development, New York and Geneva, 2005, p. 26.

地解释RTA的动因，关于RTA的"非传统收益"理论应运而生。① 据分析，"信号作用"是RTA的"非传统收益"之一，即通过缔结RTA使投资者看到缔约国的政策动向，这个信号可以是立场信号（该国政府倾向于经济自由主义抑或保守主义），还可以是国家经济状况和政府间关系的信号。② 而贸投合一方式的独特优势主要就在于RTA"非传统收益"的信号功能方面，即表明缔约国政府之间全方位的特殊友好关系和在各自国内推行经济改革或自由化进程的政策倾向，以及深入推动相互投资关系的政治意愿，等等。与单独的货物贸易协议相比，贸投合一的FTA更具有调整内容的综合涵盖性，更能体现国家间贸易与投资的紧密互动；而与单独的BIT相比，由于国家间FTA缔结活动的社会影响力和公众知晓度远远大于一般的BIT，贸投合一的FTA的引资信号将更为引人注目，更有利于发挥双边投资协定的应有作用。

（二）中巴FTA"贸投合一"的战略作用

从我国的RTA实践来看，中智FTA暂未纳入投资问题，而中巴FTA则采用贸投合一方式。笔者认为这并非纯粹的偶然现象，而是与我国对RTA战略的理解运用以及谈判对手的不同立场紧密相关的。

尽管从经济理论上讲，区域经济合作应高度重视那些贸易和投资的重要伙伴国家，然而我国迄今已经签署协议或正在进行谈判或正在考虑的FTA对象，恰恰并不包括美国、欧盟、日本这些最重要的经济伙伴，③ 发达国家对象仅仅是澳大利亚、新西兰、冰岛等。有研究者认为，我国目前的区域经济合作战略的目标模式是：立足于我国内地和港、澳、台地区为核心，从周边国家开始，逐渐扩大到新兴市场和发达国家，直至辐射至重要能源基地；④ 我国应争取与发展水平略差于我国但又拥有原材料和初级产品出口能力的周边国家签订FTA。⑤ 因此，从我国目前对FTA对象国的选择思路来看，除经贸利益因素之外，总体上具有明显的重视周边国

---

① See Fernandez and Porters, Returns to Regionalism: *An Analysis of Non-Traditional Gains from Regional Trade Agreements*, the World Bank Economic Review, Vol. 8, No. 2, 1998, pp. 197-220.

② 白当伟、陈漓高：《区域贸易协定的非传统收益——理论、评述及其在东亚的应用》，载《世界经济研究》2003年第6期，第65～69页。

③ 个中受国际关系各方面复杂因素制约很大，例如中日之间是明显的经济热而政治淡。

④ 温耀庆：《入世五年来中国参与区域经济合作的观察与思考》，载《国际贸易》2006年第12期，第36页；于立新、王佳佳：《区域合作与投资：中国自由贸易区发展模式研究》，载《经济研究参考》2004年第49期，第21～28页。

⑤ 于立新、王佳佳：《区域合作与投资：中国自由贸易区发展模式研究》，载《经济研究参考》2004年第49期，第21页。

家和能源市场的倾向。我国特别重视能源和其他资源领域的区域经济合作，这是由我国经济发展的严峻现实决定的。

在我国周边国家中，巴基斯坦是我国通向印度洋和中东地区的重要陆上通道，我国商品可借此走向西亚、中东、非洲、欧洲的庞大市场。我国目前从中东的石油进口严重依赖于马六甲海峡——南海——台湾海峡这一传统路线，而这一交通区域由于众所周知的原因，一旦发生重大的政治军事事变，我国的能源安全形势将面临极其严峻甚至是致命的挑战。因此，除致力于能源进口多元化之外，我国政府力求西线通道的畅通，所以巴基斯坦的地理位置对于我国的战略意义可谓十分重要。它既是我国邻邦，也是发展中国家，又是重要的油气来源基地，与该国大力加强双边经贸关系符合我国基本的对外政治经济战略。智利的情况也有一定相似之处，例如铜矿等重要战略资源丰富，也是发展中国家，因此也成为我国缔结 FTA 的对象国；但与贸易领域相比，中智双方目前相互投资的规模较小，合作状况相对落后。

笔者认为，同样都有以前的 BIT 存在，中巴 FTA 不厌其烦地将 BIT 再行纳入，而中智 BIT 却没有被纳入中智 FTA，这并非仅仅是纯粹的偶然。区别意义就在于："贸投合一"的中巴 FTA 能够发挥"非传统收益"方面极强的信号作用，体现中巴两国作为地理近邻在政治方面的特殊友好关系以及贸易和投资两方面的紧密互动；而相比之下，中智 FTA 这方面的色彩就要淡薄很多。

另外，这也与谈判伙伴的政策取向有关。笔者注意到，2007 年巴基斯坦与马来西亚的 FTA 与中巴 FTA 类似，也是将 BIT 直接纳入，仅涉及传统的投资保护与促进事项而不涉及投资自由化。① 可见，巴国作为发展程度相对落后的发展中国家，尽管在不少领域欢迎外国投资，但对于国内产业全面开放总体上仍然是比较保守的。而相比之下，拉美地区的 RTA 投资规范实践由于受到美加式 BIT 范本以及 NAFTA 的影响，在投资自由化方面显得较为激进，承诺范围较广。② 智利、墨西哥等拉美发展中国家在与发达国家缔结了高标准的 BIT 或 FTA 后，在与其他发展中国家进行相关缔约谈判时，在投资事项上也乐于采用较高标准。③ 可以想见，在中智 FTA 的投资谈判中，智方必然不满足于双方已有的 BIT 成果，而会要求在投资自由化方面也有所收获，而这恰恰是我国现阶段比较谨慎的政策领域。因此，中智 FTA 第一阶段谈判成果仅仅是单纯的货物贸易协议，也就不足为怪了。

---

① *See* Free Trade Agreement between Pakistan and Malaysia, 2007, Chapter 9, Investment.

② UNCTAD, South-South Cooperation in International Investment Arrangements, UNCTAD Series on international investment policy for development, New York and Geneva, 2005, p. 34.

③ 陈安主编：《国际投资法的新发展与中国双边投资条约的新实践》，复旦大学出版社 2007 年版，第 19 页。

中巴 FTA 将传统 BIT 简单直接地纳入作为其中单独一章的做法，是我国 BIT 实践的一种新动向。这种做法不同于世界其他重要 RTA 如 NAFTA（因为 NAFTA 的投资条款主张高度的投资自由化），也不同于我国过去与各国单独缔结 BIT 的实践。从实证角度来看，单纯的 BIT 并非推动外资引进的决定性因素，一国的政局稳定程度、投资环境状况、社会法制化程度等因素才是关键。① 当然，BIT 作为为外资提供基本待遇和安全保障的国际法律手段，对于各国的引资竞争绝不可能毫无意义。由于国际投资领域至今未能达成实体性规则的多边公约，双边或区域性的投资协定仍然是国际投资法的主要渊源，这种规则不统一的格局必然导致各国吸引外资的一种法律上的竞争状态。中巴 FTA 将贸易事项与 BIT 简单叠加的“贸投合一”方式也是国际层面引资法律竞争的一种手法，一方面发挥了 RTA“非传统收益”的重要信号作用，另一方面又保持了对投资自由化的谨慎态度。

至于 FTA 与先前 BIT 的效力冲突问题，韩国与智利 2003 年 FTA 直接规定过去的 BIT 失效。② 而中巴 FTA 没有此种条款。对此，似应按照条约法公约相关规定来理解：在相同缔约方之间，后条约优先于前条约，如有不一致，在先的 BIT 应服从在后的 FTA 规定。

三、对中巴 FTA 投资章内容的若干评析

尽管中巴 FTA 贸投合一缔约方式具有上述意义，但笔者认为：这并非意味着将贸易条文和投资条文进行简单拼凑即可完事大吉。与“贸投分立”方式下各自独立存在相比，两者结合在一起产生了若干值得注意的法律新问题。

（一）中巴 FTA 对自由化路径的稳妥选择

尽管中巴 FTA 暂未涉及投资自由化问题，但双方服务贸易谈判却不可避免会牵涉到投资自由化，③ 因为服务贸易“商业存在”就是一种以直接投资方式提供的“面对面”服务，如金融业、餐饮业等部门。由于这种密切关系，加上 WTO 法中的 GATS 将“商业存在”列为所规范的四项服务提供方式之一，这就使得 GATS

① 张晓斌：《双边投资条约引资效果的经验分析》，载《国际经济法学刊》2006 年第 13 卷第 1 期，第 279 ~ 280 页。

② *See* Free Trade Agreement between South Korea and Chile, 2003, Article. 21. 4.

③ 随着服务贸易在国民经济中重要性的日益增长，现在的 FTA 等综合性国际经济条约日益表现出对服务贸易问题进行专门化处理的趋势，如中国与东盟 FTA 的服务贸易协议。中巴 FTA 第 83 条也规定：除非另有议定，双方应继续进行服务贸易的谈判。

这一名为贸易协定的重要法律文件实际上同时又成为一项关于服务业中外国直接投资的多边投资协定。① GATS 把最惠国待遇（most-favored-nation treatment，MFN）原则作为一般性义务加以规定，从而使涉及服务贸易“商业存在”方式的投资自由化事项事实上受到了 MFN 原则的限制，这与其他方面的一般投资自由化事项不同。② 也就是说，一国要开放某些以“商业存在”为主要提供方式的服务贸易部门，必须对所有 WTO 成员方同等开放，不能厚此薄彼。这样一来，GATS 对一国对外推行服务贸易自由化，形成了不可忽略的法律约束。与此相关的一点是，涉及投资自由化事项的 BIT 有可能被视为经济一体化协定，需要按照 GATS 第 5 条通报到 WTO 以便审议其与 WTO 协议的相符性，实践中已有一些成员将它们的 BIT 通报到 GATS 第 5 条项下。③

为避免 RTA 与 GATS 等 WTO 协议文件的冲突，不少 RTA 的服务贸易协议规定，本协定不损害双方在 WTO 项下的权利与义务。如欧洲自由贸易区（EFTA）和新加坡之间的 FTA。④ 中国与东盟 FTA 的服务贸易协议也有类似规定。⑤ 中巴 FTA 在序言和第一章第三条中也已经明确规定双方确认 WTO 项下的权利和义务，因此从理论上讲，双方要推行投资自由化就不能不考虑 GATS 的上述制约因素。

当然，GATS 最惠国待遇原则是有例外的，影响较大的就是 GATS 第 2 条第 2 款规定的成员方的“自我豁免”。颇为引人注目的是，在《关于第 2 条豁免的附

---

① 曾华群主编：《国际投资法》，北京大学出版社 1999 年版，第 706～707 页。

② 笔者认为，除非有关国际投资规范有明确规定，投资自由化主题总体上并不受 MFN 原则的约束。一是传统 BITs 大多不涉足投资自由化事项；二是国际社会目前尚无关于投资实体事项的普遍性多边协议，因此投资自由化主题也就游离于 MFN 原则的规制之外；三是 MFN 原则尚不构成国际习惯法，外国投资者只有根据东道国国内法和国际条约的具体规定才能得到这种待遇。尽管现在不少国际投资规范中也包含了投资自由化的内容并规定 MFN 原则适用于准入前阶段，典型者如欧盟、NAFTA、东盟投资区的投资规则以及美国等发达国家推动缔结的 BITs 等，但此类实践对于其他国家来说并不具备普遍性，恰恰反证了如无此种特别规定，MFN 原则并不当然适用于准入前阶段。联合国贸易和发展会议的有关研究报告将国际投资协定中的 MFN 原则分为“准入后模式”与“准入前和准入后模式”两种，也反证了投资准入前阶段并非当然适用 MFN 原则，参见 Most-Favored-Nation Treatment, UNCTAD Series on Issues in International Investment Agreements, New York and Geneva, 1999, pp. 13-14.

③ International Investment Agreements in Services, UNCTAD Series on International Investment Polices for Development, New York and Geneva, 2005, UNCTAD/ITE/IIT/2005/2, pp. 64-65.

④ International Investment Agreements in Services, UNCTAD Series on International Investment Polices for Development, New York and Geneva, 2005, UNCTAD/ITE/IIT/2005/2, pp. 66-67.

⑤ 参见中国与东盟 FTA《服务贸易协议》序言。

件》内各国所列豁免的具体内容中，有一部分就是基于 BIT 义务的豁免。① 但有学者分析指出，只有 WTO 创始成员才充分拥有这种作出自我豁免的权利，而加入成员能否享有这种自我豁免，只能取决于加入谈判中所达成的具体条件；中国在经过艰苦的入世谈判后，只在极个别服务部门取得了这种权利，远远低于 WTO 创始成员的一般水平。② 何况 GATS 第 2 条附件还规定，这些豁免原则上不应超过十年，并应由服务贸易理事会进行审议，并且 GATS 谈判指南规定，应为取消这些例外进行逐步谈判。这样，就使得我国更难以依赖这种“自我豁免”例外了。

GATS 最惠国待遇原则还有一个重要例外，即第 5 条的“经济一体化例外”。不过，GATS 第 5 条第 1 款规定：参加方之间的服务贸易自由化协定须涵盖众多服务部门（has substantial sectoral coverage），并且须在协定生效时或在合理时限内，对于上述涵盖部门，除了国家安全及其他公认的例外，在参加方之间通过取消现有歧视性措施和/或禁止新的或更多的歧视性措施以消除国民待遇方面的实质上所有歧视。对于“众多服务部门”的用语，GATS 原文还有一个脚注：“此条件应根据部门数量、受影响的贸易量和提供方式进行理解。为满足此条件，协定不应规定预先排除任何服务提供方式。”以是观之，国家之间通过组建 RTA 推行投资自由化时，一旦涉及服务贸易“商业存在”方式，则由于 GATS 第 5 条所规定的条件，几乎必然要求成员间服务贸易自由化的部门高涵盖度。但实践中 RTA 成员的现实状况未必能在短期内满足这一要求，从而同样给投资自由化事项纳入 RTA 造成难度。③

所以，RTA 推行投资自由化最好在服务贸易达成自由化协议之后进行，或者像 NAFTA 那样同时整体达成。实践中，美国等发达国家所推动缔结的 FTA，大多是服务贸易自由化和投资自由化同时并举。但考虑到我国目前对投资自由化的相对保守态度，我国基本不可能采用 NAFTA 那种一步到位的高标准自由化方式，因为相比之下，国家间先行实现服务贸易自由化毕竟其难度还相对较小，而要先实现广泛深入的投资自由化则难度明显更大。因此客观而论，若服务贸易尚未达成协议或短期内无把握达成协议，中巴 FTA 采用贸投合一方式并在投资方面“止步”于投资保护事项的做法是比较稳妥的。这说明 FTA 的条约设计若处理得当，既可以充

---

① OECD, Trade in Services: A Roadmap to GATS MFN Exemptions, TD/TC/WP (2001) 25/FINAL, 2001, p. 29.

② 房东著：《WTO 服务贸易总协定法律约束力研究》，北京大学出版社 2006 年版，第 130 页。

③ 除非这些国家之间的投资自由化不涉及服务贸易，但服务贸易“商业存在”又确实是跨国投资的重要领域，尤其是金融业等行业为发达国家持续关注。

分发挥贸投合一缔约方式的优点，又可以避免与 GATS 的法律冲突。

服务贸易协议与投资自由化协议整体达成的 NAFTA 模式对我国不适合的另一点在于，由于服务贸易的商业存在方式就是一种直接投资，该缔约模式不可避免地会带来 FTA 中的一个结构性问题：投资部分与服务贸易部分的兼容性。例如，投资的定义、自由化方式（“自上而下”还是“自下而上”）、一般性条款与特殊性条款的可能冲突，等等。对于谈判人力资源相对不足的发展中国家来说，要在一次缔约实践中同时考虑这些复杂因素，无疑大大加重了缔约负担。

笔者认为，以上说理并不构成我国在 FTA 缔约实践中对投资自由化持谨慎态度的根本原因，但仍然是我国在相关谈判中不可忽略的法律因素。不过有利之处在于，GATS 第 5 条还有一些灵活性条款，例如，其第 2 款规定：“在评估第 1 款（b）项下的条件能否得到满足时，可考虑该协定与有关国家之间更广泛的经济一体化或贸易自由化进程的关系。”换言之，要从国家间实现经济一体化的整体进程和实际需要来评估服务贸易自由化程度，不宜强求一步到位；此外，第 5 条第 3 款是对发展中国家在实现服务贸易自由化方面的实际困难予以照顾的特殊条款，其中的（b）项还专门提到对南南经济一体化协定可给予更多灵活性。这些条款虽有模糊性，但一定程度上使得国家间推行投资自由化不一定要以服务贸易实现全面自由化为前提，值得我国加以重视。

回到现实实践，我们可以发现，中国与东盟 FTA 的自由化路径与中巴 FTA 虽有些差异，但也有异曲同工之处。在中国与东盟的 FTA 进程中，贸投合一的综合优势和“非传统收益”的信号功能是先通过事前双方的经济合作框架协议来体现，而后双方先从最容易入手的货物贸易协议开始，再完成服务贸易谈判，最后双方即可放手考虑包括投资保护与投资自由化在内的综合性投资协议。

（二）“贸投合一 + RTA 例外条款”的综合利弊

在中巴 FTA“贸投合一”方式下，由于 BIT 直接纳入 FTA，有一个值得注意的投资待遇条款也得以一并移植，此即第 9 章第 48 条第 4 款：“本条第 3 款规定不应解释为要求一缔约方将根据下列活动产生的任何待遇、优惠和特权的利益给予另一缔约方的投资者：（一）任何其他的关税同盟、自由贸易区、经济同盟和任何产生上述同盟或类似机构的国际协定……”该条款在 BITs 中十分常见，是一种“关联国家例外条款”，① 构成 MFN 原则的例外，亦不妨可以直接称为“RTA 例外条款”。此类条款的存在意义，一方面在于 RTA 成员实行内部经济一体化的利益需要，另一方面，也是因为 RTA 中的投资待遇是建立在成员互惠基础上的，而 BITs

① 陈安主编：《国际经济法学专论》下册，高等教育出版社 2002 年版，第 662 ~ 663 页。

中无条件的 MFN 原则将此待遇扩展适用于 BIT 相对方，很可能并无相应的利益交换，从而会损害 RTA 成员的利益。① 但笔者认为，“贸投合一 + RTA 例外条款”的文本现象产生了一些法律层面的新问题，兼具利弊两面。

1. “贸投合一 + RTA 例外条款”的优缺点。

此文本现象的优点是，通过将 BIT 纳入 RTA 从而一并移植了关于投资待遇的 RTA 例外条款，给 RTA 缔约国的“选择性自由化”政策留下了充分的回旋余地。详言之，一国只要在其对外缔结的多个 RTA 的投资部分中均设有投资待遇的 RTA 例外条款，那么就可以在法律层面继续给予不同国家投资者不同的投资待遇。在投资自由化方面，即使国际社会有朝一日通过诸如 WTO 等多边场所最终达成了关于投资自由化的多边协议，使 MFN 原则成为投资准入前阶段的一般原则，但只要 WTO 继续长期承认 RTA 的合法性，RTA 中的 RTA 例外条款也就可以相应地继续保持“选择性自由化”的合法性，为一国的外资自由化政策保持充分的灵活度，有助于更好地维护国家主权利益。

在货物贸易领域，GATT 第 24 条已经禁止 RTA 之组建不得对非成员方提高贸易壁垒水平，但如果一国按照 RTA 一体化要求在投资方面对非成员方实行比原先更多的限制（TRIMs 协议禁止者除外），国际法并无一般性多边规则加以禁止。② 即使涉及直接投资的 GATS 第 5 条规定不得提高对第三国的服务部门总体壁垒水平，但在除“商业存在”方式之外的投资自由化领域，GATS 也鞭长莫及。惟有一些国际投资条约（如 MAI 草案）常常设有“锁定机制”（standstill obligation），规定现有投资待遇不得减损，一成员方不能对其他成员方实行新的限制措施。在这种情况下，RTA 成员就可能会有动机在有关国际投资条约中设置一个总括性的 RTA 例外条款以作预防，从而完整保有推进区域经济一体化进程的政策决定权。

然而另一方面，“贸投合一 + RTA 例外条款”的文本现象若在各国的 RTA 实践中泛滥开来，是否可能意味着传统 BITs 中投资待遇的 MFN 原则的危机？尽管国际社会目前尚无关于投资实体事项的普遍性多边协议，但由于 BITs 一般都规定了 MFN 原则，各国通过编织 BITs 之网从而实现在投资保护方面各种最优待遇事实上的通用。然而现在，一国只要在其对外多个 RTA 文本中将 BIT 纳入进来并顺便移

---

① International Investment Arrangements: Trends and Emerging Issues, UNCTAD Series on international investment policy for development, New York and Geneva, 2006, p. 63.

② 除国际区域经济一体化之外，一个主权国家也可以在投资领域独立实行“去自由化”（de-liberalization），例如我国在今年禁止外资进入部分重要矿产资源开采，参见《中国将禁止外资介入部分重要矿产资源开采》，at http://news.sina.com.cn/c/2007-11-07/095014254143.shtml，2007 年 11 月 7 日访问。国际投资领域“去自由化”的合法性，根源在于投资领域缺乏像贸易领域和宏观金融政策领域那样的一般性多边规则。

植投资待遇的 RTA 例外条款，就可以切断 MFN 原则的上述自动传导效应。由于 RTA“关联国家”相互给予的投资待遇可以不给其他国家，但给予其他国家的投资待遇却由于 RTA 投资规范中的 MFN 原则而必须给予“关联国家”，这势必吸引各国为成为“关联国家”甚至尽可能争当“轴心国”而竞相组建 RTA 并分别设置不同的投资待遇条款，从而使国际投资法的重心从现有的 BITs 之网转移到 RTAs 之网，进一步导致国际投资法体系的无序化。这对于国际投资法的整体发展来说，极有可能是一个倒退。在过去 RTA 数量尚少、BITs 占据国际投资法体系主导地位的时候，这个问题是不那么严重的。但 RTA 在当代数量迅猛增长，综合涵盖贸易与投资等多方面内容的 RTA 也不在少数，那么“贸投合一方式 + RTA 例外条款”的文本现象若泛滥化，就存在加剧国际投资法体系的分割化或者说“碎片化”的危险。

笔者认为，这种分割化、无序化的潜在威胁，对于投资自由化领域的危害会更大。因为随着经济全球化和自由化趋势的发展，各国在投资保护领域的立场尽管分歧犹存，但已经接近了很多，例如不少发展中国家逐步减少对外资准入后阶段的经营限制和业绩要求，尽量不对外资实行国有化或征收，在征收补偿标准方面向发达国家立场作适当妥协、争端解决方面提高国际仲裁机构的使用率和国际法的适用率，等等。因此可以说，在投资保护与促进的待遇方面，随着各国法律与政策的逐渐趋同，RTA“关联国家”例外的现实意义正在变小。而投资自由化领域则大相径庭，因为各国对外资的产业开放状况差异较大，即使在那些开放的部门中外国投资者享受到国民待遇的程度也各不相同，总之，这方面法律和政策的调整空间很大，从而 RTA“关联国家”例外条款的威力就不可低估了。

值得注意的是，中日 BIT 似乎已对此作了法律上的防范，其第 2 条第 2 款规定：“缔约任何一方国民和公司，在缔约另一方境内，关于投资许可和与投资许可有关的事项，享受不低于第三国国民和公司的待遇。”并且在后面的条文中没有 RTA 例外条款。可见，前述的分割化、无序化的潜在威胁是客观存在的，人们在过去的条约实践中对此也已经有所察觉。但随着“贸投合一”的 RTA 在新时期日益盛行，这个问题需要引起新的重视。

2. “RTA 例外条款”的实际必要性。

既然存在上述隐患，那么我们就需要思考 RTA 例外条款的实际必要性。如前所述，此类条款的存在意义一是在于 RTA 成员实行内部经济一体化的利益需要，二是在于 BITs 中无条件的 MFN 原则将导致利益交换得不到保障。我们可以从这两个方面再进行考察。

（1）RTA 经济一体化的角度。

如果 RTA 的内部经济一体化程度越深，则 RTA 成员就可能会感到越有必要在有关国际投资协定中设置"RTA例外条款"。① 这方面最典型的无疑是欧盟。在经合组织MAI谈判中，欧盟代表就竭力主张区域经济一体化组织的内部优惠应作为MAI最惠国待遇的例外；② 此外，欧盟新成员或候选国与美国之间的BITs也为此作了专门调整，欧盟、欧盟新成员或候选国、美国之间签订了三方谅解备忘录，在适当利益妥协的基础上，将农业、交通、金融服务、渔业和能源等领域特别排除在BIT最惠国待遇义务之外。③ 相比之下，一体化程度较低的东盟则情形颇为不同。东盟投资区框架协议规定在一定期限内将区内投资自由化利益向区外投资者延伸。④ 可见，区域经济一体化的具体深度对于在国际投资协定中设置RTA例外条款的必要性确有影响，不可简单武断地等同视之。

总括性的RTA例外条款的优点是避免了由成员逐个确定特定例外并对其进行具体解释的麻烦，也为日后RTA的进一步自由化预先设下防护，此外还可以传递RTA成员间特殊关系的政治信号；⑤ 但缺点是缺乏确定性和可预见性，使RTA内部优惠始终游离于国际投资协定的掌控之外，与国际投资协定的自由化宗旨有所背离。世界各地的区域一体化进程不可能都是欧盟模式，若不问具体情况而一概如此进行条款设置，对于国际投资自由化进程极可能会带来消极影响。从经济角度分析，国际区域经济一体化不但将促进区内投资流动，而且客观上也会对外部投资流入产生影响，对此效应不可忽视。⑥ 东盟投资区框架协议不但致力于内部投资自由

---

① 国际投资协定（International Investment Agreement，IIA）是西方学者采用较多的一个广义概念，大体是指包含有调整国际投资关系的法律规范的国际条约，因此双边投资条约、避免双重征税协定、"贸投合一"的FTA以及WTO法中的TRIMs协定、GATS等都属于国际投资协定的范畴，不宜理解为仅指双边投资条约（BIT）或其他仅以投资为主题的国际条约。

② 陈辉萍：《多边投资协议谈判回顾与展望》，载《国际经济法论丛》第2卷，第302页。

③ The REIO Exception in MFN Treatment Clauses, UNCTAD Series on International Investment Policies for Development, 2004, p. 56, 57.

④ Framework Agreement on the ASEAN Investment Area, Article 4 (b), (c) and Schedule III, 2.

⑤ The REIO Exception in MFN Treatment Clauses, UNCTAD Series on International Investment Policies for Development, 2004, p. 32.

⑥ 例如，在区域经济一体化过程中，伴随着贸易转移效应的往往是"投资创造"效应，即遭受贸易转移效应不利影响的区外国家的优势产业为绕过区域一体化组织相对较高的外部关税壁垒而选择在一体化组织区域内直接投资，而这只是区域经济一体化吸引外部FDI流入的因素之一。详见东艳：《南南型区域经济一体化能否促进FDI流入?》，载《南开经济研究》2006年第6期，第70~88页。

化，而且还在一定期限内将投资自由化利益向外部投资者逐步开放，值得我们思考。① 当代 RTA 大潮客观上确实已难以阻挡，但此种“开放的区域主义”做法或许会起到某种缓解作用。

(2) BIT 利益交换方面的角度。

如前所述，RTA 国家会担心 BIT 相对方会借助 MFN 原则而“搭便车”享受 RTA 的投资待遇，却不必在 BIT 中作出相应的互惠。这种担心是否有必要，实质取决于 RTA 投资制度和有关国际投资条约制度的差异和冲突程度。若 RTA 投资制度中的义务比有关国际投资条约制度中的义务更重，那么冲突程度就较大，在国际投资条约中设置 RTA 例外条款的动机就会越强；若两者法律义务大体相当，则冲突程度变小但仍然可能有所存在；若两者分别采取“自上而下”和“自下而上”的不同自由化方式，则冲突程度也会很大。② 如果两种投资制度的法律义务确实差异较大，一般性的 RTA 例外条款才有设置必要。反之，则可以考虑代之以一国关于特定领域或特定措施的个别性例外清单。

而另一方面，即使两种国际投资制度存在上述客观差异，如果 RTA 及其成员方的国内法允许非成员投资者一定条件下享有“设立权”(right of establishment)，③ 那么区外国家也能享受到 RTA 内部投资优惠，这就使得两种投资制度的冲突以及 RTA 例外条款的必要性变得不那么明显。所以 RTA 如何界定区内投资者以及 RTA 成员国投资市场准入的法律状况如何，是 RTA 区内投资待遇能否惠及非成员投资者的又一关键。这与国际贸易领域采用原产地规则来界定区内产品有类似之处，规则的宽严程度取决于 RTA 成员方对于 RTA 及本国经济的开放程

---

① 相关延伸思考是：在贸易领域，由于 RTA 歧视性做法会引起集团外国家的不满，RTA 集团有时会选择在一定程度上削减外部关税或其他壁垒以作应对，例如欧共体在启动经济一体化进程后就曾迫于美国的压力而不得不配合 GATT 多边关税减让；国外也有若干专家曾主张 RTA 实行内部贸易优惠的同时须削减外部整体贸易壁垒，see Jagdish Bhagwati, *the World Trading System at Risk*, Harvester Wheatsheaf, 1991, pp. 76-77; Jagdish Bhagwati, Regionalism and Multilateralism: An Overview, in Jaime de Melo and Arvind Panagariya (ed.), *New Dimensions in Regional Integration*, Cambridge University Press, 1993, pp. 35-36; T. N. Srinivasan, Regionalism and the WTO: Is Nondiscrimination Passé? in Anne O. Krueger (ed.), *the WTO as an International Organization*, Chicago University Press, 1998, p. 343. 那么，贸易领域的这种救济理念能否为投资领域的国际立法所借鉴？东盟投资区框架协议的做法似乎正遵循着这一理念。

② The REIO Exception in MFN Treatment Clauses, UNCTAD Series on International Investment Policies for Development, 2004, pp. 30-31.

③ 关于设立权的概念，可参见曾华群：《变革期双边投资条约实践述评》，载《国际经济法学刊》第 14 卷第 3 期，第 14 页。

度的政策意愿。①

中国目前无论在BIT还是FTA实践中都对投资自由化持相对保守态度。而在准入后阶段，随着全球经济一体化和自由化趋势的发展，对外资持开放态度的一国通常已经不会在传统的投资保护事项方面对不同国家投资者给予实质差别很大的不同待遇，各国投资者在东道国享有的准入后待遇正在逐步趋同，BITs中MFN原则的自动传导功能更使各种最优待遇得以通行。这就引出对RTA例外条款的实际必要性的思考，对于中国的FTA和BIT实践尤其具有针对性。如果不分青红皂白，图省事而不加考虑地在RTA投资规范中简单移植总括性的RTA例外条款，只会割裂国际投资规范的有机联系，使RTA投资规范与BIT、BIT与BIT之间关于准入后阶段投资待遇的非重大差别重新被凸现出来，并无实际价值。另外很重要的一点是，我国与巴基斯坦这样相对落后的发展中国家之间的资本流动基本是单向的，我国总体上是处于资本输出国的地位，那么“RTA例外条款”的存在，其实是为巴方提供了政策灵活性，而对我国则可能有潜在的不利影响。

3. 阶段小结。

MFN原则为国际经济一体化和自由化提供了有效的法律保障机制，其例外多受到一定条件的限制，如GATS中各国的最惠国待遇“自我豁免”只能一次性行使，而且也是暂时性的。而RTA投资规范与BIT中总括性的RTA例外条款则是泛泛的、长期的，严重威胁着MFN原则的本来功能。

历史经验证明，关起门来搞封闭式的南南合作很难取得成功；当代发展中国家大多对发达国家的资金、技术持欢迎态度，我国也不例外。我国近年来大力推动区域经贸合作，是出于对世界潮流的正确认识，旨在拓展国际经济交往空间，而并非要蓄意打造区域封闭式集团来获利。② 我国日后在采用贸投合一方式缔结RTA时，简单地采用“贸投合一+RTA例外条款”的缔约方式并非成熟的做法，可能会失之粗疏简陋，尤其当自己处于资本输出国地位时更有作茧自缚之嫌。务实灵活的处

① 以中国内地与香港CEPA为例，CEPA第12条第2款规定，任何世界贸易组织其他成员的服务提供者，如系根据CEPA一方的法律所设立的法人并在该方从事附件五中规定的“实质性商业经营”，则有权享受另一方在《安排》下给予该方服务提供者的优惠，显然这在服务贸易“商业存在”方面为外国投资者敞开了大门；而CEPA附件五则主要规定了“香港服务提供者”的定义，对于“内地服务提供者”需具备的条件并未作出说明，显然这与香港的国际经济自由港地位和两地的服务业发展水平差异直接相关，反映了中国政府在此问题上的政策取向。

② 一个典型例证就是中巴FTA的原产地规则对区内价值成分的要求仅为40%，这与东盟内部原产地规则以及中国与东盟FTA原产地规则的标准相一致，大大低于标榜“高标准自由化”的NAFTA的原产地规则要求（50%～60%）。这在部分意义上说明中国、巴基斯坦、东盟等发展中国家/地区都不愿使自己参加的区域经济集团过于内向化。

理方式才有助于更好地维护国家利益。

近年来一些国际投资规范有限制 RTA 例外条款适用范围的趋势。例如，有些国际投资条约规定 RTA 成员不能提高对非成员投资者的壁垒，并规定了相应的利益补偿机制；① 有些规定了享受例外的 RTA 的条件标准要求，如 MAI；② 加拿大 BIT 范本规定仅仅在先的其他协定的待遇不适用 MFN 原则；③ 东盟投资区框架协议规定内部投资优惠在一定时期后向区外投资者延伸适用；中国内地与香港 CEPA 对香港服务提供者的界定保障了外国投资者的设立权，等等。此外，对不适用 MFN 原则的具体优惠进行必要列举也是可考虑的办法之一。有的时候，即使条约存在 RTA 例外条款，也不一定需要付诸利用，完全可以视现实需要而定。这些对于我国都具有重要的借鉴意义。

（三）投资便利化等政策措施承诺的不足

在各国 BIT 实践中，关于透明度等政策措施承诺比较常见，而随着贸投合一的 FTA 的日益盛行，此类政策措施承诺在 FTA 中也有越来越多的体现，并且总体范围日益扩大，向技术援助、能力建设、监管标准、电子商务、企业交流、产业合作、次区域开发等领域广泛渗透。④ 这些政策措施承诺虽然有的也具有硬性约束力，但大多数情况下操作性并不强，基本上属于软性条款。政策措施承诺也是南南投资协定的发展导向特征的重要体现，如东盟投资区框架协议即是一例。⑤ 实际上，从南南投资协定的实践来看，在实质性自由化的法律承诺和未来合作的政策承诺之间，鉴于前者对国家主权利益的更大影响，不少南南投资协定在时机尚未成熟时更愿意选择后者，即仅限于确立促进投资的一般政策性原则，这也是南南合作的一种形式。

举例说，投资便利化在国际经济合作中被证明是一个相对容易达成共识的领

---

① The REIO Exception in MFN Treatment Clauses, UNCTAD Series on International Investment Policies for Development, 2004, p. 47.

② OECD, the Multilateral Agreement on Investment, Draft Consolidated Text, 1998, Annex 1, Country specific proposals for draft texts, Regional Economic Integration Organisations, p. 117.

③ International Investment Arrangements: Trends and Emerging Issues, UNCTAD Series on international Investment policy for development, New York and Geneva, 2006, p. 63.

④ 实际上，这是广义的多层次的区域经济合作的体现，狭义的单一层次的区域经济合作仅指缔结单纯的贸易投资优惠协定。当代 FTA 多已不再停留于贸易关税和非关税壁垒削减的原始层面，而是渗透到上述多个方面，充分体现国际区域经济合作的当代发展趋势。

⑤ *See* Framework Agreement on the ASEAN Investment Area, Schedule II, Promotion and Awareness Programme.

域，其概念的范围很广，某些内容如提供投资信息服务、协助投资者当地考察、改革外资审批程序、改善基础设施、发展企业供应链、提高国内政策与法规透明度等，① 在我国过去缔结的 BITs 中显得不够丰富，这次的中巴 FTA 第九章也不例外。虽然上述许多方面难以用硬性的条约义务来加以规定，但为了体现缔约双方促进和保护彼此投资的诚意，采取诸如“致力于”、“逐步实行”、“善意考虑”、“根据本国法律与政策”等软性措辞也未尝不可。尤其是在 FTA 这样引人注目的重大条约缔结活动中，这些软性条款实际上有助于进一步充分发挥 RTA “非传统收益”方面独特的信号作用，意义不可小觑，这是与单纯缔结 BIT 所不同之处。而且，这些投资便利化承诺会产生“溢出效应”，例如，对法律法规透明度的要求无疑会使其他非条约当事国都能受益，② 这对于一国改善本国投资环境、吸引各国投资都是具有积极意义的。就我国而言，国内 FDI 法律法规比较杂乱且标准不一的现象有所存在，且这些法律法规内容多偏于宏观，对投资者在微观层面的行为引导显得不足，透明度问题也仍有改善空间，这些都是我国可以有所作为之处。

中巴 FTA 也有关于透明度的第八章，对联络点、影响缔约方利益的措施的公布、通知和提供等作了规定。但第八章是适用于整个 FTA 协议，对于投资事项缺少专门的针对性，③ 而且总体上看，中巴 FTA 在贸易投资便利化以及更广阔的政策措施承诺领域依然显得内容很不丰富。与之形成鲜明对照的是，在我国过去的 FTA 实践中，中国与东盟框架协议已经具有此类专门条款；④ 内地与香港 CEPA 不但有贸易投资便利化和经济政策合作的专门条文，而且更用一个专门附件对贸易投资便利化作了大量规定。⑤ 那么，中巴 FTA 在此环节上的薄弱表现就稍显不够合理。

笔者认为，既然中巴 FTA 之缔结蕴含有重要的对外政治经济战略意义，那么我们就没有理由忽略体现“非传统收益”的政策措施承诺领域；既然中巴 FTA 投资部分的内容较之双方过去的 BIT 并无实质性突破，为更好体现我国与巴基斯坦的良好政治关系以及鼓励和保护彼此投资活动的政策立场，在 FTA 投资规范中增加

---

① 卢进勇、冯涌：《国际直接投资便利化的动因、形式与效益分析》，载《国际贸易》2006 年第 9 期，第 52 页。

② International Investment Agreements in Services, UNCTAD Series on International Investment Polices for Development, New York and Geneva, 2005, UNCTAD/ITE/IIT/2005/2, pp. 68-69.

③ 在其他国家的条约实践中，韩国与智利 FTA 在不同章节中相应规定了不同的透明度要求，具有较强的针对性，可供借鉴。

④ Framework Agreement on Comprehensive Economic Co-operation Between the People's Republic of China and the Association of South East Asian Nations, Part II, Article 7.

⑤ 参见内地与香港 CEPA 第十五章第 16 条以及关于贸易投资便利化的附件。

诸如投资便利化等方面的条文是值得考虑的。我国立足于资本输出国的立场，有必要在谈判中适当增加要求投资保护的压力。从巴基斯坦国内来看，其政治安全形势、社会稳定程度、恐怖袭击等问题比较突出，需要加强治理与打击力度，甚至可能需要两国在刑事司法等方面的合作。这些都可以归入投资便利化的可改进方面，对于我国以后与其他发展中国家缔结“贸投合一”的 FTA 也同样适用。

四、中国在 FTA 实践中处理投资问题的政策性思考

通过以上分析，笔者以为：FTA 投资规范的设计与单纯的 BIT 不尽相同，需要考虑的复杂因素更多；将现成的 BIT 纳入 FTA 看似简单直接，但在 FTA 整体系统下，我们还需要更多考虑投资规范与其他规范的有机联系以及 FTA 整体功效的发挥。中巴 FTA 既开我国“贸投合一” FTA 实践之先河，那么无疑将引发我国在其他 FTA 谈判中处理投资问题的政策性思考。

对此，有学者指出，在今后中国的区域经济合作协定中，在处理投资问题时，面临的挑战包括：如何解决这些协定内关于投资问题的规则与其他经济问题的交叉与矛盾；如何使这些协定与国家的经济发展政策更好地结合起来，为促进经济发展保留足够的政策空间；如何创设一种一体化的发展政策，保持投资政策与贸易等其他政策的一致性，并考虑到这些规则对自己既作为资本输入国也作为资本输出国时可能产生的影响；以及如何解决投资自由化问题；等等。① 笔者认为，以上论断十分中肯地指出了中国 FTA 实践处理投资问题的主要政策关注点。

（一）新时期我国 FTA 实践处理投资问题的缔约理念

随着中国经济实力的增长和“走出去”战略的推动，海外投资日益增加，中国的国家角色战略定位也在发生变化，即在作为资本输出国保护本国海外投资和作为资本输入国维护东道国权益方面都有着重大利益，从而一定程度上导致角色迷失和 BIT 战略紊乱。② 发达国家多偏好投资自由化，即便是一些发展中国家或新兴工业化国家如智利、东盟、韩国等，由于各种原因也对投资自由化越来越感兴趣。中国由于国内宏观经济政策调整的需要，短期内又不能敞开国门放任发达国家及新兴工业化国家的资本大举进军本土市场。如果在投资自由化方面开了先例，就可能引

① 余劲松、詹晓宁：《国际投资协定的近期发展及对中国的影响》，载《法学家》2006 年第 3 期，第 158 页。

② 蔡从燕：《国际投资结构变迁与发展中国家双边投资条约实践的发展》，载《国际经济法学刊》第 14 卷第 3 期，第 50～51 页。

发其他国家的连锁压力，对未来缔约谈判不利。而另一方面，由于各种原因（例如中国日益重视参与自然资源国际开发，加上近年来为减少国际贸易摩擦而鼓励企业对外投资等因素），中国对其他发展中国家的投资也在日益增长，存在希望别国加强投资保护乃至扩大投资市场准入的需要。

BIT 问题上的两难处境也延伸到了中国的 FTA 实践中。而贸投合一的 FTA 存在贸易利益与投资利益的交叉作用，使得相关政策考量更加复杂。例如，与澳大利亚缔结 FTA，由于对方人口稀少、市场相对较小，我国在货物贸易市场开放上并无显著的相对利益可图，反而引来对方的商品和服务大量涌入，因此有分析者认为，在与澳大利亚谈判 FTA 过程中，鉴于中方在贸易市场开放方面得利较小，应争取澳方向中方开放矿产等自然资源的投资市场，作为平衡。① 但 FTA 谈判一旦涉及投资自由化问题，开放市场就不可能是单向，这对于我国又形成利益挑战。在较大的货物出口对象国中，欧美日等由于种种原因在短期内不会考虑与我国缔结 FTA。而在与那些我国海外投资利益较多的发展中国家如巴基斯坦的 FTA 谈判中，巴国出于国内政策考虑，并不会在 FTA 中轻易作出更多的投资自由化承诺，只肯象征性地将 BIT 纳入 FTA 中，这在相当程度上代表了资本输入发展中国家的政策意愿。

为寻求缔约战略的启示，我们可以回到 BIT 政策的讨论。有学者指出，现在已不宜再简单地认为趋于保守或者更加自由化中哪一种选择就是明智或是不明智的，而应扬弃传统 BIT 实践两分法的旧思维，倡导以发展为导向的新思维，针对不同国家的具体情况，从整体的角度理解 BIT 在推动资本输入发展中国家的发展目标以及保护海外投资利益方面的作用，并据此设计 BIT 的结构和具体条款。② 笔者认为该观点颇具现实针对性：尽管南北矛盾仍是当今国际经济秩序中的一对基本矛盾，但当今国际经济秩序已不再像过去那样利益分野泾渭分明，而是呈现出多元化的复杂性特征。法律的发展植根于社会的发展，现实必然要求中国这样的转型期发展中大国相应转换对外缔约理念。

一方面，我国要立足于发展中国家的国情和国内宏观经济政策调整的需要，在一些原则性问题上如投资自由化方面保持务实态度，不宜脱离实际盲目响应发达国

---

① 盛建明：《FTA 谈判中的陷阱及其防范原则》，载《国际贸易问题》2007 年第 1 期，第 111～113 页。

② 蔡从燕：《国际投资结构变迁与发展中国家双边投资条约实践的发展》，载《国际经济法学刊》第 14 卷第 3 期，第 49～54 页。文章作者认为，发展中国家应该把 BIT 作为一个整体考虑其在促进发展目标之实现方面的功能并考虑 BIT 的内容安排。例如，如果特定发展中国家不愿意全盘接受 ICSID 机制，但为更有效地提供外资保护，不妨在征收和补偿标准问题上提供较高保护，又如，如果不愿意在投资准入阶段接受国民待遇，不妨在投资促进方面作出更有效的安排，参见该文第 52 页。

家自由化的高调，也不宜强迫落后发展中国家开放投资市场；另一方面要根据不同的谈判对象以及我国相应的经贸利益，在缔约谈判中具体问题具体分析，从整体上把握国家利益，灵活并有针对性地进行条约谈判和设计。而务实和灵活这两方面都服务于发展导向的根本宗旨。在南南投资协定中，具体涉及何种内容的条款、对条款表述方式的设计往往都是出于对发展导向的考虑；① 注重发展性也是南南经济合作协定的重要特征，其常常强调要鉴别缔约方各自不同的发展阶段并照顾到便利较不发达成员进一步参与一体化的需要，因此在结构上也存在灵活性条款和各种保留，中国与东盟经济合作框架协议就是一例。②

无论是 BIT 还是 FTA，问题的本质在于它们所承载的普适性色彩和灵活性色彩之间的张力平衡。详言之，南北国家对 BIT 的一些重要纷争点都抱有一种国际习惯法角度的期待，希望对自己有利的规则能广为接受，这可以视为 BIT 的普适性象征因素；而 BIT 具体条款的设定又不能背离国家利益，任何“范本”都不可能预见到并适用于各种复杂情况，这就决定了在具体国家谈判中每个 BIT 都有其特殊背景和特殊目标，具有类似于民法上私人合同特别约定的灵活性特征。此种分析也适用于 FTA，而 FTA 的政策涉及面更广，各种经济利益的交叉作用使得 FTA 较之单纯的 BIT 呈现出更多的复杂性，更需要灵活性智慧在特定时空条件下的闪光。同时，FTA 的宽广调整面也为谈判方之间议题利益、条款利益的交换妥协提供了更丰富的选择，更需要以国家的长远发展为立足点，以把握综合平衡为原则，而不必过多拘泥于局部条款利益。

以中巴 FTA 为例。如前文所分析，既然现阶段讨论投资自由化的时机尚未成熟，那么我国作为资本输出国，在缔约谈判中不妨在投资便利化、安全合作等政策措施承诺领域要求对方有所作为；BIT 中传统的“RTA 例外条款”纳入 FTA 虽有保持投资政策灵活性的好处，但在中巴之间特定的单向投资关系中，我国在议定约文时并无株守必要。

（二）新时期我国 FTA 实践处理投资问题的策略选择

由于我国的对外 FTA 实践具有重视周边国家和能源基地的特点，从主观需要和客观进程来看，下一步的 FTA 对象将可能是韩国、海湾合作委员会和澳大利亚等。韩国是我国的重要邻邦，加上贸易和投资关系极为密切，与之缔结 FTA 已具

① UNCTAD, South-South Cooperation in International Investment Arrangements, UNCTAD Series on international Investment policy for development, New York and Geneva, 2005, pp. 40-41.

② *See* Framework Agreement on Comprehensive Economic Co-operation Between the People's Republic of China and the Association of South East Asian Nations, Preamble, Article 1, 2, 7, 8, etc.

备了基本的战略优先性；另外据有关研究者的分析，与韩国尽快缔结 FTA 也是我国在东亚区域经济合作的“轮轴国”地位之争中的当务之急。① 而海湾合作委员会的战略地位更不言而喻，我国与之缔结 FTA 能够更好地加强国家能源安全保障，并促进本国商品更多地流向中东、西亚、欧洲、非洲等巨大市场。澳大利亚作为发达国家，与我国经济互补性较强，而且该国自然资源十分丰富，对于我国也有巨大的能源利益。②

显然，在与这些发展程度较高的重要伙伴的 FTA 谈判实践中，投资问题无法排斥，采用“贸投合一”缔约方式的可能性也较大，但究竟采用何种具体的条约设计则值得我国仔细斟酌。退一步说，即便是发展阶段相似的发展中国家之间的 RTA，虽然采贸投合一者越来越多，但在处理投资问题的方式上，也根据具体情况与追求目标而各不相同——有的是保守型，有的是自由化型，有的只有关于未来投资自由化的软性承诺，有的则包含了一整套广泛的关于投资的具体条款。③ 因此，我国需要立足于自身国情，根据不同对象国家的具体情况对 FTA 的整体结构与自由化进程进行仔细设计，新时期的 FTA 投资规范实践也必将有别于过去单纯的 BIT 实践。

结合我国迄今的相关实践情况，FTA 处理投资问题的参考路径有以下四种：

(1) NAFTA 路径。采取一步到位的高标准自由化方式，在货物贸易、服务贸易、投资保护、投资自由化等诸方面同时达成整体协议，这在短期内对于中国是不现实的。

(2) 中智 FTA 路径。采“贸投分立”方式，投资保护事项仍由双方以前的 BIT 调整，在 FTA 中仅涉及货物贸易自由化，暂不考虑投资自由化问题。在双方比较关心经贸利益但政治战略意义和相互投资关系略显淡薄的情况下，或是对方提出过多投资自由化方面的要求时，这种路径比较适合，有助于节约谈判缔约的立法成本。我国仍是发展中国家，经贸、法律、条约谈判等方面的人才队伍还不能说非常充足，因此这种立法成本的节约并非无意义。

(3) 中国东盟 FTA 的路径。“贸投合一”方式的综合优势和信号作用通过事前的框架协议来体现，具体协议则分别达成，先达成货物贸易协议，再达成服务贸

① 东艳：《区域经济一体化新模式——轮轴——辐条双边主义的理论与实证分析》，载《财经研究》2006 年第 32 卷第 9 期，第 12 ~ 17 页。

② 《中石油每年将向澳大利亚购 400 万吨天然气》，at http：//news. sina. com. cn/c/2007-09-07/08111383 7503. shtml，2007 年 9 月 7 日访问。

③ UNCTAD, South-South Cooperation in International Investment Arrangements, UNCTAD Series on international Investment policy for development, New York and Geneva, 2005, p. 26.

易协议，最后视情况达成包括投资自由化与传统的投资保护事项在内的综合投资协议。

(4) 中巴 FTA 的路径：先采用“贸投合一”方式达成 FTA 协议，但在服务贸易尚未达成协议或者对短期内能否达成协议尚不确定时，FTA 的投资章将过去双方的 BIT 直接纳入，仅涉及传统的投资保护事项，然后再争取达成服务贸易协议，最后视情况再考虑进一步的投资自由化事项。

当今世界，国际关系中政治与经济因素纵横交错，贸易与投资互动发展，再考虑到目前我国对投资自由化持谨慎控制立场，总体来看，笔者认为上述第三种和第四种路径对于我国现阶段的对外 FTA 实践具有较强的现实意义。通过提炼前文从中巴 FTA 等我国已缔结的若干 FTA 中引申出的大量分析，可以进一步作出以下几点总结：

(1) 要重视“贸投合一”缔约方式的综合优势和信号作用，特别是那些经贸往来密切、投资利害关系较强、政治战略地位重要的周边及其他国家。

(2) 在我国与资本输出国家的 FTA 谈判中，FTA 的投资章目前仍宜着力于投资保护领域条款的完善，而对投资自由化事项仍要将决策权牢牢掌握在手中，不轻易作出承诺；针对发达国家倡导的国际投资协定自由化趋势，中国作为负责任的发展中大国在 FTA 投资规范中要发挥一定的示范作用和政策控制力，适当突出其普适性象征色彩。

(3) 如果视情况认为可以考虑投资自由化事项，则最好等到服务贸易达成协议之后进行；不过，由于 GATS 第 5 条对发展中国家的服务贸易一体化有一些优惠性规定，因此在我国与巴基斯坦这样的发展中成员进行南南合作时，由于上述条款存在，只要服务贸易的谈判不会拖得太久，在达成服务贸易协议之前，视情况先尝试部分领域一定程度的投资自由化也未尝不可。当然，这也要考虑对方的意愿，如果对方在投资自由化方面积极性不高，则“己所不欲，勿施与人”，我国亦不宜强求。

(4) 中巴 FTA 中的“贸投合一 + RTA 例外条款”的文本现象有助于我国保持外资待遇政策特别是日后投资自由化方面的灵活性，但如果在实践中扩散化，也有潜在的消极作用。我国对此需要在以后的 FTA 实践中予以一定的注意，可以根据具体情况加以限制和界定，不宜为图简捷省事而一概直接纳入泛泛的总括性 RTA 例外条款。尤其在本方处于资本输出国地位时，此种条款更要慎用，不必形成规范定式。

(5) 若短期内无意涉足投资自由化，在 FTA 中纳入 BIT 时，可以考虑增加投资便利化等政策措施承诺方面的条款作为补充，这样才更有利于充分发挥“贸投合一”方式的信号作用，也符合投资保护与促进协定的本来宗旨。尤其在与那些我国海外投资较多而政局不稳、社会动荡或治安不良的落后发展中国家谈判时，可适当增加这方面的要求。此外，由于我国在这些国家的基础设施建设和自然资源开发项目相对较多，而这些项目往往投资周期较长，更显出有必要加强各方面的政策措施承诺来保障我国投资利益。

五、结论

当代 FTA 纳入投资内容已是大势所趋。通过分析中巴 FTA 并参照我国其他 FTA 实践，笔者以为我国在 FTA 投资规范方面宜抛弃僵化单一的缔约理念和缔约模式，具体问题具体分析，有针对性地进行相关条约设计。既要立足于发展中国家的国情，务实地坚持一定的原则，又要展现出灵活性智慧。FTA 由于贸易和投资利益的交叉作用以及各种议题的相对广泛性，不同领域的交换妥协的空间更大，较之单纯的 BIT 呈现出更多的复杂性，其投资规范的设计更需要突出特别约定的灵活色彩，而不宜过多注重普适性因素。

但强调这种灵活性，并非等同于毫无原则的实用主义。无论如何，我国的 FTA 缔约实践都必然是立足于自己的国家利益和政策权衡，而不是在世界区域经济一体化浪潮中盲目跟风。国外有学者指出，国家政策与国际投资协定的关系有两种，一种是“国家政策驱动型”，一种是“国际协定驱动型”（如 GATS）。① 前一种指主权国家根据自己独立的政策考量来决定如何开展条约实践，后一种则是指在强势国家的诱导和压力之下，落入无休止的“后续谈判”或者“逐步自由化”的陷阱。当代方兴未艾的新一轮区域经济一体化运动为发展中国家谋求改变国际经济旧秩序提供了新的历史机遇。我国必须将决策主动权有效地掌握在自己手中，切实贯彻以发展为导向的 FTA 投资规范的缔约战略，以改善自身在世界经济中的发展处境。

Abstract The FTA between China and Pakistan employs the method of “trade and investment integrated” for the first time by directly incorporating the former BIT into FTA. By doing so, this comprehensive FTA has an important signal effect arising from non-traditional gains, retains a the prudential attitude towards standpoint on the issue of investment liberalization, and avoids potential conflicts with the relevant provisions of GATS. However, the method of “trade and investment integrated” does not imply a simple combination of we just need to simply patch up trade provisions and investment

① International Investment Agreements in Services, UNCTAD Series on International Investment Polices for Development, New York and Geneva, 2005, UNCTAD/ITE/IIT/2005/2, p. 73, 77.

provisions together, and some structural legal problems deserve our attention. Nowadays it is more and more prevalent to incorporate investment provisions into FTAs, in which the extensive and inter-related topics provide more room for bargaining and compromise. As a result, FTA negotiation presents itself with more complexity than that of pure BIT. Thus, it is proper for China to abandon the rigid mindset and the mode of treaty concluding and carefully design the overall structures and concrete provisions of FTAs according to different circumstances with different partners. We must stick to some basic principles with more wisdom of flexibility, in implementting the development-oriented strategy of concluding FTAs.

Key words FTA; BIT; Contracting Rationale

（审稿：漆 彤）

三、专题一：中国国际私法学会二十年

编者按语： 二十年的光辉历程，二十年的发展壮大，二十年的求真探索，中国国际私法学会伴随着中国国际私法学的发展稳步前进，老中青三代学者、国内外四海专家齐聚武汉，追忆学会历史，商讨前沿问题，展望学科未来，共庆学会繁荣。为纪念2007年中国国际私法学会年会暨学会成立20周年庆典的成功举办，本刊特设专栏，愿广大学界同仁再接再厉，共襄国际私法繁荣之壮举！

国际私法全球论坛 武汉宣言

□ 中国国际私法学会

公元2007年，恰值中国国际私法学会成立20周年，中国国际私法学会、武汉大学国际法研究所于2007年9月14日至17日在中国武汉隆重举办了“国际私法全球论坛：中国国际私法学会2007年年会——暨学会成立20周年庆典”。全球国际私法界400多位学者、实务工作者，济济一堂共庆此事。

大会感受到和平发展之中国在经济、社会、文化领域取得之辉煌成就，在国际民商事交往领域活动之增多、贡献之巨大，以及中国国际私法20年来在理论、实践等方面所取得的令人钦佩的进步。大会非常感谢中国政府和中国人民的盛情，特别是对武汉大学国际法研究所在会议筹备和顺利进行方面投入的巨大精力和辛勤工作表示深切的谢意。

大会代表围绕着“全球化与国际私法的新发展”这一主题，就法律选择方法与理论、实体私法的国际统一 、互联网与国际私法、海牙国际私法会议、欧盟国际私法、侵权领域国际私法、合同领域国际私法、婚姻家庭领域国际私法、国际民商事争议解决方式、国际私法国内立法等方面的新发展进行讨论，达成了广泛

共识。

大会认为，作为全球法治的一部分，国际民商事交往同样需要法律的调整。国际私法正是调整国际民商事关系的法律，有助于用和平理性的方式解决国际民商事法律冲突，有利于促进世界上各法域人民的交往与发展。

大会认为，鉴于国际私法在国际民商事交往中的作用与影响，国际私法学在世界各国的法学研究体系中、大学法学院课程体系中，是不可或缺的。

大会注意到，管辖权、法律选择（冲突法）和判决的承认与执行是国际私法的重要组成部分。但国际私法之体系，目前在全球范围内尚未有统一的认识。正如飞机之架构，与冲突法共同构成“机身”的国际统一实体法和可直接适用的调整国际民商事关系的法律，构成飞机“一翼”的国籍及外国人的法律地位问题，另“一翼”的国际民事诉讼及商事仲裁程序问题，在中国以及其他国家的国际私法体系中，也都占据了重要的地位。

大会注意到，随着全人类民商事交往的愈加密切和深入，跨国民商事关系的愈加复杂，国际私法也正在发生着深刻的变革，也面临更多的挑战和机遇，我们必须以发展的眼光来看待国际私法的范围，研究国际私法的问题，使国际私法的进步能够满足国际民商事交往发展的需要，促成全球法治的形成。

大会了解到，全球范围内在司法实践中广泛运用国际私法已蔚然成风，这一问题的重要性也正受到全球社会各界的关注。但是在有些国家和地区，立法和司法实务对国际私法的重视程度还有待提高。

大会倡议，国际私法的理论研究人员与实务从业人员高质量、持续不断地沟通与交流，以使国际私法的最新理论研究成果能够及时在司法实务中发挥作用；同时实践中的创新与问题能够及时反映在理论研究之中。

大会倡议，全球关注国际私法发展与进步的机构与人员进一步加强各种形式的合作，不断地提升国际私法理论研究与实务发展的水平，扩大国际私法的影响，推动国际私法在全球范围内发挥更加积极的作用。

大会呼吁，司法实务界更好地掌握国际私法理论研究发展的新动向，在处理国际民商事争议案件时应更恰当地运用国际私法的基本原则、规则。

大会呼吁，世界各国政府、科研机构与实务界，加大对国际私法发展的支持力度，进一步提高国际私法教学科研、司法实务的水平。

大会坚信，国际私法必将对维护国际民商事交往秩序，促进世界各国人民的共同发展作出更大贡献。

大会代表期待国际私法在全球范围内的繁荣与发展。

大会代表再次祝贺中国国际私法学会成立 20 周年。

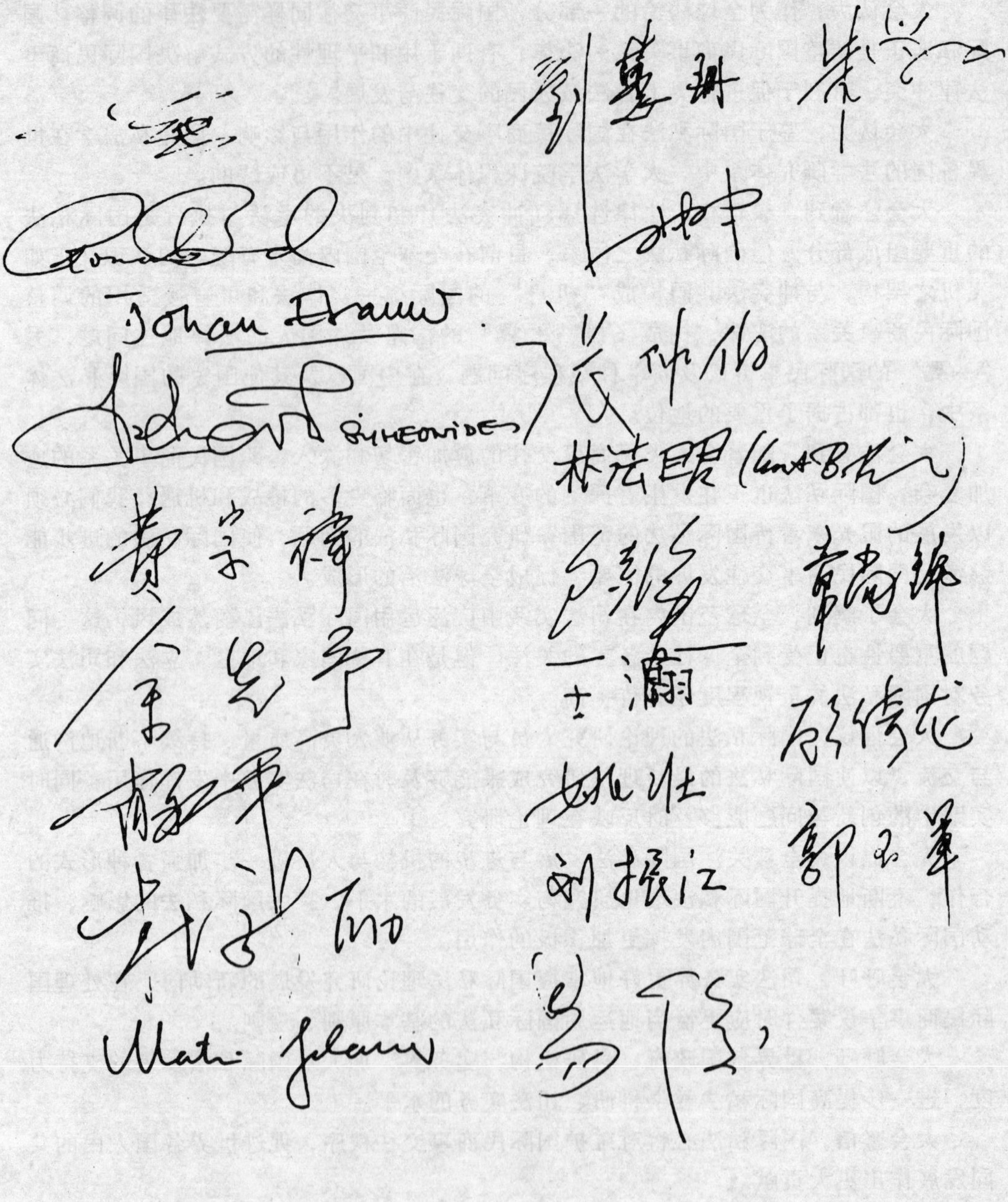

The Global Forum on the Private International Law Wuhan Declaration

□ the China Society of Private International Law

On September 15-17, 2007 the China Society of Private International Law (CSPIL), which just celebrated its 20th anniversary, and the Wuhan University Institute of International Law jointly sponsored the Global Forum on Private International Law, marking the occasion of CSPIL's annual conference as well as the commemoration of CSPIL's anniversary. About 300 private international law professors, experts, scholars and legal practitioners from around the world came together in Wuhan for this historic event.

The Forum has been impressed by China's peaceful development, marked by achievements in economics, politics, social and cultural affairs, the magnitude of her participation in international civil and commercial transactions, as well as the impressive progress made by China in private international law theory and practice over the last 20 years. The Forum is extremely grateful to Chinese and foreign experts, scholars and legal practitioners for their active participation and contribution, and also to the Wuhan University Institute of International Law for its hardworking staff and their tremendous efforts in organizing this event.

Focusing on the theme of globalization and, subsequently, the nascent development of private international law, the attendees have discussed at length *the Promotion of Judicial Practice and Legislation of Chinese Private International Law*, *the Hague Conference on Private International Law and the New Development of Private International Law*, *the International Uniform Substantive Law*, *New Development of Contracts and Torts in Private International Law*, *New Development of International and Inter-Regional Civil Litigation*, *New Development of Commercial Issues in Private International Law*, *Internet and the New Development of Private International Law*, and held "*Forum on International*

Commercial Arbitration, *Wuhan*, *China*" . The Forum has reached broad consensus on these topics.

The Forum believes that private international law should govern cross-border relationships, which is an essential part of what the global rule of law encompasses. Strengthening the application of private international law globally will help to resolve international civil and commercial disputes in a rational and orderly manner, promote global economic development and facilitate communication among people across different jurisdictions. As a result, the international system will run smoothly, reliably and efficiently.

The Forum also believes that the study of private international law is indispensable to legal education worldwide, and to law schools' curricula, because of its impact on international civil and commercial transactions.

The Forum recognizes that jurisdiction, choice of law and the recognition and enforcement of foreign judgments on civil and commercial matters are integral components of private international law. Although there is no universally fixed notion of the private international law system, the prospects of *international uniform substantive* law and lois d' *application immediate* are becoming more and more important, since civil and commercial matters cannot be adequately and properly regulated by choice of law rules alone.

The Forum has observed that while transnational legal relationships grow deeper and closer, they are also becoming more and more complicated. Private international law itself is undergoing profound change. Many development opportunities coexist with unprecedented challenges. Only when we are able to determine the proper scope of private international law, research its many issues and formulate rules that include perspectives from the developing world, will advancement in this area meet the increasing demands of transactional work, and the establishment of a global rule of law.

The Forum recognizes that the application of private international legal norms to judicial and arbitrational proceedings is greatly valued in many countries. However, legislative and judicial bodies in certain countries or regions have not placed enough importance on private international law.

The Forum calls upon legal researchers and practitioners to maintain frequent, substantive dialogue and exchange and promote meaningful application of conflict of law theory to related legal practice, ensuring theoretical achievements in this area will have a significant and positive impact. Those in academia, meanwhile, will be given an opportunity to continue to address these developments.

In order for private international law to play a more positive role around the world, the Forum calls for the strengthening of all forms of exchange and cooperation among institutions and individuals who are concerned about the development of private international law, continuous improvement in the research and application of private international law theory and its greater prominence in the academic arena.

The Forum calls upon legal practitioners to pay closer attention to developing trends in private international law and apply basic principles and rules in resolving international civil and commercial disputes.

The Forum calls upon governments, research institutions and legal practitioners of all countries to strengthen their support of the development of private international law, so as to further improve education, research, and application in legal practice.

It is the Forum's firm belief that in the years to come, private international law will surely make greater contributions in maintaining the order of international civil and commercial transactions, and in promoting the development of the global economy.

The attendees expect private international law to prosper in its development all around the world.

Once again, the attendees are delighted to express its warmest congratulations on the 20th anniversary of the founding of the China Society of Private International Law.

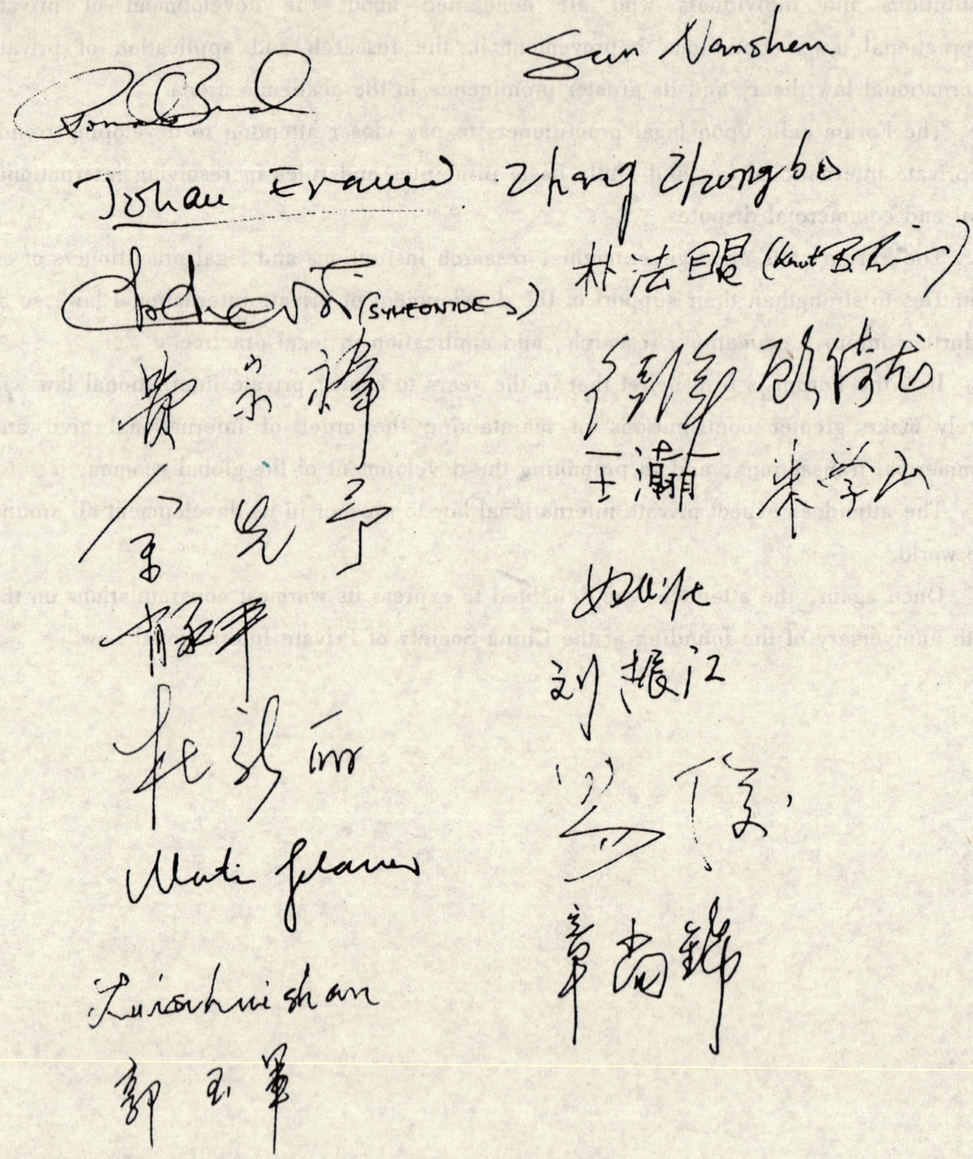
Sun Nanshen
Johan Erauw
Zhang Zhongbo
朴法眼
(SYMEONIDES)
刘振江
郭玉军

中国参加海牙国际私法会议二十年回顾

□ 徐 宏*

目 次

我国于1987年正式加入海牙国际私法会议，截至2007年正好20年。20年来，我国的国际私法，无论是在立法和司法实践领域，还是在理论研究方面，都取得了巨大的发展。与此相对应，我国在海牙国际私法会议这一国际舞台上，也从一名旁观者，迅速成为一个重要的参与方，在自身地位不断提升的同时，与国内国际私法的发展紧密衔接，相互促进，形成了鲜明的特点。

一、积极参与，扩大影响

我国参加海牙国际私法会议之初，一般都是“多听少说”，重在了解和借鉴外国经验，对会议讨论的重要问题，往往只表达原则意见，而较少参与实质性讨论。随着我国对外开放不断扩大，我国与国际社会的联系日益密切，利益交织日益突出，我国在国际私法领域的地位和影响力也迅速提升。国内国际私法理论与实践的快速发展，更为我国在国际舞台上发挥作用提供了强力支撑。这种影响力的提升，突出体现在：一方面，各方均高度重视我国地位和立场。在近年的外交大会或特别委员会会议中，我国代表多次担任主席团成员。除参加历届正式会议外，各类核心

* 中华人民共和国外交部条约法律司副司长，法学博士。

起草小组、工作组等小范围磋商中，都有中国专家参与。在起草《排他性法院选择协议公约》等公约期间，欧盟和美国分别要求与我国就谈判走向等重大政策性问题进行专门磋商。海牙国际私法会议秘书长范鲁先生、副秘书长邓肯先生先后访华，与我国有关部门和国际私法学者面对面交流。我国香港特别行政区政府还与海牙国际私法会议常设局联合在香港主办关于《中介人持有证券的若干权益准据法公约》亚太区域研讨会。另一方面，我国的参与能力和在决策中的分量也不断提高。我国代表团多次提出提案，得到会议采纳。我国主张改进工作方法，强调协商一致，也得到广泛支持。

二、加强合作，维护权益

我国十分重视利用海牙国际私法会议这个平台，加强与各成员国的交流与合作。我国分别于1991年和1997年批准《海牙送达公约》和《海牙取证公约》，这两项公约大大拓展了我国在民商事领域开展司法协助的对象国范围，在我国司法审判中发挥了重要作用。2005年我国又批准《跨国收养方面保护儿童及合作公约》，为进一步做好涉外收养工作提供了扎实的法律依据。我国参加了有关公约实践情况的历次特设委员会会议，就公约适用中争议较大的问题阐明我国的主张，并联合立场相近国家，反对某些国家的霸权行径，维护我国权益。我国还多次答复海牙国际私法会议的调查问卷，加强了与各成员国的相互理解和沟通。通过这些活动，我国注重吸收外国的先进经验，也促进了国内法制建设。

三、加大投入，官民并举

近年来，我国参与海牙国际私法会议的部门日益增多，并且政府部门重视与学术机构、律师和企事业单位的沟通、协调，形成合力。主管部门在确定谈判或会议立场时，十分重视听取学术和实务部门的意见。在《排他性法院选择协议公约》谈判过程中，外交部条法司多次就公约草案征求其他各有关部门、学术研究机构、律师界的意见，并向大型企业征集调查问卷的答复和数据，还于2004年和2005年分别在赤峰和武汉举行包括主管部门和专家学者参加的公约谈判对案研讨会。在研究加入有关公约可行性等问题上，学术机构做了大量有深度、有针对性的研究，主动或应约提供法律意见，具有重要的参考价值。国际私法泰斗李浩培教授，中国国际私法学会名誉会长费宗祎教授，武汉大学黄进教授、肖永平教授、郭玉军教授，上海外贸学院徐国建教授（律师）等还以专家身份参加了海牙国际私法会议的有关会议，在国际舞台上展现了中国学者的风采。由于采取上述举措，我国在处理与海牙国际私法会议有关的问题时，能够比较准确地把握理论与实践、具体条文与国家利益、国内法规定与国际趋势等各方面的关系，既立足现实，又着眼长远；既维护了国家利益，又树立了良好的国际形象。

四、“一国两制”，特色突出

根据香港特区基本法和澳门特区基本法，我国妥善解决了港澳两个特区参与海牙国际私法会议活动的问题，在国际上独树一帜。香港和澳门回归后，两个特区政府均派出代表，作为中国代表团成员出席海牙国际私法会议的有关会议，并就涉及两特区的问题在会上发言。中央政府有关部门与两个特区政府保持经常性沟通，交流立场，协商确定与会方案，确保在满足各自不同关注的同时，不在重大原则问题上产生冲突。海牙国际私法会议制订的公约在两个特区的适用情况，与内地也不完全相同。这些做法充分体现了“一国两制”、港人治港、澳人治澳、高度自治的精神，得到国际社会高度评价。此外，海牙国际私法会议制订的有关公约，也为我国解决内地与特区的区际国际私法问题提供了借鉴。例如内地与香港达成的相互承认与执行民商事判决的安排，在很大程度上借鉴了海牙《排他性法院选择协议公约》的内容。

回首 20 年来的历程，成绩十分突出。展望发展前景，潜力更加巨大。随着我国海外利益的增多和司法实践的进一步丰富，我国的国际私法一定会得到更快的发展，我国倡导建立更加公正、合理的国际政治经济新秩序、推动制订并善加利用于我有利的国际私法规则的能力也将得到进一步提升。为在海牙国际私法会议中更好地发挥作用，笔者建议：(1) 更加重视海牙国际私法会议的工作，将它作为了解世界的窗口，促进合作的渠道，维护权益的舞台，优化资源，加大投入。(2) 进一步提高参与力度和参与水平，在扎实研究的基础上，主动提出符合我国利益、顺应世界潮流的议题，在海牙国际私法会议的未来发展中施加影响。(3) 在完善国内国际私法立法的过程中，注意吸收海牙国际私法会议的研究成果，注意国内法与国际公约的衔接，并在充分论证的前提下，参加更多的海牙公约，扩大有关国际合作。(4) 继续坚持“官民并举”的原则，形成合力。在加强理论研究的同时，应当重视对实际情况的调查和数据收集工作，建立相关机制，促进科学决策。

附：与海牙国际私法会议有关的活动大事记(截至 2007 年底)

1981 年起，我国同海牙国际私法会议建立联系。

1982 年，中国代表作为观察员参加修订 1955 年《国际货物买卖合同法律适用公约》特委会会议。

1983年11月，中国代表作为观察员参加修订1955年《国际货物买卖合同法律适用公约》第二次特委会会议。

1985年5月28日至6月1日，外交部条法司彭金瑞副处长、王捷作为观察员参加海牙取证公约特委会会议。

1985年10月，对外经济贸易合作部条法司袁振民、王振甫、胡克明作为观察员参加关于国际货物买卖合同法律适用问题的外交大会。

1986年10月23日，中国申请加入海牙国际私法会议。

1986年11月17日和1987年3月30日至4月11日，外交部条法司唐承元处长、赵勇参加起草涉外继承法律适用公约第一、二次特委会会议。

1987年6月1日，海牙国际私法会议秘书长照会我驻荷兰使馆，表示该组织已同意接受中国为海牙会议成员国。

1987年7月3日，中国向海牙国际私法会议递交接受《海牙国际私法会议章程》的文件，我国正式成为海牙国际私法会议成员国。其后，指定外交部条约法律司为负责与海牙国际私法会议常设局进行联系的“国家机构”。

1987年9~10月，外交部条法司唐承元处长、赵勇首次作为正式成员参加起草涉外继承法律适用公约第三次特委会会议。

1988年1月，外交部条法司唐承元处长、段洁龙参加“总务和政策特委会”会议。

1988年10月，外交部条法司王厚立司长率团参加海牙国际私法会议《死亡人遗产继承的法律适用公约》外交大会，并在通过该公约时投赞成票。

1989年4月，外交部条法司张克宁副处长、徐宏参加海牙送达、取证公约执行情况特委会会议。

1990年6月，外交部条法司官员参加起草跨国收养儿童国际公约第一次特委会会议。

1991年3月2日，第七届全国人大常委会第十八次会议决定批准我国加入《关于向国外送达民事或商事司法文书或司法外文书的公约》。该公约于1992年1月1日起对我国生效。

1991年4月，外交部条法司官员参加起草跨国收养儿童国际公约第二次特委会会议。同年9月参加起草委员会会议。

1992年2月，外交部条法司张克宁处长、缪建兴参加起草跨国收养儿童公约第三次特委会会议。

1992年6月，外交部条法司段洁龙副处长、胡杏兰、杨正、武汉大学国际法研究所黄进教授参加总务及政策特委会会议。会议决定成立一个包括中国在内的少数国家组成的工作组，研究制定新的民商事管辖权及判决执行公约的可行性。

1992年10月，外交部法律顾问李浩培、条法司处长张克宁参加起草民商事管辖权和判决执行公约工作组会议。

1993年5月，外交部条法司副司长唐承元率团参加制订《跨国收养和保护儿童公约》外交大会。

1994年4月，外交部条法司薛捍勤处长、李林梅参加专家组会议，讨论将《跨国收养方面保护儿童及合作公约》适用于难民儿童的情况。同年10月，外交部条法司赵勇副处长、马新民参加同一问题的特委会会议。

1994年5月，外交部条法司赵勇副处长、杜振权参加关于未成年人和无行为能力人保护特委会会议，讨论修改1961年《关于未成年人保护的管辖权和法律适用的公约》有关问题。

1994年6月，最高人民法院蒋志培法官、外交部条法司王月华参加起草民商事管辖权与判决执行公约第一次特委会会议。

1995年2月，外交部条法司赵勇副处长、马新民参加关于未成年人保护的管辖权和法律适用问题第二次特委会会议。

1995年8月，外交部条法司陈佩洁副处长、李振华参加未成年人保护的管辖权和法律适用问题第三次特委会会议。

1995年11月，外交部条法司段洁龙处长、杜振权参加讨论涉及扶养义务的海牙公约及《域外取得扶养费公约》执行情况特委会会议。

1996年6月，外交部条法司徐宏副处长、驻荷兰使馆肖建国参加起草民商事管辖权和判决执行问题第二次特委会会议。

1996年9月，条法司副司长刘大群、陈佩洁、郭晓梅、司法部司法协助局白萍、驻荷兰使馆肖建国参加修订海牙《关于未成年人保护管辖权和法律适用公约》的外交大会。

1997年3月，司法部司法协助局副处长高建新、白萍，最高人民法院助审员金民珍、外交部条法司胡斌、驻荷兰使馆易先良参加国际诱拐儿童民事方面公约执行情况第三次特委会会议。

1997年6月，最高人民法院审判委员会委员费宗祎、外交部条法司徐宏副处长、郭晓梅、驻荷兰使馆易先良参加起草民商事管辖权和判决执行公约第三次特委会会议。

1997年6月，驻荷兰使馆易先良参加海牙国际私法会议与荷兰乌特勒支大学法学院、荷兰司法部和荷兰比较法学会等共同主办的“因特网与国际私法”研讨会。

1997年7月3日，第八届全国人大常委会第二十六次会议通过加入《关于从国外调取民事或商事证据的公约》的决定。公约于1998年2月6日对我国生效。

1997 年 9 月，外交部条法司陈佩洁副处长、胡斌参加保护成年人公约特委会会议。

1998 年 3 月，外交部条法司薛捍勤副司长、胡斌、最高人民法院董丽萍参加起草民商事管辖权和判决承认与执行公约第四次特委会会议。

1998 年 11 月，外交部条法司孙昂副处长、胡斌、最高人民法院王玧法官、香港特区律政司国际法律副首席政府律师潘英光参加起草民商事管辖权和判决承认与执行公约第五次特委会会议。这是香港特区政府第一次派代表参加海牙国际私法会议的活动。

1999 年 3 月，最高人民法院在广州召开座谈会，研究国际民商事管辖权和判决的承认与执行公约谈判对案。

1999 年 4 月，外交部条法司孙昂副处长、朱勇参加审议 1956 年《追索扶养费的纽约公约》执行情况及讨论 1958 年和 1973 年《承认和执行扶养义务的判决的海牙公约》和 1956 年和 1973 年《扶养义务法律适用的海牙公约》修订问题的特委会会议。

1999 年 4 月 20 ~ 30 日，海牙国际私法会议秘书长范鲁应外交部条法司司长尹玉标邀请访华。访华期间，范鲁除在北京参加有关座谈和学术活动外，还赴武汉大学进行了学术交流，赴香港特别行政区进行了访问。

1999 年 6 月，外交部条法司徐宏处长、田妮、最高人民法院代表、香港特别行政区政府律政司代表参加起草国际民商事管辖权和外国判决效力公约第六次特委会会议。

1999 年 8 月，外交部条法司再次就《国际民商事管辖权和判决的承认与执行公约》草案征求最高人民法院、中国海事仲裁委员会、中国海商法学会、大连海事大学、中国远洋运输总公司的意见。

1999 年 9 月，外交部条法司朱勇参加海牙国际私法会议在日内瓦举行的“电子商务和互联网国际私法问题专家会”。

1999 年 9 月，驻荷兰大使华黎明、条法司副处长陈佩洁、三秘朱勇参加《保护成年人公约》外交特委会。华黎明大使当选会议副主席。华黎明大使代表中国政府签署了会议最后文件。

1999 年 10 月，外交部条法司徐宏处长、田妮、最高人民法院代表、香港特别行政区政府律政司代表参加起草国际民商事管辖权和外国判决效力公约第七次特委会会议。

2000 年 2 月，外交部条法司田妮、最高人民法院代表、香港特区政府代表参加在渥太华举行的海牙《民商事管辖权和外国判决公约》关于电子商务问题的工作组会议。

2000年5月，外交部条法司徐宏处长、田妮、香港和澳门特区政府代表参加海牙国际私法会议总务及政策特委会会议。这是澳门特区政府首次派代表参加海牙国际私法会议活动。徐宏当选会议副主席。会上，徐宏处长就修订议事规则、改善工作方法，特别是强调协商一致的重要性，以及规范非政府组织的活动等提出意见，受到会议重视。

2000年10月，外交部条法司胡斌和香港特区官员参加美国主办的《国际民商事管辖权和判决的承认与执行公约》非正式磋商会议。

2000年11月，驻荷兰大使华黎明、外交部条法司郭晓梅、郭阳、民政部代表、香港和澳门特区政府代表出席《跨国收养方面保护儿童及合作公约》执行情况特委会会议。

2000年11月30日，驻荷兰大使华黎明代表中国政府签署《跨国收养方面保护儿童及合作公约》。

2000年12月，外交部条法司胡斌、田妮、最高人民法院以及香港和澳门特区政府的代表参加在海牙举行的《民商事管辖权和外国判决公约》争端解决替代方法工作组会议以及在瑞士巴塞尔举行的非正式磋商会。

2001年1月，外交部条法司胡斌、杨屹、外经贸部、中国银行以及香港特区政府的代表参加“中介人持有证券的若干权益准据法公约”起草工作组会议。

2001年1~2月，外交部条法司胡斌、刘小燕、国家知识产权局以及香港特区政府的代表参加海牙国际私法会议常设局与世界知识产权组织在日内瓦联合主办的“国际私法与知识产权论坛”以及《民商事管辖权和外国判决公约》知识产权问题专家组会议。

2001年2月，外交部条法司田妮、刘小燕、最高人民法院以及香港特区政府的代表参加海牙国际私法会议常设局与加拿大政府在渥太华联合举行的《民商事管辖权和外国判决公约》电子商务问题工作组会议。

2001年3月，驻荷兰大使朱祖寿、外交部条法司徐宇、最高人民法院、司法部、民政部、香港和澳门特区政府的代表参加《国际儿童诱拐民事方面的公约》执行情况特委会会议。

2001年4月，外交部条法司孙昂处长、田妮、最高人民法院以及香港特区政府的代表参加在英国爱丁堡举行的“民商事管辖权和外国判决公约”起草问题磋商会。

2001年5月，中央政府与香港和澳门特区政府的官员在香港举行“民商事管辖权和外国判决公约”谈判对策协调会。

2001年6月，驻荷兰大使朱祖寿、外交部条法司胡斌副处长、田妮、最高人民法院、外经贸部、国家知识产权局以及香港和澳门特区政府的代表参加海牙国际私法会议第十九届外交大会。朱祖寿大使当选会议副主席。在本次外交大会上，《民商事管辖权和外国判决公约》的谈判未能按照预期取得进展。

2001年11月和12月，外交部条法司代表分别应约与欧盟理事会代表和美国代表就《民商事管辖权和外国判决公约》谈判的未来走向问题进行磋商。

2001年12月，香港特区政府与海牙国际私法会议常设局在香港共同主办关于“中介人持有证券的若干权益准据法公约”亚太区域研讨会。外交部条法司胡斌副处长、刘小燕与会。

2002年1月，外交部条法司张红虹参赞、刘小燕、证监会、香港特区政府的代表参加《中介人持有证券准据法公约》特委会会议。

2002年4月，外交部条法司田妮、张坚、香港和澳门特区政府代表参加“总务及政策”特委会会议。

2002年7月，外交部条法司张红虹参赞、刘小燕和香港特区政府代表参加在日本举行的《关于中介人所持证券的若干权益的准据法公约》亚洲地区研讨会。

2002年9月，驻荷兰大使朱祖寿、外交部条法司田立晓副处长、孙劲、最高人民法院以及香港和澳门特区政府的代表参加《国际儿童诱拐的民事方面公约》执行情况特委会会议。会前，徐宏参赞向海牙国际私法会议常设局提交了香港和澳门特区政府就涉及上述公约的调查问卷的答复。

2002年10月，外交部条法司孙劲参加《民商事管辖权和外国判决公约》非正式工作组会议。

2002年11月10~22日，海牙国际私法会议副秘书长邓肯应邀访问香港、北京、武汉。

2002年12月，驻荷兰大使朱祖寿、外交部条法司张红虹参赞、周露露、证监会以及香港特区政府代表出席《中介人持有证券的若干权益准据法公约》外交大会。朱祖寿代表中国政府签署了大会最后文件。此次外交大会前，内地和香港、澳门特区有关官员在香港召开预备会，商讨对案。

2002年12月，中央政府与香港和澳门特区政府的官员在澳门就《民商事管辖权和外国判决公约》的谈判对策问题举行协调会。

2002年，中国政府向海牙国际私法会议捐款1万欧元；香港特区政府以“中华人民共和国香港特别行政区政府”名义捐款5万港币。

2003年1月，外交部条法司孙劲参加《民商事管辖权和外国判决公约》非正式工作组第二次会议。

2003年3月，外交部条法司孙劲参加《民商事管辖权和外国判决公约》非正式工作组第三次会议。会议建议将公约名称改为《法院选择协议公约》，并提出工作组建议的公约草案。

2003 年 4 月，驻荷兰使馆孙国顺和澳门特区政府代表参加“总务与政策”特委会会议。

2003 年 5 月，驻荷兰大使朱祖寿、驻荷兰使馆孙国顺以及香港和澳门特区政府的代表参加起草《扶养义务公约》特委会会议。

2003 年 5 月，外交部条法司就《法院选择协议公约工作组草案》广泛征求最高人民法院、商务部、国家知识产权局、中国贸促会、中国律师协会、中国社科院法学所、武汉大学法学院、人民大学法学院和中国政法大学国际法系的意见。

2003 年 10 月，驻荷兰大使薛捍勤、外交部条法司孙劲副处长、田妮、司法部以及香港和澳门特区政府的代表参加海牙送达公约、取证公约及取消认证公约执行情况特委会会议。会前，徐宏参赞向海牙国际私法会议常设局提交了涉及上述三项公约的调查问卷的答复（包括内地部分、香港特区部分、澳门特区部分）。

2003 年 11 月，中央政府与香港和澳门特区政府的官员在珠海就《法院选择协议公约》的谈判对策问题举行协调会。

2003 年 12 月，驻荷兰大使薛捍勤、外交部条法司孙劲副处长、田妮、最高人民法院、商务部以及香港和澳门特区政府代表参加起草《法院选择协议公约》第一次特委会会议。

2003 年，中国政府再次向海牙国际私法会议捐款 1 万欧元。

2004 年 1 月，驻荷兰使馆参赞易先良参加起草《扶养义务公约》特委会下设起草委员会会议。

2004 年 3 月，外交部条法司就起草《扶养义务公约》有关问题征求香港和澳门特区政府意见。

2004 年 3 月，外交部条法司孙劲副处长、国家知识产权局以及香港特区政府的代表参加在华盛顿举行的起草《法院选择协议公约》非正式磋商会。

2004 年 4 月，中央政府与香港和澳门特区政府的官员在香港就《法院选择协议公约》谈判对策举行协调会。

2004 年 4 月，驻荷兰使馆参赞易先良和澳门特区政府代表参加“总务与政策”特委会会议。

2004 年 4 月，驻荷兰大使薛捍勤、外交部条法司孙劲副处长、田妮、最高人民法院民四庭高晓力助理审判员、国家知识产权局条法司姜丹明以及香港和澳门特区政府的代表、武汉大学国际法研究所肖永平教授参加起草《法院选择协议公约》第二次特委会会议，并参加了特委会期间的起草委员会及有关工作小组会议。

2004 年 5 月，向海牙国际私法会议常设局提交香港和澳门特区政府关于扶养义务问题的问卷答复材料。

2004 年 6 月，驻荷兰大使薛捍勤、外交部条法司孙劲副处长、刘小燕、最高人民法院以及香港和澳门特区政府的代表参加起草《扶养义务公约》特委会。此前，香港特区政府的代表参加了特委会下设的行政合作工作组会议。

2004年8月，国家知识产权局条法司、外交部条法司联合在赤峰举行《排他性法院选择协议公约（草案）》涉及的知识产权案件管辖权问题研讨会。全国人大法工委经济法室、最高人民法院民三庭和民四庭、商务部条法司、国家工商行政管理总局商标局、国家版权局、农业部植物新品种办公室、国家林业局经济发展中心的官员以及有关大专院校、研究机构的专家学者共40余人与会。

2004年11月，外交部条法司徐宏参赞、田妮参加海牙国际私法会议主办的电子商务涉及的国际私法问题研讨会。

2005年2月，中央政府与香港和澳门特区政府的官员在澳门就起草《扶养义务公约》问题举行协调会。

2005年2月，外交部条法司孙劲副处长、国家知识产权局条法司代表参加在布鲁塞尔举行的《排他性法院选择协议公约》外交大会预备会议。

2005年3月，外交部条法司孙劲副处长、刘小燕参加总务与政策特委会会议。

2005年4月，驻荷兰大使薛捍勤、外交部条法司孙劲副处长、刘小燕参加扶养义务公约特委会会议。

2005年4月，外交部条法司孙劲副处长参加《排他性法院选择协议公约》起草委员会会议。

2005年4月，外交部条法司与中国国际私法学会联合在武汉举办《排他性法院选择协议公约》谈判方案研讨会。最高人民法院、国家知识产权局的代表以及有关大专院校、研究机构的专家学者共20余人与会。

2005年4月27日，第十届全国人民代表大会第十五次会议决定，批准《跨国收养方面保护儿童及合作公约》。该公约于2006年1月1日起对我国生效。

2005年5月，中央政府与香港和澳门特区政府的官员就《排他性法院选择公约》谈判方案问题在北京举行协调会。

2005年6月，驻荷兰大使薛捍勤、外交部条法司段洁龙副司长、孙劲副处长、田妮处长、最高人民法院高晓力、董丽萍、国家知识产权局条法司姜丹明以及香港和澳门特区政府的代表、上海外贸学院徐国建教授参加海牙国际私法会议第20届外交大会。薛捍勤大使当选会议副主席。会上审议并通过《排他性法院选择协议公约》和海牙国际私法会议章程修正案。

2005年8月，外交部条法司陈佩洁处长参加海牙国际私法会议常设局与马来西亚政府共同主办的“亚太地区跨国民商事法律关系法治问题”研讨会。

2005年9月，驻荷兰大使薛捍勤、外交部条法司陈佩洁处长、万雅君、民政部及香港和澳门特区政府的代表参加《跨国收养方面保护儿童及合作公约》执行情况特委会会议。此前，徐宏副司长向海牙国际私法会议常设局提交了有关调查问卷的答复材料。

2006年4月，驻荷兰大使薛捍勤、外交部条法司田妮副处长、陈冠桥参加总务与政策特委会会议。

2006年5月，中央政府与香港和澳门特区政府的官员在香港举行《扶养义务公约》谈判对策协调会。

2006年6月，驻荷兰大使薛捍勤、外交部条法司刘小燕、万雅君、司法部及香港和澳门特区政府的代表参加《扶养义务公约》特委会会议。

2006年9月，国务院决定接受《海牙国际私法会议章程修正案》。

2006年9月，外交部条法司田立晓一秘参加"扶养义务公约"起草委员会会议。

2006年10月，驻荷兰大使薛捍勤、外交部条法司徐宇副处长、陈冠桥、最高人民法院以及香港和澳门特区政府的代表参加《国际儿童诱拐民事方面的公约》执行情况特委会会议。此前，徐宏副司长向海牙国际私法会议常设局提交了香港和澳门特区政府就上述公约事宜的调查问卷所作的答复材料。

2006年10月，中央政府与香港和澳门特区政府的官员在澳门举行《扶养义务公约》谈判对策和《儿童诱拐公约》特委会与会对策协调会。

2006年11月，外交部条法司田立晓一秘参加起草《扶养义务公约》法律适用问题工作组会议。

2007年2月，武汉大学法学院郭玉军教授参加"外国法查明"问题研讨会。

2007年3月，外交部条法司徐宇副处长和香港特区政府代表参加在伦敦举行的《扶养义务公约》行政合作工作组会议及国家概况小组会议。

2007年4月，驻荷兰使馆易先良参赞参加《总务与政策》特委会会议。

2007年4月，中央政府与香港和澳门特区政府的官员在香港举行《扶养义务公约》谈判对策协调会。

2007年5月，驻荷兰大使薛捍勤、外交部条法司徐宇副处长、万雅君、最高人民法院、司法部以及香港和澳门特区政府的代表参加起草《扶养义务公约》特委会会议。

2007年6月，外交部条法司田妮副处长、陈冠桥、香港和澳门特区政府的代表参加澳大利亚政府与海牙国际私法会议常设局共同在悉尼举办的海牙国际私法会议工作亚太地区区域会议。

2007年8月，徐宏副司长向海牙国际私法会议常设局提交中央政府和香港特区政府分别提供的关于国际合同法律选择规则问卷的答复材料。外交部条法司就该问卷征求了全国人大法工委、最高人民法院、商务部、贸促会国际经济贸易仲裁委员会、武汉大学国际法研究所的意见。有关被咨询单位还向基层法院、仲裁机构、企业和律师事务所等作了广泛的调查。

2007年11月，以驻荷兰大使薛捍勤为团长、外交部条法司副司长徐宏为副团长的中国代表团参加了海牙国际私法会议第21届外交大会。会议谈判并通过了《国际追索儿童抚养费和其他形式家庭扶养公约》和《扶养义务法律适用议定书》。23日，中国代表团签署了会议最后文件。

忆往昔岁月峥嵘，从头越而今迈步

——庆祝中国国际私法学会成立20周年

□ 郭玉军* 徐锦堂**

目 次

* 武汉大学国际法研究所教授，博士生导师。
** 华南师范大学法学院教师，法学博士。

一、中国国际私法学会成立前中国国际私法学的概况

(一) 旧中国的“传入消化期”: 1864~1949 年

近代国际私法学在中国的传播是从1864年京师同文馆美国人丁韪良翻译《万国公法》之“公法私条”开始的,① 1898年江南制造局编译馆英国人傅兰雅节译的《各国交涉便法论》是我国最早的国际私法单行本著作。20世纪初，清政府改革学制,《奏定学堂章程》要求自行编纂国际私法，译学馆章程也要求“法律交涉学用外国学校课本”，故此后我国开始大量出现编著或翻译的国际私法作品，1903~1913年间可统计的即有李叔同、郭斌等各自编译的国际私法书籍16本；同时，也有朝中奏折谈到国际私法。这可以说是我国译介传播国际私法学的第一个高潮。可见，我国对国际私法的学习始于英美教材，后盛于日本讲义，而且，这种学习是与国家的自强图存紧密联系着的。

1918年我国第一部国际私法立法《法律适用条例》的颁布，大大推动了我国国际私法学的活跃与蓬勃，当时各大学法律院系纷纷开设国际私法课程，到国外学习国际私法的人也增加了②。至20世纪30年代，出现了以陈顾远和卢峻为代表的一批国际私法学者，国际私法的专门著作也已蔚为可观，有据可查者达22部。这是我国国际私法学传播和研究的第二次高潮。

当然现在看来，这些先行者编译著述的国际私法学内容难免比较单薄，介绍痕迹较为明显，几乎没有专题研究，有的还带有某些帝国主义和半封建、半殖民地色彩,③ 尤其是因为本土资源未能得到高度重视和充分运用而难以独立发展、形成“真正独创的、符合国情的国际私法学说”。但我们不应苛求前人，所谓“艰莫难

---

① “公法，所以明各国交际之例；变通各国律法之不合者，称为私条。”这是最早有国际私法翻译的开始。转引自刘正中:《中国国际私法词源考》，载《2006年中国青年国际法学者暨博士生论坛论文集》，第328页。

② 如阮毅成、卢峻、郭云观、燕树棠、李浩培、韩德培等人皆留学于国际私法学发达的欧美国家。

③ 陈柳裕:《点校者序》;［日］山田三良:《国际私法》，李倬译，中国政法大学出版社2003年版，第14页；韩德培主编:《国际私法》，高等教育出版社、北京大学出版社2001年版，第58页。有学者还认为，1918年《法律适用条例》颁布以前的国际私法著述，功在引进，而此后的一些著作以现在的眼光看亦属难得。参见宋连斌:《断裂·发现·融通——读马汉宝先生新著〈国际私法：总论各论〉有感》，资料来源于：http://www.acriticism.com/article.asp?Newsid=8160，2008年1月15日访问。

于创始，功莫大于奠基”，这一时期的国际私法学者为国际私法学在我国的启蒙、创建、普及和发展作出了应有的贡献，对于这些先行者我们是应该纪念并感怀的。

（二）新中国成立初的“除旧布新期”：1950～1956 年

1949 年中华人民共和国成立以后，我国废除了包括《法律适用条例》在内的“六法全书”和不平等条约，“另起炉灶”，开始建立社会主义法律体系，并独立自主地进行对外交往，这为建立完善的国际私法制度创造了良好的主权条件。但是，由于西方国家的经济封锁、政治包围和军事威胁，以及“一边倒”的国家政策，我国的国际民商事交往并不太多，国际民商事案件就更少了，国际私法用武之地有限，在立法上没有得到应有的重视。

在国际私法教学与研究方面，1951 年中国人民大学外交系设立国际法教研室，先后邀请三位苏联专家给教师和研究生讲授国际私法课程。国内也陆续翻译出版了一批苏联学者的国际私法论著，并有公派研究生到苏联留学。① 1955 年秋，在中国人民大学外交系的基础上新成立了外交学院，不久，外交学院国际法教研室主持编写了一本油印的《国际私法讲义》作为该院内部教材，这是“新中国自己的学者编写的第一本以马列主义理论为指导的国际私法教材”。② 这样在“取法苏联”的基础上，新中国也初步建立了自己的国际私法教学理论和体系。尽管当时的国际私法学强调阶级性和意识形态，存在明显的简单化倾向，联系中国实践较少，③ 但毕竟为后来我国国际私法学的恢复和发展奠定了基础，且其对我国国际私法学的深刻烙印至今犹存。

（三）改革开放前的“停滞期”：1957～1978 年

1957 年反“右”斗争开始后，在极左路线的干扰下，法律虚无主义日益盛行，国家法制被严重践踏和破坏，政法机构饱受冲击甚至撤销，国家逐步进入“无法无天”的状态。

我国法学界是反“右”斗争的重灾区，法学研究机构被取消，政法院校基本

---

① 如刘振江教授 1956 年公派去苏联留学，专门研究国际私法，1960 年从莫斯科大学法律系研究生毕业，获法学博士学位，成为我国国际私法留学苏联第一人。资料来源于：http：//pilzt. blogchina. com /pilzt/3185895. html，2008 年 1 月 15 日访问。

② 参见金彭年：《我国大陆与台湾地区国际私法学若干问题比较》，载《浙江社会科学》2001 年第 1 期，第 71 页。

③ 参见曾涛：《中国国际私法学术史研究——1949～1978 年的国际私法》，资料来源于：http：//www. cuplfil. com/show. php？ArticleID＝557，2008 年 1 月 15 日访问。

停办，图书资料散失各处，国际私法学研究也成为一件非常奢侈的事情。① 到1966年“文化大革命”开始时，国际私法的教学活动被全部取消，研究人员被迫转业或下放，② 理论研究完全中断，建立不久的新中国国际私法学陷于停顿和衰败，而且这种“停滞期”一直持续到20世纪70年代末。

（四）改革开放后的“复苏期”：1979～1986年

1978年底国家开始推行改革开放政策并加强民主法制建设，至1986年《民法通则》制定颁布，这是新中国法学的“复苏期”，中国国际私法学也再次迎来了发展的春天。国际私法复苏时期有“五件大事”：一是1981年韩德培教授等运用国际私法知识挽回重大经济损失的涉外合同事件。20世纪70年代末，我国宝钢等大型企业有一批重点工程因财力匮乏被迫下马，于是国家单方终止了相关的涉外经济合同，外商提出巨额索赔。1981年韩德培、周子亚和李双元三位教授接受国务院有关部门邀请，提供了《关于终止若干合同所涉及的法律问题的几点意见》的咨询意见，迫使外商作出让步，为国家减少数亿美元赔款，在国内外引起轰动，受到国家领导人高度评价。这一事件充分证明了国际私法知识的重大实践意义和社会价值，为我国国际私法学的迅速恢复和发展创造了良好的条件。二是1982年司法部举办全国法律专业师资进修班的国际私法课程，当时的主讲是李浩培教授，这一课程培养了一批国际私法的新生教学力量。三是1983年韩德培教授主编的《国际私法》的出版，这是新中国成立后的第一部国际私法全国统编教材。为了保证高质量地完成这本教材，国内有关高校的国际私法教师几乎都被邀请参加了编写课程大纲的讨论，除了韩德培教授外，该教材的编者还包括刘丁、陈力新、李双元、朱学山、余先予、任继圣、姚壮、张仲伯、钱骅等专家学者。统编教材的编写过程实际上也是我国国际私法学界第一次系统深入的学术交流过程，其出版也极大地推动了中国国际私法学的普及和教学，其奠定的国际私法教学体系和诸多基本观点也一直得到传承和发展。四是1980年武汉大学国际法研究所成立后，积极联络全国各地

① 在停滞时期，我国国际私法学的公开成果屈指可数，如：世界知识出版社编译隆茨主编的《国际私法论文集》，世界知识出版社1959年版；倪征𣈶教授翻译英国托马斯著的《国际私法》，商务印书馆1963年版。有学者提出倪征𣈶教授有著《国际私法中的司法管辖问题》一书，于1964年出版，笔者仅考证到倪征𣈶教授著有《国际法中的司法管辖问题》一书，世界知识出版社1985年出版。

② 如韩德培先生从1957～1978年前后两次被划为右派，下放湖北沙洋农场劳动改造，二十多年被迫离开国际私法的教学和研究。参见韩铁：《风雨伴鸡鸣：我的父亲韩德培传记》，中国方正出版社2000年版，第50～92页。

的国际私法学者，① 并于1985年在贵州大学发起召开了首届“全国国际私法学术讨论会”。这次会议基本上聚集了我国国际私法教学、研究和实际工作的主要骨干力量，是我国国际私法学界的一次盛会，会议决定我国国际私法理论与实务工作者要成立自己的学术团体，并设立“中国国际私法研究会筹备组”。五是国际私法学界围绕1986年《民法通则》的制定而广泛展开的学术研讨，当时很多学者都对《民法通则》第八章的草案提出了大量的建议和意见，② 对当时的立法产生了良好的影响，极大地促进了我国国际私法学的广泛传播和研究的深入，并提高了国际私法的学术影响力和学科地位。

1981年，武汉大学和北京大学国际法学科获批全国第一批博士点，从1984年起武汉大学国际法研究所开始招收和培养我国第一批国际私法博士研究生。截止到1986年，全国已经有30多所大学开设了国际私法课程，不少国际私法著作、③ 译著、参考资料也得以陆续出版。特别是被誉为冲突法革命的20世纪中叶的美国学说在这一时期开始全面公开地被引介到国内。④ 总之，在老一辈学者们的共同努力和不懈追求下，经过七八年的时间，国际私法学在我国得到完全的恢复并实现了初步的发展。

二、中国国际私法学会成立后中国国际私法学的发展

（一）《民法通则》生效后的“迅速发展期”：1987～1996年

《民法通则》制定颁布后自1987年1月1日施行，此后我国国际私法学界掀起

① 继武汉大学后，外交学院于1980年恢复了其1964年创办、1969年停办的国际法研究所，北京大学也于1983年成立了国际法学研究所。

② 参见李双元等：《中国国际私法通论》，法律出版社2007年第3版，第91页。黄进主编：《国际私法》，法律出版社2005年修订版，第120页。其中李浩培教授还就《民法通则》第八章提供了学者草案，参见曾涛：《李浩培与百年中国国际私法学》，载《政法论坛》2007年第1期，第128页。

③ 如刘丁、章尚锦编：《国际私法》（上、下册），中国人民大学出版社1981年版；姚壮、任继圣：《国际私法基础》，中国社会科学出版社1981年版；湖北财经学院法律系国际法教研室1982年编：《国际私法讲义》；武汉大学国际法研究所1984年编：《国际私法的理论与实践》；高树异主编：《国际私法》，吉林大学出版社1985年版；邓正来：《昨天 今天 明天：新技术革命与国际私法》，四川人民出版社1985年版；余先予主编：《简明国际私法学》，中央广播电视大学出版社1986年版；李双元：《国际私法》，法律出版社1986年版。

④ 张翔宇：《现代美国国际私法学说研究》，武汉大学出版社1986年版。

了传播和研究国际私法的新高潮。① 同年 10 月，在教育部高教司和司法部教育司的支持下，由武汉大学国际法研究所发起并在武汉大学召开了首届“全国国际私法教学研讨会”。在这次会议上“中国国际私法研究会”（Chinese Society of Private International Law，简称 CSPIL）正式成立，1998 年研究会改名为“中国国际私法学会”。《民法通则》的生效和国际私法研究会的成立，成为我国国际私法立法和理论研究进入“迅速发展期”的重要标志。

在这一时期，我国国际私法学的学科地位继续得到高度重视，教学科研队伍迅速壮大，拥有国际私法博士学位授予权的单位增多，其中武汉大学国际法学科于 1988 年被国家教委批准为国家级重点学科，② 1992 年被人事部确定为全国文科首批博士后流动站。随着立法的推动和科研队伍的壮大，国际私法教材如雨后春笋般地涌现出来，③ 学术专著也不断问世④。其中，李双元教授 1987 年出版的《国际私法（冲突法篇）》是新中国第一部冲突法研究专著，“该书的出版结束了新中国无冲突法研究专著的历史”⑤；黄进教授的《国家及其财产豁免问题研究》、《区际冲突法研究》⑥ 填补了我国学界在这两个领域中研究专著的空白；徐冬根教授的博士学位论文《当今国际私法侵权行为法律适用的最新趋势及中国的对策》是新

① 如 1987 年中国国际私法学会武汉年会上就《民法通则》第八章和《涉外经济合同法》中有关法律适用的条款进行专门研讨。

② 现在武汉大学、对外经济贸易大学和厦门大学的国际法学科为国家重点学科。

③ 如高树异主编：《国际私法》，吉林大学出版社 1987 年版；唐表明：《比较国际私法》，中山大学出版社 1987 年版；陈力新、邵景春：《国际私法概要》，光明日报出版社 1988 年版；刘振江、张仲伯、袁成第主编：《国际私法教程》，兰州大学出版社 1988 年版；钱骅主编：《国际私法教程》，中国政法大学出版社 1988 年版；董立坤：《国际私法论》，法律出版社 1988 年版，2000 年修订；韩德培主编：《国际私法》，武汉大学出版社 1989 年版；余先予主编：《冲突法》，法律出版社 1989 年版；李双元等：《中国国际私法通论》，法律出版社 1996 年版，2003 年修订，2007 年再次修订。

④ 如李双元：《国际私法（冲突法篇）》，武汉大学出版社 1987 年版，2001 年修订；姚壮主编：《国际私法理论与实务：冲突规范和程序规范部分》，法律出版社 1992 年版；王常营主编：《中国国际私法理论与实践》，人民法院出版社 1993 年版；沈涓：《冲突法及其价值导向》，中国政法大学出版社 1993 年版，2002 年修订；肖永平：《中国冲突法立法问题研究》，武汉大学出版社 1996 年版；林欣、李琼英：《国际私法理论诸问题研究》，中国人民大学出版社 1996 年版。

⑤ 参见徐国建：《我国冲突法研究的一项重大成果——评〈国际私法（冲突法篇）〉》，载《法学评论》1988 年第 1 期，第 57 页。

⑥ 黄进：《国家及其财产豁免问题研究》，中国政法大学出版社 1987 年版；黄进：《区际冲突法研究》，上海学林出版社 1991 年版。

中国学者在国外公开出版发行的第一部国际私法专著；① 肖永平教授《中国冲突法立法问题研究》是第一部关于我国国际私法立法问题的研究专著。

这一时期还出版了多部国际私法教学参考资料和案例选析，其中以1991年韩德培和李双元教授共同主编的《国际私法教学参考资料选编》影响最大。同时，出国学习国际私法的人员大增；② 在翻译方面，苏联的国际私法著作继续得到关注，另有德国、日本、法国和英国的国际私法翻译作品问世。③

（二）核心课程地位确立后的“初步繁荣期”：1997年～现在

从1978年开始，经过近20年的发展，“在中国传播的国际私法学”逐渐向“有中国特色的国际私法学”转变，我国国际私法学者为构建具有中国特色的国际私法理论体系进行了长期的探索。1997年韩德培教授主编《国际私法新论》的出版则是这种努力的重要标志。同年10月，国际私法学也被教育部法律教育指导委员会确定为全国高等学校法学本科专业必须开设的14门核心课程之一。可以说，此后我国国际私法学进入了发展的“初步繁荣期”。

在此期间，我国国际私法的教学和研究队伍更加壮大，拥有国际私法博士学位授予权的单位增加到达15家，硕士学位授权点的教学科研单位达30多家。④ 国际

---

① 徐冬根：《当今国际私法侵权行为法律适用的最新趋势及中国的对策》，瑞士弗莱堡大学出版社1992年版。另外在国外公开出版的著作还有：1994年徐国建博士与瑞士学者胜雅律合著出版的《中华人民共和国的国际私法和国际民事诉讼法》，张明杰1997年英文独著《冲突法与国际货物买卖合同公约》。参见黄进主编：《国际私法》，法律出版社2005年修订版，第127页。

② 如徐国建律师1988年赴德国留学，1994年毕业于汉堡大学；陈洪武律师1990年留学法国巴黎第一大学；郭玉军教授1991～1993年留学日本北海道大学；徐冬根教授1992年毕业于瑞士弗里堡大学；李旺副教授1988～1993年留学日本京都大学。

③ ［苏］波古斯拉夫斯著：《国际私法》，王明毅等译，法律出版社1987年版；［苏］隆茨等：《国际私法》，袁振民、刘若文译，中国金融出版社1987年版；［德］沃尔夫：《国际私法》，李浩培、汤宗舜译，法律出版社1988年版；［日］北胁敏一：《国际私法：国际关系法》，姚梅镇译，法律出版社1989年版；［法］亨利·巴蒂福尔、［法］保罗·拉加德：《国际私法总论》，陈洪武等译，中国对外翻译出版公司1989年版；［英］莫里斯：《法律冲突法》，李东来等译，中国对外翻译出版公司1990年版；李林林：《日本的外国人政策和法律》，人民法院出版社1993年版。

④ 根据最新统计，武汉大学、北京大学、中国政法大学、中国人民大学、中国社会科学院法学研究所、厦门大学、华东政法学院、西南政法大学、中南财经政法大学、湖南师范大学、复旦大学、对外经济贸易大学、大连海事大学、吉林大学、南京师范大学等15家科研院所拥有国际法博士学位授予权。

私法研究硕果累累，各种教材、① 研究著作、② 译著、③ 辅助资料和以中国资源为主的新型案例选析④喷涌而出，有目不暇接之感。特别是国际私法学开始自觉地在更高层次上重视实证研究的方法，⑤ 追求“国际私法学的中国化”，从而出现了研究本土国际私法的趋势。

在这一期间，国际私法理论研究部门与实务部门的互动开始进入实质性阶段，实务部门开始通过专门网络提供大量值得研究的典型案例和裁判文书，⑥ 并积极参与到国际私法具体实际问题的探讨，为国际私法学的创新和发展带来了一股强烈的

---

① 如韩德培主编：《国际私法新论》，武汉大学出版社 1997 年版；张仲伯主编：《国际私法学》，中国政法大学出版社 1999 年版，2007 年修订；黄进主编：《国际私法》，法律出版社 1999 年版，2005 年修订；韩德培主编：《国际私法》，高等教育出版社、北京大学出版社 2000 年版，2007 年修订；李双元主编：《国际私法学》，北京大学出版社 2000 年版，2007 年修订；章尚锦主编：《国际私法》，中国人民大学出版社 2000 年版，2005 年修订，2007 年再次修订；肖永平：《国际私法原理》，法律出版社 2003 年版，2007 年修订；赵相林主编：《国际私法》，中国政法大学出版社 2003 年版，2007 年修订；余先予主编：《国际私法学》，中国财政经济出版社 2004 年版；郭玉军编注：《冲突法》（导读本），中国人民大学出版社 2005 年版。

② 如李双元主编：《中国与国际私法统一化进程》，武汉大学出版社 1998 年版；李双元、徐国建主编：《国际民商新秩序的理论建构：国际私法的重新定位与功能转换》，武汉大学出版社 1998 年版；赵相林：《国际商事关系法律适用论》，中国政法大学出版社 2005 年版；杜新丽：《国际私法实务中的法律问题》，中信出版社 2005 年版；蒋新苗：《国际私法本体论》，法律出版社 2005 年版；徐冬根：《国际私法趋势论》，北京大学出版社 2005 年版；孙建：《国际关系视角下的国际私法问题》，人民出版社 2007 年版。

③ 如［英］莫里斯：《戴西和莫里斯论冲突法》，李双元等译，中国大百科全书出版社 1998 年版；［德］弗里德里希·卡尔·冯·萨维尼：《法律冲突与法律规则的地域和时间范围》，李双元等译，法律出版社 1999 年版；［加］威廉·泰特雷：《国际冲突法——普通法、大陆法及海事法》，刘兴莉译，法律出版社 2003 年版；［美］弗里德里希·荣格：《法律选择与涉外司法》，霍政欣、徐妮娜译，北京大学出版社 2007 年版。

④ 如吕伯涛主编：《涉外商事案例精选精析》，法律出版社 2004 年版；吕伯涛：《涉港澳商事案例精选精析》，法律出版社 2006 年版；赵相林主编：《国际私法教学案例评析》，中信出版社 2006 年版；李双元、欧福永主编：《国际私法教学案例》，北京大学出版社 2007 年版；林燕萍主编：《国际私法案例评析》，北京大学出版社 2007 年版。

⑤ 如杜涛：《国际经济贸易中的国际私法问题》，武汉大学出版社 2005 年版；齐湘泉：《涉外民事关系法律适用法——总论》，法律出版社 2005 年版；齐湘泉：《涉外民事关系法律适用法——婚姻、家庭、继承论》，法律出版社 2005 年版；齐湘泉：《涉外民事关系法律适用法——侵权论》，法律出版社 2006 年版。

⑥ 如中国涉外商事海事审判网于 2001 年开通，网址：http：//www.ccmt.org.cn，另外中国法院网、法意网和法宝网也提供大量的涉外案例。

清新之风，其中万鄂湘、孙应征、吕伯涛三位大法官主编的著作是国际私法实证研究方面的领先之作。①

三、中国国际私法学会对中国国际私法学发展的贡献

中国国际私法学会作为中国国际私法学界的全国性学术组织，是凝聚各界国际私法人才的大本营、智力库，发挥着理论研究部门和司法实务部门之间的桥梁和纽带作用。自1987年在武汉成立后，学会通过各种途径加强国际私法的教学和学科建设，每年组织一次全国性的学术年会和其他学术活动，对我国国际私法学的繁荣、国际私法立法的完善、涉外审判水平的提高以及国际民商事交往起到了极大的推动和引导作用；同时学会大力促进国际私法学术界的对外学术交流，并积极倡导"学术自由"、"注重创新"和"理论联系实际"的优良学风，成就斐然，引人注目，广受好评。

（一）推动国际私法的学科建设

国际私法的教学和学科建设是国际私法学存在和发展的根本。1987年成立学会的正是"全国国际私法教学研讨会"，当时60余位国际私法学者、专家及实际工作部门的代表就着重讨论了包括课程设置、教学大纲等我国高等法律院校的国际私法教学问题。1996年大连年会上讨论关于将国际法、国际私法、国际经济法合并为"国际法"的问题，2002年上海年会上也就"国际私法的教学方法与理念问题"进行专门研讨，2006年沈阳年会的"国际私法学术沙龙"上，与会代表再次就"国际私法教学案例的中国化"等问题进行深入交流。2007年在武汉大学举办的"教育部高校青年骨干教师国际法高级研修班"也就国际私法的教学问题进行了讨论。

这些关于学科教学课程、理念和方法的交流无疑引导和促进了我国国际私法教学水平的提高。经过老中青三代国际私法学者的共同努力，我国国际私法学在教学和学科建设方面取得瞩目成就，形成了较为完善的本科生和研究生教材和教学参考

---

① 如孙应征主编：《涉外民商事法律原理与实证解析》，人民法院出版社2004年版；吕伯涛主编：《中国涉外商事审判实务》，法律出版社2004年版；吕伯涛主编：《中国涉外商事审判热点问题探析》，法律出版社2004年版；万鄂湘：《民商法总论及涉外民商法理论与适用》，人民法院出版社2005年版；吕伯涛主编：《涉港澳商事审判热点问题探析》，法律出版社2006年版。另外，万鄂湘大法官主编、人民法院出版社出版的《中国涉外商事海事审判指导与研究》和最高人民法院民事审判第四庭主编、人民法院出版社出版的《全国法院优秀涉外商事海事裁判文书选》也是国际私法实证研究的重点书目。

资料体系，出版各类《国际私法》讲义、教材200余部，① 研究专著100余部，教学参考资料30余部，案例选析20余部。

应该说，自改革开放以来，国际私法的实践重要性日益凸显，国际私法学成为我国高等院校法学十四门核心课程之一，并纳入全国统一司法考试范围之中。为了正确处理国际民商事交往，尤其是正确应对加入世界贸易组织后日益频繁复杂的国际民商事纠纷，国际私法的学科建设也应加强，而不能减弱；国际私法的学科地位也应提高，而不能降低。

（二）繁荣国际私法的学术研究

学会成立以来，大力倡导学术独立和思想自由，积极鼓励学术创新，为不同观点的交流搭建沟通的平台，不断推动和组织我国国际私法学术界对国际私法基本理论问题，前沿热点问题和重大现实问题进行广泛深入的研究，取得了丰硕的成果。

以我国国际私法基本理论问题为例，在国际私法学的理论体系上，我国学者就有"小国际私法"、"中国际私法"、"大国际私法"，"最小国际私法"和"最大国际私法"等几派观点。韩德培教授关于国际私法范围的"一机两翼说"认为国际私法包括外国人法、冲突法、国际统一实体法、国际民事诉讼法、国际商事仲裁法和涉外专用实体规范，其中冲突法和国际统一实体法是国际私法的本体部分。在国际私法适用域外法的必要性上，有学者提出"平等互利说"、② "国际交往互利说"③ 和"利益增进说"④ 等新理论。在国际私法的功能定位上，有学者提出了"建构国际民商新秩序"的新主张。⑤ 在国际私法的发展趋势上，学者们作出了"调整对象扩大化"、"立法模式单行化"、"法律内容趋同化"、"冲突规范灵活化"和"法律适用定向化"的总结和判断。上述学说或观点是否客观、合理、可取暂且不论，但体现了我国国际私法学者强烈的求新精神、宽松的学术氛围、高远的学术想像力。

---

① 不过教材建设也存在诸如"本科生教材研究化"的情形，一些教材洗练不够而琐碎有余，是否适合本科生教学颇值得斟酌。

② 韩德培教授主编：《国际私法》，武汉大学出版社1983年出版；李双元等：《中国国际私法通论》，法律出版社1996年版；李双元：《走向21世纪的国际私法：国际私法与法律的趋同化》，法律出版社1999年版。

③ 余先予主编：《冲突法》，法律出版社1989年版；章尚锦主编：《国际私法》，中国人民出版社1992年版。

④ 徐文超、储敏：《国际私法要论》，知识产权出版社2004年版。

⑤ 李双元、徐国建主编：《国际民商新秩序的理论建构：国际私法的重新定位与功能转换》，武汉大学出版社1998年版。

另外，在国际私法的基本制度、①具体领域、②前沿问题、③立法问题、国别研究、④争

① 如王葆莳：《国际私法中的先决问题研究》，法律出版社 2007 年版；贺连博：《反致问题研究》，知识产权出版社 2006 年版；刘来平：《外国法的查明》，法律出版社 2007 年版。

② 如侯军主编：《当代海事国际私法》，上海科学技术文献出版社 1990 年版；邵景春：《国际合同法律适用论》，北京大学出版社 1997 年版；傅静坤：《契约冲突法论》，法律出版社 1999 年版，人民出版社 2001 年修订；沈涓：《合同准据法理论的解释》，法律出版社 2000 年版；李金泽：《公司法律冲突研究》，法律出版社 2001 年版；韩立新编著：《海事国际私法》，大连海事大学出版社 2001 年版；潘攀：《票据的法律冲突》，北京大学出版社 2002 年版；王军、陈洪武：《合同冲突法》，对外经济贸易大学出版社 2003 年版；朱榄叶、刘晓红主编：《知识产权法律冲突与解决问题研究》，法律出版社 2004 年版；曾二秀：《侵权法律选择的理论、方法与规则：欧美侵权冲突法比较研究》，法律出版社 2004 年版；霍政欣：《不当得利的国际私法问题》，武汉大学出版社 2006 年版；许军珂：《国际私法上的意思自治》，法律出版社 2006 年版；王国华：《海事国际私法原论》，北京大学出版社 2007 年版；彭欢燕：《商标国际私法研究：国际商标法之重构》，北京大学出版社 2007 年版；焦燕：《婚姻冲突法问题研究》，法律出版社 2007 年版；张玲：《跨境破产的国际合作：国际私法的视角》，法律出版社 2007 年版。

③ 如何其生：《电子商务的国际私法问题》，法律出版社 2004 年版；宋晓：《当代国际私法的实体取向》，武汉大学出版社 2004 年版；胡晓红：《网络侵权与国际私法》，中国工人出版社 2006 年版；袁发强：《宪法对冲突法的影响》，法律出版社 2007 年版；杜焕芳：《国际民商事司法与行政合作研究》，武汉大学出版社 2007 年版。

④ 如张翔宇：《现代美国国际私法学说研究》，武汉大学出版社 1986 年版；邓正来：《美国现代国际私法流派》，法律出版社 1987 年版，中国政法大学出版社 2006 年重印；韩德培、韩健：《美国国际私法（冲突法）导论》，法律出版社 1994 年版；浦伟良、余先予、杨心宇编：《俄罗斯民商法与冲突法》，世界图书出版公司 1995 年版；陈卫佐：《瑞士国际私法法典研究》，法律出版社 1998 年版；董丽萍：《澳大利亚国际私法研究》，法律出版社 1999 年版；袁泉：《荷兰国际私法研究》，法律出版社 2000 年版；刘仁山：《加拿大国际私法研究》，法律出版社 2001 年版；刘卫翔：《欧洲联盟国际私法》，法律出版社 2001 年版；肖永平主编：《欧盟统一国际私法研究》，武汉大学出版社 2002 年版；杜涛：《德国国际私法：理论、方法和立法的变迁》，法律出版社 2006 年版；朱伟东：《南非共和国国际私法研究：一个混合法系国家的视角》，法律出版社 2006 年版；王承志：《美国冲突法重述之晚近发展》，法律出版社 2006 年版；邹国勇：《德国国际私法的欧盟化》，法律出版社 2007 年版。

议解决程序①和区际冲突法②等方面，不少学者进行了广泛深入、富有价值的学术研究，取得许多有分量有影响的学术成果，为我国的相关立法、司法和仲裁实践提供了强大的智力支持和必要的理论引导。当然，与其他学科一样，我国国际私法学真正重大的、为国内多数学者接受并产生较大国际影响的学术创见还不多见，对我国涉外审判实践也缺乏全面系统的总结和有针对性的深入研究。③

（三）组织国际私法的学术活动

学会自1987年成立以来，每年都主办一次学术年会，为国际私法理论和实务工作者提供交流感情、砥砺学术的平台。截至2007年已经连续举办了21届。参加年会的成员不但有从事国际私法教学和研究的教师和学者，还有从事实务工作的法官、律师和其他专家、顾问，应邀参加年会的，往往还有来自中国香港、澳门和台湾地区或其他国家的学者专家。

年会结束之后，学会都要将论文集精选结集出版，把与会代表提交的科研成果

① 如研究专著有：韩健：《现代国际商事仲裁法的理论与实践》，法律出版社1993年版，2000年修订；宋连斌：《国际商事仲裁管辖权研究》，法律出版社2000年版；赵秀文：《国际商事仲裁及其适用法律研究》，北京大学出版社2002年版；［英］艾伦·雷德芬：《国际商事仲裁法律与实践》，林一飞、宋连斌译，北京大学出版社2005年版；刘晓红：《国际商事仲裁协议的法理与实证》，商务印书馆2005年版；刘振江：《国际民事诉讼法原理》，法律出版社1985年版；李双元、谢石松：《国际民事诉讼法概论》，武汉大学出版社1990年版，2001年修订；费宗祎、唐承元主编：《中国司法协助的理论与实践》，人民法院出版社1992年版；李浩培：《国际民事程序法概论》，法律出版社1996年版；徐宏：《国际民事司法协助》，武汉大学出版社1996年版，2006年修订；何其生：《域外送达制度研究》，北京大学出版社2006年版。

② 如黄进、郭华成：《澳门国际私法总论》，澳门基金会1997年版；沈涓：《中国区际冲突法研究》，中国政法大学出版社1999年版；余先予主编：《台湾民商法与冲突法》，东南大学出版社2001年版；黄进主编：《中国的区际法律问题研究》，法律出版社2001年版；肖永平主编：《内地与香港的法律冲突与协调》，湖北人民出版社2001年版；董立坤：《中国内地与香港地区法律的冲突与协调》，法律出版社2004年版；于飞：《海峡两岸民商事法律冲突问题研究》，商务印书馆2007年版。

③ 另外我国国际私法还存在"研究性专著教材化"的问题，体系大，但精深度不够。

予以发表。① 自1998年起则改为编辑出版《中国国际私法与比较法年刊》，这种长期一贯性的做法也受到了其他学术团体的赞赏和学习，特别是年刊的出版在国际上产生了很好的反响。另外，学会还建立了自己的网站，② 国际私法的部分相关资料已经上网，推动着国际私法学的普及和发展。

除了主办学术年会之外，学会还不定期地举办其他学术活动，如1993年开展纪念海牙国际私法会议百岁华诞的学术活动；2005年4月与外交部条约法律司在武汉大学联合举办《排他性选择法院协议公约（草案）》研讨会；同年5月与最高人民法院联合举办《关于审理涉外民事案件有关法律适用若干问题的规定》研讨会；2005年5月学会还与广东省法官协会在广东佛山召开了“内地、香港、澳门区际法律问题研讨会”；2007年5月，值香港回归十周年之际，学会又与广东商学院和广东省律师协会共同举办了第二届“内地、香港、澳门区际法律问题研讨会”等。这些学术活动的举办，特别是与实务部门联合举办的研讨会，极大地加强了理论界与实务界之间的交流、沟通和理解，对于理论研究和实务操作的提高和完善都有非常重要的意义。

而且，现任学会会长黄进教授与台湾地区玄奘大学法学院院长赖来焜教授达成协议，决定自2005年起每年在大陆和台湾地区轮流举办海峡两岸的国际私法学术研讨会。这种持续大规模的学术交流对于两岸国际私法学者相互学习、取长补短和共同进步具有非常积极的效果，③ 目前已经连续举办了三届。

（四）参与国际私法的国内和国际立法

目前我国国际私法方面的规定存在不少问题：指导思想落后，立法体系不全，立法技术简单，可操作性不强，内容上也存在诸多不完整、不全面、不明确、不合理和不先进之处，相比其他国家国际私法立法的发展，我国现行的国际私法立法远

① 以前公开出版的年会论文集有：黄进主编：《国际司法协助与区际冲突法论文集》，武汉大学出版社1989年版；黎学玲等主编：《涉外民事经济法律研究》，中山大学出版社1990年版；顾倚龙、吕国华主编：《海峡两岸法律冲突及海事问题研究》，山东大学出版社1991年版；黄进、黄风主编：《区际司法协助研究》，中国政法大学出版社1993年版；黄进主编：《国际私法与国际商事仲裁》，武汉大学出版社1994年版；司法部司法协助局编：《司法协助研究》，法律出版社1996年版；余先予主编：《市场经济与中国国际私法立法》，世界图书出版公司1996年版等。

② 网址：www.chinapil.org 或 www.chinapil.whu.edu.cn。

③ 在书籍出版方面，内地与台港澳也互有引进，如台湾学者柯泽东：《国际私法》，中国政法大学出版社2003年版；黄进：《国际冲突法》，台北永然文化出版股份有限公司1996年版；黄进：《中国国际私法》，三联书店（香港）有限公司1997年版。

不能适应我国目前形势和未来发展的需要。国际私法的单行立法势在必行，然而立法仅仅依靠立法机关的力量是不够的，还必须组织从事国际私法理论研究和实务工作的专家学者参加法律的起草工作，走立法民主化和科学化的道路。而重新编纂和起草我国的国际私法，这一任务就历史性地落到了中国国际私法学会的身上。

在国际私法1993年深圳年会上，学会作出了起草《中华人民共和国国际私法(示范法)》的决定，并成立了以韩德培教授为组长的《示范法》起草工作小组。1994年7月，起草小组在外交学院举行了第一次工作会议，完成了第一稿；1994年宁波年会后形成了第二稿；1995年6月，起草小组成员再次聚集深圳，形成了第三稿；1995年北京年会和1996年大连年会对第三稿进行了讨论；1997年上海和苏州年会继续讨论修改第四稿；到1998年井岗山年会时已经是第五稿；此后，在1999年长沙年会上最后定稿为第6稿。历时7年的《国际私法(示范法)》共有5章166条，起草小组对每一条文还附带有学理说明的"立法理由"，2000年由法律出版社以中、英文出版，现在已被翻译为日、法、德等多国文字，并且已在联合国备案。

《示范法》采取法典的模式，顺应了国际私法立法的世界潮流，内容比较全面系统，规定比较科学合理，在指导思想上具有一定的超前意识。《示范法》是中国国际私法学界集体智慧的结晶，是我国法学界第一部完全由学术研究团体起草的示范法典，代表着我国国际私法学界的研究水平，是里程碑式的研究成果，不仅在我国国际私法学界产生了重大影响，也引起了国外学者的广泛关注，而且对我国立法机关、司法部门、涉外单位以及国际民商事关系当事人都发挥着重要的参考作用。

我国学者不仅要参与国内立法，还应积极参与国际立法。改革开放以来，我国在国际私法领域内的国际立法方面也做了许多工作，取得了很大进展。1986年10月，我国申请加入海牙国际私法会议，1987年7月3日，我国正式成为海牙国际私法会议的成员国，我国还先后加入了《承认和执行外国仲裁裁决公约》、《关于向国外送达民事或商事司法文书和非司法文书公约》、《关于从国外调取民事或商事证据的公约》等国际公约。1987年以来，我国还分别同法国、波兰、蒙古、比利时、罗马尼亚、意大利、俄罗斯等国签订了司法协助协定。我国学者也以各种形式参与了一些国际私法的国际立法活动，① 当然我国国际私法学界同仁应更多地参

---

① 如2004年4月，肖永平教授接受外交部条法司邀请参加海牙国际私法会议在荷兰海牙召开的特委会，就"法院选择协议公约"的起草制定提供意见；2005年7月，何其生教授作为中国政府代表团成员赴维也纳参加联合国国际贸易法委员会第38届年会，参与《国际合同使用电子通信公约》等的谈判；2007年2月，郭玉军教授参加海牙国际私法会议关于"外国法查明"的专家会议，探讨起草制定有关外国法查明的跨国合作新公约的必要性与可行性，同年7月郭玉军教授又参加联合国国际贸易法委员会"全球商务现代法律大会"等。

加到这类活动中去，提供专业可行的建议和意见，以推动国际私法的国际立法发展，参与国际民商事新秩序的建设。

（五）促进国际私法理论与实务的互动

学者们关于国际私法的大量研究，尤其是国际私法的权威著作和《国际私法(示范法)》，为我国国际民商事交往中大量问题的科学解决提供了基本的智力支持，同时推动了我国国际私法的立法，更是对我国国际民商事案件的司法审判发挥了潜移默化的重大影响和引导作用。

不过，部分由于国际私法学者难以获得我国第一手的涉外审判实践资料，更是因为许多国际私法学者对我国涉外民商事审判的实践需求关注不够，对其中蕴涵的重大理论价值估计不足，导致理论研究与实践需要相脱节、研究成果难以切实指导审判实践。① 随着理论界与实务界的深度互动与合作，以及我国国际私法学研究的进一步拓展和深化，尤其是通过加强对我国国际私法具体实践问题的实证研究，国际私法的理论研究对我国国际私法的立法、司法的完善和其他现实问题的科学解决一定会发挥更有针对性也更加有效的推动、引导和支撑作用。

（六）加强国际私法的对外学术交流

学会成立前后，由各教学研究单位组织和专家学者个人的对外学术交流日渐频繁，在“走出去”方面，意义重大的有两件，一是1982年韩德培教授以美国埃德加·斯诺基金会法学客座教授和富布赖特基金会亚洲住留学者的身份，前往美国密苏里大学等校讲学三个月；二是1990年李浩培先生在海牙国际法学院暑期班教授国际私法课程“国际私法在遗产继承方面的几个新发展”。这是我国国际私法学者第一次公开以讲学者的身份到欧美国家进行学术交流和对话。② 自2003年黄山年会理事会换届以来，学会组织的对外学术交流明显增多。2005年6～7月，学会与美国天普大学法学院国际法与公共政策研究所合作在美国召开了为期一个月的美中国际私法圆桌会议，这次圆桌会议是在中国规划制定新的《国际民事关系法律适用法》以取代《民法通则》第八章的背景下召开的，有10多位美国学者参加，这对推动中美之间在国际私法领域的合作与交流起到了重要作用。除了欧美国家外，

① 吕伯涛主编：《中国涉外商事审判热点问题探析》，法律出版社2004年版，第2页。

② 徐冬根教授1998年也登上海牙国际法学院讲坛，用法语主讲《从比较法视角论中国国际私法》课程。

与亚洲同行之间的交流也日益增多。①

在“请进来”方面，境外国际私法学者各种形式的访问不可胜数，比较重要的有，1994 年学会邀请瑞士著名汉学家、国际私法学家胜雅律教授访问；1999 年学会邀请海牙国际私法会议秘书长 Hans V Loon 访问；2005 年 3 月，日本早稻田大学法学院副院长、比较法研究所所长木棚照一教授访问武汉大学，并就《中国国际私法示范法》和日本国际私法立法的起源及最新修订情况进行探讨，还就加强中日之间的国际私法交流与合作提出了建议等。

为了迎接北京奥运会，促进我国对体育仲裁的研究，2006 年 10 月学会和武汉大学研究所举办了“体育仲裁国际研讨会”。2007 年 9 月，学会在武汉大学召开国际私法全球论坛、2007 年中国国际私法学会年会暨学会成立 20 周年庆典，西蒙尼德斯等十余位欧美国际私法学者参加。2007 年 10 月，学会与武汉大学国际法研究所、美国培思大学法学院和联合国国际贸易法委员会联合举办“1980 年《联合国国际货物销售合同公约》在成员国的适用与解释国际研讨会”，联合国国际贸易法委员会前任秘书长和 CISG 咨询理事会主席等来自十多个国家的近三十位境外学者参加，学会的国际影响力日益增强。

（七）倡导国际私法学科的学风建设

1. 学术自由。

学会成立后在韩德培等老先生们的倡导和力行下，充分发扬民主，团结各地学者，尊重不同观点，鼓励学者们本着“百花齐放、百家争鸣”的方针，不迷信权威，敢于向权威挑战，独立思考，各抒己见，畅所欲言，形成了自由宽容的学术氛围。这种学术自由和兼容并包的传统作风对于我国国际私法学界的团结和国际私法学在我国的迅速恢复、初步繁荣和发展起到了积极的促进作用。我国国际私法学在教学体系、研究方法和基本观点上存在不同的学派，这也反映了我国国际私法学的多元化和自由空气。学会之所以特别强调“学术自由”、“和而不同”，还因为这种学风是培养学术大师、生成学术流派的肥沃土壤。这种优良学风应当不断强化，代代相传。

2. 学术创新。

我们进行国际私法的研究时既会面临所有国家都会遇到的共通性问题，也会面临只有我们国家才会遇到的特殊问题，有些问题我们已经掌握、有深刻认识，还有

① 如 2006 年 3 月，肖永平教授和郭玉军教授应日本立命馆大学邀请出席了在日本大阪举办的中日韩“涉外家庭法研讨会”；2006 年 12 月，黄进教授和郭玉军教授应日本早稻田大学邀请赴日本东京参加“第 7 次知识产权 · 国际私法会议”。

一些是我们没有意识到或没有很好研究的。因此，我国国际私法学研究无论是面的拓展还是质的提升，都要一方面参考、品评和借鉴国际上各种理论学说和立法司法实践，另一方面更要立足于本土，开拓进取，独立研究，大胆突破。总之，正如名誉会长费宗祎教授长期提倡的那样，国际私法研究应该坚持“不惟上，不惟书，不惟旧，不惟洋”的原则，建设中国特色国际私法学。

要创建“中国特色”的国际私法学，就必须要在充分继承和借鉴前人和外国的理论观点和制度规范的基础上，在不断发展的国际国内立法司法实践中进行创造性的研究和探索。既善于学习，更应注重创新是学会特别强调的另一优良学风，因为这一学风是优秀学者应该具备的基本素质。

3. 理论联系实际。

我国的国际私法学研究已经取得了初步的繁荣，然而这种繁荣的背后存在一个很大的缺憾，那就是理论联系实际不够，特别是联系中国司法实践远远不够。一方面，实务部门每天都面临着许多新情况、新问题，迫切需要进行深入系统的研究，寻求科学的解答和切实可行的解决办法。另一方面，不少国际私法学者也客观存在着“热衷于西方、沉迷于理论”、“淡薄于本土、轻忽于实践”的学术倾向。这种学风如果不立马改弦更张，如果没有大量的国际私法学者埋头于我国涉外审判实践的丰富宝藏，那么，我国国际私法学不仅谈不上真正有价值的理论创新、实践影响、国际贡献和学术增长点，而且还会逐步空洞化、边缘化。理论研究需要关心现实，联系实际，实证研究。在当前形势下，我国国际私法学者需要加强“理论联系实际”的使命感、责任感和紧迫感。

中国国际私法学会已经成立二十周年了，我国国际私法学也实现了初步的繁荣，正在向“中国特色国际私法学”转变，这一转变的成功主要取决于研究方法和研究路径的升级换代。正如黄进教授所言，我国国际私法的研究路径要实现“三个转向”：一是从宏观研究向微观研究的转变；二是从抽象理论研究向具体实际问题研究的转变；三是从务虚向务实的转变。深化改革、扩大开放、加入世贸、和谐世界，国际私法在我国目前正处于发展、提升和繁荣的一个大的时代背景。在这个“大时代”里，我国国际私法学应该继续倡导学术独立和自由，并把思想从一切不利于国际私法发展的旧观点和老思维中解放出来，善于学习，勇于创新，敢于质疑，积极关注和研究具体实践问题，尤其是需要全面、系统、深入、科学地梳理、分析、提炼、评论和研究我国涉外民商事审判实践中的成绩、不足和挑战，以实现我国国际私法学在理论品位上的升华和实践价值上的提升，从而达到我国国际私法学的全面繁荣。

（审稿：卜　璐）

中国国际私法学会二十年回顾

□　何其生*整理

目　次

中国国际私法学会成立于1987年10月，是一个全国性的学术团体，会址设在武汉，首任会长是武汉大学国际法研究所韩德培教授，现任会长为武汉大学副校长、国际法研究所所长黄进教授。学会目前有会员250余人，主要是来自中国学术机构、研究机构及有关实务部门的国际私法学教授、学者、专家和实务工作者。学会的主要宗旨是引导人们积极参与国际私法的教学、研究和运用，共同推动中国国际私法理论与实践的发展，促进国际民商事交往的发展。自1998年创刊以来，学会每年定期出版全国性的学术刊物《中国国际私法与比较法年刊》。2000年，学会出版了《中华人民共和国国际私法示范法》（以下简称《国际私法示范法》），这是中国第一部有关国际私法的学术性示范法。二十年来，学会主要活动如下：

---

* 武汉大学国际法研究所教授，本资料的整理曾得到了黄进教授和郭玉军教授的大力支持和指导，在此感谢！

一、学会历届年会及研讨主题

1985年10月7~11日，全国国际私法学术讨论会在贵州省贵阳市贵州大学召开，会上成立了“中国国际私法研究会筹备组”。

1987年10月14~18日，全国国际私法教学研讨会在湖北省武汉市武汉大学召开，会上讨论了《国际私法教学大纲（讨论稿）》、国际私法的发展趋势、《民法通则》第八章和《涉外经济合同法》中有关法律适用的条款。会上正式成立了“中国国际私法研究会”，选举产生了理事会，理事会选举韩德培教授为会长。会议还通过了《中国国际私法研究会章程》。

1988年10月11~14日，第一届中国国际私法研究会年会在陕西省西安市西北政法学院召开，会议研讨的主题是“国际司法协助与区际冲突法”。同年中国第一位国际私法博士黄进先生顺利通过答辩。

1989年11月25~29日，第二届中国国际私法研究会年会在广东省广州市中山大学召开，会议的主题是“涉外经济合同与涉外侵权的法律适用问题”。

1990年9月，第三届中国国际私法研究会年会在湖北省武汉市武汉大学召开，会议的主题是“内地与港澳地区司法协助问题”。

1991年10月7~11日，第四届中国国际私法研究会年会在山东省济南市山东大学召开，会议的主题是“海峡两岸法律冲突及海事法律问题”。会上，理事会进行了第二届换届选举，韩德培教授续任会长，会议按照《社团登记管理条例》修改了《中国国际私法研究会章程》部分条款。

1992年11月25日，第五届中国国际私法研究会年会在广东省珠海市召开，会议由珠海市对外经济律师事务所和国际商务律师事务所主办，会议的主题是“国际私法与国际商事仲裁”。

1993年12月7~12日，第六届中国国际私法研究会年会在广东省深圳市召开，会议由深圳市中级人民法院和深圳大学法律系主办，研讨的主题是“社会主义市场经济体制的建立与中国国际私法法制的完善”。

1994年10月28日~11月1日，第七届中国国际私法研究会年会在浙江省宁波市宁波大学召开，会议由宁波大学法律系主办。会议研讨的主题是“《国际私法示范法》（草案第一稿）的体例和内容问题”。

1995年10月12~14日，第八届中国国际私法研究会年会在北京市召开，会议由司法部协助局和中国政法大学举办，研讨的主题是我国关于司法协助的实践与理论、《国际私法示范法》（草案第三稿）的修改问题。此次会上，理事会进行了第三届换届选举，韩德培教授续任会长。

1996 年 10 月 7 ~ 10 日，第九届中国国际私法研究会年会在辽宁省大连市大连海事大学召开。会上讨论了《国际私法示范法》（草案第三稿）的修改问题，海事国际私法以及关于将国际法、国际私法、国际经济法合并为“国际法”的问题。

1997 年 10 月 7 ~ 11 日，第十届中国国际私法研究会年会在上海市和江苏省苏州市召开，会议由上海财经大学和苏州大学主办，讨论的主题是中国区际民商事交往的法律问题、中国参加海牙国际私法领域有关公约的可行性问题、《国际私法示范法》（草案第四稿）的修改和注释问题。

1998 年 10 月 23 ~ 26 日，第十一届中国国际私法研究会年会在江西省井冈山市召开，会议由南昌大学政法学院主办，会议讨论的主题是国际私法的范围问题、国际民商事交往中的法律适用问题、区际法律冲突问题。从 1998 年起，本会更名为“中国国际私法学会”。

1999 年 10 月 23 ~ 28 日，第十二届中国国际私法学会年会在湖南省长沙市湖南师范大学法学院召开，会议讨论了国际民商事案件的管辖权问题和我国涉外经贸仲裁制度的问题与现状。会上，理事会进行了第四届换届选举。

2000 年 9 月 18 ~ 21 日，第十三届中国国际私法学会年会在湖北省武汉市中南财经政法大学法学院召开，会议讨论的主题是中国国际私法的回顾与展望、国际私法基本理论、实践中的中国国际私法。

2001 年 10 月 24 ~ 27 日，第十四届中国国际私法学会年会在陕西省西安市西北政法学院召开，会议研讨的主题是：21 世纪国际私法的理论与实践、电子商务对国际私法的挑战、中国“入世”和西部大开发与我国涉外法制的完善、实践中的中国国际私法问题。

2002 年 9 月 27 ~ 29 日，第十五届中国国际私法学会年会在上海市华东政法学院召开，会议研讨的主题是国际私法在涉外审判与仲裁实践中的运用、国际条约在涉外民商事审判中的适用、国际私法的教学方法与理念问题。会上播放了韩德培教授电视纪录片《长风破浪会有时》。

2003 年 9 月 18 ~ 22 日，第十六届中国国际私法学会年会在安徽省黄山市召开，会议由安徽大学法学院主办，会议讨论的主题是《民法典》（草案）第九编条款的设计问题与仲裁立法问题。此次会议上，理事会进行了第五届换届选举，黄进教授当选会长。

2004 年 11 月 18 ~ 20 日，第十七届中国国际私法学会年会在重庆市西南政法大学召开，会议研讨的主题是中国国际私法立法问题、国际私法中的法理学问题和程序法问题。

2005 年 10 月 20 ~ 21 日，第十八届中国国际私法学会年会在上海市复旦大学召开，会议研讨的主题是：国际私法基本理论问题、国际私法具体领域的法律适用问题、涉外司法审判与商事仲裁中的实践问题。

2006年9月23~24日，第十九届中国国际私法学会年会在辽宁省沈阳市辽宁大学法学院召开，会议研讨的主题是“国际私法与构建和谐世界”，着重讨论了中国法律适用法立法问题、涉外民事诉讼法的完善、涉外仲裁法的修订以及国际私法与国际经济法的关系问题。

2007年9月，第二十届中国国际私法学会年会暨学会成立20周年庆典，在湖北省武汉市武汉大学召开。来自最高人民法院、司法部、外交部、全国各地高等院校、科研单位以及美国、德国、比利时等国的200余名代表参加了会议，大会收到会议论文140余篇。中国国际私法学会名誉会长97岁高龄的韩德培教授、最高人民法院常务副院长曹建明大法官、中国国际私法学会会长黄进教授、美国比较法学会会长Symeon C. Symeonides教授等在大会开幕式中致辞。会议的主题是“全球化与国际私法的新发展”，主要讨论的议题有：法律选择方法与理论的新发展、实体私法的国际统一、海牙国际私法会议与21世纪国际私法的新发展、互联网与国际私法的新发展、婚姻家庭领域国际私法的新发展、欧盟国际私法新发展、国际商事仲裁法的新发展、债权领域国际私法的新发展、国际私法国内立法的新发展、国际民商事争议解决机制的新发展。

二、学会的专题讨论

（一）《国际私法示范法》的起草

在中国国际私法学会1993年深圳年会上，学会作出了起草《国际私法示范法》的决定，并成立了以韩德培教授为组长的《国际私法示范法》起草工作小组。

1994年7月，起草小组在外交学院举行了第一次工作会议，完成了第一稿。

1994年宁波年会后形成了第二稿。

1995年6月，起草小组成员再次聚集深圳，形成了第三稿。

1995年北京年会和1996年大连年会对第三稿进行了讨论。

1997年上海和苏州年会继续讨论修改第四稿。

1998年江西井岗山年会讨论的是第五稿。

1999年长沙年会上最后定稿为第6稿。

历时7年起草的《国际私法示范法》共有5章166条，起草小组对每一条文还附带有学理说明的“立法理由”，2000年由法律出版社以中、英文出版，现在已被翻译为日、法、德等多国文字，并且已在联合国备案。

（二）海峡两岸国际私法学术研讨会①

2005年6月，第一届两岸法学会议研讨会在台湾玄奘大学法律学院举行。本次活动研讨的主题是：国际私法立法比较、国际商事仲裁法、国际私法基本问题、国际契约、司法互助及国际民事程序法等相关议题。参会的内地国际私法学人有武汉大学黄进教授和郭玉军教授、深圳大学董立坤教授、吉林大学吕岩峰教授、中国政法大学杜新丽教授、中国社科院法学研究所沈涓教授、浙江大学金彭年教授等十余位代表；著名国际私法学家、台湾国际私法研究会会长、台湾前“司法院大法官”马汉宝教授，著名国际私法学家、台湾前“司法院大法官”刘铁铮教授，台湾“司法院国际私法研修委员会”委员、法国斯特拉斯堡大学博士曾陈明汝教授以及著名国际私法学人赖来焜教授、陈荣传教授、柯泽东教授等二十余位台湾地区代表出席了会议。此次会议开始了两岸国际私法学人大规模交流的序幕。

2006年6月22~23日第二届海峡两岸国际私法学术研讨会在湖北省武汉市武汉大学举行，本届研讨会的主题分别为“海峡两岸国际私法立法和司法实践的现状与展望”和“海峡两岸法律冲突及其解决”。来自大陆和台湾地区的一百多位国际私法专家学者莅会。九十六岁高龄的我国著名法学家、中国国际私法学会名誉会长、武汉大学资深教授韩德培先生应邀出席并致辞。著名国际私法学家马汉宝教授、刘铁铮教授、曾陈明汝教授等13位台湾地区国际私法专家学者首次赴内地参加海峡两岸国际私法研讨会。此次会议上，两岸国际私法专家学者互通信息、切磋学术，力争为推进海峡两岸的民商事往来作出应有的贡献。

2007年3月16~18日，第三届海峡两岸国际私法学术研讨会在台北市福华国际文教会馆举行，本届会议由台湾玄奘大学主办。为加强海峡两岸国际私法学术界的交流，中国国际私法学会选派13位来自中国政法大学、西北政法大学、武汉大学、西南政法大学、华东政法学院、湖南师范大学和厦门大学等高校的国际私法专家学者组团参加了会议。三十余位台湾地区国际私法学者专家参加了研讨会。本次研讨会主要讨论的议题是“国际私法的基本问题”、“区际私法”、“两岸法律冲突”和“国际商务仲裁”等。

---

① 而且，现任学会会长黄进教授与台湾地区玄奘大学法学院院长赖来焜教授达成协议，决定自2005年起每年在大陆和台湾地区轮流举办海峡两岸的国际私法学术研讨会。这种持续大规模的学术交流对于两岸国际私法学者相互学习、取长补短和共同进步具有非常积极的效果，目前已经连续举办了三届。

（三）内地、香港、澳门区际法律问题研讨会

2005年5月21、22日中国国际私法学会与广东省法官协会在广东佛山召开了第一届“内地、香港、澳门区际法律问题研讨会”；会议议题包括区际管辖权、区际法律适用、区际送达、区际调查取证、区际执行保全、区际司法救助、区际法院判决的承认与执行、区际仲裁裁决的承认与执行、区际法律资料交换、区际公文书认证、区际海事法律问题、区际知识产权保护、区际环保协作等。

2007年5月，值香港回归十周年之际，中国国际私法学会与广东商学院和广东省律师协会共同举办了第二届“内地、香港、澳门区际法律问题研讨会”。与会代表就区际管辖权、区际送达、区际仲裁裁决的承认与执行、区际法律资料交换、区际公文书认证等问题进行了深入研讨。

（四）其他专题研讨

1993年，开展了纪念海牙国际私法会议百岁华诞的学术活动。

2002年9月24~25日，应全国人大常委会法制工作委员会的邀请，中国国际私法学会10余位专家参加了在全国人大常委会会议中心召开的研讨会，对《民法典》中规定的“涉外民事关系的法律适用”部分提出意见。会议以法制工作委员会民法室起草的《民法室室内稿》为基础，进行了讨论。

2005年4月，学会与外交部条约法律司在武汉大学联合举办《排他性选择法院协议公约（草案）》研讨会。

2005年5月，学会与最高人民法院联合举办《关于审理涉外民事案件有关法律适用若干问题的规定》研讨会。

2006年10月，学会和武汉大学国际法研究所共同举办了“体育仲裁国际研讨会”。会议探讨了四个议题，即体育仲裁的程序问题、体育仲裁的范围、中国体育仲裁制度的构建、体育仲裁院与中国仲裁法。

2007年10月，学会与武汉大学国际法研究所、美国培思大学法学院和联合国国际贸易法委员会联合举办“1980年《联合国国际货物销售合同公约》在成员国的适用与解释国际研讨会”，联合国国际贸易法委员会前任秘书长 Eric E. Bergsten 教授和 CISG 咨询理事会主席 Jan Ramberg 教授等来自十多个国家的近三十位境外学者参加，学会的国际影响力日益增强。

三、学会的对外交流

首先，在“走出去”方面，学会成立后，对外交流一直比较频繁，而具典型

性和代表性的活动主要有：

1990 年李浩培先生在海牙国际法学院暑期班讲授国际私法课程“国际私法在遗产继承方面的几个新发展”。

1998 年徐冬根教授在海牙国际法学院用法语主讲“从比较法视角论中国国际私法”。

2005 年 6 ~ 7 月，学会与美国天普大学法学院国际法与公共政策研究所合作在美国召开了为期一个月的美中国际私法圆桌会议，这次圆桌会议是在中国规划制定新的《国际民事关系法律适用法》以取代《民法通则》第八章的背景下召开的，有十多位美国学者参加，这对推动中美之间在国际私法领域的合作与交流起到了重要作用。

2006 年 3 月，肖永平教授和郭玉军教授应日本立命馆大学邀请出席了在日本大阪举办的中日韩“涉外家庭法研讨会”。

2006 年 12 月，黄进教授和郭玉军教授应日本早稻田大学邀请赴日本东京参加第七次知识产权·国际私法会议。

其次，境外国际私法学者各种形式的来访也十分频繁，比较重要的有：

1994 年学会邀请瑞士著名汉学家、国际私法学家胜雅律教授访问。

1999 年学会邀请海牙国际私法会议秘书长 Hans V Loon 访问。

2002 年 11 月 19 ~ 22 日，海牙国际私法会议副秘书长 Robert w. Duncan 来访。

2005 年 3 月，日本早稻田大学法学院副院长、比较法研究所所长木棚照一教授访问武汉大学，并就《中国国际私法示范法》和日本国际私法立法的起源及最新修订情况进行探讨，还就加强中日之间的国际私法交流与合作提出了建议等。

2006 年 4 月，新加坡国际仲裁中心副主席 Lawrence Boo 来访，同时被聘为武汉大学国际法研究所客座教授。

2007 年 3 月 16 ~ 18 日，中国国际私法学会年会暨学会成立 20 周年庆典胜利召开，美国 Willamette 大学 Symeon C. Symeonides 教授，美国 Pittsburgh 大学 Ronald Brand 教授，瑞士联邦最高法院 Wiprächtiger Hans E. 法官，以及英国、意大利、瑞士等国的著名学者与实务专家参加了此次庆典。

四、学会出版物

《国际司法协助与区际冲突法论文集》，武汉大学出版社 1989 年版。

《涉外民事经济法律研究》，中山大学出版社 1990 年版。

《海峡两岸法律冲突及海事法律问题研究》，山东大学出版社 1991 年版。

《国际私法与国际商事仲裁》，武汉大学出版社 1993 年版。

《司法协助研究》，法律出版社1996年版。

《市场经济与中国国际私法立法》，世界图书出版公司1996年版。

《当代国际私法研究——21世纪的中国与国际私法》，上海人民出版社2006年版。

《中国国际私法与比较法年刊-1998》（创刊号），法律出版社1998年版。

《中国国际私法与比较法年刊-1999》（第二卷），法律出版社1999年版。

《中国国际私法与比较法年刊-2000》（第三卷），法律出版社2000年版。

《中国国际私法与比较法年刊-2001》（第四卷），法律出版社2001年版。

《中国国际私法与比较法年刊-2002》（第五卷），法律出版社2002年版。

《中国国际私法与比较法年刊-2003》（第六卷），法律出版社2003年版。

《中国国际私法与比较法年刊-2004》（第七卷），法律出版社2005年版。

《中国国际私法与比较法年刊-2005》（第八卷），法律出版社2006年版。

《中国国际私法与比较法年刊-2006》（第九卷），北京大学出版社2007年版。

《中国国际私法与比较法年刊-2007》（第十卷），北京大学出版社2007年版。

（审稿：卜　璐）

四、专题二：CISG 在成员国的适用与解释国际研讨会

编者按语：随着跨国民商事交往的日益频繁，《联合国国际货物销售合同公约》在国际民商事纠纷解决中的作用愈加显著，为合理有效地解决国际贸易争端，促进中国法制与公约的融合，武汉大学国际法研究所联合美国培思大学法学院国际商法研究所、中国国际私法学会共同主办了“1980 年《联合国国际货物销售合同公约》（CISG）在成员国的适用与解释国际研讨会”。为展示会议成果，反映 CISG 研究的最新成果，推动 CISG 研究的进一步深化，本刊特设“CISG 在成员国的适用与解释国际研讨会”专栏。

CISG 在中国国际商事仲裁中的适用

□ 韩　健*

内容摘要　《联合国国际货物销售合同公约》（CISG）是一项十分重要的国际公约，中国已于 1986 年 12 月 11 日加入了 CISG。在中国国际商事仲裁中，仲裁庭在确定案件争议所适用的法律时是否应受 CISG 的约束以及在哪些情形下仲裁庭应当适用或考虑适用 CISG，本文根据 CISG 中的若干条款和中国有关法律的规定，特别是联系中国国际商事仲裁的实践对此作了分析。

关 键 词　联合国国际货物销售合同公约　仲裁　中国实践

目　次

一、概述

* 中国国际经济贸易仲裁委员会华南分会秘书长、法学教授。

在国际商事仲裁中，仲裁庭经常适用《联合国国际货物销售合同公约》（以下简称 CISG）解决国际货物贸易争议。在中国的国际商事仲裁实践中，也是如此。据不完全统计，在中国国际经济贸易仲裁委员会的国际商事仲裁实践中，至少已有三百宗仲裁案件的裁决适用了 CISG。在中国国际经济贸易仲裁委员会华南分会就有接近一百件案件的裁决适用了 CISG。

一、概述

CISG 第 1 条规定了适用 CISG 的两个要件：一是当事人的营业地在不同的国家，二是这些国家是缔约国或者国际私法规则指向适用某一缔约国的法律。关于国际私法规则指向适用某一缔约国的法律导致适用 CISG，缔约国可以作出保留声明不予适用，从而避免根据国际私法规则导致适用 CISG。中国在加入 CISG 时，对该项规定作出了保留。

CISG 第 6 条规定，双方当事人可以不适用本公约，或在第 12 条的条件下，减损本公约的任何规定或改变其效力。该条款的规定，体现了尊重当事人意思，确立了当事人意思自治原则。按照该条款的规定，从冲突法上，CISG 可能因双方当事人对其他法律体系作出的选择而被排除在适用范围外。从实体法上，双方当事人可以直接排除适用 GISG 的某些条文，甚至 CISG 的全部内容。

二、CISG 在我国国际商事仲裁中适用的情形

根据上述 CISG 条款和中国的立法，并联系中国国际商事仲裁的实践，本文分若干个方面考察一下中国国际商事仲裁中 CISG 的可适用情况：

（一）当事人双方的营业地均为 CISG 缔约国，且未排除适用 CISG

在中国国际商事仲裁实践中，如果双方当事人的营业地为不同国家并且都是 CISG 缔约国，那么，只要双方当事人没有排除适用 CISG，有关的争议属于 CISG 规定的调整范围内，仲裁庭一般都将适用 CISG 处理争议。例如，中国某公司诉瑞士某公司绿豆争议案①，双方当事人在销售合同中没有约定处理争议应适用的法律，但是双方当事人营业所所在国均是 CISG 缔约国，而且，双方在销售合同中并未排除 CISG 的适用，因此，处理本案争议应适用 CISG 的有关规定。在澳大利亚某公司诉中国某公司服装争议案中，仲裁庭认为，双方当事人在合同中没有约定适用的准据法；申请人的注册地和营业地在澳大利亚，而被申请人的注册地及营业地在中国；中国和澳大利亚均是 CISG 的成员国。由于双方在合同中未排除 CISG 的适用，依据 CISG 第 1 条的规定，本案合同应适用 CISG。澳大利亚某电子有限公司诉中国某电器有限公司 DVD 争议案、中国某公司诉新加坡某公司棉短绒争议案、中国某贸易公司诉法国某有限公司白糖争议案、中国（深圳）某有限公司诉美国某贸易有限公司医疗车争议案、中国买方诉新加坡卖方柴油发电机组争议案等一系列案件中，仲裁庭均作出类似的认定。

（二）双方明确约定或有适用 CISG 的意思表示

1. 在提交 CIETAC 仲裁的案件中，在货物销售合同中明确约定适用 CISG 情形的并不常见。不过，在有些案件中，尽管当事人双方的营业地均为 CISG 缔约国，但双方仍明确约定适用 CISG，并且还作出了补充性的约定。例如，中国卖方和美国买方空调器争议仲裁一案，双方有关法律适用条款是这样规定的：

Any questions relating to this Contract which are not expressly or implicitly settled by the provisions contained in the Contract itself shall be governed:

A. by the United Nations Convention on Contracts for the International Sale of Goods (Vienna Convention of 1980, hereafter referred to as CISG), and

B. to the extent that such questions are not covered by CISG, by reference to the law of the country where the Seller has his place of business. ②

① 本文所有案例均引自中国国际经济贸易仲裁委员会华南分会案例库。除注明已公布来源外，其余均未公布。

② 合同自身的规定中未明示或默示处理的与本合同有关的任何事项应适用：A.《联合国国际货物销售合同公约》（1980 年维也纳公约，下称 CISG），和 B. 在 CISG 未对这些事项作出规定时，适用卖方营业所在地国法律。

在笔者所了解的 CIETAC 受理的案件中，还未发现当事人双方营业地均为缔约国但当事人明确排除适用 CISG 的情形。

2. 一方或双方营业地为非缔约国的当事人在中国国际商事仲裁中关于适用 CISG 所面临的一个问题是：如果双方当事人中仅有一方的营业地为 CISG 的缔约国，另一方的营业地不是 CISG 的缔约国，甚至双方当事人的营业地都不是 CISG 的缔约国，但是双方明确约定或明示愿意适用 CISG，此种约定或明示的意愿是否应予尊重？

在一宗中国卖方与韩国买方之间的货物销售合同争议中，当事人将争议提交中国国际经济贸易仲裁委员会上海分会仲裁解决。在庭审期间以及双方当事人提交的代理词中，双方律师都援引 CISG 的条款作为其各自的法律依据。仲裁庭认为，根据 CISG 第 1 条第 1 款（a）项的规定，CISG 仅仅适用于营业地在不同缔约国的当事人之间订立的国际货物买卖合同，同时由于中国对 CISG 第 1 条第 1 款（b）项提出保留，其声明保留的本意就是不愿意将 CISG 扩大适用于营业地为中国的当事人与营业地为非缔约国当事人之间所订立的货物买卖合同。因此该案件的仲裁庭认定，尽管当事人在庭审时共同依据 CISG 提出各自的主张和看法，表达了其法律适用的意思，但是基于上述理由，不能根据当事人的约定适用 CISG 来解决双方的纠纷。仲裁庭转而依据最密切联系原则确定了准据法。对仲裁庭的此种做法，有不少学者持有不同看法，认为应当遵循当事人意思自治原则，尊重当事人作出的选择。

本人认为，中国对 CISG 第 1 条第 1 款（b）项作出保留，确实反映了中国对适用 CISG 施加了一定的限制。但中国的保留声明所限制的只是根据国际私法规则指向某一缔约国法律而适用 CISG，未必就能由此得出对当事人适用 CISG 作出的选择或意思表示也加以限制的结论。事实是，无论是中国已经废除的《中华人民共和国涉外经济合同法》，还是现行的《中华人民共和国合同法》，均在涉外合同的法律适用领域，包括涉外或国际货物销售合同，确立了允许当事人选择可适用法律的意思自治原则。也就是说，营业地在中国的当事人与营业地在外国的当事人不仅可以就其之间订立的国际货物销售合同约定适用中国法律，也可以约定适用外国法律。当事人选择适用外国法律都为中国法律所允许，当事人选择中国已经参加的 CISG 作为合同可适用的法律理当更不存在法律上的问题。中国法律明确确立的当事人在选择涉外合同可适用法律上的意思自治原则，理当适用于国际货物销售合同的当事人对适用 CISG 作出的约定或选择，而没有理由作出另类的相反的解释。

（三）当事人双方的营业地非同为缔约国，仅一方当事人明示适用 CISG

如果当事人一方的营业地是 CISG 缔约国，另一方的营业地是非缔约国，而当事人双方中只有一方当事人援引 CISG，仲裁庭通常将不适用 CISG。例如，日本某株式会社诉中国某有限公司亲水铝箔生产线争议案中，仲裁庭注意到，申请人在其陈述材料中引用了CISG，鉴于日本不是该公约的缔约国，而被申请人也未明示同意适用该公约，所以，仲裁庭只以中国法律为处理本案的依据。

（四）排除适用CISG

如前所述，依CISG第6条的规定，双方当事人可以约定不适用CISG。事实上，当事人出于某种目的，也完全有可能排除CISG的适用。不过，在CISG本可适用的情况下，直接地明确排除CISG适用的情况在中国国际商事仲裁实践中不多见。

有些情况下，其营业地均为CISG缔约国的双方当事人未直接地明确排除适用CISG，但通过其他明确的法律选择方式，排除了适用CISG。例如，通过选择某冲突法指向适用某一非缔约国的法律，进而不适用CISG，或者通过直接选择某一非缔约国的法律而排除适用CISG。

（五）缔约国的法律是否包含CISG

有些时候，当事人选择的法律，是CISG某一缔约国的法律，那么适用该国的法律，是否包括适用该国已经加入的CISG？例如，在中国某公司与美国某公司买卖空箱堆高机争议仲裁案中，就出现了这个问题。在该案中，仲裁庭注意到，该案争议的《销售合同》第15条的标题是“仲裁”，该第15条中除了约定仲裁事项之外，还写明“中国法律适用”。仲裁庭认为，尽管本案中第一被申请人的营业地在美国，其他当事人的营业地均在中国，而美国和中国都是CISG的成员国，但当事人在《销售合同》第15条中已经用选择适用中国法律的方式排除了CISG的适用。因此，根据《中华人民共和国合同法》第126条的规定，该案争议的解决应当适用中国法律。

显然，裁决本案的仲裁庭，并不认为中国法律包括中国参加或缔结的国际条约，该案仲裁庭所持看法可归属于国际条约与国内法关系学说中“二元论”。

但是，同样是中国的国际商事仲裁实践，也存在不一致的做法。在另一案中，一家营业地位于美国的公司和一家中国公司于1990年12月订立了FOB条件的购销硅铁合同，购销合同中约定适用中华人民共和国法律。审理该案的仲裁庭认为，根据合同第14条之规定，双方当事人争议的解决应适用中华人民共和国的法律；此外，鉴于申请人的营业地美国和被申请人所在地中国均为CISG的缔约国，依照当时有效的《中华人民共和国涉外经济合同法》第6条①规定，在适用中国法律的同时，亦应适用CISG公约的规定。② 该案仲裁庭看来是基于一元论的前提，作出了上述判断，认为当事人选择适用中国法律，中国参加的公约就应该作为中国法律的部分予以适用，除非当事人明确排除适用中国参加的公约，包括CISG。

三、两个特殊的问题

（一）CISG在涉及香港和澳门当事人的仲裁案件中的适用

香港和澳门分别于1997年和1999年回归中国，但是中国政府没有对CISG在香港和澳门的法律地位作出任何声明或递交任何相关的文书。根据CISG第93条的规定，如果缔约国具有两个或两个以上的领土单位，各领土单位对CISG所规定的事项适用不同的法律制度，而缔约国没有按照该条第1款的规定作出声明，则CISG适用于该国所有领土。本人据此认为，CISG应当适用于香港和澳门地区的。营业地在香港或澳门的当事人与营业地在CISG缔约国当事人之间的货物销售合同是应当适用CISG的，除非当事人明确排除适用CISG。

在中国涉外商事仲裁中，中国内地当事人与香港地区当事人就其之间的货物销售合同争议常明示表示适用CISG。虽然，中国内地当事人和香港地区当事人同为营业地在中国的当事人，但是只要当事人双方有适用CISG的意愿，不管是提起仲裁前作出了约定，还是提起仲裁申请后作出了意思表示，仲裁庭一般都本着当事人意思自治的原则，尊重当事人的意愿，适用CISG解决争议。不仅如此，在已经确定销售合同的准据法为中国法律或中国香港地区法律，但中国法律或中国香港地区法律缺少相关明确规定或依据的情形下，仲裁庭也不排除参照或补充适用CISG的有关条款处理有关争议。在这方面，已有较多的仲裁案例。

（二）关于仲裁庭是否有义务适用CISG

仲裁管辖权是当事人通过订立仲裁协议赋予仲裁员裁断争议的权力。该权力的性质与法院法官行使的审判权是性质完全不同的权力。前者是当事人书面赋予的一

① 《中华人民共和国涉外经济合同法》第6条规定，中华人民共和国缔结或者参加的与合同有关的国际条约同中华人民共和国法律有不同规定的，适用该国际条约的规定。但是，中华人民共和国声明保留的条款除外。

② 郭晓文：《中国国际经济贸易仲裁案例分析》（第1卷），三联书店（香港）有限公司1995年版，第14～27页。

种私权，后者是代表国家行使的公权。在国际商事仲裁中，仲裁庭时常由各国仲裁员组成，这种由各国仲裁员组成的仲裁庭更是仲裁裁断权的私权特质的典型体现。

非代表国家行使裁断权的仲裁庭是否应受当事人营业地所在国加入的国际公约的约束已是人们讨论的一个议题。某些学者提出，由于仲裁庭不是法院，所以仲裁庭没有义务像法院那样遵守法院地国加入的 CISG。

以上看法实际上是认为，即便仲裁双方当事人的营业地均为 CISG 缔约国，已经符合适用 CISG 的条件，当事人也没有排除适用 CISG，仲裁庭仍然可以不适用 CISG，理由是仲裁庭没有适用 CISG 的义务，换句话说，就是仲裁庭可以不受有关国际公约，包括 CISG 的约束。

仲裁作为解决商事争议的一种方式具有私权性和契约性，而法院诉讼具有公权性和法定强制性。仲裁和法院诉讼二者的性质不同，这是不言而喻的。笔者也注意到，国际商事仲裁中确实存在关于“浮动仲裁”或“浮动裁决”的一些理论和某些案例。但是，如果因此就认为在 CISG 条款规定应当适用 CISG 的情形下，国际商事仲裁庭可以无视或忽视这些条款不予适用 CISG，显然是脱离仲裁实际的。其中，至少有如下问题值得认真思考和慎重对待：

1. 在国际商事仲裁中，当事人双方的营业地很有可能成为仲裁地（place of arbitration），而且在当事人不自动履行仲裁庭所作出裁决的情况下，当事人双方的营业地又都很有可能成为被申请执行裁决地。如果仲裁庭无视或者忽视当事人双方的营业地为 CISG 缔约国这一已满足适用 CISG 要件的条件，也不考虑仲裁地为 CISG 缔约国或者当事人的营业地为 CISG 缔约国，且可能成为被申请执行裁决地的实情，而是绝然排除适用 CISG 去作出仲裁裁决，该裁决能否在作为 CISG 缔约国的裁决作出地顺利生效或者在作为 CISG 缔约国的当事人营业地顺利得到执行，需要打上一个问号。

2. 关于仲裁机构或仲裁庭是否因其非属国家机关因而就没有义务向法院那样遵守法院地国所加入之国际公约，姑且不去论证该看法能否完全成立，即便该看法成立，也不能等于仲裁机构就可以无视或者忽视有关的国际公约而不考虑其客观上具有的约束。在国际商事仲裁领域，具有重要意义的 1958 年《承认和执行外国仲裁裁决公约》（即 1958 年《纽约公约》）也是由各国缔结的，但是，仲裁庭并非因该公约是国家所缔结，而依照公约承认和执行外国裁决是执行地国的法院义务就可以在仲裁程序中无视或忽视该公约的有关规定。事实恰恰相反，仲裁庭在仲裁程序中必须妥当处理各种问题，以避免构成该公约规定的不予承认和执行的情形。仲裁庭作为仲裁员行使职能的行为，实际上受到了该 1958 年《纽约公约》的约束。

四、结语

CISG 的适用在中国国际商事仲裁实践中涉及的问题相当复杂。本文只是结合中国国际商事仲裁实践分析了应当适用 CISG 和不应适用或者可以不适用 CISG 的情形以及仲裁庭是否应当重视 CISG 条款的规定或受到 CISG 约束的问题。笔者认为，仲裁庭在考虑是否适用 CISG 时，应充分尊重当事人的意思自治，并应关注和重视 CISG 的有关规定，受其相应的约束，以尽可能保证仲裁的效力和当事人权益的实现不因 CISG 的适用问题而使仲裁裁决的效力或执行受到可能不利之影响。

Abstract CISG is a very important international convention and China acceded to CISG on December 11, 1986. This article examines the Chinese legal framework concerning the application of CISG, addresses the question as to whether and in what circumstances should an international arbitration tribunal seated in China be bound by CISG in deciding international disputes involving sale of goods, and conducts an empirical study of the practical application of CISG in international arbitration in China.

Key words CISG; Arbitration; Chinese Experience

（审稿：何其生）

CISG 在中国广东涉外商事审判中的适用

□ 郑新俭*

目 次

自1988年1月1日起，《联合国国际货物销售合同公约》（以下简称《公约》）对我国发生法律效力。近20年来，《公约》在我国对外经济贸易中产生了较大的影响，也在一定的程度上影响到我国法院的涉外民商事审判。广东省地处我国改革开放的前沿，对外贸易频繁，在贸易过程中不可避免地会适用到《公约》，因而，涉外民商事审判亦不例外地会适用到《公约》。本文从以下几个方面介绍中国广东法院在涉外民商事审判中适用《公约》的情况。

一、广东省适用《公约》的基本情况

（一）适用《公约》审理的案件数量及法院

广东省各级法院近20年来适用《公约》审理的案件有10余件，主要集中在中、高级两级人民法院，目前尚未发现基层人民法院适用《公约》审理案件。适

* 广东省高级人民法院民四庭庭长，法学博士。

用《公约》的中级法院集中在珠江三角洲地区，如中山市中级人民法院、佛山市中级人民法院、广州市中级人民法院、深圳市中级人民法院，等等。相对来讲，适用《公约》审理的案件数量不多。究其原因主要有以下几点：一是真正的涉外民商事案件只占审理案件的三分之一，三分之二的案件是涉港澳台地区民商事案件；二是涉外案件中只有不到五分之二的案件是货物销售合同纠纷案件，而这不到五分之二的涉外货物销售合同纠纷案件中只有一部分涉及适用《公约》的问题；三是法院对《公约》理解和适用的能力有待进一步加强，不排除有应当适用《公约》的案件而由于认识上的问题没有适用的情况；四是由于存在一些特殊的原因而导致不适用《公约》。例如，广东省高级人民法院审理的中国福州某轻工公司诉加拿大某公司货物销售合同纠纷案就属于这种情况。该案主要涉及中国公司与加拿大公司订立一份购销协议，由加拿大公司向中国公司销售鱼粉，加拿大公司交付货物后，中国公司发现货物存在质量问题，从而引起纠纷。在这一案中，卖方加拿大公司的营业地在加拿大，买方中国福州某公司的营业地在中国，中国与加拿大均是《公约》的缔约国，应当适用《公约》。但是，经过审查，审理案件的法官发现，加拿大在 1991 年 4 月 23 日加入该公约时声明：根据该公约第 93 条，该公约不适用于艾伯塔、不列颠哥伦比亚、曼尼托巴、新不伦瑞克、纽芬兰、新斯科舍、安大略、爱德华太子岛和西北地区。而本案加拿大的这一家公司的营业地刚好位于不列颠哥伦比亚省的北温哥华地区，是加拿大声明不适用公约的地区之一。由于我国在 1986 年 12 月 11 日交存核准书时根据《公约》第 95 条的规定对《公约》第 1 条第 1 款（b）项的规定作了保留，因此，应理解为我国仅同意当事人的营业地均在《公约》适用的地区才适用《公约》。基于上述情况，法官决定该案不适用《公约》。这是不适用《公约》的一种特殊的情形。此外还有一种情形，就是在合同被认定为无效时不适用《公约》，这种情况将在下文专门说明。

（二）案件当事人

案件的当事人均是一方为中国的法人、企业，另一方为营业地处在外国的法人、企业。外方当事人的营业地所在国主要有美国、意大利、加拿大、比利时等国。

（三）导致适用《公约》的原因

适用《公约》主要是基于案件当事人的营业地所在国是《公约》的缔约国，而由法院决定适用《公约》。这是由于我国在 1986 年 12 月 11 日交存核准书时对《公约》第 1 条第 1 款（b）项的规定作了保留。除此之外，有个别案件是基于当事人的协议选择而适用《公约》。例如，在某一中国公司诉一家比利时公司的国际货物销售合同纠纷案中，当事人虽然在合同中没有明确选择适用《公约》，但在诉讼过程中却达成一致意见，选择以《公约》作为解决案件纠纷的准据法，法院即根据《公约》第4条的规定，并依据当事人之间达成的选择适用《公约》的协议，适用《公约》确定当事人之间的权利义务关系。

二、合同效力的认定与《公约》的适用

《公约》第4条规定："本公约只适用于销售合同的订立和卖方和买方因此种合同而产生的权利和义务。特别是，本公约除非另有明文规定，与以下事项无关：(a) 项合同的效力，或其任何条款的效力，或任何惯例的效力……"

《公约》的该条规定将合同效力的认定排除在《公约》的适用范围之外，因此，在适用《公约》审理案件时，法院还必须先依据相关的规定确定认定合同效力的准据法。这样，在司法实践中就必然会带来另一个问题，即在依据认定合同效力的准据法确认合同为无效的情况下，还能否适用《公约》？

经过分析，我们发现这个问题确是审判实践中的一个问题，因为，在适用《公约》中在这个问题上有不同的做法。有一宗国际货物销售合同纠纷案件，卖方是一家意大利公司，买方是一家中国公司。审理案件的法官认为："卖方意大利公司的营业地在意大利，买方中国公司的营业地在中国，而意大利、中国均为《公约》的缔约国，根据国际公约优先于国内法的原则，本案应优先适用《公约》予以调整。虽然中国公司不具有对外经营权，根据我国外贸管制的有关法律，其与意大利公司签订的销售合同应依法认定为无效，但根据《公约》第4条第1款（a）项的规定，该公约只适用于销售合同的订立和卖方和买方因此种合同而产生的权利和义务，与合同的效力等事项无关。因此，本案合同的效力并不影响意大利公司与中国公司作为国际货物买卖双方之间的权利义务关系。"从而，决定适用《公约》并就案件作出了判决。因此，在他们看来，虽然依据准据法合同应当认定为无效，但由于《公约》不适用于合同效力的认定，而国际公约优先国内法的适用，因此可以不去管合同效力的认定问题，而直接适用《公约》去判定当事人之间的权利义务关系。

在另一宗案件中，审理案件的法官认为：案件合同的卖方是一家营业地在美国的公司，买方是一家中国公司，当事人在合同中未选择解决案件纠纷所适用的法律。由于中国和美国均为《公约》的缔约国，故案件应优先适用《公约》。但是，该案中国公司不具有对外经营权，其与美国公司之间订立的合同违反我国《对外贸易法》第9条的规定和我国外汇管理制度，应为无效合同。由于《公约》不涉及合同的效力，对合同无效及相应的法律后果没有作出规定，故根据最密切联系原

则，本案可适用买方中国公司注册登记地所在国即中国的法律。从而排除了《公约》的适用。

由此可以看出，在这个问题的解决上，实践中存在着两种不同的做法。我们同意后一种做法。这主要是基于两方面的考虑：一是合同的效力问题往往涉及各国的强制性规定，涉及各国的公共秩序、民族风俗和法律传统等问题，是一个关系到各国切身利益的重要问题。也正是由于这个问题很重要，各国又在这个问题上的规定差异很大，《公约》才将合同效力的认定问题排除在适用范围之外，所以，这个问题当然不能忽视。二是一旦合同基于准据法被认定为无效，合同中约定的权利义务应当归于无效，合同中的权利义务归于无效，自然就不能再适用《公约》。因为没有产生合同约定的权利义务，何来适用公约？正是基于上述两点理由，我们认为如果基于合同的准据法，合同被认定为无效的，就不再适用《公约》。

三、因货物质量问题提出索赔的期限

《公约》第 39 条规定："(1) 买方对货物不符合同，必须在发现或理应发现不符情形后一段合理时间内通知卖方，说明不符合同情形的性质，否则就丧失声明货物不符合同的权利。(2) 无论如何，如果买方不在实际收到货物之日起两年内将货物不符合同情形通知卖方，他就丧失声称货物不符合同的权利，除非这一时限与合同规定的保证期限不符。"

《公约》的这条规定说明，除非合同存在货物质量保证期限的特别规定，否则，买方在接受货物后提出货物质量不符合同请求的最长期限为两年，逾期提出的，不应获得支持。我们在适用《公约》的案件中适用了《公约》的这条规定审处过案件。在这里给大家做一简要介绍。

该案的原告是一家美国公司，被告是一家中国公司。主要案情是：2000 年 11 月 16 日，美国公司为买方，中国公司为卖方签订了一份售货合同。合同约定：中国公司为美国公司提供生姜两批。美国公司在签订合同之后，先预付总货款 30% 的订金，待货到验收后，七天内付清余款。质量要求：鲜姜要保证符合食品卫生标准，不烂、不碎、不发芽，姜块要大，每块最小要求在 100 克以上。这两批生姜分别在 2000 年 12 月 6 日和 12 月 13 日，在广州黄埔港装运。2001 年 1 月 1 日，美国公司在纽约收到货物后，向美国农业部申请对第一批生姜进行检验，检验结论是早期软腐烂 0～33%，干腐烂 15%～90%，影响根部新鲜至 1/2 英尺深，大部分集装箱中的货物都是湿的，且可看见根部长有小芽和/或表面有白色霉，许多箱中的货物，都是干的并有表面皱纹。2001 年 1 月 17 日，美国公司向美国农业部申请对第二批生姜进行检验，检验结论为：箱内所有货物潮湿，且大部生姜上长有绒毛状的白色至蓝色/绿色至黑色霉，大部分生姜受到了干腐化或者软腐化的影响，而且一些生姜，大约在1/10～1/8英寸处长有小芽，大部分集装箱中的货物都是湿的，且可看见根部长有小芽和/或表面有白色霉，许多箱中的货物，都是干的并有表面皱纹。之后，美国公司将该两批生姜作为垃圾处理，并支付了垃圾处理费等相关费用。

2003年8月5日，美国公司的律师向中国公司发出律师函认为中国公司交付的生姜不符合同约定的质量要求，构成违约，要求中国公司承担违约责任。后双方协商未果，美国公司向法院提起诉讼。

法院认为，本案是国际货物销售合同纠纷。鉴于原告营业所所在地美国和被告营业所所在地中国均是《公约》的缔约国，原、被告双方之间的货物销售合同关系不属于《公约》第2条、第3条排除适用的范围，根据《中华人民共和国民法通则》第142条第2款的规定精神，本案应考虑适用《公约》的有关规定。

美国公司和中国公司之间发生的国际货物销售合同关系，是当事人双方的真实意思表示，未违反我国法律和行政法规的强制性规定，应属有效。美国公司于2001年1月1日和1月17日已实际收到货物并取得美国农业部出具的检验报告，但美国公司直到2003年8月5日才委托律师就货物质量问题向中国公司发出律师函，没有证据证明在此之前美国公司曾向中国公司通知并主张过该两批货物的质量问题。根据《公约》第39条的规定，美国公司未在实际收到本案货物之日起两年之内向中国公司通知和主张货物质量问题，在2003年1月1日和1月17日之后美国公司已经分别丧失了声称两批货物质量不符合同的权利。综上，美国公司要求中国公司退还货款和赔偿损失的诉讼请求于法无据，不予支持。中国公司有关美国公司就货物质量问题索赔已超过两年期限的抗辩有理，予以采纳。遂判决驳回美国公司的诉讼请求。一审宣判后，双方均没有提起上诉，一审判决已发生法律效力。

四、一宗适用《公约》不成功的案例

有一宗案件，在广东省高级人民法院的法官决定适用《公约》并作出判决后，被最高人民法院改判不予适用。笔者个人认为最高人民法院的改判决定是正确的，所以称之为适用《公约》不成功的案例。

基本案情：原告是一家意大利公司，被告是一家中国公司。意大利公司与中国公司签订一份协议约定：（1）意大利公司负责向中国公司独家供应意大利生产的家具用于中国市场的销售，中国公司负责从意大利公司购买其生产的家具并将不再与其他任何意大利公司或外国公司进行意大利家具的交易；（2）中国公司保证每年最少为意大利公司销售10万美元的意大利家具，意大利公司保证家具的集装箱装船，以CIF形式在香港交货，中国公司应及时从船舶到达港口提取货物；(3）意大利公司保留对中国公司每次订货进行评估的权利，中国公司每次的订货需在得到意大利公司书面确认后方生效；（4）双方安排建立一定数量货品的展示和存放，此货品在任何情况下不能超过10万美元，用于展示和存放的货品只在协议终止时以双方同意的削价由中国公司支付；（5）中国公司每次以不可撤销信用证形式支付每次订货，付款将在订货执行时无条件发生，协议约定价值不超过10万美元的展品不包含在该条款中等内容。合同签订后，意大利公司将三批意大利家具发送到香港，由中国公司在香港提货。对这三批家具，意大利公司开出发票及向中国海关的报价均为105326美元。由于中国公司未向意大利公司支付任何款项，意大利公司遂向广东的一家中级人民法院提起诉讼，请求判令中国公司向意大利公司偿还货款及逾期付款滞纳金。

在诉讼中，中国公司承认收到三批家具和意大利公司开出的三份发票，但主张此三批家具并非买卖的货物，而是意大利公司提供的展品，发票上记载的价款105326美元是展品的价值，而不是其应付的价款。

案经高级法院审理后认为：双方之间就购买意大利生产的家具问题达成的协议是两个营业地在不同国家的当事人之间所订立的货物买卖合同。意大利和中国均为《公约》的缔约国，根据国际公约优先于国内法的原则，双方因货物销售合同引起的争议应优先适用《公约》。尽管中国公司不具有对外经营权，根据我国外贸管制的法律规定，其与意大利公司签订的货物销售合同应依法认定为无效，但根据《公约》第4条第1款（a）项的规定，该公约只适用于销售合同的订立和买方、卖方因此种合同而产生的权利和义务，与合同的效力等事项无关，因此本案合同的效力并不影响意大利公司与中国公司作为国际货物买卖合同双方之间的权利义务关系。

意大利公司通过船运的方式将本案的货物运抵中国，并交付给中国公司，中国公司也确认收到了本案所涉的三批货物和意大利公司所出具的三张购货发票，可见意大利公司已履行了作为卖方的供货义务。尽管双方在合同中未对货物的具体价款作出明确约定，但中国公司在收到意大利公司出具的三张记载金额为105326美元的购货发票之后，一直对三批家具的价款问题保持缄默，根据《公约》第55条的规定："如果合同已有效地订立，但没有明示或默示地规定价款或规定如何确定价格，在没有任何相反表示的情况下，双方当事人应视为已默示地引用订立合同时此种货物在有关贸易的类似情况下销售的通常价格。"而且中国公司在向中国海关申报过关手续时也是以三张发票上记载的款项报价的，故中国公司接受发票后的默示行为应视为其当时已认可发票上记载的价款。根据《公约》第53条、第78条的规定，中国公司负有向意大利公司支付货款和利息的义务。

至于中国公司辩称本案所涉的三批货物是展品，其不应支付货款的问题，广东省高级人民法院认为双方虽然在协议中约定安排建立一定数量货品的展示和存放，但该条款是关于货品展示与存放问题的特别条款，双方并未在该协议中对展品的数量作出约定，对此应理解为双方如果要建立一定数量货品的展示和存放，则应另行再作约定。由于在合同的履行过程中，双方均未对货品的展示和存放问题另行作出具体约定，因此，中国公司的此项抗辩不能成立。于是，判决中国公司应向意大利公司支付货款及利息。

高级法院作出判决后，中国公司向最高人民法院提出了申诉。最高人民法院提审后的意见如下：

本案协议的一方当事人为中国法人，协议的签订地在中国，协议的目的在于将意大利生产的家具用于中国市场的销售，协议的主要履行地如货物的目的地、展品和存放品的展示地、存放地等均在中国，协议所使用的语言文字为中文，而意大利仅为协议另一方当事人的国籍和货品的发运地，因此，就本协议的订立与履行而言，中国在连结点的数量和质量方面与意大利相比均具有更紧密联系，本案应适用中国法来处理当事人之间的争议。

中国和意大利均为《公约》的成员国，对中国与意大利有关当事人间因货物销售合同而产生的争议应适用该公约的规定。但本案双方当事人在协议中设定的法律关系，不仅仅包括货物销售或者买卖法律关系。双方当事人在订立的协议中约定了家具展示与销售两个方面的内容。有关家具展示与存放的约定，是建立家具销售或者买卖法律关系的前置环节。只有在订货环节及之后发生的争议，才涉及是否达成销售或者买卖法律关系的问题。在双方当事人就意大利公司发运的三批家具究竟是展品和存放品还是购买品。发生争议的情况下，不应简单地适用《公约》来处理，而应适用中国有关法律认定双方当事人之间是否就该三批家具成立了销售或者买卖法律关系。

协议的性质，应当根据协议的内容来确定。本案协议主要包括两个方面的内容：一是由意大利公司提供一定数量的意大利产家具作为样品，用于在中国境内展示，以吸引中国消费者购买；二是中国公司根据国内客户的订货情况向意大利公司订购相关货品。协议没有家具名称、规格、数量、交货期、交货方式、单价和总价的约定，不具备买卖合同的基本条款。根据协议第 6 条之约定，双方当事人买卖关系的建立需要经过订货、意大利公司评估和书面确认的程序，每次订货只在得到意大利公司书面确认后方生效。因此，该协议只是双方当事人就独家销售意大利产家具进行合作的意向性或者原则性协议，是双方当事人为建立买卖关系而设定的一个前置性安排，不构成双方当事人之间的买卖合同。但双方当事人就协议条款达成了一致，其内容未违反中国法律的强制性规定，因此，应认定该协议合法有效。

根据查明的事实，意大利公司在订立协议后共向中国公司发运了三批家具。该三批家具究竟是协议约定的展品和存放品，还是中国公司向意大利公司购买的物品，是处理本案的关键，双方当事人对此各执一词。对该三批家具的性质，应根据订立和履行协议的实际情况综合作出认定。从协议内容看，协议第 6 条、第 7 条分别约定了订货的程序、生效条件以及展品和存放品的数量、总价、调整和处理。根据查明的事实，该三批家具实际并未经过协议明确约定的订货、评估与书面确认程序，亦无证据证明双方当事人在履行协议过程中对上述第 6 条、第 7 条的约定做了任何修改或者调整，意大利公司更未提供证据证明中国公司曾经直接承诺购买该三批家具。根据已查明的事实，中国公司在意大利公司发货后从香港提取了货物并在进口时向海关履行了报关手续，且从未对意大利公司提供的价格提出过异议。但是，中国公司提货、报关的行为，不能必然得出中国公司购买该三批家具的结论，中国公司履行协议中第 7 条关于展品和存放品的约定也需办理提货和报关手续。至于对意大利公司的报价未提出异议，更不应认定为中国公司默认了该三批家具的价格，因为展品和存放品的价格完全与中国公司无关，它不可能对展品和存放品的价格提出任何异议。在协议未明确约定价格的情况下，如果该三批家具系中国公司购买的物品，双方当事人不可能事先不就价格问题进行谈判或协商并就此达成一致。否则，意大利公司不可能发运货物，中国公司也不可能接收货物。而本案的实际情况恰恰是在协议未明确约定价格且无证据表明双方当事人在该三批家具发运之前就价格问题进行商谈的情形下，意大利公司发运了货物，中国公司也接收了货物。对此唯一合理的解释就是意大利公司发运的货物属于协议明确约定的展品和存放品。因此，不能因中国公司办理提货、报关手续以及未对价格提出异议而认定中国公司同意以意大利公司单方面的报价购买了该三批家具。结合双方当事人在协议中对展品和存放品的明确约定，意大利公司未提供证据证明双方当事人曾取消协议中有关展品和存放品的安排，中国公司作为生产、经营家具的中外合作经营企业其本身并不需要购买意大利家具，以及中国公司订立本案协议的目的在于根据国内客户的订货向意大利公司购买家具以赚取差价等诸多事实，本案三批家具应认定属于展品和存放品。意大利公司主张该三批家具属购买品并要求支付货款的诉讼请求缺乏事实和法律依据，依法应予驳回。

本案中，高级法院与最高法院认定上的不同在于：高级法院综合全部事实认定中国公司与意大利公司之间成立了货物销售合同关系，并认定三批家具属于用于销售的货物，因而决定适用《公约》。最高法院则认为双方当事人订立的协议并不具备货物销售合同的内容，就三批家具的问题，也并不存在货物销售合同的特征，因此认定中国公司与意大利公司之间并未成立货物销售合同关系，并认定三批家具属于供展示的展品，从而决定不适用《公约》。笔者认为最高法院的认定较符合案件事实，决定不适用《公约》是正确的。

（审稿：何其生）

CISG 之下的实际履行制度研究

——兼评中国《合同法》第 107 条

□ 陈立虎* 朱 萍**

内容摘要 实际履行是合同法中一项重要的违约救济制度。文章运用比较研究的方法，考察了实际履行的性质及其在两大法系国家合同法中的地位，对实际履行在 1980 年《联合国国际货物销售合同公约》（以下简称《公约》，英文缩写为 CISG）中的具体体现和特点进行了全面分析，在此基础上探讨了该制度在公约之后的发展趋势。最后作者盘点和评判了我国合同法中关于实际履行的规定，并就进一步完善中国实际履行制度提出了若干建议。

关 键 词 实际履行 合同法 《联合国国际货物销售合同公约》

目 次

一、实际履行制度的性质及其在两大法系中的地位

针对生效的合同，一方当事人违反合同义务时，另一方当事人请求法院或仲裁

* 苏州大学王健法学院教授。
** 深圳市中级人民法院法官，法学博士。

庭裁决违约方继续履行合同债务，以实现合同目的，称之为要求实际履行或实际履行。表面上看来，另一方当事人实际履行的还是原合同约定的义务，因为实际履行并没有增加债务人的债务，所以，有人认为实际履行不属于一种民事责任（或者说不是一种违约补救方式）。实际上，实际履行与正常履行合同约定的义务在性质上是不同的。一般履行是在合同有效期内如期履行，实际履行是在履行期满后才履行。① 此外，一般履行是债务人的自觉履行，实际履行则带有国家强制的性质，是对行为人违约行为的否定评价。因此，我们认为，实际履行属于一种民事责任，是一种违约责任。如采用违约补救概念，那它就是一种违约补救方式。

实际履行这个概念有以下三层含义：1. 合同一方违约后，受害方可以寻求司法外救济，要求违约方履行义务；2. 在采取上述措施无效时，受害方可转而请求法院强制违约方履行义务，或者一方违约后，受害方直接诉诸法院寻求司法救济，通过国家的强制力迫使违约方履行义务，这种场合下的实际履行也可以称为强制实际履行（enforced performance）；3. 受害方在行使请求权时要求违约方严格按照合同的规定作出履行，违约方不得以支付违约金或损害赔偿等方式代替实际履行。究其本质，实际履行是法律赋予受害方的具有救济性的请求权，其产生的基础是债权，具体包括给付请求权和债权保护请求权，前者指的是受害方请求违约方依合同的内容实行给付的权利，后者指的是受害方行使诉权，借助国家的强制力实现债权的权利。

世界上不同国家都存在实际履行制度，但在理论上和立法上对其重视的程度不同。法国规定，在双务合同中，一方违约时，另一方有权选择强制他方当事人履行合同或者请求解除合同并请求损害赔偿。② 受罗马法的影响，德国更重视实际履行。在德国，当债务人违约时，债权人享有履行请求权，并且除非履行在实际上已不可能，否则债权人就可以行使履行请求权。③ 实际履行在德国立法上是一种基本的、主要的违约救济措施。尽管晚近的发展表明受害方的履行请求权受到某些条件的限制，如“如果买受人选择的继续履行方式需要消耗过高费用，出卖人可以拒绝”，“如果继续履行所需要的费用过于巨大，承揽人有权拒绝继续履行”，④ 但是这并没有改变实际履行在德国违约救济理念上的基础性地位。

大陆法中实际履行与金钱赔偿是并行的两种违约救济方式，尽管实际履行的适

---

① 王利明：《违约责任论》，中国政法大学出版社 2003 年版，第 430 页。

② 参见《法国民法典》第 1184 条。

③ ［德］罗伯特·霍恩等：《德国民商法导论》，楚建译，谢怀栻校，中国大百科全书出版社 1996 年版，第 118 页。

④ 参见 2002 年 1 月 1 日实施的《德国债务现代化法》第一部分第 31 条。

用受到不同程度的限制，但它作为大陆法中一项重要的违约救济制度是毫无疑问的。法国和德国立法在原则上都承认实际履行为首要的救济制度。究其原因，大概有三：（1）大陆法视给付为合同的本质内容，法律尽可能地要求实现给付；（2）大陆法认为违约行为应受到道德的非难；（3）在大陆法实际履行是承担违约责任的一种方式，而违约责任是对违约行为的一种法律制裁。①

与大陆法形成鲜明对照的是，在英美法的传统中，实际履行只具有辅助性，损害赔偿才是最重要的救济措施。根据普通法，如果一方违约，通常另一方的基本权利是要求赔偿损失。实际履行在历史上是衡平法院认为普通法上的损害赔偿救济不充分或不公平时而创设的一种特别的救济制度。在普通法系国家，要求实际履行的范围比较狭窄。依据效率理论（efficiency theory），任何一种义务都可以通过金钱的方式来予以替代，因此损害赔偿是一般情况下的最优选择。只有在极少数例外的情况下，当事人才能采用实际履行。"强制履行乃衡平法为违约受害人补偿方法之一种，必须由法院决定是否有必要采取此种救济，而此种救济乃为衡平法院专属裁量权之行使"。② 法院行使裁量权考虑的因素有：（1）损害赔偿的充分性。这是普通法系限制实际履行的最主要的理由，也是在裁决实际履行时考虑的首要条件，它将实际履行限制在很小的适用场合。根据该原则人们还进一步提出要求实际履行需奉行标的物的唯一性原则。（2）实际履行的不实际。如果履行是不切实际的，如履行的经济成本大于履行所带来的收益，则不主张要求实际履行。（3）缺乏互惠。除非要求实际履行的受害方已经准备履行自己的义务，不能执行实际履行。因为，如果不能保证被要求履行一方会得到对方的履行，则不能要求他履行。（4）监管的困难。如果实际履行是一种持续的义务，需要法院不断地监管，而履行的成本在这种情况下肯定会超过原告所获得的利益，因此法院可以拒绝要求实际履行。③

实际履行在普通法上的辅助地位是由英美法的传统和违约观所决定的：首先，基于普通法和英美法划分的传统，普通法院被认为既无权命令卖方给予买方一份契约，也无权签发一份判决命令将所有权证书交付买方；其次，衡平法院作出实际履行的判决后，如果违约方未能履行，将被视为藐视法庭，可能被判处监禁；④ 最后，英美法系学者认为合同当事人在道德上不负有履约的义务，违约责任不应该具

---

① 刘浩宇：《效率违约的价值评析——对我国合同法第110条的再思考》，资料来源于 http://www.law110.com/lawstudy/320239.htm，2003年9月5日访问。

② 杨桢：《英美契约法论》，台湾凯仑出版社1999年版，第336页。

③ *See* G. H. Treitel, Remedies for Breach of Contract, Clarendon Press, 1991, pp. 63-71.

④ 赵宗全：《英美法上的合同履行研究》，载《现代法学》1995年第6期，第86~88页。

有制裁性，而是一种“分配风险”的方式。①

然而，现代英国法院也倾向于扩大适用实际履行救济，损害赔偿给予的补偿不够充足已经不是适用实际履行的必要条件，“法院可以认真考虑给予的补救是否公平，若不公平可拒绝给予这种补救，而无须证明拒绝按普通法给予损害赔偿的补救是合乎道理的”。② 无独有偶，在美国被各州采纳的《统一商法典》的“买卖篇”也大大放宽了对实际履行适用的限制。对于卖方违约，它规定“如果货物具有独特性，或有其他适当原因，法院可以判决实际履行”（第2-716条第1款）。据此，物的独特性已不再是应否判决实际履行的唯一标准，同时，对于独特性本身也应作出新的扩大解释。这一重要变化的意义在于，只要法院认为“实际履行是适当的”，就有权判决实际履行，从而给予法院更大的自由裁量权。另一方面，对于卖方违约，它规定，买方可以提起诉讼，要求取得价款（第2-709条第1款）。这实际上把实际履行的适用范围扩大到对不具有独特性的金钱之债的违约受害方的救济，只不过没有被称为实际履行罢了。当然，这也表明，标的物的惟一性原则已被突破。出现这种变化趋势的原因有下述几点：（1）1875年以来普通法法院与衡平法法院已然合并；（2）在愈来愈复杂的交易关系上，实际履行是更有效益的救济；（3）过去过分强调实际履行给法院与败诉方带来的负担，基于互惠的缺乏和监管困难而限制实际履行的情况，在现代普通法实务中已很少见，并被法院在行使裁量权时所轻视。③

总而言之，纵览两大法系，传统上实际履行的逻辑截然不同：大陆法特别是德国法认为实际履行与损害赔偿是相互并列的两种救济手段，受害方有权选择何种请求权，而英美法则认为实际履行只是一种补充性的救济手段，只有当损害赔偿不足以弥补受害方的损失时，法院才有可能裁决实际履行。但是，晚近的现实发展表明：两大法系对于实际履行的态度和做法却正在发生着比较明显的变化。两大法系的实际履行制度呈现出一种融合的趋势。一方面，大陆法系吸取了在英美法所盛行的“效率违约”（efficient breach）理论的合理内核——经济效益原则。民法法系国家在实践中要求实际履行的案件并不如所预料的那样多。研究表明，民法法系国家很少要求实际履行，通常只在普通法系国家给予实际履行的场合才要求实际履

---

① 查士丁尼：《法学总论》，张企泰译，商务印书馆1989年版，第440～441页。

② ［英］A. G. 盖斯特：《英国合同法与案例》，张文镇译，中国大百科全书出版社1998年版，第534页。

③ *See* G. H. Treitel, Remedies for Breach of Contract, Clarendon Press, 1991, pp. 68-69.

行。① 另一方面，英美法系也提升了实际履行的地位，减少了实际履行适用条件的限制。普通法系中越来越多的学者要求扩大实际履行的效用。他们认为传统上基于效率违约理论而实施的救济并不是肯定有效的，因为没有证据认为损害赔偿能够就能实现充分补偿。他们还认为实际履行比违约赔偿更加有效，因为它能够更好地实现补偿的目的以及减少在合同协商和履行中的交易成本。② 比较法学家研究发现：在具体运用中，两大法系的差别并不像理论上那么明显，③ 就实际履行制度，各国有许多一致之处，比如，各国法律均规定金钱债务应当实际履行，对于非金钱债务的实际履行都不是无条件的，实际履行必须可能以及实际履行不得侵犯人身权利等。

两大法系在实际履行方面出现的趋同和融合根源于相似的国际商事交易现实。在国际贸易中，一方面损害赔偿的救济不一定会充分补偿受害方，并且会花费大量时间和额外费用；另一方面实际履行的救济也同样需要时间和金钱。如果货物是有形的并且容易购买到，卖方违约时买方一般会寻求替代交易而不是等待诉讼以获得其所需要的货物；买方违约时卖方就会直接转售而不是让货物闲置直到诉讼结束。

二、CISG之下的实际履行制度

国际贸易规则主要由实体性的贸易公法规则和贸易私法规则所组成。如果说WTO多边贸易规则是在纵向的政府管理贸易方面适用于各成员国政府的基本国际法规则的话，那么，《公约》则是调整平等主体的跨国当事人之间货物交易关系的基本的国际统一实体法。它反映了从20世纪20年代开始的有关的国际组织和学者在统一国际货物销售合同法方面的不懈努力和追求以及所取得的辉煌成果。它是发展中国家和发达国家妥协的产物，是大陆法系观念与普通法系观念妥协的产物，同时也参考了过去统一的商事立法的经验教训。从内容上看，公约特别强调其国际性和独立性，它使用中性语言，不依赖于任何国内法体系，代表了不同地区和不同法系的融合与平衡，摆脱了不同种族不同国家及其法律制度的偏见，这与偏向欧洲大陆法系的1964年《国际货物买卖统一法公约》（缩写为ULIS）明显不同。所以，

---

① *See* C. M. Bianca and M. J. Bonell ed., Commentary on the International Sales Law: The 1980 Vienna Sales Convention, Milan: Giuffre, 1987, pp. 232-234.

② *See* Steven Walt, *For Specific Performance Under the United Nations Sales Convention*, 26 Tex Int'l. L. J, 1991, pp. 211, 233-251.

③ *See* Henrik Lando and Caspar Rose, *On specific Performance in Civil Law and Enforcement Costs*, available at http://econpapers.hhs.se/paper/hhscbsfin/2000_5F010.htm, visited July 1st, 2003.

美国著名学者霍纳德教授指出，切忌以国内法的“眼镜”解释公约的文本，在阅读公约时最好能像神话中喝了“忘川”之水而忘记过去一样去掉头脑中预设的国内法理念，将基于国内法的先入之见减少到最低程度。① 与此同时，公约吸取了大陆法系和普通法系中合理的易于为世界各国接受的法律观念和规范，如英美普通法上的划拨制度、② 英美普通法上损害赔偿的一元论规则——把损害赔偿责任建立在有违约事实单一因素基础上，采取三要件：事实、损害和因果关系、③ 大陆法所主张的承诺生效的到达主义、④ 大陆法系给予宽限期的制度、⑤ 美国《统一商法典》中的重大违约(《公约》第25条的表述为根本违约）规则和不同法系都认可的减轻损失义务等。⑥ 公约第三部分从买卖法的角度，就买卖各方义务、风险转移和违约补救设置了详细条款。

《公约》对违约规定了系统的救济方法。这些救济方法不仅可见之于规定买卖双方各自救济方法的条款和适用于买卖双方的共同规定，而且还可见诸于《公约》第一部分和第二部分中的几个基本条款。总之，《公约》各个部分之间的关系是互相依存和互相补充的。据本人粗略统计，《公约》用38个条文对违约补救作出了规定。⑦《公约》所规定的违约救济制度的基本原则是:⑧（1）违约包括当事人所有不履行其任何义务的行为，不论其是主要义务还是辅助义务，也不管这种义务是合同义务还是贸易惯例乃至《公约》所规定的义务，都视为违约，受侵害一方都有权根据《公约》规定提出请求，要求对其损害进行补救。(2)《公约》将违约分为一般违约和根本违约。根本违约的后果比一般违约的后果要严重得多。有些救济方法只适用于根本违约。(3) 违约救济方法包括实际履行、损害赔偿、解除合同等多种，当事人要求实际履行也并不丧失要求损害赔偿的权利。虽然使用的条文不多，公约在实际履行方面的规定却是颇为全面而且很有特色。

（一）公约确立了实际履行救济方式的首要地位

公约将实际履行救济方式确立为首要的救济方式是有其合理性和科学性的。首

① 李巍：《联合国国际货物销售合同公约释评》，法律出版社2002年版，“前言”第3页。

② 参见《公约》第67条。

③ 参见《公约》第45条。

④ 参见《公约》第15条和第18条。

⑤ 参见《公约》第47条。

⑥ 参见《公约》第77条。

⑦ 参见《公约》第25、26、27、28、34、35、36、37、44、45、46~52、61、62~65、70、71、72、73、74~77；78、79、81~84、86、88条等。

⑧ 参见姜凤纹：《国际货物买卖中的统一法律问题》，法律出版社1988年版，第55页。

先，实际履行体现了对约定必须遵守的原则的尊重。“约定必须遵守”是合同法的根本基础。虽然这个原则在一些特殊场合可能被排除，但它依然是合同法基本原则之一。实际履行就是“约定必须遵守”原则的具体体现。合同是当事人之间自愿缔结的，对双方当事人具有约束力。任何一方都有权相信彼此承诺的确定性，并有权合理期待未来可以得到的权益。如果允许一方任意破坏合同，那就毫无交易安全性可言。因此，参加公约谈判的一些代表认为合同当事人有权获得合同的完全履行，法律不能强迫非违约方接受少于合同履行而产生的权益。其次，损害赔偿的功用是有限的。在公约缔结过程中，实际履行的反对者通常主张损害赔偿的救济方式应该成为公约的首要救济。诚然，损害赔偿可能是一种简单便捷的救济方式，但是对于商事实践，尤其是对于国际商事实践，损害赔偿却存在以下明显的局限性：一方面，受害方为寻找新交易以及协商新交易所做的投入除可以用金钱计算外，还包括不能用金钱计算的时间和精力的浪费。这部分损害难以量化，因而无法评估；另一方面，人们很难精确地计算替代交易价格与合同价格之间的差价以及其他的违约损失。特别是在当事人无法发现替代物的时候，只有寻找与合同规定的货物最近似的替代物作为参照。产品的差异是多样的，包括商标、担保以及质量方面。这些差异所造成的价值减少很难被准确评估，因而差价的计算是困难的。最后，国际贸易实践也需要将实际履行救济方式确立为首要的救济方式。可以说，国际贸易实践为实际履行的存在可以提供更加有力的理由。

无论国内实践如何看待实际履行，国际贸易中的实际履行比其他的救济方式更加能够保护当事人的利益需要。国际贸易很大程度上是由于买方本地市场资源的有限性而产生的。这个结论说明了双方当事人在国际贸易中的特殊利益。如果买方在本地市场中没有发现所需要的货物或者因为它们的质量不符合要求，一般会求助国际市场。在此类情况下，仅允许他接受损害赔偿救济并不能有效补偿他所遭受的损失，因为他不可能或很难发现替代物。如果货物已经运送到目的港，买方拒绝接受交付，卖方同样会面临着转售风险和困难。卖方会由于对目的港市场缺乏了解而不能成功发现一个替代交易。如果卖方将货物运回，就有可能要支付大量的额外费用。如果货物是容易腐烂变质的，卖方所遭受的损失会更加惨重。即使可以发现此类替代交易，还存在着其他障碍。无论是卖方还是买方，在缔结一份合同之前会经过认真的市场调查，并会为此投入一定的时间、精力和金钱。这种耗费在国际贸易中会更加高昂。如果否定了当事人要求实际履行的权利，除了丧失在该项国际贸易中所得到的特殊利益之外，还会为替代合同耗费同样的精力和金钱。在国际贸易中，这笔数额将会倍增。对一些难以用金钱来计算的精力和时间，将会因得不到赔偿而白白耗费，国际贸易会因此种风险的增加而受到阻碍。对发展中国家而言，在国际贸易中被拒绝实际履行所遭受到的损失将更加惨重。由于不发达的交通条件和不自由的市场环境，进入另一个国家的市场对于发展中国家的商人们来说一般是不容易的，发展中国家的商人们为寻找交易方所付的费用和协商交易的费用比来自发达国家的卖方所承担的费用要高得多。而法官在决定损害赔偿的数额的时候一般不会考虑到发展中国家特殊的条件所产生的额外成本，因而损害赔偿不能补偿所有的损失。在这种情况下，实际履行可以说是唯一充分的救济。

（二）公约详细规定了实际履行救济方式

公约对实际履行救济方式的适用范围、权利行使的限制、具体类别、应遵循的条件等作出了明确规定，从而使公约对实际履行救济方式的规定很有操作性。实际履行是卖方和买方都可以行使的救济权利，公约主要是通过第46条和第62条对这几方面作出了具体规定。

1. 关于适用范围。

根据公约第45（1）条（该条是买方救济制度的一般规定）和第46（1）条（该条是买方要求实际履行的救济方式的一般规定），如果卖方不履行他在合同和公约中的任何义务，买方可以要求实际履行。这个概括性的规定具体指出买方要求实际履行适用的范围。这里的“任何义务”指公约第二章所规定的，卖方必须按照合同和本公约的规定，承担交付货物和移交单据的义务，以及提供的货物符合合同以和保证货物免受第三方权利请求（该义务具体分布在第30条至第44条）。《公约》第62条是关于卖方要求实际履行的救济方式的一般规定，据此条，卖方所要求的实际履行可针对买方的所有义务，包括支付价款、收取货物和其他义务。

公约不存在对瑕疵货物的特殊“瑕疵担保责任”，无论是否为特定物，交付了瑕疵货物就构成违约，只要违反了本公约和合同规定的义务就可以采用实际履行的救济方式，包括要求严格地按合同标的继续履行合同义务和要求交付替代货物或者要求修理。

对于卖方延迟履行时买方要求交付的行为，人们存在两种看法：一种认为这是买方根据第46条行使的要求实际履行的权利；另一种认为这是买方根据第29（1）条同意修改合同的行为。《公约》秘书处关于公约草案的评注和维也纳会议文件都没有涉及这个问题。有学者指出这一问题要依据公约第8条来解决。如此一来，一般情况下就应该将要求迟延交付认为是实际履行而不是修改合同。这是因为：第一，对因延迟交货而支付损害赔偿的风险一般在于卖方。如果风险从卖方转移至买方，那需要买方作出明确的声明，表明其明确的意图。如果不能确定买方的意图，一般不能认为买方会愿意只接受延迟交付而放弃损害赔偿的请求权利，否则卖方会放任自己的延迟交货行为，因为他不需要承担损害赔偿责任。第二，公约救济制度的目的之一是改善买方的不利地位，如果认为买方接受延迟交付是合同的变更，就破坏了公约的这个目的。如果仅因为买方没有作出确定的声明，就认为他是同意修改交付时间进而修改合同，是一种不公平的解释。

因此，买方接受延迟的履行应该被定性为行使实际履行的救济权利，而不是履行被修改的合同，买方同时可以要求卖方给予损害赔偿。

2. 关于行使实际履行权利应受到的限制。

《公约》的重要目的是，避免与实际履行行使条件完全相反的救济方式和避免对于受害方的重复救济。[①] 公约认为，实际履行是一种非金钱履行的行为，它以合同关系的存在为前提。因此《公约》规定，对买方而言，有三类具体的救济方式不能与实际履行同时采取。

与实际履行不一致的救济方式首先应该指宣告合同无效的救济。《公约》第81（1）条规定："合同的无效解除了双方当事人的义务。"这充分说明了两种救济方式的对立。其次，如果当事人按实际交付的不符合合同的货物与合同规定的符合合同的货物两者在交货时的价值比例要求降低价格（第50条的规定），也不能要求实际履行。这是因为，降价是为了对不符合合同的瑕疵进行救济，而实际履行（包括要求交付替代物或者要求修理）同样是针对不符合合同的瑕疵而要求进行救济。为了避免对相同利益进行重复救济，买方要求降价的同时不能要求实际履行。除了宣告合同无效和降价外，与实际履行不一致的救济方式还应该包括以合同无效为基础的损害赔偿。《公约》第74条是关于损害赔偿的一般规定，不存在与第46条相冲突的问题。第75条规定了损害赔偿以两种不同货物的价格（合同规定的货物价格和购买替代货物的价格）的差价为计算基础。第76条规定的损害赔偿是以两种不同市场价格（合同规定的价格和宣告合同无效时进行救济的价格）的差价为计算基础，它们是以合同的无效为前提条件。因此，诉求第75条或第76条项下的损害赔偿也是与实际履行不一致的救济方式。

总之，买方采取的与实际履行不一致的救济包括：（1）根据第26条，第49条或者第81条的宣告合同无效；（2）根据第50条规定的降价；（3）基于第75条或者第76条要求的损害赔偿。只有在买方没有采取上述这些救济方式的时候，才可以要求实际履行。按第62条，卖方在要求实际履行时，也不得采取与实际履行不一致的救济方式。

3. 关于两种特殊实际履行方式的运作条件。

由于《公约》将改善买方的不利地位作为其救济制度的目的之一，它对买方要求实际履行更加重视，规定更为全面。买方要求实际履行的方式包括三种：即完

① *See* C. M. Bianca and M. J. Bonell, eds., Commentary on the International Sales Law: The1980 Vienna Sales Convention, Milan: Giuffre, 1987, p. 340.

全严格意义上的实际履行、要求交付替代货物和要求修理。后两者只能由买方行使。

虽然要求交付替代货物和要求修理是两种完全不同的救济方式，但是它们同为实际履行，在适用的前提和程序方面具有共同之处。

(1) 无论是要求交付替代货物还是要求修理都只能在交付了不符合合同的货物时行使。《公约》第三部分第二章中所提到的货物相符，包含两个义务：第一，第35条规定的数量、质量和规格方面符合合同；第二，按第41条规定，卖方所交付的货物，必须是第三方不能提出任何权利或要求的货物。不符合第一种义务的货物为“有形瑕疵”；而不符合第二种义务的货物为“权利瑕疵”。有疑问的是，公约第46 (2) 条要求交付替代货物的权利是只指向有形瑕疵还是也指向权利瑕疵？从该款本身我们无法获得关于这一问题的答案。有贸易法专家赞同公约第46 (2) 条中的“与合同不符”包括“权利瑕疵”。他们认为，如果货物是种类物，卖方没有使货物免受第三方的权利请求，此时买方要求实际履行的权利就扩大到交付替代货物。但是，如果货物为特定物，卖方又无法消除该特定物上第三人的请求权，因此所带来的救济只能是宣告合同无效和要求损害赔偿，买方不能要求交付替代货物。① 笔者也同意将“权利瑕疵”纳入“与合同不符”，因为交货义务包括权利担保，第46条并没有排除“权利瑕疵”。将“权利瑕疵”纳入“与合同不符”还可以尽量避免在一些情况下必须对“有形瑕疵”和“权利瑕疵”两者进行有难度的区分。

(2) 公约还要求买方向卖方发出通知告知其所要行使的救济，这个通知除了要遵守第27条所要求的适当方法的一般规定之外，还必须在一段合理的时限内发出，即“通知……必须依照第39条发出通知的同时发出，或者在该项通知发出后一段合理时间内发出”，否则就丧失了要求交付替代货物或者要求修理的权利。这个合理时限的制度对保护双方当事人的利益都是有利的：光阴似箭，买方对货物的利益也会渐趋消逝，买方只有在首次交付（不符合合同的货物）之后一段合理时间内收到替代货物，要求实际履行才具有意义。对于卖方而言，这个时限也可以保护他避免买方通过市场价格上涨进行投机。问题是，《公约》规定的发出要求交付替代货物或者要求修理的通知的时间存在两种起点：与公约第39条发出通知的时间同时，或者之后一段“合理的时间”。而第39条发出通知的时间又包括两种：一种是2年的绝对时限，另一种是“合理时间”的弹性规定。如何确定第39条的合理时限和第46条的合理时限，公约文本没有提供任何具体的指导，而公约立法

① *See* C. M. Bianca and M. J. Bonell ed., Commentary on the International Sales Law: The1980 Vienna Sales Convention, Milan: Giuffre, 1987, p. 383.

文件也没有涉及这个问题，只有根据该条款的目的和公约的立法意图来进行解释。对于 39 条中的“合理时限”，多数学者目前的解释是，计算合理时间的起点应是自买方发现或理应发现货物与合同不符后开始。“合理时限”应该对买方和卖方都是合理的。对于“合理时限”的确定应否有一个基数以及基数的多少，学术界分歧较大。有人估算，学术界提出的中间值一般在一个月左右。实践中各国法院的做法同样不一致。德国联邦法院一般会确认为四个星期，而奥地利最高法院则倾向于认定 14 天①。我们认为，除非合同有约定，法律上划一地为“合理时限”确定一个基数的做法是不科学的。个案的具体情况应该是确定“合理时限”的关键性因素，而这些不同案件的情况又各不相同。“合理时限”的确定应该基于个案的具体因素——当事人之间确立的习惯做法、国际贸易惯例、卖方对何时收到通知的合理期待、所提出的救济种类、货物是否容易变质、货物是否有季节性、当事人之间合同的性质和买方控制卖方损失的义务等。② 笔者认为，第 46 条第 2 款和第 3 款规定的合理时限的判定，也可以采用这个方法，因为该合理时限与第 39 条规定的合理时限有可能同时（通常情况下），或者是在其之后的一段合理时限。之后合理的时限是在根据第 39 条规定的合理时间之后的再一段合理时限，这段合理时限的决定可以参照判定第 39 条所要求的合理时限的因素来考虑。

除了上述的两个适用于交付替代货物和要求修理的共同条件之外，《公约》第 46（2）条规定买方要求交付替代货物还必须具备两个特定条件：一是货物不符合合同构成根本违反合同（根本违反合同的特征是实质上剥夺了非违约方合同项下的期待利益，其判定标准是多元的，包括合同义务是否为合同的实质内容、违约所造成金钱损失与合同总价值之间的比例、违约对受害方实现合同目的的影响、损害赔偿能否弥补违约所造成的损失、违约方是否具有履行能力和意愿、当事方未来履行的可能性、违约方提出的补救是否会使守约方遭受不合理的不便、违约后果能否得到补救等）。③ 二是买方应按《公约》中有防止不当得利立法价值的第 82 条，将不符合合同的货物按实际收到货物的原状归还卖方，否则他就无权请求交付替代物。第 46（3）条规定了要求修理还必须是“买方在考虑了所有情况之后，这样做是合理的”。与要求交付替代货物不同的是，是否可以修理不是取决于违约的性质，而是由货物的性质以及所有其他因素来决定的。如果货物根据其性质是不能修

---

① ［德］彼得·施莱希特里姆：《联合国国际货物销售合同公约评释》，李慧妮编译，北京大学出版社 2006 年版，第 113 页。

② 参见李巍：《联合国国际货物销售合同公约评释》，法律出版社 2002 年版，第 153 页。

③ 参见蔡建敏：《对 CISG 根本违约构成要件标准的再认识》，载《纪念联合国国际贸易法委员会成立四十周年研讨会会议材料》，上海对外贸易学院法学院 2006 年 11 月编，第 116 页。

理的，或者修理的费用与合同的利益是不成比例的，则不能要求修理。

4. 关于实际履行的宽限期。

《公约》第 47 条是对第 46 条的补充规定。它允许买方为卖方继续按合同履行规定一段时限，如果这个时限合理，除了损害赔偿，买方不能行使其他的救济方式。该规定消除了两种不确定性：第一，它消除了买方对于卖方是否会交付的不确定性，如果买方没有规定一段合理的宽限期，那么买方要求履行的权利和卖方要求交付的权利始终是未知数；第二，它消除了对不交付是否构成根本违约的不确定性。如果没有这种确定性，买方宣告合同无效将承担很大的风险。宽限期的重要意义还在于：如果买方在卖方不履行交货义务的情况下，向法院提起诉讼，强制卖方履行交货义务，诉讼需要的时间可能太长，买方无法等待。按《公约》第 63 条，当买方违约时，卖方也可以规定一段合理时限的宽限期，让买方履行义务。《公约》也要求规定实际履行的宽限期必须合理，必须具体明确，必须通知对方。

（三）公约承认实际履行实体权利的实现取决于国内法院的自由裁量权

如上所述，两大法系传统立法上关于实际履行的差异是实质性的和明显的。然而，两大法系在晚近实践中对于实际履行的态度和做法却也在发生变化，正在走向趋同和融合。

令人遗憾的是：在公约的缔结过程中，无论是民法法系还是普通法系国家都不愿意放弃它们的传统理念。面对这两种完全对立又无法妥协的国内法律制度和理论，国际立法者无法就此达成一致，不得已采取了折中做法：一方面，公约采用民法法系的做法，将实际履行作为受害方的首要救济，而且公约扩大了实际履行的适用范围，允许受害方几乎没有限制地在任何违约场合要求实际履行；另一方面，为了尊重普通法系的不同规定，通过第 28 条将是否允许实际履行的最后决定权交给各国法院自由裁量。①

由于各国对违约救济方式规定不同，公约要求实际履行指向任何要求履行合同义务的裁决，故而实际履行的裁决应该包含要求买方支付价款、要求买方收取货物、要求卖方交付合同货物、交付替代货物的裁决和要求卖方修理的裁决，这些内容的裁决都受到第 28 条的限制，无论国内法是否承认这些救济。② 第 28 条规定法院行使自由裁量权的依据是法院地的“自身的法律”，而关于法院地“自身的法

① *See* Amy H. Kastely, *The Right to Require Performance in International Sales: Towards an International Interpretation of the Vienna Convention*, 63 Wash. L. Rev., 1988, p. 608.

② *See* John O. Honnold, Uniform Law for International Sales Under the 1980 United Nations Convention, Deventer/Boston: Kluwer, 1991, pp. 365, 468.

律”的范围却缺乏明确的规定。它是包括法院地的实体法和冲突法？还是只包括法院地的实体法？我们认为法院地的“自身的法律”指的是实体法。因为，ULIS 是《公约》的前身，其第 16 条与《公约》第 28 条的规定相似，ULIS 草案准备委员会强调这种表达指的是法院地实体法，因而第 28 条的措辞应该被理解为是法院地实体法而不是国际私法规则。其次，第 28 条中“自身的法律”这一措辞与涉及国际私法规范的第 7（2）条的措辞也不同。另外，第 28 条是为了协调不同法律制度之间的冲突，具体而言就是包含了保存普通法系的传统。如果第 28 条调整合同的国际私法规则，那么公约的立法目的将不能得到实现。因此，第 28 条只能被解释为法院地实体法。

“公约没有调整”和“类似买卖合同”也是适用第 28 条应考虑的两个重要因素，但内容不明确。

“公约没有调整”强调合同的属人特征。公约第 1 条第 1 款规定了公约所调整合同的属人范围，即：（1）营业地位于公约缔约国的当事人之间缔结的货物买卖合同；（2）由于国际私法规则导致适用某一公约缔约国的法律。在这个范围之外的买卖合同就是“公约没有调整”的买卖合同，一般应包括不具有国际性的内国合同以及虽然具有国际性，但当事人的营业地并非都在公约缔约国内，而国际私法规则又未指向某一缔约国法律的合同。“类似买卖合同”强调合同的属物特征，指与公约所调整的买卖合同种类上的相似性。公约第 2 条排除了六种合同类型：（a）购买供私人、家人或家庭使用的货物买卖，除非卖方在缔结合同前任何时候或缔结合同时不知道而且没有理由知道这些货物时购买供任何这种使用；（b）经由拍卖的买卖；（c）根据法律执行令状或其他令状的买卖；（d）公债、股票、投资证据、流通票据或货币的买卖；（e）船舶、船只、气垫船或飞机的买卖；（f）电力的买卖。这六种类型同样也应该被“类似买卖合同”排除在外。“类似买卖合同”还要符合国际买卖合同的显著特征。一般而言，在《公约》调整下，合同买方寻求实际履行的大多数情况都是货物在买方市场中属于非标准化或短缺的货物。因此，第 28 条中所指“类似买卖合同”的标的物亦应具备这些特征。需要说明的是，合同的价款以及当事人的经济状况在进行“类似”比较时并不具有参考意义。

尚存的问题还有，第 28 条是否约束到仲裁裁决？虽然第 28 条没有明确提到仲裁庭，可第 45（3）条和第 61（3）条都规定了仲裁庭，这就表明仲裁庭不会被排除在第 28 条之外。①

最后要指出的是，依据第 28 条，当事人有要求对方实际履行的实体权利，而

① *See* Schlechtriem, Commentary on the UN Convention on the International Sale of Good (CISG), Clarendon Press, 1998, p. 208.

法院没有义务作出要求实际履行的判决，除非法院依其本身法律对不属公约范围的类似销售合同愿意这样做（要求实际履行）。但是，没有提到第28条具有强制性条款的特征，没有明确也没有默认《公约》第6条规定的当事人意思自治会受到它的限制，当事人可以通过协议（不适用第28条）来排除第28条的限制。① 当事人可以通过规定违约时要求或禁止实际履行的条款以避免第28条造成的违约后的协商的不确定性和困惑以及避免选择法院而导致的成本和延迟。在不存在当事人协议的情况下，法院没有义务依据公约要求实际履行，也同样没有义务遵照国内法拒绝要求实际履行。因此，是否要求并获得实际履行的最终裁决取决于当事人的协议和法院的自由裁量权。不过，2004年《国际商事合同通则》（简写为PICC）第7条和1995年已完成（两卷）的《欧洲合同法原则》（简写为PECL）第9条都没有给予法院自由裁量权。PICC第7.2.1条规定，如果有义务付款的一方当事人未履行其付款义务，则另一方当事人可以要求付款。根据这一条的注释，条文中的"要求"一词既指一方当事人向另一方当事人提出的要求，又指必要时由法庭对这一要求作出的强制履行。第7.2.2条规定，如果一方当事人未履行其非金钱债务，另一方当事人可要求履行，除非：履行在法律上或事实上不可能；履行或相关的执行带来不合理的负担或费用；有权要求履行的一方当事人可以合理地从其他渠道获得履行；履行完全属于人身性质；或者，有权要求履行的一方当事人在已经知道或理应知道该不履行后的一段合理时间之内未要求履行。PICC在本条注释中特别指出，根据本通则，实际履行并非一种可以自由裁量的救济手段，即法院必须裁定履行，除非存在本条规定的所有例外情形中的一种。第7.2.3条进一步规定，要求履行的权利，在适当的情况下，包括对瑕疵履行要求修补、替代或其他补救的权利。该条注释也指出，就付款而言，也存在要求修补或替代的权利，如付款不足或以错误的货币付款。该条所指的其他补救形式有排除第三方对货物的权利或者获得必要的公共许可。对瑕疵履行要求补救的权利也像一般要求履行的权利一样受到同样的限制，也适用前两条。PICC同样规定了要给予宽限期（7.1.5条）。PECL第9.102条的基本规定是，（1）要求实际履行的补救适用于未履行和瑕疵履行；（2）要求实际履行的补救受到下列限制：A. 履行可能是不合法或不可能的；B. 履行可能引起违约方不合理的代价和费用；C. 履行具有人身关系；D. 非违约方可以合理地从其他来源获得履行。（3）非违约方要在得知对方违约后的一段时间内行使要求实

① *See* Amy H. Kastely, *The Right to Require Performance in International Sales: Towards an International Interpretation of the Vienna Convention*, 63 Wash. L. Rev., 1988, p. 639.

际履行的权利。①

三、实际履行制度在中国的发展和完善

实际履行在我国社会发展的不同阶段具有不同的影响，它在我国经历了从一项合同法的原则到作为一种补救方式的发展过程。在计划经济时代，单一的指令性计划体制要求企业必须严格按照计划签订合同，合同当时是落实指令性计划的工具。当时的实际履行不仅是合同当事人双方的行为和义务，更是当事人对国家的义务。双方当事人在任何情况下，都不得以支付违约金或损害赔偿来代替实际履行。自改革开放以来，为适应经济转型和发展市场经济的需要，企业的经营自主权逐渐扩大。② 1981年颁布的《经济合同法》为巩固并推动经济改革的发展，规定了违约金制度，“如果由于违约已给对方造成的损失超过违约金的，还可以继续赔偿，对方要求继续履行的，应继续履行”（第27、29、35条）。此时，实际履行已不再是迫使当事人双方严格按照计划规定的标的履行的法律原则，而是作为一种违约补救方式存在，并且这种补救措施完全由债权人选择。③ 1985年我国《涉外经济合同法》没有明确提及“继续履行”，继续履行被包含在该法所规定的第五种补救措施“其他合理的补救措施”之中。我国《合同法》设专章对违约责任用十六个条文（107～122条）作出了全面的规定，也将实际履行列为第一种违约责任方式。按照《合同法》，承担实际履行责任的前提条件是：（1）必须有违法行为的存在；（2）债权人在合理期限内提出继续履行的要求；（3）不存在不适用继续履行的特别情形。根据我国《合同法》第110条的规定，以下几种情形不适用要求继续履行：（1）法律上和事实上的不能履行；（2）债务的标的不适于继续履行或履行费用过高。

从内容上看，《合同法》参照了《公约》的规定，秉承了PICC的精神，基本与国际接轨。一方面，《合同法》区分了金钱债务和非金钱债务，对金钱债务依然强调实际履行，但对于非金钱债务的实际履行在法律上作出了明确的限制。《合同法》中的实际履行制度也兼顾了效益与公正原则，尊重了当事人的意思自治，一定程度上符合中国的实际情况，做到了“中外通行”。然而，在我们看来，只要认真推敲仍可发现，我国合同法上的实际履行制度并非没有缺陷，实际上需要进一步

① *See* Ole Lando and Hugh Beale ed., Principles of European Contract Law, Kluwer Law International, 2000, p.394.

② 王利明：《违约责任论》，中国政法大学出版社2003年版，第439～440页。

③ 梁慧星：《关于实际履行原则的研究》，载《法学研究》1987年第2期，第38页。

完善。

首先，实际履行的概念和地位不明。我国《合同法》第107条中没有使用“实际履行”的概念，而使用的是“继续履行”和“补救措施”的概念。有人认为实际履行就是继续履行。① 实际上，“实际履行”就是要求按合同义务履行，反映行为的内涵。“继续履行”指在合同履行期之后按合同义务履行，反映行为的时间。至于“强制履行”则体现了国家对行为的强制性。我们认为，在这三种表述中，“实际履行”更为适宜。这种表述也与英文的表述“specific performance”保持了一致。期盼《合同法》修订时采用“实际履行”的表述。另外，在我国《合同法》上，“继续履行”、“采取补救措施”以及“违约责任”三者不是并列的。按《合同法》，“继续履行”和“采取补救措施”是并列的，它们都是违约责任的属概念。那么，《合同法》中这三者之间是何关系呢？立法中需要将违约责任和违约补救两概念都用上吗？我们认为，只要违约补救与违约责任有共同之处，哪怕是大体相同（前提、目的和表现形式），② 换言之，只要不是完全不同，就不应将“采取补救措施”列为违约责任的内容之一。根据国际合同法发展趋势，可否考虑采用“违约补救”取代“违约责任”的提法，如果二者间微小的理论上的差别不影响实际问题解决的话。这也是对市场主体的私权和私法自治原则的进一步尊重。“继续履行”和“采取补救措施”也不是完全不同的，不应当将二者并列，可考虑将“继续履行”规定为“采取补救措施”的一个类别。

如上所述，PICC第7.2.3条和《公约》第46条及第62条都用专条规定了“实际履行”的形式。我国《合同法》却缺乏对“实际履行”的形式的明确规定。依《合同法》第111条，对于质量缺陷，受损害方“可以合理选择要求对方承担修理、更换、重作、退货、减少价款或者报酬等违约责任”。有学者将该条的“修理、更换、重作、退货、减少价款或者报酬”理解为一种变通的实际履行救济。③ 我们认为，退货的实质是解除合同，所以要符合《合同法》第95条关于当事人的单方解除权的条件，即只有在标的物的质量瑕疵影响到合同目的实现时，买方才可以退货。减价，指有瑕疵的标的物归非违约方所有，但该标的物的价格降低。减价一般适用于合同标的物有瑕疵，但该标的物仍有使用价值，买方愿意以较低价接受

① 参见崔建远：《合同法》，法律出版社，2000年版，第274页；谭玲：《实际履行责任及其法律适用》，载《现代法学》2000年第5期，第85页；郑小川、雷明光：《对“继续履行”的再思考》，载《河北法学》2003年第3期，第67页。

② 王利明：《违约责任论》，中国政法大学出版社2003年版，第31页。

③ 沈四宝等编：《国际商法》，对外经济贸易大学出版社2002年版，第315页。

该货物的情况。① 所以，我们认为，退货、减少价款或者报酬不属于实际履行。立法上应该将“修理、更换、重作”单独规定，并且说明其是实际履行的特殊形式。

再次，“债权人不能合理地从其他渠道获得履行”也应该成为适用我国《合同法》上实际履行的条件之一。从国际层面看，各国及国际立法实际上都将其作为适用实际履行的条件，英美法国家自不待言，在法国和德国，如果替代履行是可能的话，法院最终将不强制执行履行判决，② PICC 第 6.2.2 条（c）项和 PECL 第 4.102 条（1）款（d）项都规定了这一条件，这也是国际经济交易越来越自由和越快捷的发展趋势所要求的。

结　语

当代两大法系的不同国家都存在着实际履行制度，民法法系国家在原则上承认了实际履行为首要的救济方式，而在普通法系国家，实际履行则是一种补充性的救济方式，只有在损害赔偿不能充分补偿损失的情况下，当事人才可寻求实际履行的救济。虽然两大法系在实际履行的立法上有实质差异，但受市场经济和商事交易共同规律的影响，两大法系在实际履行的实践上并没有泾渭分明的差异。在普通法系，已出现扩大实际履行适用范围的趋势；在民法法系国家，断案机构也很少要求实际履行，通常只在普通法系给予实际履行的场合要求实际履行。

在《公约》缔结之际，两大法系国家都不愿意放弃它们的传统理论，公约立法者在确立了实际履行为首要的救济方式并对实际履行的适用范围、形式、宽限期和限制条件作出规定的同时，允许产生不同于公约要求实际履行的裁决，这样，是否要求实际履行的最终裁决取决于当事人的协议和法院的自由裁量权。可以说，追求合同法世界统一的《公约》并没有建立实际履行的统一制度。

我国《合同法》也将实际履行列为第一种违约责任方式，也明确了承担实际履行责任的前提条件。《合同法》参照了《公约》的规定，基本与国际接轨。《合同法》也兼顾了效益与公正原则，尊重了当事人的意思自治，一定程度上符合中国的实际情况。为建立真正合乎国际惯例的实际履行规则，充分发挥我国合同法上的实际履行制度的作用，我们需要对中国实际履行规则作出进一步完善。《合同

---

① 苏号朋：《企业经营陷阱与法律防范丛书——合同篇》，中国经济出版社 2001 年版，第 321 页。

② *See* Henrik Lando and Caspar Rose, *On specific Performance in Civil Law and Enforcement Costs*, available at http：//econpapers. hhs. se/paper/hhscbsfin/2000 _ 5F010. htm, visited July 1st, 2003.

法》修订时要改“继续履行”为“实际履行”，提高立法的科学性，在内涵上与国际接轨。只要“违约补救”与“违约责任”有共同之处，应考虑采用“违约补救”取代“违约责任”的提法。立法上应该将“修理、更换、重作”单独规定，并且说明其是实际履行的特殊形式。为全面保护债权人的利益，顺应国际经济交易越来越自由和越快捷的发展趋势，“债权人不能合理地从其他渠道获得履行”也应该成为法律所规定的要求实际履行的条件之一。

Abstract Specific performance is an important remedy in contract law. The article compares the great differences between civil law system and common law system in terms of the rules on specific performance, and analyses the rules of specific performance under CISG. It is submitted that the final decision on specific performance depends on the discretion of the courts rather than on the divergent domestic laws as provided for by Article 28 of CISG. Finally, the author reviews the rules of specific performance in the Contract Law of the People's Republic of China, and gives some suggestions on the revision of the rules of specific performance in the Contract Law.

Key words Specific Performance; Contract law; CISG

（审稿：卜　璐）

中国对 CISG 的保留及该公约在 CIETAC 仲裁中的适用

□ 扬 帆*

内容摘要 本文首先从中国加入该公约时所作的两项重要保留（公约第 95 条和第 96 条）入手，从中国法律法条规定的角度，解析中国法与公约的关系，特别是该公约应当在哪些情形下作为适用法以调整当事人之间的销售合同关系。接着从中国法律实践的角度，通过对中国国际经济贸易仲裁委员会（以下简称“贸仲”）作出的近 20 个有关适用该公约的仲裁裁决的分析，对该公约在中国实践中的广泛适用作一总结和探讨。最后，本文以积极支持中国参加“全球法学协商”运动①，以加深中国法学对世界法学，特别是对世界统一商法学的影响和贡献为结论。

关 键 词 《联合国国际货物销售合同公约》 保留 CIETAC 仲裁

目 次

---

* 英国皇家特许仲裁员协会会员（MCIArb）、研究员（Research Fellow）；国际仲裁实务与标准指导委员会中国委员；英格兰及威尔士高等大律师（Barrister）；电子邮件：fanyang22@btinternet. com。

① *See* Fan Yang, *The Application of the CISG in the Current PRC Law and CIETAC Arbitration Practice*, available at http://cisgw3. law. pace. edu/cisg/biblio/yang2. html, visited December 16, 2007.

三、公约在国际仲裁中的适用
四、结论

"商人法……在世界各地都是一样的。从一样的前提得出的合理且公正的结论应当在全世界都是一样的。"①

——曼斯菲尔德大法官（1757 年）

可见早在 250 年前对商人法的世界性就有所认识并对统一国际商人法有所期望。也正是基于商业惯例的世界性，国际统一销售合同法才得以成功。②

截至 2006 年 12 月联合国公布已有 70 个国家加入《联合国国际货物销售合同公约》（以下简称"公约"或"CISG"）。该公约于 1988 年 1 月 1 日正式生效至今已近 20 年。作为世界认可的国际统一销售合同法的典范，该公约被广泛适用于世界各地，也因此发展和积累了大量围绕该公约的适用和解释的来自各缔约国法院判例以及来自世界各地的国际商事仲裁案例。对这些判例以及该公约在国际商事仲裁中的适用和解释进行研究和分析已经成为一个备受国际商法界关注的课题。

中国于 1986 年 12 月 11 日与美国和意大利一同加入该公约。随着中国经济的持续发展以及中国在国际贸易商事领域的广泛参与，中国法院以及中国仲裁机构积极运用该公约处理了大量国际商事贸易纠纷，并作出了大量有关该公约在中国适用和解释的法院判决和仲裁裁决。特别是中国加入世贸组织（WTO）以来，对这些判决和裁决的研究，对中国判例与外国判例的比较法学研究，必将对该公约在中国以及其他缔约国乃至全世界范围内的统一解释和进一步发展产生更加深远的影响。

要正确理解公约在中国的适用与解释，首先要理解中国法与公约到底是什么关系。该公约应当在哪些情形下作为适用法（applicable law）以调整当事人之间的销售合同关系？特别是中国加入该公约时所作的两项保留（公约第 95 条和第 96 条）对公约在中国的适用到底有什么影响？

一、中国对公约的两项保留（公约第 95 条和第 96 条）

中国在加入公约时声明了两项保留：其一是根据公约第 95 条，其二是根据第 96 条。

① *See* Pelly v. Royal Exchange Assurance Co., 97 Eng. Rep. 342, 346 (1757).

② *See* generally DiMatteo, Dhooge, Greene, Maurer and Pagnattaro, International Sales Law, A critical analysis of CISG Jurisprudence, Cambridge, 2005.

（一）第 95 条保留

根据公约第 95 条规定："任何国家在交存其批准书、接受书、核准书或加入书时，可声明它不受本公约第 1 条第（1）款（b）项的约束。"中国在加入该公约时根据上述第 95 条声明："中华人民共和国不受公约第 1 条第（1）段第（b）小款的约束。"① 公约第 1 条第（1）段规定：

本公约适用于营业地在不同国家的当事人之间所订立的货物销售合同：

（a）如果这些国家是缔约国；或

（b）如果国际私法规则导致适用某一缔约国的法律。

公约第 1 条第（1）段第（b）小款的规定实际上扩大了公约的适用范围。因为即使当销售合同双方的营业地都不在缔约国，根据上述第（b）小款，只要根据国际私法规则导致适用某一缔约国法律时，公约就应当适用。公约第 95 条的规定则使作出该项保留的缔约国不受上述第（b）小款的约束。②

由公约起草通过的官方记载可知，第 95 条的保留规定最先是由捷克斯洛伐克代表在 1980 年维也纳外交会议第 11 次全体会议上提出的。③ 规定第 95 条保留是为了排除公约的适用。捷克斯洛伐克代表提出，公约第 1 条第（1）段第（b）小款的规定使得某些国家，如捷克斯洛伐克和德国民主共和国，无法顺利加入该公约，因为这些国家对国际贸易合同作了有别于其国内贸易合同的另行特别立法规定。另外波兰和罗马尼亚当时也在准备起草单独的国内立法以对其国际贸易合同和国内贸易合同进行分别立法规范。对这些国家而言，公约第 1 条第（1）段第（b）小款的规定将在很大程度上排除其国内针对国际贸易合同所作的特别立法的适用。因此将致使某些国家，如捷克斯洛伐克，无法加入该公约。④

中国当时（1980 年）还没有任何有关国际贸易的国内立法。也许正是出于对当时国内经济环境刚从计划经济转型处于起步阶段的考虑，特别是当时国内正处于改革开放初期，还没有一部国内立法对经济合同（无论涉外与否）进行任何规范，因此中国作出了第 95 条保留声明。这一声明隐约暗示着中国将在国内通过分别立

① *See* http://cisgw3.law.pace.edu/cisg/countries/cntries-China.html, visited December 16, 2007.

② *See* Czerwenka, RIW 1986, pp. 293-294; Schlechtriem, Commentary on the CISG, 2nd ed., 1998, p. 27.

③ *See* Legislative History 1980 Vienna Diplomatic Conference Summary Records of the Plenary Meetings, 11th meeting, available at http://www.cisg.law.pace.edu/cisg/plenarycommittee/summary11.html, visited December 16, 2007.

④ *Ibid.*

法对涉外和非涉外合同关系作不同的规范，其目的无疑是为了保护还相对稚嫩的国内经济合同关系，特别是在当时的历史前提和环境下提供一个由计划经济到市场经济的适应期。

事实上中国的第一部经济合同法于1981年通过且只适用于国内经济合同。接着中国于1985年通过了第一部涉外经济合同法。果然，中国对涉外和非涉外经济合同通过分别立法进行规范。这一分别立法区别对待涉外和非涉外合同关系的构思很可能就是从1980年维也纳外交会议上学来的“经验”。这也恐怕是公约带给中国的意想不到的影响。客观地说，公约第95条保留的规定是对公约作为国际统一销售合同法的“国际统一性”的一种妥协，因为该保留实际上是排除公约按照第1条第（1）段第（b）小款的适用，也就是说，根据第（b）小款当国际私法规则导致适用某一缔约国法律时，中国由于作出第95条保留可以不适用该公约。当然还有一种可能就是受当时美国的影响，因为美国在加入该公约时就根据第95条声明不受公约第1条第（1）段第（b）小款的约束。

无论出于何种历史原因，中国根据公约第95条所作的保留声明其现实意义已不复存在。这是由于随着1999年《中华人民共和国合同法》的颁布与实施，《中华人民共和国经济合同法》、《中华人民共和国涉外经济合同法》以及《中华人民共和国技术合同法》已同时废止。现行《中华人民共和国合同法》取代并统一了中国对涉外和非涉外合同的分别立法规范，这无疑是向国际统一商法特别是统一合同法的现代立法模式迈出了坚实肯定的一步。中国国民经济的稳步持续发展和改革开放的进一步深化要求中国采取国际通行的做法进一步发展和完善国内立法。如果说当时中国加入公约时所作的第95条保留是为国内对涉外和非涉外经济合同通过分别立法进行区别规范做准备，那么将涉外和非涉外合同统一合并进行规范的现行合同法，则使当初作出的这一保留不再对中国有任何现实意义。

对公约第95条保留应该如何解释及其实质效果一直以来在国际上颇具争议。De Ly教授指出对第95条保留进行解释有三种变体：①

“其一：仅对当销售合同的一方当事人的营业地于非缔约国时，按照公约第1条第（1）段第（b）小款因国际私法规则适用缔约国法律而导致公约在非缔约国适用时作出保留。作此保留的国家包括：美国，中国，新加坡，捷克共和国和斯洛伐克。

其二：德国的保留则规定当销售合同涉及按照第95条声明保留的缔约国时，德国法院将不适用公约第1条第（1）段第（b）小款的规定。

其三：荷兰的保留，按照荷兰于1991年12月18日颁布实施该公约的国内法

① *See* http://www.cisg.law.pace.edu/cisg/text/e-text-95.html, visited December 16, 2007.

第 2 条要求外国法院在适用公约第 95 条保留时，不适用荷兰民法典中有关销售合同的规定（第 7 部，第 1 节），而适用该公约。也就是说对声明第 95 条保留的国家如果根据公约第 1 条第（1）段第（b）小款因国际私法规则适用荷兰国内法时，荷兰建议外国法院应当适用该公约而不是荷兰国内法。荷兰的这一建议对外国法院当然没有强制作用，但是荷兰的这一做法表明荷兰倾向于适用公约作为其国际销售合同法，而不适用荷兰本国法。"①

具体对中国而言，如果一卖方在中国向营业地位于非公约缔约国 X 国的买方销售货物，根据公约第 95 条，中国的法院不受公约第 1 条第（1）段第（b）小款的约束，即便因国际私法规则导致适用中国作为缔约国的法律时，中国法院也可以排除本公约的适用，而直接适用中国的国内法，即例如中国《合同法》和/或《民法通则》等相应法律。《民法通则》，特别是《民法通则》第六章第二节有关违反合同的民事责任的规定，以及第八章有关涉外民事关系的法律适用的规定都有可能被适用。

另外，根据德国的保留声明，德国认为作出第 95 条保留的缔约国不应当视为公约第 1 条第（1）段第（b）小款中规定的缔约国。由于德国声明的保留有别于其他根据公约第 95 条所作的保留，因此如果销售合同一方当事人在中国，由于中国所作的第 95 条保留，另一方当事人营业地位于没有声明第 95 条保留的另一公约缔约国时，按照国际私法规则导致适用中国的法律时，德国的法院在适用中国的法律时将没有义务适用公约的规定。

那么对中国法律的适用是否绝对排除了公约的适用呢？《中华人民共和国民法通则》第八章涉外民事法律关系的法律适用第 142 条规定：

"中华人民共和国缔结或者参加的国际条约同中华人民共和国的民事法律有不同规定的，适用国际条约的规定，但中华人民共和国声明保留的条款除外。

中华人民共和国法律和中华人民共和国缔结或者参加的国际条约没有规定的，可以适用国际惯例。"

根据上述第 142 条的第 1 款，由于中国在加入公约时按照第 95 条作了保留声明，中国没有义务按照公约第 1 条第（1）段第（b）小款的规定适用公约。但是上述第 142 条的第 2 款中所称"国际惯例"是否可能涵括该公约呢？

首先中国法律并没有对民法通则中所称的"国际惯例"作立法解释。与国际公法中"国际习惯"不一样，民法中的"国际惯例"其内涵外延更加松散，可以

① *See* Philip De Ly, *Sources of International Sales Law: An Eclectic Model*, at UNCITRAL-SIAC Conference on 25 Years United Nations Convention on Contracts for the International Sale of Goods, Singapore (22 September 2005).

视为国际商法中“商人法”（lex mercatoria）的中文版。①

值得肯定的是从1978年改革开放以来，中国的国内立法，特别是在民商法等私法领域，对国际通行做法、国际惯例的积极借鉴和采纳。除了上述《民法通则》第142条以外，前《涉外经济合同法》第5条规定：“中华人民共和国法律未作规定的，可以适用国际惯例。”《海商法》第268条，《民航法》第184条，《票据法》（2004年修正）第95条等都一致规定“可以适用国际惯例”。

改革开放以来中国国内立法，特别是民商法等私法领域，对国际通行做法，国际惯例以及其他国家的相关法律都广泛进行比较选择取长补短。1999年的合同法无疑是最好的例子之一。中国法学界普遍赞同现行合同法在起草过程中就对许多外国的合同法以及民法进行比较和研究，特别是以国际统一合同法领域的重要公约《联合国国际货物销售合同公约》以及国际统一私法协会的《国际商事合同通则》（以下通则）作为主要的参考。②

考虑到公约作为国际统一私法领域最为重要的国际公约之一，反映的是被最广泛接受的国际通行做法以及国际贸易实践中的商事习惯，作为中国现行合同法的主要参考的国际相关法律资料之一，公约作为中国民商法等法律中所称的“国际惯例”之一的地位应当毋庸置疑。

问题是公约应当在什么情况下作为中国法中的“国际惯例”适用呢？根据中国民法通则第142条第2款“中华人民共和国法律和中华人民共和国缔结或者参加的国际条约没有规定的，可以适用国际惯例。”中国改革开放近30年来颁布和实施的各种法律法规恐怕不计其数，在中国国内立法日益规范和完善的今天，所谓“中华人民共和国法律和中华人民共和国缔结或者参加的国际条约没有规定的”领域唯恐不多。特别是考虑到中国现行合同法对公约以及通则的广泛借鉴和吸收，从理论上看，公约要作为中国法律认可的“国际惯例”来适用的情形实在太有限。然而从中国法律实践看，中国法院和仲裁庭将公约作为“国际惯例”而积极采纳适用的情形比比皆是。中国法学界普遍认为中国现行合同法与公约基本一致且并无

① *See* Bernard Audit, *The Vienna Sales Convention and the Lex Mercatoria*, in Lex Mercatoria and Arbitration, rev. ed. of the 1990 edition, Thomas E. Carbonneau, ed. by Juris Publishing, 1998, pp. 173-194; also available at the PACE database: http://cisgw3. law. pace. edu/cisg/biblio/audit. html, visited December 16, 2007.

② *See* Michael Will ed., CISG and China - An Intercontinental Exchange, with contributions by Bruno Zeller and Ding Ding, Geneva, 1999. Another good example of how the PRC legislation has made good use of the comparative approach in law drafting can be found in the PRC Maritime Code. Although the PRC has not yet acceded to any of the Hague Rules 1924, or the Visby Rules 1968, or the Hamburg Rules 1978, the PRC Maritime Code in fact selected those suit the PRC the best from three of the rules.

实质冲突。

还有一个问题是关于民法通则第 142 条中“可以适用”的理解。所谓“可以适用国际惯例”当然也可以不适用国际惯例。对国际惯例适用与否的决定权在于中国法院。中国法院可以酌情决定是否适用国际惯例。正如上文所述，中国法院以及仲裁庭在实践当中更倾向于对公约的积极适用，甚至在某些案例中反映，即便在没有义务适用公约的情形下，中国法院仲裁庭也会考虑将公约作为广泛接受认可的国际惯例予以适用或援引。①

由此可见，中国所作的第 95 条保留并没有限制公约在中国的普遍适用。恰恰相反，在实践当中公约得到了广泛的适用和认可。此外，鉴于全世界已经有 70 个国家成为该公约的缔约国，代表着全世界四分之三以上的国际货物贸易，第 95 条保留对非缔约国适用公约的规定，和中国的第 95 条保留一样已经失去了现实意义。

（二）第 96 条保留

公约第 96 条规定：“本国法律规定销售合同必须以书面订立或书面证明的缔约国，可以随时按照第 12 条的规定，声明本公约第 11 条、第 29 条或第二部分准许销售合同或其更改或根据协议终止，或者任何发价、接受或其他意旨表示得以书面以外任何形式作出的任何规定不适用，如果任何一方当事人的营业地是在该缔约国内。”

中国在加入该公约时根据上述第 96 条声明：“中华人民共和国不受公约第 11 条以及与第 11 条内容有关的条文的约束。”②

公约第 11 条规定：“销售合同无须以书面订立或书面证明，在形式方面也不受任何其他条件的限制。销售合同可以用包括人证在内的任何方法证明。”

公约第 96 条的规定是为了使那些有国内法律规定销售合同必须以书面订立或书面证明的缔约国不受公约第 11 条等有关非书面形式的条款限制而能够通过保留声明加入公约。作出第 96 条保留声明的基础应当是有国内法律规定必须以书面形式订立或证明合同关系。只有这些有相关国内法律规定的缔约国才能通过第 96 条作出保留。③ 有趣的是，当 1980 年中国代表团出席维也纳外交会议的时候，中国国内还没有任何有关调整合同关系的法律。虽然当时国内已有有关起草中国民法典

---

① 参见下文第（二）部分。

② *See* http://cisgw3.law.pace.edu/cisg/countries/cntries-China.html, visited December 16, 2007.

③ *See* Schlechtriem, Schwenzer: Commentary on the UN Convention on the International Sale of Goods (CISG), 2nd ed., Oxford University Press, 2nd English ed., 2005, p. 699.

的若干尝试和努力，但还没有正式成形。①

当1986年12月11日公约最终正式在中国生效的时候，中国在民商法领域已经起草、颁布并实施了三部重要的国内立法：《中华人民共和国经济合同法》(1981)、《中华人民共和国涉外经济合同法》(1985)以及《中华人民共和国民法通则》(1986)。② 这三部重要国内立法的颁布与实施在很大程度上可以说是为了准备和配合公约于1986年在中国的正式生效。

《中华人民共和国涉外经济合同法》(1985)无论是从结构安排还是从实质内容上都深受公约的影响。虽然《中华人民共和国经济合同法》(1981)受公约的影响很少，而主要借鉴于当时的苏联法律，应该说如果没有参加1980年维也纳外交会议，没有受公约的启蒙影响，中国很可能就不会有两部合同法将涉外合同和非涉外合同分别规范的构思。

那么当时中国国内立法对书面形式的要求到底是怎样规定的呢？

《中华人民共和国经济合同法》(1981)第3条规定："经济合同，除即时清结者外，应当采用书面形式。当事人协商同意的有关修改合同的文书、电报和图表，也是合同的组成部分。"

《中华人民共和国涉外经济合同法》(1985)第7条规定："当事人就合同条款以书面形式达成协议并签字，即为合同成立。通过信件、电报、电传达成协议，一方当事人要求签订确认书的，签订确认书时，方为合同成立。中华人民共和国法律、行政法规规定应当由国家批准的合同，获得批准时，方为合同成立。"

《中华人民共和国民法通则》第31条规定："合伙人应当对出资数额、盈余分配、债务承担、入伙、退伙、合伙终止等事项，订立书面协议。"

如果说上述三部法律的颁布与实施是为公约在中国的正式生效做准备，那么上述三个有关书面形式要求的规定无疑是和公约本身对合同订立的形式并无任何要求所背道而驰的。中国的第96条保留声明一方面可能是源于本身文化传统上对"白纸黑字"以字为据，对正式书面形式的崇尚。另一方面也很可能是受当时苏联的影响。据官方记载，美国代表 Fransworth 先生在1980年维也纳外交会议第一委员会第八次会议上指出联合国贸易法委员会第十次会议决定不将书面形式作为强制规定：

"其目的不是要让更多的国家对书面形式作出部分或全部保留，而只是要消除

① *See* generally Bing Ling, Contract Law in China, Sweet & Maxwell Asia, 2002.

② 紧接着《中华人民共和国技术合同法》于1987年11月1日生效。

苏联或者其他一些由政府代表其国家进行国际贸易的国家加入公约的障碍。”①

可以理解的是当时中国处于改革开放的初始阶段，中国立法者也许还很难彻底决定到底是要跟随美国还是苏联的立法模式。当时主流观点恐怕是要跟随苏联模式，因此有关国内合同法部分《中华人民共和国经济合同法》（1981）主要采纳了苏联法模式。“经济法”这一概念本身就源自苏联法。也许也是从维也纳会议中 Fransworth 先生的上述讲话中，中国出于对国际贸易由政府官方国有企业为主的考虑，作出了书面形式的保留声明。事实上直到中国加入世贸组织以后，中国才放开对参与国际贸易的进出口权的限制。从某种程度上说，中国第 96 条保留对中国国内立法的影响再次反映了公约对中国国内立法所产生的意想不到的“反”效果。

然而中国现行合同法于 1999 年的颁布与实施彻底改变了中国对有关以书面形式订立合同的强制要求。《中华人民共和国合同法》（1999）第 10 条规定：

“当事人订立合同，有书面形式、口头形式和其他形式。

法律、行政法规规定采用书面形式的，应当采用书面形式。当事人约定采用书面形式的，应当采用书面形式。”

第 11 条对书面作了定义：

“书面形式是指合同书、信件和数据电文（包括电报、电传、传真、电子数据交换和电子邮件）等可以有形地表现所载内容的形式。”

上述条文显然允许合同以非书面形式订立。第 11 条对书面形式的扩大化定义将数据电文包括电子数据交换和电子邮件形式涵括其中无疑是对公约有关书面要求的进一步发展。根据公约咨询委员会意见（一）（CISG-Advisory Council Opinion No. 1），公约第 11、12、13、21、29 条和第 96 条中的“书面”应当包括电子数据交换形式。② 中国现行合同法的发展显然与时并进。

从 1981 年的经济合同法，到 1985 年的涉外经济合同法，到 1999 年的“统一”合同法，中国合同法的立法进程反映的不仅是中国内部经济社会环境的发展对国内立法不断完善提出的要求，更重要的是中国立法通过对世界法学的广泛比较钻研与选择吸收，从而博采众长不断向国际标准看齐甚至超越。中国对世界国际统一法学的和谐发展所作的积极贡献有目共睹。

---

① *See* Legislative History 1980 Vienna Diplomatic Conference Summary Records of the Plenary Meetings, 11th meeting, available at http: //www. cisg. law. pace. edu/cisg/plenarycommittee/summary11. html, visited December 16, 2007.

② 参见扬帆编译：《联合国国际货物销售公约》咨询委员会意见（一）（CISG-Advisory Council Opinion No. 1），资料来源于：http: //cisgw3. law. pace. edu/cisg/CISG-AC-op1. html，2007 年 11 月 16 日访问。

然而，中国还没有撤回按照公约第96条的保留声明。虽然根据公约第97条第（4）款，缔约国似乎并没有撤回保留的义务。问题是公约也没有对保留无效或保留不具现实意义时作任何规定。

公约第96条保留只对国内有强制规定书面形式的缔约国适用。随着中国1999年合同法的颁布实施，中国本国法对书面形式的要求已经不再符合公约第96条的条件。中国本国法对书面形式要求的改变是否使得中国第96条保留自动失效？中国不撤回第96条保留的实际影响和效果怎样？公约本身对上述问题没有提供直接的答案。如果一个口头签订的货物销售合同一方在中国（声明第96条保留的缔约国），另一方在美国（未声明第96条保留的缔约国），管辖法院为美国法院时，美国法院该如何看待中国第96条声明？美国法院是否有权决定由于中国现行合同法对书面形式要求的新规定使得中国第96条保留不再有效，从而认定该口头协议有效？

还有一个问题关系到中国合同法第10条本身特别是第（2）款的措辞和实际效果。按照第10条第（2）款，“法律、行政法规规定采用书面形式的，应当采用书面形式。当事人约定采用书面形式的，应当采用书面形式”。这一款可以理解为，按照中国第96条保留的规定国际货物销售合同应采用书面形式，因此应当采用书面形式。这种理解使得现行国内合同法对书面要求形式的放宽并不能实际适用于国际货物销售合同。

基于上述不确定性因素，在与中方签订国际货物销售合同的时候最好还是采用书面形式。当然实践中绝大多数的国际贸易合同还是以书面形式为主的。这样看来中国到底要不要撤回第96条保留的实际影响并不会太大，但是，从维护法律的稳定确定性角度来看，中国若能主动撤回第96条保留，则将成为推动世界国际统一商事法进一步发展的典范。

（三）中国法与公约的关系

中国对公约所作的两项保留共同围绕的一个核心问题是中国法与公约到底是什么关系？首先，公约作为中国加入的一个国际条约对中国法院和仲裁庭具有约束力。只要满足公约适用的条件，中国作为缔约国就应当适用该公约。根据民法通则第142条，中国加入的公约与中国国内法发生冲突时，公约应优先适用。可见，公约应当作为中国法的一部分，且处于高于一般国内立法的地位。民法通则第142条表明能在中国被适用的法律由三个层次组成：第一层是中国参加或缔结的国际条约，如：《联合国国际货物销售合同公约》；第二层是中国本国的国内立法，如：合同法；第三层是有关国际惯例，如：《跟单信用证统一惯例》。因此，如果销售合同的当事人选择适用中国法律，公约应当作为中国法律的组成部分，即中国参加的国际条约，而被适用。除非当事人明确排除公约的适用，即当事人应当具体明确选择适用《中华人民共和国合同法》或《中华人民共和国民法通则》或明示排除公约的适用，否则适用中国法就应当包括对公约的适用。

这里应当特别提起注意的是当事人明示或暗示地选择适用中国法的情形与根据冲突法规法而适用中国法的情形应当区别对待。当当事人明示或暗示地选择适用中国法律时，公约应当作为中国法的一部分而被适用，但当事人明确排除适用公约的除外；当根据冲突法规范而适用中国法律时，按照中国根据公约第 95 条的保留声明中国“不受公约第 1 条第（1）段第（b）小款的约束”，应当理解为此种情形下，中国法院没有适用公约的义务，但似乎也没有排除中国法院仍然可以适用公约。从实践看，中国法院和仲裁庭普遍对公约采取积极适用的态度。①

既然公约是中国法律的重要组成部分，那么公约能否适用于中国国内销售合同？按照当前国内的普遍观点，只有涉外合同的当事人有权选择合同所适用的法律，而国内合同的当事人没有选择适用法律的权利。

合同法第 126 条规定：

“涉外合同的当事人可以选择处理合同争议所适用的法律，但法律另有规定的除外。涉外合同的当事人没有选择的，适用与合同有最密切联系的国家的法律。在中华人民共和国境内履行的中外合资经营企业合同、中外合作经营企业合同、中外合作勘探开发自然资源合同，适用中华人民共和国法律。”

同样，民法通则第 145 条规定：

“涉外合同的当事人可以选择处理合同争议所适用的法律，法律另有规定的除外。涉外合同的当事人没有选择的，适用与合同有最密切联系的国家的法律。”

本文作者认为，上述合同法第 126 条以及民法通则第 145 条，虽然明确给予涉外合同的当事人选择适用法律的权利，并不能当然地排除国内非涉外合同当事人亦享有同等权利。根据“法无禁止规定不为过”的法律原则，显然中国法律并没有明文禁止非涉外合同当事人选择合同适用法的权利。因此从严格法律意义上看，中国非涉外合同的当事人也应当有权自由选择其合同的适用法。

更重要的是，中国现行合同法以及民法通则都没有明文规定“凡中国国内非涉外合同都应当适用中国国内法”。既然说现行《中华人民共和国合同法》本身的立法目的之一就是要通过将《中华人民共和国经济合同法》、《中华人民共和国涉外经济合同法》以及《中华人民共和国技术合同法》三法统一合并为一从而使国内合同法与国际合同法接轨，那么明确给予涉外合同当事人自由选择适用法的权利应当自然同时归非涉外合同当事人享有。无论是从政策层面还是从法律法条本身规

---

① 参见下文第二部分：公约在中国特别是贸仲仲裁实践中的应用。

定的角度来看，涉外和非涉外合同当事人应当在各个方面尽可能的置于同等地位。将涉外和非涉外合同当事人区别对待，这也是与倡导“国民待遇”而非“超国民待遇”的今日主流背道而驰的。

笔者认为，无论从法律还是政策层面看中国国内非涉外合同当事人都应当和涉外合同当事人一样依法享有自由选择合同适用法的权利。合同法第126条的规定应当也可以同样适用于非涉外合同当事人，即：非涉外合同的当事人可以选择处理合同争议所适用的法律，但法律另有规定的除外。如果非涉外合同的当事人没有选择的，适用与合同有最密切联系的国家的法律。对于中国国内非涉外合同，与其有最密切联系的国家的法律自然还是中国法律。因此，将合同法第126条的规定同等适用于非涉外合同并不见得会影响中国法律对绝大多数国内非涉外合同的适用。但是从法理上讲则更为规范且顺理成章。再退一步看，即便国内非涉外合同当事人依法选择外国法律作为其合同的适用法，在中国对外开放日益成熟且国内与国外日渐接轨的今天，中国法院及仲裁庭应当也完全有魄力和能力依据当事人选择的外国法审理和解决合同争议。

还有一个值得明确的问题关系到中国法律中“涉外”的概念。上述合同法第126条以及民法通则第145条中均使用了“涉外”的概念。根据《最高人民法院关于贯彻执行〈中华人民共和国民法通则〉若干问题的意见》（简称《民通意见》）第178条规定：“凡民事关系的一方或者双方当事人是外国人、无国籍人、外国法人的；民事关系的标的物在外国领域内的；产生、变更或者消灭民事权利义务关系的法律事实发生在外国的，均为涉外民事关系。”

可见中国法对涉外的定义涵括多方面的涉外因素。具体对涉外合同关系而言，当事人的国籍，合同标的物的所在地，以及任何影响合同关系产生、变更或消灭的事实发生地都有可能因涉及海外而使合同成为涉外合同。

另外，根据中国司法解释，例如《最高人民法院关于审理涉港澳经济纠纷案件若干问题的解答》（1987年10月19日），以及《最高人民法院关于人民法院处理与涉外仲裁及外国仲裁事项有关问题的通知》等，在实践中，中国法院和仲裁机构对涉及香港、澳门或台湾地区法人或自然人之间，或者其同外国法人或自然人之间产生于契约性或非契约性的经济贸易等争议，均比照涉外争议处理。

笔者认为，对“涉外”在实践中的宽泛理解和应用也是与中国旨在缩短国内与国际的差距，尽可能与国际接轨的政策和立法理念相一致的。

但是由于中国法律中“涉外”不仅仅局限于双方当事人的国籍或营业地，即便合同双方均为中国当事人或其营业地均在中国，其合同仍有可能因其他因素而“涉外”。再从这个角度看合同法第126条以及民法通则第145条，若把当事人选择适用法律的权利仅仅局限于涉外合同在实践中也确实有其不合理性。一样的双方当事人之间签订的销售合同，如果为外销或其他涉外因素，则双方可以选择适用法律；如果为内销或没有涉外因素，则不可以选择适用法律。这对于买卖双方来说不仅不方便而且增加了额外的法律成本和风险，也不利于国际和国内贸易的通畅衔接。

二、公约在中国特别是贸仲仲裁实践中的应用

随着中国加入世贸组织，作为世界上经济增长最快的市场之一，中国的进出口贸易持续增长，同时也不可避免地带来大量有关中国国际贸易的争议和纠纷。国际仲裁作为最有效地解决跨国贸易争议纠纷的法律手段之一被国际社会广泛采用。中国国际经济贸易仲裁委员会（以下简称贸仲）作为中国国际仲裁的先锋，从 1956 年成立以来至今已经接受并审理了大量有关国际贸易的争议和纠纷。例如，仅 2000 年,① 贸仲就受理了 543 个案件，同期，美国仲裁协会（AAA）受理了 500 件，国际商会（ICC）541 件，香港国际仲裁中心（HKIAC）294 件。从 2000 年 1 月至 2005 年，贸仲每年受理的案件总数分别为：543，731，684，709，850，979。贸仲已经成为世界上受理仲裁案件数量最多的国际仲裁机构。②

考虑到贸仲审理的有关公约在中国适用的仲裁案件的数量远多于其他仲裁机构或法院，以及公约在国际仲裁中的广泛适用有别于公约在缔约国法院适用的特殊性，下文重点解析近 20 个中国贸仲有关公约在中国适用的裁决。

（一）当双方均为中国当事人时公约的适用

如上所述，即便合同双方均为中国当事人或其营业地均在中国，其合同仍有可能因其他因素而“涉外”。例如，在鱼粉买卖争议仲裁案③中，两个中国公司签订的国际货物销售合同因交货地在国外而属于涉外合同。在裁定合同的适用法律时，

---

① *See* http://www.hkiac.org/HKIAC/HKIAC_ English/en_ statistics.html, visited December 16, 2007.

② *See* WU Dong, *CIETAC's Practice on the CISG*, presentation at UNCITRAL-SIAC Seminar on Celebrating Success: 25 Years United Nations Convention on Contracts for the International Sale of Goods, Singapore (22 September 2005), p. 43 at para 2 CIETAC and CIETAC Awards; *also see* Nordic Journal of Commercial Law, available at http://www.njcl.utu.fi/2_ 2005 /article2.html, visited December 16, 2007.

③ *See* China 1 April 1997 CIETAC Arbitration proceeding (*Fishmeal case*) [translation available], available at http://cisgw3.law.pace.edu/cases/970401c1.html, visited December 16, 2007.

仲裁庭认为根据最密切联系原则应适用中国法，即当时的涉外经济合同法；该法没有规定的则应参照公约和国际惯例。在裁定有关货物风险的争议时，仲裁庭直接援引公约第 68 条作为对中国国内法的补充而适用于该合同。

（二）公约适用于中国内地、香港特区、澳门特区和台湾地区当事人之间

中国在 1986 年加入公约的时候未能行使主权代表香港和澳门加入公约。香港和澳门分别于 1997 年和 1999 年回归中国，但是由于中国至今还没有对公约在香港特区和澳门特区的法律地位作出任何声明或递交任何有关文书，公约到底是否适用于这两个特区至少从理论上还未有定论。一方面，根据公约第 93 条："如果缔约国没有按照本条第（1）款作出声明，则本公约适用于该国所有领土。"有专家认为公约应当适用于香港和澳门。① 但是，也有专家认为公约很可能不会被香港和澳门的法院或仲裁庭所适用。② 至于公约是否适用于台湾地区更是个谜。

无论理论上有多困难，实践中在 1997 年香港回归以前和以后，中国内地法院都有将公约适用于中国内地当事人和香港当事人之间的案例。③贸仲更是对涉及香港、澳门和台湾的货物销售合同争议积极适用公约作出裁决。

对涉及香港的涉外销售合同争议，贸仲适用公约的主要依据有：

1. 参照公约适用中国法。

例如在水泥货款争议仲裁案④中，一方为内地当事人，另一方为香港当事人，

---

① *See i. e.* Ulrich Schroeter, *The Status of Hong Kong and Macao under the United Nations Convention on Contracts for the International Sale of Goods*, available at http: //www. schroeter. li/pdf/Schroeter_ 16_ Pace_ Intl_ L _ Rev_ 2004_ 307. pdf, visited December 16, 2007.

② *See i. e.* http: //cisgw3. law. pace. edu/cisg/countries/cntries-China. html, visited December 16, 2007.

③ *See i. e.* China 31 December 1992 Xiamen Intermediate People's Court (Lian Zhong v. Xiamen Trade), available at http: //cisgw3. law. pace. edu/cases/921231c1. html, visited December 16, 2007; China 1993 People's Court (International Industrial Company C of Hong Kong v. Five Mines Machinery Industrial Chemicals and Chinese Medicine Import-Export Company), available at http: //cisgw3. law. pace. edu/cases/930000c1. html, visited December 16, 2007; China 7 March 1994 Guandong Higher People's Court (Zhanjiang Textiles v. Xian Da Fashion), available at http: //cisgw3. law. pace. edu/cases/ 940307c1. html, visited December 16, 2007; China 5 September 1994 Xiamen Intermediate People's Court (Xiamen Trade v. Lian Zhong), available at http: //cisgw3. law. pace. edu/cases/940905c1. html, visited December 16, 2007.

④ *See* China 26 March 1993 CIETAC Arbitration proceeding (Cement case) [translation available], available at http: //cisgw3. law. pace. edu/cases/930326c1. html, visited December 16, 2007.

仲裁庭裁定适用中国法律并同时参照公约的有关规定。本案仲裁庭在其裁决意见中只依据公约第 53 条而非任何中国国内法条作出裁定。

2. 当事人明示同意适用公约。

在盘圆螺纹钢买卖争议仲裁案①中，双方当事人均为香港公司，仲裁庭根据双方在庭审中一致同意适用公约而决定公约为适用法。在盘圆螺纹钢货款争议仲裁案②中，同样双方当事人均为香港公司，其合同附件中同意适用公约，仲裁庭对此予以肯定。在咖啡因买卖仲裁案③中，买方为香港公司，卖方为中国内地公司，仲裁庭认为虽然双方没有在合同中约定适用法，但是双方向贸仲申请仲裁时同意适用公约，因此公约为适用法。在三合板买卖争议仲裁案④中，内地买方与香港卖方签订的货物进口合同第 21 条规定："本合同之签订地或发生争议时货物所在地在中华人民共和国境内或被诉人为中国法人的，适用中华人民共和国法律，除此规定外，适用《联合国国际货物销售合同公约》。"合同第 22 条又规定："本合同使用的 FOB、CFR、CIF、DDU 术语系根据国际商会《Incoterms1990》。"因此仲裁庭认为，本案当事人所作法律适用的选择应予尊重，解决本案争议应适用双方当事人选择的上述法律。

3. 当事人默示同意适用公约。

在锑锭买卖争议仲裁案⑤中，卖方为中国内地当事人，买方为中国香港当事人。仲裁庭认为虽然双方当事人未在合同中约定适用法，但是申请人（卖方）在仲裁申请书中，被申请人（买方）在答辩书中均援引公约的规定作为主张各自的权利的依据。因此仲裁庭推定双方默示同意公约为适用法。在土霉素盐买卖争议仲

① *See* China 28 April 1995 CIETAC Arbitration proceeding (Rolled wire coil rod case) [translation available], available at http://cisgw3.law.pace.edu/cases/950428c1.html, visited December 16, 2007.

② *See* China 20 November 1997 CIETAC Arbitration proceeding (Rebar coil case) [translation available], available at http://cisgw3.law.pace.edu/cases/971120c1.html, visited December 16, 2007.

③ *See* China 29 March 1996 CIETAC Arbitration proceeding (Caffeine case) [translation available], available at http://cisgw3.law.pace.edu/cases/960329c1.html, visited December 16, 2007.

④ *See* China 4 April 1996 CIETAC Arbitration proceeding (Three-ply board case) [translation available], available at http://cisgw3.law.pace.edu/cases/960404c1.html, visited December 16, 2007.

⑤ *See* China 5 February 1996 CIETAC Arbitration proceeding (Antimony ingot case) [translation available], available at http://cisgw3.law.pace.edu/cases/960205c2.html, visited December 16, 2007.

裁案①中，中国内地卖方在其传真的格式合同中指明适用中国法律和1990年国际贸易术语解释通则。香港买方在其传真的购买确认书中指明适用香港法律。仲裁庭认为双方在法律适用问题上未达成一致意见。在仲裁过程中，中国卖方援引公约以支持其主张，香港买方也援引公约证明其主张。仲裁庭因此认为双方在仲裁过程中均援引公约证明其各自的主张，应视为双方默示同意适用公约。在黑瓜子买卖争议仲裁案②中，香港买方和内地卖方未约定合同的适用法，但是双方均援引公约和中国法以支持各自的观点，因此仲裁庭认为双方默示同意合同的适用法为公约和中国法。

4. 公约作为对中国法的补充。

如前所述，在鱼粉买卖争议仲裁案③中公约作为对中国法的补充而适用于双方均为中国内地当事人的涉外合同。同样在金属硅品质争议仲裁案④中，仲裁庭认为应当适用中国法律，同时香港买方和内地卖方同意若中国法律未作规定则适用公约作为对中国法的补充。在奶花芸豆买卖争议仲裁案⑤中，双方当事人未约定合同的适用法，但均援引中国法律以及公约以支持各自的观点和主张。因此仲裁庭认为双方同意适用中国法律和公约，且公约作为对中国法的补充参考适用。另外在空调设备货款争议仲裁案⑥中，合同一方为香港当事人，另一方为内地当事人。仲裁庭认为由于合同的签订地为深圳，买方的营业地以及仲裁地均为中国内地，根据最密切

---

① *See* China 15 November 1996 CIETAC Arbitration proceeding (Oxtetrecycline case) [translation available], available at http://cisgw3.law.pace.edu/cases/961115c1.html, visited December 16, 2007.

② *See* China 4 April 1997 CIETAC Arbitration proceeding (Black melon seeds case) [translation available], available at http://cisgw3.law.pace.edu/cases/970404c1.html, visited December 16, 2007.

③ *See* China 1 April 1997 CIETAC Arbitration proceeding (Fishmeal case) [translation available], available at http://cisgw3.law.pace.edu/cases/970401c1.html, visited December 16, 2007.

④ *See* China 11 April 1997 CIETAC Arbitration proceeding (Silicon metal case) [translation available], available at http://cisgw3.law.pace.edu/cases/970411c1.html, visited December 16, 2007.

⑤ *See* China 27 June 1997 CIETAC Arbitration proceeding (Kidney beans case) [translation available], available at http://cisgw3.law.pace.edu/cases/970627c1.html, visited December 16, 2007.

⑥ *See* China 5 April 1999 CIETAC Arbitration proceeding (Air conditioner equipment case) [translation available], available at http://cisgw3.law.pace.edu/cases/990405c1.html, visited December 16, 2007.

联系地原则应当适用中国法律，如果中国法律未有规定的则适用公约作为对中国法律的补充。

5. 公约作为国际商业惯例适用。

在热钢板买卖争议仲裁案①中，合同未对适用法作出规定。仲裁庭指出其有权对适用法作出裁定，由于合同的签订地和履行地均为中国且仲裁地也为中国，依据最密切联系地原则，应当适用中国法律。此外，由于双方均援引公约以支持各自观点，仲裁庭认为公约应当在不与中国法律有冲突的前提下，作为国际商业惯例适用。目前还没有任何案例表明公约由于与中国法律有冲突而被拒绝适用。实践中公约作为国际商业惯例而被参考适用的情形占绝大多数。

6. 公约的"自然"适用。

在冷卷钢板仲裁案②中，仲裁庭没有对合同的适用法问题作出任何分析或裁定，而直接"自然"地适用公约第 50 条裁定香港卖方应当按照不符合合同的货物与符合合同的货物在实际交付货物时的价值差价赔偿内地买方。同样在滑石块货款争议仲裁案③中，仲裁庭没有对内地买方和香港卖方之间的合同的适用法作任何分析，而直接适用公约第 40 条指出卖方明知货物不符合合同规定的，不受公约第 38 条和第 39 条对检验货物和通知货物与合同不符的时间期限的限制。

7. 公约与中国法的平行适用。

在制冷机组货款争议仲裁案④中，香港卖方和内地买方没有在合同中约定适用法。在仲裁庭庭审过程中，仲裁庭请双方对适用法发表意见，双方一致同意本案的适用法为：（1）适用中华人民共和国法律；（2）双方一致主张适用公约；（3）因涉及信用证业务，也适用国际商会的《跟单信用证统一惯例》（UCP 500）。仲裁庭

① *See* China 22 January 1998 CIETAC Arbitration Proceeding (Hot-rolled steel plate case) [translation available], available at http://cisgw3.law.pace.edu/cases/980122c1.html, visited December 16, 2007.

② *See* China 30 July 1998 CIETAC Arbitration Proceeding (Cold rolled steel plates case) [translation available], available at http://cisgw3.law.pace.edu/cases/980730c1.html, visited December 16, 2007.

③ *See* China 30 March 1993 CIETAC Arbitration proceeding (Talcum block case) [translation available], available at http://cisgw3.law.pace.edu/cases/930330c1.html, visited December 16, 2007.

④ *See* China 28 January 1999 CIETAC Arbitration proceeding (Refrigeration equipment case) [translation available], available at http://cisgw3.law.pace.edu/cases/990128c1.html, visited December 16, 2007.

尊重双方的上述一致意见而平行适用中国法律和公约。在珠帆布买卖争议仲裁案①中，香港买方和内地卖方在合同中约定适用中国法和公约。仲裁庭因此同时且平行适用中国法和公约。

三、公约在国际仲裁中的适用

与一国的国内法院不同，现代国际商法认为仲裁庭对解决争议的适用法享有比法院更为宽松和自由的裁量权。② 特别是国际仲裁中仲裁庭不应当拘谨于国际私法规则或某一国家或地区的法律。③ 仲裁庭更应当注重的是争议双方对适用公约所作的明示或默示同意，或只要仲裁庭认为公约应当作为合适的适用法就可以予以适用。④

鉴于仲裁庭享有更宽泛的自由裁量权，即使在羊毛货款争议仲裁案 ⑤中，仲裁庭错误的将葡萄牙作为公约的缔约国而适用公约，⑥ 该裁决也不应当被法院拒绝承认或执行，因为根据 1958 年《承认及执行外国仲裁裁决公约》（《纽约公约》）以及其他许多国家的法律，法院不能对仲裁裁决的实体进行审核，不能因为仲裁裁决的实体法适用错误而拒绝承认或执行仲裁裁决。

---

① *See* China 2 April 1999 CIETAC Arbitration proceeding (Gray cloths case) [translation available], available at http: //cisgw3. law. pace. edu/cases/990402c1. html, visited December 16, 2007.

② *See i. e.* Alexis Mourre, *Application of the Vienna International Sales Convention in Arbitration*, ICC International Court of Arbitration Bulletin, Vol. 17, No. 1, 2006.

③ *See i. e.* Alexis Mourre, *Application of the Vienna International Sales Convention in Arbitration*, ICC International Court of Arbitration Bulletin, Vol. 17, No. 1, 2006.

④ *See i. e.* Alexis Mourre, *Application of the Vienna International Sales Convention in Arbitration*, ICC International Court of Arbitration Bulletin, Vol. 17, No. 1, 2006.

⑤ China 27 February 1996 CIETAC Arbitration proceeding (Wool case) [translation available], available at http: //cisgw3. law. pace. edu/cases/960227c1. html, visited December 16, 2007.

⑥ *See* Besides Portugal, Japan and Republic of Korea (before 2005) have also been mistakenly regarded as Contracting States of the CISG in CIETAC arbitration. *See* Hot-rolled coils case of 15 December 1997 China 15 December 1997 CIETAC Arbitration proceeding (Hot-rolled coils case) [translation available], available at http: //cisgw3. law. pace. edu/cases/971215c1. html, visited December 16, 2007, where Republic of Korea was mistakenly thought as a Contracting State of the CISG. *See* Award of 7 November 1996 [CISG/1996/50] (Stone products case). Other examples as: Award of 2 April 1997 [CISG/1997/03] (Wakame case); Award of 15 December 1997 [CISG/1997/34] (Hot-rolled coils case) where Japan was mistakenly believed to be a Contracting State of the CISG.

四、结论

改革开放带给中国的不仅是国际贸易和与世界其他国家和地区进行物质上的互换，更重要的是中西文化理念、价值观念以及经济政治和法律等各方面社会体制架构上的互动。从 1980 年前国内民商立法的空白到 1986 年公约于中国正式生效前后中国相继颁布的四部重要立法:《中华人民共和国经济合同法》(1981)、《中华人民共和国涉外经济合同法》(1985) 以及《中华人民共和国民法通则》(1986) 以及随后的《中华人民共和国技术合同法》(1987)，中国在比较和借鉴外国法特别是参考相关国际公约如《联合国国际货物销售合同公约》的基础上，迅速完成了中国国内民商立法从一无所有到相对现代化法制的历史过渡。

这一时期的国内立法具有明显的过渡性。从中国加入公约时所作的两个保留声明可见当时国内民商立法还是相对保守和具试探性的。客观地说，公约第 95 条的保留规定是对公约作为国际统一销售合同法的“国际统一性”的一种妥协，因为该保留实际上是排除公约按照第 1 条第 (1) 段第 (b) 小款的适用，即根据第 (b) 小款当国际私法规则导致适用某一缔约国法律时，作出第 95 条保留的国家可以不适用该公约。也许是出于当时国内客观历史经济环境的考虑，也许是受当时美国的影响，无论出于何种历史原因中国根据公约第 95 条所作的保留声明其现实意义已不复存在。这是因为随着中国 1999 年合同法的颁布与实施，《中华人民共和国经济合同法》、《中华人民共和国涉外经济合同法》以及《中华人民共和国技术合同法》已同时废止。《中华人民共和国合同法》取代并统一了中国对涉外和非涉外合同的分别立法，这无疑是向国际统一商法特别是统一合同法的现代立法模式迈出了坚实肯定的一步。中国国民经济的稳步持续发展和改革开放的进一步深化要求中国进一步完善和发展国内立法，特别是缩短国内外尤其是商事领域的差距。有关中国加入公约时的另一个保留，第 96 条有关书面形式的保留，同样随着中国 1999 年合同法的颁布实施，中国本国法对书面形式的要求已经不再符合按照公约第 96 条声明保留的条件。由于实践中绝大多数的国际贸易合同还是以书面形式为主，中国到底要不要撤回第 96 条保留的实际影响也许并不会太大，且从公约第 97 条第 (4) 款看缔约国似乎并没有撤回保留的义务，但是，从维护法律的稳定确定性角度，从尊重公约的“国际统一性”出发，中国若能主动撤回第 96 条保留，则将为推动世界国际统一商事法的进一步发展成就又一典范。

本文通过分析中国对公约所作的上述两项保留所共同围绕的一个核心问题，即：中国法与公约到底是什么关系，认为：首先，公约作为中国加入的一个国际条约对中国法院和仲裁庭具有约束力。只要满足公约适用的条件，中国作为缔约国就应当适用该公约。根据民法通则第142条，中国加入的公约与中国国内法发生冲突时，公约应优先适用。因此，公约应当作为中国法的一部分，且处于高于一般国内立法的地位。民法通则第142条表明能在中国被适用的法律由三个层次组成：第一层是中国参加或缔结的国际条约，如：《联合国国际货物销售合同公约》；第二层是中国本国的国内立法，如：合同法；第三层是有关国际惯例，如：《跟单信用证统一惯例》。所以，如果销售合同的当事人选择适用中国法律，公约应当作为中国法律的组成部分，即中国参加的国际条约，而被适用。如果当事人要排除公约按照中国法律适用，当事人应当具体明确选择适用《中华人民共和国合同法》或《中华人民共和国民法通则》，否则适用中国法就应当包括对公约的选择和适用。

既然公约是中国法律的重要组成部分，笔者认为公约应当也能被当事人选择而适用于国内非涉外销售合同。按照当前国内的普遍观点，只有涉外合同的当事人有权选择合同所适用的法律，而非涉外合同的当事人没有选择其合同适用法的权利。本文先从分析现行法律条文的角度，认为中国现行合同法以及民法通则都没有明文规定“凡中国国内非涉外合同都应当适用中国国内法”。特别指出现行《中华人民共和国合同法》本身的立法目的之一就是要通过将《中华人民共和国经济合同法》、《中华人民共和国涉外经济合同法》以及《中华人民共和国技术合同法》三法统一合并为一，从而使国内合同法与国际合同法接轨。因此，笔者认为，无论是从政策层面还是从法律法条本身规定的角度来看，中国国内非涉外合同当事人都应当和涉外合同当事人一样依法享有自由选择合同适用法的权利。涉外和非涉外合同当事人应当在各个方面尽可能的置于同等地位。将涉外和非涉外合同当事人区别对待，这也是与倡导“国民待遇”而非“超国民待遇”的今日主流背道而驰的。

因此，无论从法律还是政策层面看现行合同法第126条的规定应当也可以同样适用于非涉外合同当事人，即：非涉外合同的当事人可以选择处理合同争议所适用的法律，但法律另有规定的除外。如果非涉外合同的当事人没有选择的，适用与合同有最密切联系的国家的法律。对于中国国内非涉外合同，与其有最密切联系的国家的法律自然还是中国法律。所以，将合同法第126条的规定同等适用于非涉外合同并不见得会影响中国法律对绝大多数国内非涉外合同的适用。但是从法理上讲则更为规范且顺理成章。即便国内非涉外合同当事人依法选择外国法律作为其合同的适用法，在中国对外开放日益成熟且国内与国外日渐接轨的今天，中国法院及仲裁庭应当也完全有魄力和能力依据当事人选择的外国法审理和解决合同争议。

笔者还通过分析“涉外”在中国法律和实践中的宽泛理解和应用，进一步指出合同法第126条以及民法通则第145条，若把当事人选择适用法律的权利仅仅局限于涉外合同在实践中也确实有其不合理性。虽然对“涉外”的宽泛理解和应用与中国旨在缩短国内与国际的差距，尽可能与国际接轨的政策和立法理念相一致，但是由于中国法律中“涉外”不仅仅局限于双方当事人的国籍或营业地，即便合同双方均为中国当事人或其营业地均在中国，其合同仍有可能因其他因素而“涉外”。一样的双方当事人之间签订的销售合同，如果为外销或其他涉外因素，则双方可以选择适用法律；如果为内销或没有涉外因素，则不可以选择适用法律。这对于买卖双方来说不仅不方便而且增加了额外的法律成本和风险，也不利于国际和国内贸易的通畅衔接。

总之，现代商法的奠基原则之一“当事人意思自治原则”在社会经济和法制迅速发展和日益与国际接轨的今日中国，已经得到普遍尊重和认可。无论是否“涉外”，对当事人选择合同适用法的权利都应当给予尊重和认可。

本文对贸仲近 20 个仲裁裁决的分析充分说明贸仲在仲裁实践中对“当事人意思自治原则”的正确尊重和保护。当事人可以明示或默示同意适用公约。公约主要作为对中国法的补充或同时平行适用。公约还被作为国际惯例而参考适用。公约被广泛适用于双方均为中国内地当事人，以及中国内地、香港特区、澳门特区和台湾地区当事人之间的合同关系。贸仲的裁决中对公约多采取积极适用的态度，这同时也表明中国作为公约的缔约国对公约的拥护和支持。值得肯定的是仲裁庭与国内法院不同，对解决争议的适用法应当享有比法院更为宽松和自由的裁量权。① 特别是国际仲裁中仲裁庭不应当拘谨于国际私法规则或某一国家或地区的内国法。② 仲裁庭更应当注重的是争议双方对适用公约所作的明示或默示同意，或只要仲裁庭认为公约应当作为合适的适用法就可以予以适用。③ 根据 1958 年《承认及执行外国仲裁裁决公约》以及其他许多国家的法律，法院不能对仲裁裁决的实体进行审核，不能因为仲裁裁决的实体法适用错误而拒绝承认或执行仲裁裁决。

从目前发表在美国培思大学的“联合国国际货物销售合同公约（CISG）数据库”的近 200 个中国贸仲有关公约的仲裁裁决案例来看，这些仲裁裁决通常都对案件的事实部分有具体详细地说明，虽然都援引法律法条但是对法律的分析，特别是对公约的理解和分析有所欠缺。虽然得出的结论往往是正确和合理的，但是对结论的相关推理和论证可以更加深入有力。尤其是对公约的适用和解释所应当遵循的“国际统一性”原则的理解和重视还有待提高。公约的精神实质要求其所有公约缔

---

① *See i. e.* Alexis Mourre, *Application of the Vienna International Sales Convention in Arbitration*, ICC International Court of Arbitration Bulletin, Vol. 17, No. 1, 2006.

② *See i. e.* Alexis Mourre, *Application of the Vienna International Sales Convention in Arbitration*, ICC International Court of Arbitration Bulletin, Vol. 17, No. 1, 2006.

③ *See i. e.* Alexis Mourre, *Application of the Vienna International Sales Convention in Arbitration*, ICC International Court of Arbitration Bulletin, Vol. 17, No. 1, 2006.

约国对该公约的适用和解释应当遵循“国际统一性”原则。具体到实践中则是要求法院和仲裁庭在适用和解释公约的时候要参考和比较其他缔约国的法院和仲裁庭对公约的适用和解释，即对其他缔约国的相关法院判例和仲裁案例进行分析比较和援引，然后根据公约的“国际统一性原则”进行推理和论证以得出适当结论。

“全球法学协商”（Global Jurisconsultorium）① 是国际比较法学特别为促进国际统一商法学在全球范围内和谐发展而提出的一个新理念。最初由美国培思大学 Albert Kritzer 教授和 Vikki Rogers 提出，他们认为跨国法学协商对国际统一法学，特别是对国际统一销售法，能否在国际商法实践中真正达到和谐发展以最终实现“国际统一性”的目标，至关重要。Camilla Baasch Andersen 指出对《联合国国际货物销售合同公约》的适用和解释必须遵守其“国际统一性”原则。这一基本原则要求所有公约缔约国的法官、仲裁员、法学学者、执业律师及全球商法法学界在适用和解释公约的时候，积极比较参考和援引外国判例和仲裁裁决，以促进并最终实现国际统一商法在全球范围内的和谐发展。

中国作为世界上经济增长最快的国家是国际商法秩序的主要参与者和受益者。中国对促进国际商法学在全球进一步统一和谐的发展具有举足轻重的影响力。中国贸仲的仲裁裁决对整个国际仲裁界的影响极为重要。为加深国际社会对中国仲裁乃至中国法治的正确理解和认识，为促进国际交流和相互借鉴国际仲裁和国际统一商法秩序的研究和实践经验，中国应当积极参与“全球法学协商”运动，以发挥中国商法学仲裁法学在世界商法学仲裁法学领域的积极的富有建设性的深远影响力。特别是在对《联合国国际货物销售合同公约》的适用和解释过程中，通过比较参考和援引借鉴外国判例和国际仲裁案例，不仅能够提高中国法院判例和仲裁裁决本身的质量和说服力，从而用案例事实见证中国仲裁乃至中国法治的努力与成果，而且也给世界其他国家和地区一个援引中国案例，以实现全球商法学判例和裁决资源共享的机会。

---

① *See* Vikki M. Rogers and Albert H. Kritzer, *A Uniform International Sales Law Terminology*, available at http://www.jus.uio.no/sisu/a_uniform_international_sales_terminology.vikki_rogers.and.albert_kritzer/toc.html, visited December 16, 2007; Andersen, Camilla Baasch, Uniform Application of the International Sales Law: Understanding Uniformity, the Global Jurisconsultorium and Examination and Notification Provisions of the CISG, Kluwer Law International - Aspen Publishers Inc., 2007; Andersen, Camilla Baasch, *The Uniform International Sales Law and the Global Jurisconsultorium*, Journal of Law and Commerce, Vol. 24, 2005, pp. 159-179; For PRC's participation in Global Jurisconsultorium, *see* Fan Yang, *The Application of the CISG in the Current PRC Law and CIETAC Arbitration Practice*, available at http://cisgw3.law.pace.edu/cisg/biblio/yang2.html, visited December 16, 2007.

美国培思大学法学院创立的“联合国国际货物销售合同公约（CISG）数据库”，在中国贸仲的积极鼓励和支持下，收录并翻译了近 250 个有关公约在中国法院和贸仲仲裁实践中的适用和解释的案例。目前该数据库发表的英文翻译案例中德国占 400 个，列为榜首。但是如果把中国贸仲从 2000 年至 2005 年有关 CISG 的裁决都翻译成英文发表的话，相信中国无疑才是世界上 CISG 案例资源最丰富的国家！

Abstract This article seeks to analyze the two reservations declared by the PRC under Article 95 and Article 96 upon ratification of the CISG, so as to appreciate the reasons for and the influences behind these declarations. More importantly, the second task of this article is to identify the justifications for applying the CISG in litigation and arbitration in China. In particular, about twenty CIETAC arbitral awards are selected and analysed. At the end a conclusion is drawn and a proposal for promoting the concept and method of the "*global jurisconsultorium*" in the application and interpretation of the CISG in China is put forward.

Key words CISG; Reservation; CIETAC Arbitration

（审稿：卜　璐）

1980 年 CISG 在成员国的适用与解释国际研讨会综述

□ 郭玉军* 靳 婷**

目 次

2007 年 10 月 13 日至 14 日，“1980 年《联合国国际货物销售合同公约》(United Nations Convention on Contracts for the International Sale of Goods，以下简称‘CISG’）在成员国的适用与解释（The Application and Interpretation of the CISG in Member States）国际研讨会”在武汉大学隆重召开。此次国际会议由武汉大学国际法研究所、美国培思大学法学院国际商法研究所和中国国际私法学会主办，中国国际经济贸易仲裁委员会华南分会、北京仲裁委员会、联合国国际贸易法委员会(UNCTRIAL)、合同与商业管理国际协会（IACCM)，以及美国纽约州律师协会等协办。来自美国、英国、法国、德国、日本、比利时、西班牙、瑞士、瑞典、南非等国的 CISG 咨询理事会（CISG Advisory Council）成员以及有关方面的实务专家等 29 名外方代表，和来自我国高等教育研究机构、法院、仲裁委员会、律师事务所等从事法学理论研究与实务的专家，共计 115 名会议代表参加了此次盛会。

中国国际私法学会会长、武汉大学副校长黄进教授，中国国际私法学会常务副会长、武汉大学法学院院长肖永平教授，联合国国际贸易法委员会前任秘书 Eric

* 武汉大学国际法研究所教授，博士生导师。
** 武汉大学国际法研究所 2006 级博士研究生。

E. Bergsten教授，CISG咨询理事会主席、瑞典斯德哥尔摩大学前法学院院长Jan Ramberg教授等出席开幕式并致辞。开幕式由武汉大学WTO学院院长余敏友教授主持。

研讨会收到会议论文49篇。与会代表讨论的主要议题有：CISG的历史、现状及其发展，CISG的具体制度与条款评析，CISG在法院的适用，CISG在国际商事仲裁中的适用，以及CISG与PICC、INCOTERMS等法律文件的比较研究等。正如黄进教授在开幕致辞中指出的，此次会议是CISG咨询理事会首次与中国学术界联合召开的国际会议，同时也是在中国首次召开的有关1980年《联合国国际货物销售合同公约》在成员国适用与解释的国际研讨会。此次会议的目的是促进有关CISG的理论研究，推动在适用与解释公约方面达成共识，并进一步完善相应规则，提高CISG在成员国适用的实践水平。下面结合代表的发言及提交的论文，对会议的有关情况综述如下：

一、CISG的历史、现状及其发展

为更好运用1980年《联合国国际货物销售合同公约》，与会学者回顾了CISG的历史，评述了它目前的发展状况，并展望了它的未来发展方向。

对公约约文本身因文本语言差异而导致的冲突，联合国国际贸易法委员会前任秘书Eric E. Bergsten提出要由学者和法官通过正确分析相关法律概念来共同解决，以统一国际贸易领域中的规则。他认为中国与其他国家在理解与适用公约上的具体做法，对CISG的统一适用与解释以及协调具有重要意义。对此，CISG咨询理事会主席Jan Ramberg教授特别提到培思大学国际商法研究所利用互联网、登载学者的研究著述与各国适用公约的案例，极大促进了公约的统一理解与适用。此外，他还指出学者应该更多关注国内法规则与国际公约的关系、公约的适用范围、预期违约与损害赔偿等问题的新发展，以推动司法实践与仲裁的发展。

就公约的适用现状问题，培思大学法学院Mark R. Shulman教授在《商人、法律人与法治》（Traders, Lawyers and the Rule Of Law）的发言中认为：首先，CISG是国际贸易中买卖双方解决争议的有效依据，对契约自由、善意履约和政策法规机制透明等基本的贸易原则的实现具有积极意义。其次，他指出培思大学国际商法研究所在过去的十五年间，收集了占全球四分之三货物贸易额国家的、包括中国国际经济贸易仲裁委员会（CIETAC）公布的国际贸易仲裁裁决在内的2000多个解释与适用CISG的仲裁和司法案例。他认为CISG的适用与解释为建立有序的贸易秩序提供了以下基本的法治要素：法律制度透明、遵守税收与行政规章、法律面前人人平等、保护正当程序和公正、透明与高效的裁决机制等。此外，像CISG这样统一适用的国际贸易法规则对中国的商事仲裁实践和法治建设也起到了积极的作用，并影响着欧美等全球大多数国家。

对公约与中国法治进程的关系问题，培思大学国际商法研究所 Albert H. Kritzer 教授根据中国和其他国家的 CISG 案例，在《庆祝与研究 CISG——中国法治的进程》（Celebrating and Researching the CISG - Progress in the Rule of Law in the PRC）的发言中，展望了中国法治和国际货物买卖法统一的未来。他认为案例报告评析制度对公约的统一适用具有重要意义，并提及培思大学国际商法研究所已经启动了“唐厚志教授的翻译项目”（The Professor Tang Houzhi Program）①，以进一步推进 CISG 在中国及其他国家的适用。

此外，美国哥伦比亚大学（Columbia University）的 Alejandro M. Garro 教授深入分析了目前公约的适用缺陷及其成因。他认为由于 CISG 是各种利益的妥协产物，所以约文本身与其适用和解释都存在一些缺陷。例如公约第 14 条与第 55 条对“开口价合同”的规定在约文措辞上存在有差异，导致认定构成要件出现困难。但他认为 CISG 尽管有些缺陷，却在客观上推进了人们对国际货物买卖合同法的认识与共识，推动了国际货物买卖合同法的统一化进程。

对 CISG 在促进国际货物买卖方面的积极作用，日本司法部法律顾问、北海道大学（Hokkaido University）的 Hiroo Sono 教授结合日本的情况予以了充分肯定。他指出日本在 20 世纪 90 年代初没有批准公约的原因主要是当时公约的影响小，而且立法部门当时的工作重点主要在证券、公司、破产等能解决经济复苏问题的国内立法上。而现在，随着 CISG 的缔约国增多、影响力扩大，日本国内立法也受到了 CISG 规定的影响，例如民法典中“根本违约”、“合同撤销”等有关条款的解释和民法典债法编的修订。在商业实践领域，CISG 也能满足中小企业进行国际贸易往来的法律需求，降低由各国法律差异与协商法律选择条款带来的交易成本，为日本企业的经济发展带来实际效益。特别是在东亚的中国、韩国和新加坡都成为公约缔约国的情况下，如果能够适用一套相同的合同规则将给日本在亚洲贸易活动中带来更多的利益。Sono 教授指出：吸引日本加入公约的重要原因是 CISG 本身的成功和带来的各种利益。按照日本加入 CISG 的计划，公约将于维也纳外交会议召开 30 年后、公约生效的 20 年后——2009 年——在日本生效。

---

① “唐厚志教授的翻译项目”（The Professor Tang Houzhi Program），主要是指所有发布的适用 CISG 的案例翻译，都必须经过三个步骤：翻译者的文本翻译、由通晓 CISG 与英语的人进行审阅、由熟知 CISG 与通晓英语与中文的人进行最后审核。到目前为止，该项目已经发布了 200 多个统一法的仲裁案例。

二、CISG 的具体制度与条款评析

CISG 具体制度与条款的理解，是 CISG 统一适用的关键。对此，与会代表集中讨论了合同订立、货物相符、合同无效和损害赔偿等在理论和实践中具有重要意义的几个问题。

就合同订立条款问题，西班牙马德里卡洛斯第三大学（University Carlos III of Madrid）商法教授 Pilar Perales Viscasillas 重点分析了 CISG 第 92 条有关合同形式及其他保留条款，第 14 条与第 54 条中价格条款的规定，指出 CISG 约文本身存在矛盾，特别对要约期限与承诺方式等问题，缺乏明确规定。对此，南京大学法学院的肖冰教授认为在 CISG 项下，价格缺失对于合同成立的影响取决于不同的适用情形，并且第 14 条和第 55 条之间不应当发生适用上的冲突，现实冲突的本质在于不同法官解释之间的冲突。

伦敦大学玛丽女王学院法学院商法研究中心（Queen Mary, University of London）Loukas A. Mistelis 教授结合德国、荷兰和中国司法与仲裁机构的案例对货物相符制度进行了深入分析，重点解释了 CISG 第 35 条、第 36 条对于货物的数量、质量、规格、包装，风险转移与责任分担等规定，并指出国内法对货物所有权的规定、买卖双方在国内法上的责任分担、担保与免责条款等是解决货物相符问题的重要借鉴。对此，联合国国际贸易法委员会前秘书、美国培思大学名誉教授 Eric E. Bergsten 认为，由于英美法系国家使用“合理”，而大陆法系国家使用“诚实善意履行”，所以 CISG 没有规定双方诚实善意履行的原则。特别是在买方收到有瑕疵的货物时，是否有通知义务和通知合理期限的界定等，各国的法律与实践中都有不同的做法。他通过考察公约的起草过程，认为公约的规定更倾向于要求买方必须在合理期限内通知卖方货物不符。

就合同无效与根本违约和单据瑕疵的问题，瑞士巴塞尔大学（University of Basel）私法教授 Ingeborg Schwenzer 结合 CISG 第 25 条和第 49 条有关合同无效的规定，进行了详细阐释。她指出，对买方造成的实质性损害可以通过当事人的明示约定来确定；在当事人没有明确约定时，应考虑购买货物的实际目的。如果卖方可以通过更换、修理等方式补救，并且不给买方带来不合理的迟延或不便时，就不构成根本违约。如果卖方拒绝补救或者不能在合理的时间内通过合理的方式补救，则可能认为构成根本违约。另外，根据《国际贸易术语解释通则》（INCOTERMS2000）以及《跟单信用证统一规则》（UCP600）等文件对卖方交付单据的各项义务的规定，对保单、原产地证书、检验证书等合同附随的单据瑕疵，买方能否宣告合同无效的关键，在于该瑕疵单据是否限制了买方按计划转售或者使用。在单据交易合同

中，清洁单据的交付是合同的关键，买方可以不管货物是否实际符合合同，而拒绝接受不符的单据。如果合同规定信用证付款方式，则所有的单据都必须是清洁的，否则买方有权宣告合同无效。对此，伦敦经济学院法律系（the Law Department, London School of Economics）Michael Bridge 教授，又进一步解释了 CISG 第 81 条至第 88 条的宣告合同无效制度。他指出公约对宣告合同无效的规定并不具体，有关退款与退货的时间和地点、利息与可得利益的计算等问题，都有待进一步明确。此外，针对网络信息时代，国际货物买卖中出现的新问题，南非大学私法系（Department of Private Law, University of South Africa）Siegfried Eiselen 教授结合 CISG 公约第 13 条有关书面形式的规定，对电子邮件、手机短信、电子签名等缔结合同的新形式进行了有益的探讨。

就公约第 74 条至第 76 条有关损害赔偿的规定，美国维拉诺瓦大学法学院（Villanova University School of Law）John Y. Gotanda 教授进行了深入全面的分析。他指出公约规定的主要是直接、间接与相关三类损失，在损失计算上比较详细，但难以应对复杂的实务。他认为损失存在的确定，需要有充分的证据支持；赔偿金额的确定，需要借助国内法中程序法与实体法规定。此外，他还特别阐述了损害赔偿中的律师费用与利息的计算问题。对此，南开大学法学院的左海聪教授结合典型案例，对受损方的举证责任、实际损失和可得利益的计算、宣告合同无效时损害赔偿的计算和减轻损失的义务等，进行了深入的探讨。

上述专家和学者在此次会议上对 CISG 的具体制度与条款的评析，使与会者对公约在合同订立、货物相符要求、合同无效和损害赔偿计算等方面有了更进一步的认识，为在教学科研和司法仲裁实践中更准确、更深入地理解和把握 CISG 的规定奠定了良好的基础。

三、CISG 在中国法院与国际商事仲裁中的适用

CISG 在法院与国际商事仲裁中的适用，是考察 CISG 公约在实践中运用的重要依据，也是在实践中完善 CISG 的重要途径。研讨会的各位专家学者深入讨论了中国实践中 CISG 的适用问题。

广东省高级人民法院民四庭庭长郑新俭博士，结合中国广东省法院适用 CISG 的案例，阐述了公约目前在广东省适用的特点：案件数量较少，适用范围有限，且主要集中在中山、佛山、广州等珠江三角洲地区的中高级人民法院以上。并指出实践中法院在合同无效时，处理其他问题时是否继续适用公约，有不同的做法。另外，最高人民法院民四庭法官高晓力博士也介绍了最高人民法院对 CISG 在中国法院适用的调研情况。她认为法院适用公约时，需要注意公约与冲突规范、双边条约

之间的关系，公约适用与当事人的选择问题，并且公约可以由法官以有利于公约适用的目的加以解释适用。

鉴于 CISG 在国际贸易领域的重要地位，武汉大学国际法研究所郭玉军教授通过 CISG 在中国适用的问卷调查研究，实证考察了 CISG 在中国的适用情况。对中国律师事务所与企业法律顾问的调查统计结果表明，被调查者中，回答在大多数情况下排除公约适用的比例为 44.4%，但还是低于德国（72.7%）和美国（70.8%）的比例。对于排除适用公约的原因，被调查者中回答认为不必要（51.9%）或是因为不熟悉（29.6%）而排除公约适用的情况为多数。对于排除公约适用的方法，绝大多数被调查者回答以明示而非默示方法（92.5%）排除公约的适用。对 CISG 在中国适用的主要问题，上海外国语大学法学院宋锡祥教授认为，CISG 同《国际贸易术语解释通则》等贸易术语是互补性的关系，并且当事人明示同意的国际惯例优先于国际条约。而中国国际经济贸易仲裁委员会的唐厚志教授认为《中华人民共和国合同法》与 CISG 的规定大致相同，实务中基本的立场是充分尊重当事人的选择，在 CIETAC 的许多仲裁裁决中都适用了公约。对此，英国皇家特许仲裁员协会研究员扬帆女士在分析 CIETAC 仲裁案例的基础上，得出了同样的结论，① 她认为 CIETAC 对公约积极适用的做法，充分表明了对当事人意思自治的尊重。

就 CISG 在中国国际商事仲裁中的适用情况，中国国际经济贸易仲裁委员会华南分会韩健秘书长指出：实践中，仲裁庭经常使用公约裁决案件。据统计，华南分会有近 100 件案件适用了公约。另外，结合当事人意思自治原则，他分析了当事人一方或双方营业地所在国不是公约缔约国，但双方约定适用公约时或者仅有一方希望适用公约，公约是否能够适用的情况。就公约在中国适用的前景，北京仲裁委员会的王红松秘书长，指出北京仲裁委一直将最大限度的实现仲裁国际化作为发展目标，并积极推动中国国际贸易领域的仲裁事业发展和国际货物买卖法的统一适用。

对 CISG 在中国法院和商事仲裁中适用的具体问题，武汉大学法学院院长肖永平教授认为中国法院与仲裁庭在适用 CISG 时，都表现出一种回家去的趋向（a homeward trend），可能是因为法官与仲裁员对于中国法律更为熟悉的缘故，从而使得 CISG 仅仅起着一种填补中国国内法空白的作用。② 在大多数适用公约的案件中，

---

① 扬帆：《中国对〈联合国国际货物销售合同公约〉的两个保留以及该公约在中国国际经济贸易仲裁委员会仲裁中的实际应用》，载《1980 年〈联合国国际货物销售合同公约〉（CISG）在成员国的适用与解释·国际研讨会论文集》，第 279 页。

② XIAO Yongping & LONG Weidi, *Selected Topics on the Application of the CISG in China*, in 2007 International Seminar, The Application and Interpretation of the CISG in Member States, Seminar Papers, p. 167.

由于对公约没有统一的解释，而曲解了公约的本身含义。他建议中国法院与仲裁庭在适用 CISG 时，应该更多考虑公约原文、外国权威学者或机构对 CISG 的统一解释与著述，以增加公约适用的统一性与稳定性。目前，在中国法院与仲裁庭中适用 CISG 的方法可以十分灵活。根据 CIETAC2005 年的仲裁规则，当事人可以明示或默示选择适用公约。在当事人没有选择适用公约的情况下，仲裁庭可以直接适用公约作为裁决的依据。另外，他还认为，根据实践的发展，中国应当撤回对 CISG 第 95 条“适用范围”、第 96 条“书面形式”的保留。

四、CISG 与相关法律文件的比较

就 CISG 与《国际商事合同通则》（the UNIDROIT Principles of International Commercial Contracts，以下简称“PICC”）的关系，意大利罗马第一大学法学院（the Law Faculty of the University of Rome I “La Sapienza”）、国际统一私法协会法律顾问 Michael Joachim Bonell 教授指出：PICC 不是国际条约，适用必须要有当事人双方或仲裁员的同意；而 CISG 是国际公约，是通过缔约国签署而正式生效的法律文本。PICC 在近年来有所发展，调整范围比 CISG 更广，不仅涵盖国际货物销售合同，还调整国际商事的所有原则与各种商业交流，以及合同相关有效性、罚款、追索期等问题，由此，PICC 可以与 CISG 补充适用，一起构成完整的国际货物买卖合同的法律框架，并能够在不援引国内法的情况下，解决大部分的问题。

就 CISG 与《国际贸易术语解释通则》（International Rules for the Interpretation of Trade Terms，以下简称“INCOTERMS”）的关系，CISG 咨询理事会主席（CISG Advisory Council）Jan Ramberg 教授结合 INCOTERMS 与 CISG 的产生背景，指出国际商会为消除 FOB、CFR 和 CIF 等贸易术语的不确定性，满足商业实践发展的需要，一直在修订出版 INCOTERMS，明确当事人的权利义务。CISG 第 30 条至第 34 条和第 66 条至第 70 条规定的单据规则，补充了 INCOTERMS 的规定，并规定了违反义务的后果。另外，INCOTERMS 的一些规则解释与 CISG 也存在有不一致的情况，例如对运输途中的货物买卖，CISG 第 68 条规定风险转移是从合同缔结时开始，而 CFR 和 CIF 则规定风险转移始于越过船舷。对此，国际贸易的更快更好的发展，需要联合国国际贸易法委员会、UNIDROIT 和国际商会这些机构的相互合作与指导。

此外，德国萨尔布吕肯大学（the Universities of Saarland and Strasbourg III, Saarbrücken）Cloude Witz 教授探讨了 CISG 体制下的合同起草问题。指出当事人双方可以通过约定，排除适用 CISG，选用合适的合同条款，或者是标准合同范本。就 CISG 中的冲突法问题，清华大学法学院陈卫佐副教授认为当事人意思自治原则

和最密切联系原则是确定货物买卖合同准据法的两个支柱。武汉大学国际法研究所聂建强教授还对 CISG 下知识产权保护问题进行了深入分析。他结合 Nike 案，阐释了 CISG 第 42 条关于知识产权的规定，并建议应借鉴全球化中其他协定的规定，对公约的有关制度加以完善。

五、其他

此次国际研讨会的闭幕式由肖永平教授主持，Eric E. Bergsten 教授在闭幕上总结了 CISG 统一适用中所面临的问题，例如公约在国内法的转化、国内法院适用 CISG 案件的本地化倾向和公约作准文本之间的含义差别问题，提出可以参考统一的判例法。最后，黄进教授在总结发言中指出，此次会议呈现出水平高、国际化和广泛性的三大特点，同时指出此次会议对推进国际贸易法领域的理论研究与司法实践的发展具有重要意义，并对进一步的国际合作与交流做了美好展望。

“1980 年《联合国国际货物销售合同公约》在成员国的适用与解释”国际研讨会，作为首次在中国召开的专门就 CISG 统一适用与解释的国际研讨会，成功搭建起了各国国际贸易法专家学者、前辈与后学在理论与实践上的沟通桥梁，有利于推动中国国际贸易法的理论和实践的发展，为世界经济一体化进程中 CISG 的统一适用与解释作出了积极的贡献。

（审稿：卜　璐）

五、案例研究

对海外投资的外交保护

——国际法院关于迪亚洛案（初步反对意见）的判决评析

□ 肖 军*

内容摘要 允许外国投资者直接利用国际仲裁解决其与东道国间投资争议，是现代国际投资法发展的一个趋势。但投资者本国的外交保护对于海外投资仍具有重要意义。国籍原则和用尽当地救济是两个公认的行使外交保护的限制条件。对两个条件的解释和适用，是国际法院2007年5月迪亚洛案（初步反对意见）判决的核心内容。判决总结了自巴塞罗那公司案以来三十余年国际法实践，又一次阐述了外交保护制度的习惯国际法规则。它对于我国加强对海外投资的外交保护，具有不可忽视的指导作用。

关键词 海外投资 外交保护 替代保护

目 次

* 武汉大学国际法研究所副教授，德国萨尔大学法学博士。

外交保护是解决外国私人投资者与东道国间投资争议的传统方法之一。① 在现代国际投资法中，允许投资者直接利用国际仲裁解决此类争议是一个发展趋势。但是外交保护的作用仍不可忽视。当有关国家之间没有关于投资者—东道国争端解决机制的条约安排时，外交保护的重要性更为明显。因外交保护引起的投资者本国和东道国之间的国际争端仍有可能发生。国际法院在对刚果民主共和国（以下简称刚果）② 就艾哈迈杜·萨迪奥·迪亚洛案（几内亚共和国诉刚果民主共和国案，以下简称迪亚洛案）提交的初步反对意见的判决中，③判定几内亚共和国（以下简称几内亚）政府得为几内亚国民迪亚洛作为个人以及两家刚果公司的多数股权持有者行使外交保护权、但不得“替代”（by substitution）两家依刚果法律成立的私人有限责任公司对刚果提出请求。迪亚洛案判决涉及对于本国海外投资者行使外交保护的几个重要问题，本文将对此进行探讨。

一、案情简介④

1998 年 12 月 28 日，几内亚向国际法院递交《寻求外交保护的诉请书》，对刚果提起诉讼，请求法院“谴责刚果民主共和国对一名几内亚国民犯下严重违反国际法的行为”。

几内亚诉称，拥有该国国籍的商人迪亚洛自 1964 年已在刚果居住，由于试图追讨刚果以及几家石油公司对迪亚洛所拥有的公司 Africom-Zaire 和 Africontainers-

---

① 余劲松主编：《国际投资法》，法律出版社 2003 年版，第 317 页。

② 1971～1997 年国名为扎伊尔共和国，1997 年改为现名。为与名称类似的刚果共和国相区别，我国官方简称其为刚果（金）。尽管官方简称之“刚果”多指刚果共和国，为简约起见，本文仍以“刚果”指称刚果民主共和国。

③ Case Concerning Ahmadou Sadio Diallo (Republic of Guinea v. Democratic Republic of the Congo), Preliminary Objections, Judgment of 24 May 2007, available at http://www.icj-cij.org/docket/index.php? p1 = 3&p2 = 2&case = 103&PHPSESSID = 1406cd1b60ba392444c754152f891467, visited August 15, 2007.

④ 迪亚洛案判决（以下简称判决），第 1～24 段。参见联合国国际法院的报告：2005 年 8 月 1 日至 2006 年 7 月 31 日，联合国文件 A/61/4，第 115～120 段，资料来源于 http://www.icj-cij.org/homepage/ch/reports/ report_2005-2006.pdf,2007 年 8 月 15 日访问。

Zaire（以下简称两家公司）欠下的债务，他被该国当局非法监禁两个半月，其重要投资、公司、银行账户、动产及不动产被剥夺，并于1996年2月2日被驱逐出境。几内亚请求国际法院判定，刚果就其对几内亚国民迪亚洛施加之不法行为向几内亚致以官方道歉、向几内亚赔偿迪亚洛遭受之财产损失310亿美元等。

几内亚援引1989年2月8日刚果和1998年11月11日几内亚接受法院强制性管辖权的声明作为法院具有管辖权的依据。

关于本案的多项事实，双方当事国的说法针锋相对。例如，刚果否认在驱逐迪亚洛之前，将其监禁两个半月之久，而是坚称，他被拘押的时间未超过该国法律规定之最高期限，即8天。刚果还声称，将迪亚洛驱逐出境，是因为其毫无根据和肆意夸大的财产求偿损害了该国的公共秩序，例如其巨额赔偿要求相当于刚果外债总额的3倍。

2002年12月3日，刚果在经过延长的递交辩诉状时限内，提交了对诉请书可受理性的初步反对意见：（1）要求赔偿不具有其国籍的公司所遭受之损害，是几内亚诉请的本质所在，因此几内亚没有资格行使外交保护权；（2）所涉公司和迪亚洛都未用尽扎伊尔及嗣后之刚果可适用的和有效的当地救济。审理案件实质问题的程序因此暂停。

2006年11月27日，国际法院开庭审理本案。2007年5月24日，法院对初步反对意见作出判决。

二、法院对初步反对意见的判决

几内亚的诉请涉及对于三类权利的保护：（1）几内亚国民迪亚洛个人的权利，包括他在被监禁和驱逐时免受不人道的和侮辱性待遇的权利。（2）迪亚洛作为两家依据刚果法律成立（即具有该国国籍）的公司股东的直接权利，① 特别是控制和管理该两公司的权利。（3）基于“替代”的两公司的权利。几内亚将“替代”或“替代保护”解释为：当公司系依据实施所指控不法行为的国家法律成立之时，一国对于作为该外国公司股东的本国国民行使外交保护。②

鉴于刚果承认其接受声明为国际法院对本案管辖权的基础，但提出初步反对意见，质疑几内亚诉请的可接受性，法院决定就上述三类权利分别审查可接受性

① 股东的直接权利是指股东依据公司成立地法律拥有的、独立于公司之外的权利。在讨论对股东的外交保护时，“股东的直接权利”、“股东的法律权利”以及“股东权利”几个词通常具有同一涵义。

② 判决第26～31段。

问题。

(一) 对于迪亚洛个人权利的外交保护

对此刚果的异议理由是"未用尽可适用的和有效的当地救济"。具言之，尽管刚果移民局签发了一份依据该国法律不可上诉的"拒绝入境"的决定，但实际上这确是一次驱逐出境。① 而且，迪亚洛从未向有权当局申请重新考虑准许其返回刚果，尤其在 1997 年政府更迭之后，这样的申请是可能得到批准的。

法院认为，首先，刚果不能以行政机构的差错为由，要求迪亚洛将"拒绝入境"的决定视做"驱逐"，后者有正当理由相信该决定是不可上诉的，即不再有可适用的当地救济。其次，应用尽的当地救济系指法律救济，它可以是司法救济或行政救济，但后者必须是旨在维护权利，而不是获得恩惠，除非该行政救济是随后开展诉讼程序的基本前提条件。刚果所主张的返回该国的申请实质上是这样一种"恩赐"，不能被视做应用尽的当地救济。因此，法院对刚果的此项异议不予支持。②

(二) 对于迪亚洛作为两家公司股东的直接权利的外交保护

刚果从几内亚的代表资格和用尽当地救济两个方面提出了反对意见。

刚果承认，当股东本身的直接权利受到侵害时，其国籍国可以行使外交保护，但强调这只适用于有限的情况。而本案中，几内亚混淆了两家公司的权利和迪亚洛作为股东的权利。股东的权利只能是其与公司间关系上的权利，如获得红利、出席大会及投票的权利等。迪亚洛被拘禁、驱逐并不影响这种关系。在国外，他还是可以获得分红、任命新的经理管理两家公司。这样，即使两家公司和其商业伙伴间的诉讼久拖不决，迪亚洛的股东权利也未受侵害，因而几内亚不能代表其提出国际请求。

本案中，双方当事国都以国际法院在巴塞罗那公司案中的判决为依据，也都认为，应该根据公司国籍国的国内法来确定公司和股东各自的权利。刚果有关法律也规定了两家公司相对于其股东的独立法人地位以及股东的权利。刚果提出的异议实质上是基于下述主张：针对股东权利的外交保护是例外情形，应该从严解释，股东国籍国必须证明股东权利确实受到侵害，才有资格代表股东提出请求。

对此法院并不赞同，而是认为，对股东直接权利的外交保护实质上是一国在保

① 尽管判决并未明确说明，但从上下文看，对于驱逐出境的决定，刚果法律应规定有相应的司法审查程序。

② 判决第 46～48 段。

护作为外国公司股东的本国国民，不能被视为外交保护制度的例外。具体到本案，几内亚意图保护该国国民迪亚洛，主张所指控的刚果的行为直接侵害了股东（迪亚洛）权利，因此几内亚有资格代表迪亚洛提出请求。至于依照刚果法律，两家公司股东的权利和（作为经理行使的）公司的权利分别是哪些、驱逐（既是股东又是经理的）迪亚洛对这些权利有什么影响，需到审理案件实质问题之时，法院才会予以裁定。①

在用尽当地救济问题上，刚果指出，迪亚洛被驱逐前代表公司提出的诉讼仍在进行，他还可以委托律师提起新的诉讼。几内亚则强调，驱逐迪亚洛就是为了阻止其诉诸法律程序，尚在进行的诉讼已拖延了十几年之久，因而不应被视为有效的救济。

法院对双方当事国所争论的当地救济的有效性问题不予置评，认为争论仅涉及两家公司可利用的救济手段，而未考虑其是否能被迪亚洛作为公司股东所用。几内亚指控的对股东权利的直接侵害系由驱逐迪亚洛所造成，既然法院已经认定，在刚果法律中没有针对这一驱逐的有效救济，因此，法院驳回刚果的未用尽当地救济的主张。②

（三）关于“替代保护”的问题

由公司国籍国行使对公司的外交保护权，是巴塞罗那公司案判决确立的一个一般规则，对此双方当事国并无异议。争议的焦点在于，在习惯国际法中是否存在“替代保护”的例外。

刚果的理由主要是，外交保护制度建立在“对外国国民权利的损害即是对其国籍国权利的损害”这一理论基础上，“替代保护”与之不符。“替代保护”远远超出实在国际法的规定，不为国际法院判例和各国实践所承认，例如，尽管在巴塞罗那公司案中有所提及，但一些法官申明了反对意见。几内亚主张“替代保护”是基于“公平的考虑”，但当事国没有请求法院（依照国际法院规约第 38 条第 2 款的规定）依公允及良善原则裁判，因此法院应拒绝此种“与法律不符的公平”(equity contra legem)。

几内亚认为，巴塞罗那公司案判决的附带意见提及“替代保护”的可能，尽管当时国际法院没有就此作出裁判，但是通过对法官个别意见的考察，人们有理由相信大部分法官认为该例外为法律所确认。即便当时对这一例外的习惯国际法性质存有疑问，其也为嗣后大量的国际仲裁裁决所消除。因而几内亚并不是请求法院诉

---

① 判决第 59 ~ 67 段。

② 判决第 74 ~ 75 段。

诸“与法律不符的公平”，而是“依法的公平”（equity infra legem）。

法院回顾到，巴塞罗那公司案判决所确认的外交保护的原则是，一项只侵害公司权利的行为并不涉及对股东的责任；即便股东的利益受到影响，亦是如此。在该判决的附带意见之后，法院再未有机会就替代保护例外的存在与否及其内容发表意见。① 在考察了自巴塞罗那公司案以来三十余年的国际法实践之后，法院指出，在当今国际法中，对公司权利和股东权利的保护以及相关争议的解决，主要通过双边的和多边的投资保护条约来实现。这使得外交保护的地位和作用受到削弱，实践中仅在少数没有相关国际条约或其不起作用的情况下还需诉诸外交保护。换言之，替代保护问题仅在此种特殊和相对有限的情形下产生，它似乎成了保护海外投资的最后手段。而众多的国际投资保护条约属于特别法，② 不足以证明外交保护制度的习惯国际法的改变。相反，这些条约的存在也能被用以证明其未改变。几内亚列举的国际仲裁裁决亦是基于当事国之间的特别条约。最后法院总结到，通过审查各国实践以及国际法院和仲裁庭的裁决，不能表明——至少目前如此——允许替代保护例外的习惯国际法业已存在。③

因此，法院支持刚果针对几内亚的“替代保护”主张的不可接受性异议。

三、评述

迪亚洛案既涉及对本国公民的基本人权的外交保护，④ 又涉及对本国海外投资的外交保护，但后者是争议焦点所在。关于对海外投资的外交保护，国际法院的判决所作的阐述和发展可从以下几个方面进行分析和评价。

（一）行使外交保护的两个限制条件

习惯国际法上，对于一国行使外交保护有两个公认的限制条件：国籍原则和用

① ELSI 公司案涉及一家美国公司持股的意大利公司所遭受之损害。虽然国际法院同意了美国代表其本国公司向意大利提出的请求，但依据的不是习惯国际法，而是该两国间的友好通商航海条约。

② 尽管依照这些国际投资条约的规定，投资东道国对在该国成立的由外国投资者持股的公司实施不法行为，引起该国国际责任。

③ 判决第 86 ~ 90 段。

④ 即几内亚所称之迪亚洛个人的权利。1966 年的《公民权利与政治权利国际公约》第 7 条规定了免受不人道的或侮辱性的待遇的权利。

尽当地救济规则。[1] 若未能满足这两个条件，一国不能代表本国国民向他国提出国际请求，行使外交保护权。如果该请求被提交国际法院裁判，被请求国可以要求法院在审理实质问题之前驳回请求。迪亚洛案中，刚果正是从国籍原则和用尽当地救济两个方面分别提出了初步反对意见，法院的判决及法理分析也是围绕其展开的。本案再次表明，准确地理解和掌握这两个规则是用好外交保护制度的必要条件。

根据传统国际法理论，当国家行使外交保护时，其本国人权利在国外遭受的侵害被视做对国家本身权利的侵害。这一拟制理论使得外交保护具有国家主权行为的性质，即，国家在此不是作为私人的代理人行使私人对东道国的请求权，而是作为国际法主体行使其本身国际法上的权利。[2] 在该理论的基础上产生了国籍原则。它一般是指请求外交保护的个人或法人（对于国际投资关系而言是投资者）必须连续不断地具有保护国国籍，因此，又称为国籍继续原则。[3] 显然，只有在受到侵害的个人和法人具有请求国国籍时，才能确定请求国的法律利益，请求国才具备行使外交保护的资格。

迪亚洛案中，对于迪亚洛的几内亚国籍以及几内亚有权代表其提出国际请求，双方当事国没有异议。争议的焦点在于，请求国（几内亚）能否对依照被指称责任国（刚果）法律成立的公司（两家公司）及其具有请求国国籍的股东（迪亚洛）行使外交保护。鉴于这是对海外投资行使外交保护的一个核心问题，而且国际法院在此问题上的裁决是其对于外交保护制度的主要发展和贡献，本文稍后再对此进行深入探讨和评论。

---

① 此外，还有一个有争议、但我国学者赞成的限制条件——卡尔沃条款，参见余劲松主编：《国际投资法》，法律出版社 2003 年版，第 318 ~ 324 页。

② 对这种主权行为的性质，常设国际法院在 1924 年“马夫罗马蒂斯在巴勒斯坦的特许权案（希腊诉联合王国）”判决中作了经典阐述。对于外交保护到底是一项保护个人人权的程序，还是一个旨在保护行使外交保护的国家利益的机制问题，有一些学者对该案的论述提出质疑。尽管如此，这种主权行为性质为国际社会普遍接受，并且构成联合国国际法委员会《外交保护条款草案》的前提，参见联合国国际法委员会：关于外交保护的第七次报告（以下简称国际法委员会报告），特别报告员约翰·杜加尔德，联合国文件 A/CN. 4/567（中译本），第 3 ~ 4 页，资料来源于 http://daccessdds. un. org/doc/UNDOC/GEN/N06/262/82/PDF/N0626282. pdf? OpenElement，2007 年 8 月 15 日访问。

③ 参见余劲松主编：《国际投资法》，法律出版社 2003 年版，第 319 页。布朗利、魏智通使用“国籍原则”一词，尽管其对该原则的定义也包含继续性的要求，参见［英］布朗利：《国际公法原理》，曾令良等译，法律出版社 2003 年版，第 533 页；［德］魏智通主编：《国际法》，吴越等译，法律出版社 2002 年版，第 253 页。在理论和实践中，对于连续性的要求有一些争议，详见国际法委员会报告，第 13 ~ 19 页。鉴于这一问题在迪亚洛案未被提及，本文在此亦不作深入探讨。

用尽当地救济是一项古老的习惯国际法规则，要求受到东道国侵害的外国人必须用尽东道国法律对其仍然适用的所有救济手段，否则其本国政府不得行使外交保护。与国籍原则不同，用尽当地救济是“一项其合理性得到了各种实际政治考虑而非国际法衍生的任何逻辑必要性证明的规则”。① 有关的实际考虑有很多，例如，侵害国政府应该有机会依其国内法给予受害人公正救济、应该确定侵害行为是国家的故意行为还是个人或下级官员所为，等等。

围绕用尽当地救济的适用和例外同样存在不少分歧。② 但在迪亚洛案中，有关该规则的争议是次要的，法院仅就以下两点阐述了其解释和适用：第一，法院申明了双方当事国的举证责任：请求国必须证明其国民确已用尽当地救济，或者存在例外情况免除后者的这一义务；被请求国必须证明在其国内法律制度中确有未用尽的有效救济。第二，法院重申了应用尽的当地救济的法律性质，特别是行政救济必须旨在维护权利，“而不是法律之外的救济或者恩赐救济”，除非该行政救济是随后开展诉讼程序的基本前提条件。③ 法院的分析为该规则的适用增加了一个实例。对于可能引起争议的是否存在当地救济的“不当拖延”问题，法院则巧妙地回避了。

外交保护的行使必须符合国籍原则和用尽当地救济规则，这是外交保护制度的习惯国际法的要求，亦为迪亚洛案判决所遵循。另一方面，近几十年来经济全球化以及相关国际法实践的发展，给外交保护制度——特别是当涉及对海外投资的外交保护时——提出了新的问题和挑战。有鉴于此，国际法院在本案中就下述两个问题进行了分析和裁决，发展了外交保护的国际法规则：第一，外交保护制度在国际投资保护中的地位和作用；第二，对公司权利和股东权利行使外交保护时国籍原则的适用。

（二）发展之一：外交保护制度在国际投资保护中的地位和作用

20 世纪 70 年代以来，各国缔结了大量双边的和多边的投资保护协定，④ 它们之中的大多数都规定了资本输出国与资本输入国之间、投资者与东道国之间的争议

---

① ［英］布朗利：《国际公法原理》，曾令良等译，法律出版社 2003 年版，第 540 页。

② 参见余劲松主编：《国际投资法》，法律出版社 2003 年版，第 314 ~ 317 页。

③ 参见［英］布朗利：《国际公法原理》，曾令良等译，法律出版社 2003 年版，第 542 页。

④ 例如，截至 2005 年年底，各国缔结的双边投资条约已达 2495 项，参见联合国贸易和发展会议，2006 年世界投资报告：概述，第 11 页，资料来源于 http：//www. unctad. org/Templates/webflyer. asp？ docid = 7431& intItemID = 3968&lang = 1&mode = downloads，2007 年 8 月 15 日访问。

解决机制。多数国家也已加入1965年《解决国家与他国国民之间投资争议公约》。① 因此，通过外交保护来解决国际投资争议的事例少有出现，在巴塞罗那公司案判决三十余年后，方有迪亚洛案涉及此问题便体现了这一点。

另一方面，外交保护制度并未为人们所遗忘。联合国国际法委员会在1996年第48届会议上确定外交保护为适于编纂和逐步发展的专题之一，在2004年第56届会议上完成关于外交保护的条款草案的一读。2006年第58届会议上《外交保护条款草案》二读通过。草案的第三章"法人"（第9至第13条）专门涉及对于海外投资的外交保护。近几年来，国际上也有大量的有关著作和学术文章发表。② 这些都说明外交保护制度在国际法中仍是不可或缺的。

那么，对于外交保护制度在国际投资保护中的地位和作用究竟应该如何认识和评价呢？笔者认为，国际法院在迪亚洛案中的判断是客观而且准确的：一方面，随着国际投资保护条约的签订特别是其中投资者—东道国争端解决机制的发展，外交保护这一古老的国际法律制度在当今外国私人投资者和东道国之间争议解决中的地位和作用受到削弱。③ 另一方面，这种削弱只是相对的，并不意味着外交保护制度已经是无足轻重的了；"最后手段"的重要性仍不可忽视。

这种重要性首先体现在（如国际法院所指出的），国际投资条约虽然为数不少，但仍有相当多的国家之间没有此种条约安排。④ 有时既有的条约也可能不起作用。其次，虽然历史上存在发达国家滥用外交保护，干涉发展中国家内政的现象，但当今经济全球化、发展中国家之间相互投资的增长，致使发展中国家也可能需要利用外交保护制度保护本国的海外投资。该制度作为南北冲突之体现的政治色彩亦将因此弱化。迪亚洛案即是一例。

就我国而言，出于历史和政治的原因，学界大多认为外交保护制度本身不尽合理，用以解决投资争议已经过时。⑤ 但随着我国经济的发展、企业和公民赴海外投资的不断增多，外交保护制度对于保护我国公民在海外的合法利益的重要意义开始

---

① 迄今为止，已有156个国家签署了公约，其中144个国家正式批准加入公约，资料来源于 http://www.worldbank.org/icsid/constate/c-states-en.htm，2007年8月15日访问。

② 有关文献目录，参见国际法委员会报告，第42~45页。

③ 鉴于国际投资条约中规定的争议解决机制——特别是与现有关于对公司和股东的外交保护规则相比——所具有的优点，这种"削弱"是对于海外投资保护的加强。

④ 如我国是世界上缔结双边投资保护条约数目仅次于德国的国家，现有此类条约110余件。以联合国192个会员国为参照，仍有约80个国家出于各种原因并未与我国签订双边投资保护条约。

⑤ 参见汤树梅：《国际投资法的理论与实践》，中国社会科学出版社2004年版，第298页；余劲松主编：《国际投资法》，法律出版社2003年版，第317页。

为一些学者所肯定。① 在重新认识对海外投资的外交保护的地位和作用之际，国际法院的上述评价可谓是适逢其会，于我们颇有裨益。

（三）发展之二：公司及其股东的外交保护中的国籍原则

如前所述，对海外投资行使外交保护，必须遵循国籍原则。围绕这一原则，迪亚洛案争议的焦点在于，请求国能否代表依照侵害国法律成立的公司及其具有请求国国籍的股东提出国际请求。从国际投资关系来看，也就是一国如何对海外投资——分别从本国投资者在外国设立的公司及其作为公司股东两个角度——行使外交保护权的问题。巴塞罗那公司案判决为这个问题上的习惯国际法规则确立了基本原则，这已是国际社会的共识。②

在巴塞罗那公司案中，③ 依据国内法上公司法的一般原理，即，公司具有独立于其股东之外的法律人格，而股东也具有独立于公司之外的权利，国际法院肯定了在股东的直接权利受到侵害时其国籍国行使外交保护的权利，同时确立了一个基本原则：若受到侵害的是公司权利，而非股东权利，外交保护权将由公司国籍国享有；即使股东的利益受到了影响，亦是如此。

该原则在《外交保护条款草案》的相关条款中得到了充分的反映。依照草案第 3 条，有权行使外交保护的国家是国籍国。而公司的国籍国是指公司依照其法律成立的国家（第 9 条）。第 11 条更是明文规定，在公司受到损害的情况下，公司股东的国籍国无权为这些股东行使外交保护，除非该条规定的两个例外情形存在。④ 另一方面，第 12 条肯定了对股东的直接权利的外交保护："在一国的国际不法行为对股东本人的权利，而非公司的权利，造成直接损害的情况下，这些股东的国籍国有权为其国民行使外交保护。"

上述关于对公司权利和股东权利的外交保护的一般规则已被接受为习惯国际

---

① 加之《外交保护条款草案》的通过，这一制度又得到了国内一些学者的关注。参见高智华：《论外交保护制度》，载《福建政法管理干部学院学报》2003 年第 1 期，第 23～25 页；周忠海：《海外投资的外交保护》，载《政法论坛》2007 年第 3 期，第 53～63 页。

② 如迪亚洛案的当事国都声称自己的主张是基于巴塞罗那公司案。《外交保护条款草案》的特别报告员杜加尔德指出，草案第 11 条和第 12 条关于股东保护的规定就是依照巴塞罗那公司案判决进行的编纂，各国也对此表示赞许，参见国际法委员会报告，第 25～28 页。

③ 对于巴塞罗那公司案判决，国际法著作多有评介，如［英］布朗利：《国际公法原理》，曾令良等译，法律出版社 2003 年版，第 536～540 页。鉴于此，该案案情本文不再赘述。

④ 两个例外是："（a）由于与损害无关的原因，按照成立地国的法律该公司已不存在；或（b）在发生损害之时，公司具有造成损害的被指称责任国的国籍，并且按照该国法律成立公司是该国规定在其境内经营的前提条件。"

法，构成《外交保护条款草案》有关条款的基石，迪亚洛案的双方当事国对此亦无异议。因此，国际法院没有理由拒绝适用。实际上本案的法律争议不在于这个一般规则的存在与否，而是其具体的适用和解释。由此，迪亚洛案就赋予了法院进一步解释、适用和发展巴塞罗那案判决确立的一般规则的任务和机会。结合本案案情，法院从以下几个方面完成了这项任务。

第一，划分公司权利和股东权利的界限。显然，这个问题对于判断在一个具体案件中股东权利受到直接损害与否、哪个国家有权行使外交保护至关重要。巴塞罗那公司案判决提出了分享红利等数种股东权利，同时申明了该清单的列举性质。《外交保护条款草案》对此没有明确规定。通说认为，应该根据成立地国的国内法来确定此界限。迪亚洛案判决确认了这一点。该划分标准是巴塞罗那公司案判决基于各国公司法一般原理所进行的法理分析的必然结果。其促使国际法院得依据个案案情进行具体分析，并可能招致一些批评，如对于何谓股东权利，国际法上没有明确规定，区别公司权利和股东权利具有某种不确定性等。尽管如此，必须指出的是，由公司国籍国享有对公司权利的外交保护权和由股东国籍国行使对股东本人权利的外交保护，是巴塞罗那公司案判决法理分析的孪生结果。在接受前一结论的同时拒绝后一结论是难以自圆其说的。

第二，在初步反对意见阶段，对股东权利行使外交保护的请求国资格的举证责任问题。从理论上看，当股东权利遭受直接侵害时，股东国籍国行使外交保护，本质上就属于对于本国自然人和法人的外交保护的一般情况。① 因此，法院在迪亚洛案中拒绝将其视做外交保护制度的例外，并且拒绝从严解释和适用有关规则。其结果是，法院认为，只要公司成立地国法律规定了股东权利，而请求国声称这种权利受到侵害并欲为之行使外交保护，在请求的可接受性问题上，就可以认定请求国行使外交保护的资格；被请求国不能以股东权利（事实上）没有受到侵害为由质疑请求的可接受性。至于股东本人的权利是否的确受到侵害，还是受到侵害的只是公司权利，属于实质审理阶段要解决的问题，对请求国的资格没有影响。笔者认为，鉴于现代各国公司法都会规定公司的独立法律人格和股东的权利，可以说，任何针对股东国籍国对股东权利行使外交保护的资格的异议，都将会因为法院的这一观点被驳回。当然，在实质审理阶段，法院仍然必须考虑到底（尤其在公司的管理方面）哪些是公司权利，哪些是股东权利，以及这些权利是否受到侵害，才能确定被指称责任国提供损害赔偿的有关问题。因而，两种权利的界限划分仍然十分重要，例如在本案中，它将决定，请求国提出的 310 亿美元的求偿到底有多少能实

① 例如美国就认为《外交保护条款草案》第 12 条是多余的，因为草案的第 2 条和第 3 条已经涵盖了股东的权利，参见国际法委员会报告，第 27 页。

现。法院将如何裁判，值得我们继续关注。

第三，“替代保护”例外。就上述两个问题，法院是在适用巴塞罗那公司案判决所确立的一般规则，其为研究者提供了鲜活的例证。而在具有习惯国际法性质的“替代保护”例外是否存在这一问题上，法院面临着一个不同的任务——发展对公司和股东的外交保护规则。这是因为，法院在巴塞罗那公司案中提到了替代保护理论，但以不适用于该案为由没有作出裁定，从而留下了一个悬而未决的问题。而当时诸位法官发表了不同的个别意见，有人赞成这一理论，如田中、菲茨莫里斯和杰塞普法官；也有人反对，如莫雷利、帕沃和安蒙法官。在法学界，各位权威人物在这个问题上的分歧也很大。① 在《外交保护条款草案》有关条款的拟定中，问题同样存在。由于这些分歧，草案最后采纳了一个限制版的“替代保护”例外，第11条（b）款规定，只有当依照被指称责任国法律成立公司是在该国从事经营的前提条件之时，该例外方才适用。鉴于对几内亚主张的“替代保护”例外确实存在不少异议，迪亚洛案判决认为嗣后国际法实践的发展不能赋予该例外习惯国际法的性质，结论是恰当的，而且具有其独特的权威性。

第四，法院在“替代保护”问题上的推理方法。法院认为，国际投资条约（以及相关的国际仲裁）给予股东国籍国（即投资母国）向公司成立地国（即投资东道国）请求赔偿的权利，但它们属于特别法，不能证明习惯国际法的形成。这一法理分析与学者否认双边投资条约中相同或类似的待遇条款构成习惯国际法的论证并无二致，从而也为后者加上了一个有力的注脚。② 不过，对于这些特别法在习惯国际法形成中的价值也有不同看法，如《外交保护条款草案》特别报告员杜加尔德就认为：“建立习惯规则的两个要求是惯例和法律确念。成立地国和股东国籍国之间按照特别协定来解决权利主张提供了国家实践（惯例）和被告国方面解决权利主张的义务感（法律确念）。”③ 诚然，特别协定在造法过程中的价值——尤其在彰显国家实践，即惯例方面——不可否认。但是在确定习惯国际法规则时，法律确念（opinio juris）的存在与否向来是关键分歧所在，这些规则的确定性亦因此受到很大影响。在“替代保护”例外的问题上，笔者认为，围绕《外交保护条款

① ［英］布朗利：《国际公法原理》，曾令良等译，法律出版社2003年版，第539～540页。

② Andrew T. Guzman, *Why LDCs Sign Treaties That Hurt Them: Explaining the Popularity of Bilateral Investment Treaties*, Vol. 38, No. 4, Virginia Journal of International Law., 1997-1998, pp. 684-687; M. Sornarajah, The International Law on Foreign Investment, 2nd ed., Cambridge University Press, 2004, pp. 213-214.

③ 国际法委员会报告，第25页。

草案》有关规定进行的争论证明，至少到目前为止，国际社会没有形成一致认识，缺乏必要的法律确念，因而法院在迪亚洛案中的判断是恰当的。此外，正是这种法律确念以及习惯国际法规则的不确定性凸显了国际法委员会编纂工作的价值。

四、结语

迪亚洛案的判决对于一国行使外交保护的两个重要的限制条件——国籍原则和用尽当地救济——或是重申了传统国际法的认识，或是对存有争议的问题作出了权威性判定。① 国际法院对巴塞罗那公司案之后三十余年国际法实践的总结、对外交保护制度的习惯国际法规则的阐述和发展，值得我们了解和研究，对于我国加强对海外投资的外交保护具有不可忽视的指导作用。

Abstract Despite the development of investor-state dispute resolution mechanisms in contemporary international law, the diplomatic protection still plays an important role in the protection of foreign investment. The ICJ's Judgment in the Case Concerning Ahmadou Sadio Diallo is a further explanation of the customary international law after the Barcelona Traction Case, specially in respect of the existence of a customary rule allowing diplomatic protection "by substitution" on behalf of companies against the state of incorporation.

Key words foreign investment; diplomatic protection; protection by substitution

（审稿：谢晓庆）

① 本案中的有关判决基本上都是一致作出的，仅有来自双方当事国的特别法官分别对不利于本国的有关裁定投了反对票，并宣告了个人意见。

从 MOX 核燃料厂争端审视欧洲法院专属管辖权之扩张

□ 程保志*

内容摘要 为了确保欧共体法律体系的自治性，欧洲法院在有关 MOX 核燃料厂争端的判决书中对其在解释与适用共同体法方面的专属管辖权进行了扩张性解释。由此，作为可能涉及共同体法律事项争端方的成员国即被禁止将该争端诉诸欧洲法院之外的其他争端解决机构；并且成员国在将争端诉诸另一争端解决机构之前就负有向欧共体委员会通报并与之进行磋商的义务。欧洲法院之所以“明目张胆”地扩张专属管辖权，其内部动因在于深化欧洲一体化进程、提升欧共体法的效力层次；而国际司法机构的扩散化及潜在冲突对欧共体法律秩序自治性的威胁，则是其扩张专属管辖权的外部动因。

关键词 欧洲法院 司法垄断 专属管辖 混合协定

目 次

作为欧共体法律秩序的最终守护者（gatekeeper），欧洲法院于 2006 年 5 月 30

---

* 武汉大学国际法研究所 2005 级博士研究生，本文的写作得到中国国家留学基金委首届“中法博士生学院”项目的资助。

日就欧共体委员会指控爱尔兰未履行《欧共体条约》义务的第C-459/03号案①（也称作MOX② 核燃料厂案）作出判决。由于爱尔兰曾于2001年依据1982年《联合国海洋法公约》（以下简称《海洋法公约》）附件七所规定的争端解决程序向特设仲裁庭启动过针对英国的仲裁程序，因此本案的判决使爱尔兰与英国之间有关建造并运行于英格兰西北部爱尔兰海岸的一座MOX核燃料厂所引发的一系列复杂法律争端进入了一个新的发展阶段，从而也引起欧美法学界的广泛关注与激烈争论。③本文主要就欧洲法院在MOX核燃料厂案判决书中所引发的专属管辖与司法垄断问题以及国际司法机构之间潜在的管辖冲突问题进行简要的分析。

一、案件的背景情况

由于担心MOX核燃料厂的排放物可能对爱尔兰海造成放射性污染（无论是由于操作失误还是意外事故所导致的），爱尔兰曾在长达数年的时间内试图阻止该核燃料厂的试运转。2001年，当MOX核燃料厂的运转日益迫近之时，爱尔兰不得不同时向多个国际性机构提出一系列的争端解决诉求。

其中，爱尔兰首先选择的手段是单方面启动了依据1992年《保护东北大西洋海洋环境公约》所规定的仲裁程序。爱尔兰声称英国违反了该公约第9条有关提供“沿海区域的状况、对该区域带来或可能带来不利影响的活动或措施以及根据本公约所采取的其他行动或举措”等方面信息的义务。2003年7月，该仲裁庭作出了有利于英国的裁决，认定英国未向爱尔兰披露有关信息的行为并没有违背其应承担的条约义务。

爱尔兰采取的第二个应对措施就是单方面启动《海洋法公约》附件七所规定的争端解决程序，指控英国违反了该公约中有关保护海洋环境，包括对海洋环境所造成的影响进行评估在内的基本义务。2001年11月15日，在仲裁庭即将组成并

---

① *Case C-459/03*, *Commission v. Ireland* (*European Court of Justice May* 30, 2006), available at http://curia.eu.int/en/content/juris/index.htm, visited April 25, 2007.

② MOX是“mixed oxide”（混合氧化物）的缩写形式，即铀与钚的氧化混合剂，其产生于已使用过的乏燃料，现今可作为核反应堆或核电站的再生燃料。由于回收的铀和钚可在核电站混合氧化物燃料中再循环使用，以生产更多能量，从而使铀资源能得到更为充分的利用并最终减少浓缩需求。

③ *See* Paul James Cardwell & Duncan French, *Who Decides? The ECJ's Judgment on Jurisdiction in the MOX Plant Dispute*, Vol. 19, No. 1, Journal of Environmental Law, 2007, p. 121; Nikolaos Lavranos, *Protecting its Exclusive Jurisdiction: The Mox Plant-judgment of the ECJ*, Vol. 5, No. 3, The Law and Practice of International Courts and Tribunals, 2006, p. 279.

且离 MOX 核燃料厂预定的试运转仅有一个月之时，爱尔兰要求国际海洋法庭采取临时措施。国际海洋法庭认定附件七仲裁庭对该争端实体问题具有初步管辖权(*prima facie jurisdiction*)，因而规定了临时措施，并要求英、爱两国在仲裁庭作出裁决之前应就 MOX 核燃料厂向爱尔兰海排放的标准等有关问题进行合作与协商。

与此同时，欧共体委员会也密切关注有关事态的发展，因为英、爱两国不仅是有关海洋法公约的缔约国，更是欧共体的成员国。作为《欧共体条约》和《欧洲原子能共同体条约》的缔约国，当委员会向欧洲法院提出有关成员国违反条约之诉时，英、爱双方均须接受欧洲法院的管辖。在本案中，委员会首先指控爱尔兰违反了《欧共体条约》第 292 条和《欧洲原子能共同体条约》第 193 条，因为爱尔兰将有关争端提交附件七仲裁，就违反了有关欧洲法院在欧共体法的解释与适用方面拥有专属管辖权的规定。其次，委员会声称爱尔兰违反了《欧共体条约》第 10 条和《欧洲原子能共同体条约》第 192 条，因为爱尔兰在启动有关仲裁程序前没有同委员会进行商议，从而阻碍了共同体有关任务的完成并危害到欧共体条约有关目标的实现。

《欧共体条约》第 292 条和《欧洲原子能共同体条约》第 193 条都规定有成员国不应将有关欧共体条约的解释与适用方面的争端提交给“条约规定之外的其他任何解决方法”，也就是成员国必须接受欧洲法院的强制管辖。《欧共体条约》第 10 条和《欧洲原子能共同体条约》第 192 条也都明确规定：

成员国应采取所有适当措施，无论是一般性的或特殊性的措施，以确保本条约所产生的或由共同体机构相关举措所引发的义务得以履行。成员国应促进共同体任务的完成并且应摈弃任何可能阻碍条约相关目标得以实现的举措。①

委员会由此认定，爱尔兰在未与其进行商议的情况下，单方面启动《海洋法公约》项下的仲裁程序，违反了上述两项条约的有关规定；因此，委员会于 2003 年 10 月就爱尔兰违反有关条约义务向欧洲法院提起诉讼。

二、欧洲法院的判决

(一)《海洋法公约》在欧共体法律体系中的性质

欧洲法院首先注意到《海洋法公约》在本质上属于一种“混合协定”，②即由

① 该条款的实体内容构成各成员国对欧共体的“忠诚（loyalty）义务”或曰“紧密合作（close cooperation）义务”。

② 《联合国海洋法公约》由欧共体签署并经欧共体理事会第 98/392 号决定予以批准。

共同体与其成员国一起缔结的国际协定，因此协定事项部分属于共同体的权能(competence）范围，部分属于成员国的权能范围。①

根据欧洲法院相关判例法，《海洋法公约》内属于共同体权能范围的有关规定构成了欧共体法律秩序的必要部分。②而根据公约附件九的规定，对属于其成员国让渡给共同体权能的有关公约事项，应由欧共体而非其成员国来行使权利、履行义务。在批准《海洋法公约》之时，欧共体曾交存了一份具有相似内涵的正式宣言，其主要部分如下:③

共同体与其成员国分享权能的有关事项：对于公约第二、三、五、七、十二部分所规定的防止海洋污染的有关规定，共同体只在公约相关规定或者为执行公约规定而制定的有关法律文件影响到共同体所确立的共同规则的限度内享有专属权能；如若共同体的既存规则没有受到影响，则成员国享有相关权能，只要其不妨碍共同体在该领域内采取行动的权能。在其他情况下，成员国则享有权能。

欧洲法院注意到爱尔兰在仲裁庭上的主张绝大部分依据的是上述共同体宣言所涵盖的有关规定；而爱尔兰认定英国涉嫌违反的该宣言所涉事项之外的唯一一项公约条款则只有第123条，即有关“闭海或半闭海沿岸国的合作”之规定。随即欧洲法院又考察了共同体作为公约当事方，是否或在多大程度上有意行使其在海洋环境保护方面的权能。法院判定，既然爱尔兰在仲裁庭上依赖的有关公约规定所涵盖的事项（即防止海洋污染）“主要是由共同体措施予以管制，其中某些事项甚至在共同体宣言的附录中明确提及”,④那么，爱尔兰在仲裁程序中所依赖的有关公约规定就“属于共同体法律秩序必要部分的规则”。⑤

（二）欧洲法院在解释与适用欧共体法方面的专属管辖权

仅就欧共体成员国之间的争端而言，欧洲法院是否对欧共体法的解释与适用拥有专属管辖权呢？对此，欧洲法院明确指出，诸如《海洋法公约》这样的国际协定，绝不能影响到《欧共体条约》所确定的共同体机构间的权力与责任的分配。欧共体法是一种具有高度“自治性”（autonomy）的法律体系；在这种法律体系

---

① 混合协定初步的法律正当性就在于此种协定的某些部分不属于共同体的权能范围，因此这种协定的缔结就必须由共同体及其成员国共同采取行动，而后者在共同体权力不足时予以补足。*See* Piet Eeckhout, External Relations of the European Union, Oxford University Press, 2004, p. 190.

② 判决书第82段。

③ 判决书第8段。

④ 判决书第110段。

⑤ 判决书第121段。

中，欧洲法院享有“垄断性的司法权”，而这一点又由《欧共体条约》第292条予以确认，即“成员国承诺不将有关《欧共体条约》的解释与适用方面的争端提交给条约规定之外的其他任何方式解决”。①实质上，欧洲法院认为《海洋法公约》的有关规定“正好有可能使其避免对法院的专属管辖权造成侵犯，从而保持共同体法律体系的自治性”。②公约第282条“一般性、区域性或双边性协定项下的义务”明确规定：

作为有关本公约的解释或适用的争端各方的缔约各国如已通过一般性、区域性或双边协定或以其他方式协议，经争端任何一方请示，应将这种争端提交导致有拘束力裁判的程序，则该程序应代替本部分规定的程序而适用，除非争端各方另有协议。

在欧洲法院看来，既然上述条款“规定有解决成员国间争端的导致约束性裁决的程序，那么《欧共体条约》所规定的争端解决制度原则上应该优先于《海洋法公约》所包含的争端解决方法”。③

爱尔兰宣称，它在向仲裁庭提交的诉状中提及共同体法仅仅是将其当做无法律约束力的事实，用以说明海洋法庭之外的国际法律实践是如何解释公约中的一些术语的，从而使对这些术语进行解释变得更为便利。④在爱尔兰看来，与《海洋法公约》体系截然不同的其他法律体系中的原理也可能通过“反致”（*renvoi*）——这一旨在确保来源于不同法律秩序的规范彼此之间和谐共处的司法方法——而得以适用。⑤欧洲法院注意到公约第293（1）条的明确规定，即类似于仲裁庭这样的裁判性机构仅“应适用本公约及与本公约不相抵触的其他国际法规则”，对爱尔兰的主张予以了驳斥，并最终断定：爱尔兰在诉状中提及共同体法就是为了要仲裁庭宣示英国违反了欧共体法，而这一宣示必然会侵犯法院的专属管辖权。虽然爱尔兰向欧洲法院保证，它不会要求仲裁庭对英国是否违反共同体法进行审查，但欧洲法院仍然判定这一做法本身就足以对欧共体法律体系的自治性带来“显而易见的风险”⑥。

最后，欧洲法院认定爱尔兰没有履行其与委员会之间的信息与咨询义务，⑦因

---

① 判决书第123、124、132、154段。

② 判决书第124段。

③ 判决书第125段。

④ 判决书第144段。

⑤ 判决书第145段。

⑥ 判决书第154～156段。

⑦ 更为有趣的是，它暗示即使在欧洲法院没有权能的领域，成员国仍有可能因未与委员会首先进行商议而违反《欧共体条约》第10条的义务。

为二者之间的联络都是在爱尔兰已启动海洋法项下的争端解决程序之后才开始的。①法院判定，爱尔兰在欧共体框架之外启动针对另一成员国的程序，“可能会使作为《海洋法公约》缔约方的第三国对于共同体对外代表权和内部凝聚力方面产生混乱的感觉，因而这一举动对欧共体对外行动的有效性和一致性具有极大的破坏作用”。②

三、欧洲法院扩张专属管辖权的动因辨析

本案的判决引起了众多欧盟法学者和欧盟（包括各成员国）决策者的广泛兴趣，虽然它并非欧共体成员国将有关争端提交给欧洲法院之外的国际司法机构进行裁判的首个案例，③但欧洲法院却是首次对于此种行为是否违反共同体法正式发表法律意见。作为一个自成一类（*sui generis*）的国际实体，欧共体/欧盟不只是一般意义上的传统型国际组织，因为成员国让渡给共同体的权能超过了任何现存国际组织所拥有的权力；可它也并非联邦国家，因为其成员国仍各自保留着独立的国际法律人格。而欧洲法院作为欧共体的主要司法机构，其本身就具有国内法院和国际法庭的双重“混合”性质。一般认为，只要成员国都还保留着国际法律人格，那欧洲法院就不可能像国内最高法院那样在其领土管辖范围内完全垄断成员国之间的争端。可从本案的判决可以看出，欧洲法院向国内最高法院的范例迈近了一步，而与一般国际法庭的模式渐行渐远。

（一）欧洲法院扩张专属管辖权的内部动因

在本案中，欧洲法院首先必须判定爱尔兰所援用的相关《海洋法公约》的规定是否属于共同体的权能范围，从而构成欧共体法律秩序的必要部分。法院对这一问题进行了肯定性的判断，但其逻辑推理却并不令人完全信服，尤其是法院对共同体在某一特定领域内的权能的确切性质所进行的解释不能令人信服。环境保护，特别是海洋环境保护属于共同体的权能范围，法院认定在此领域的权能“虽不是专

---

① 判决书第168～183段。

② 判决书第160段。

③ 在MOX核燃料厂争端之前，荷兰与比利时就曾将两国间的Ijzeren Rijn争端提交给仲裁庭仲裁，而并未诉诸欧洲法院。对此，欧共体委员会却并没有采取任何行动，这也许是因为将争端提交仲裁是荷兰与比利时双方都同意的，而在MOX核燃料厂案中，仲裁程序却是由爱尔兰单方面启动的。*See* Nikolaos Lavranos, *The MOX Plant and IJzeren Rijn Disputes: Which Court is the Supreme Arbiter*? Vol. 19, No. 1, Leiden Journal of International Law, 2006, p. 249.

属性的，但却是由共同体与成员国共同分享的”。①在欧洲法院看来，混合协定的某项规定是否属于共同体的权能范围这一问题，是与该权能的授予（attribution）和真实存在密切相关的，而与其是专属抑或分享的性质无关。换言之，依据欧洲法院的观点，一旦共同体就混合协定的主题事项采取了行动，且无论共同体究竟采取了何种具体行动（例如在该领域内，共同体法仅仅设定了最低标准，或者本身并不完备，或者包含有指令或条例等二级立法），那么该协定所规定的内容就事实上构成了“共同体法律秩序的必要部分”，因而必须接受欧洲法院的专属管辖。就争端解决而言，该判决对混合协定的意义还在于，无论共同体采取何种举措去执行这类协定，成员国都不能求助于该类协定中所规定的欧洲法院之外的其他争端解决程序。很显然，欧共体成员国即丧失了可供选择的其他争端解决场所，而只能将争端提交给欧洲法院解决。

通过将混合协定纳入欧共体法律秩序而不管共同体是否真正行使了权能，也不管这种权能到底是专属性的还是共享性的，欧洲法院“明目张胆”地扩大了其司法垄断的范围；并且，随着混合协定缔结数量的不断增加，欧洲法院的专属管辖权限也得到了极大的扩张。②其实，欧洲法院的这种做法并非什么新的创举，早在有关WTO知识产权协定（TRIPS）的相关判决中其倾向就非常明显。在有关TRIPS的判例法中，欧洲法院就声称，由于共同体与成员国之间并没有对权能进行明确的划分，因此，虽然协定相关部分明显属于成员国专属管辖权限范围，法院原则上仍然具有对整个TRIPS协定进行解释的权力。③所不同的是，在本案的判决中，欧洲法院明确认定，即便对一项（混合）协定的某一部分是否属于共同体权能范围产生了分歧或疑惑，也不能由成员国自行判断或提交给其他争端解决机构进行裁决，而只能由欧洲法院进行排他性决断。

从欧共体的历史演进及其发展轨迹考查，欧洲法院对本案的判决结论也并不令人感到意外。各成员国向布鲁塞尔欧盟总部让渡权力的过程从来都是单向的和不可

---

① 判决书第92段。

② 据初步统计，从1958年到2000年，欧共体与其全体或部分成员国一起和其他国际法主体共缔结了154个混合协定。这些协定包括当今世界上主要的多边环境公约与体制，如《联合国气候变化框架公约》、《维也纳保护臭氧层公约》及其《蒙特利尔议定书》、《防止船舶污染的国际公约》、《保护南极海洋生物资源公约》等。*See* Joni Heliskoski, Mixed Agreements as a Technique for Organizing the International Relations of the European Community and Its Member States, Kluwer Law International, 2001, p. 19.

③ *See* Case C-53/96, Hermès International v. FHT Marketing Choice BV, ECR I-3603 (1998), and Case C-300/98, Parfums Christian Dior SA v. TUK Consultancy BV, ECR I-11307 (2000).

逆的。①欧洲法院在改造共同体以及通过创造性地解释欧共体法来推动欧洲一体化方面一向扮演的都是非常积极而活跃的角色。②而法律解释方面的目的论（teleological）方法则取代了先前那种简单明了的文本方法；随着此种方法的引入，欧洲法院的宗旨就只能是深化欧洲一体化进程并提升共同体法律体系的效力层次了，而这正是欧洲法院不断扩张其专属管辖权的内部动因。

欧洲法院一直将欧共体法律秩序看做是不同于传统国际法而更类似于国内宪法的一种“超国家法”（supranational law）；③欧洲法院自身则并非一般意义上的国际法庭，其地位更接近于联邦国家的最高法院。因此，每个成员国及其国内法院，以及它们所选择的共同体法律秩序之外的其他法庭或争端解决场所，例如本案中依据《海洋法公约》附件七而设立的仲裁庭，都无力操控欧共体法律秩序，而只能由欧洲法院——这一“自治性法律秩序”中的最高法院——对其进行最终的、具有法律约束力的解释。除此之外的任何其他解释都只会损害欧洲法院历经四十余年才建立起来的共同体法律体系的统一性。

（二）欧洲法院扩张专属管辖权的外部动因

从本案的判决我们可以看出，为了确保在解释与适用共同体法方面的专属管辖权，欧洲法院对之进行了扩张性解释。由此，作为可能涉及共同体法律事项争端方的成员国即被禁止将该争端诉诸欧洲法院之外的其他争端解决机构；而且，成员国在将争端诉诸另一争端解决机构之前就负有向欧共体委员会通报并与之进行磋商的义务。透过本案的判决，欧洲法院极其明显地限制了成员国自主选择争端解决机构的权利，并且欧洲法院对其专属管辖权的这种扩张性解释也明显限制了其他国际司法机构对可能涉及共同体法的争端行使管辖权并进行裁决的权利。考虑到当今国际

---

① 在Costa案中，欧洲法院就宣称，“由成员国国内法律体系向共同体法律体系让渡条约项下的权利与义务，是对成员国主权权利的一种永久性限制，从此以后，成员国就不得采取与共同体理念相矛盾的举措。”*See* Case 6/64, Costa v. ENEL, ECR 585 (1964).

② 例如，在Van Gend案中，欧洲法院判定共同体立法赋予个人的权利应在成员国国内法院得到执行，而这一立场在欧共体条约文本中却是没有明文规定的。*See* Case 26/62, Van Gend en Loss v. Nederlanse Administratie der Belsatingen, ECR 1 (1963).

③ 欧洲法院最早也正是在Van Gend案中声称《欧共体条约》创造了“国际法中的一种新型法律秩序”。在随后的判例中，法院更是撇开了“国际法中的”这一限定性标签，而直接称其为“一种新型法律秩序”。*See* Case 26/62, Van Gend en Loss v. Nederlanse Administratie der Belsatingen, ECR 1 (1963).

司法机构迅速增加、日益扩散（proliferation）①的外部环境，欧洲法院极力扩张专属管辖权的这种做法，在一定程度上也是可以理解的。在欧洲法院看来，国际司法机构的扩散化对其专属管辖权带来了潜在的威胁，有可能导致共同体法的“碎片化”（fragmentation），并最终危及共同体法律秩序的自治性；而随着欧共体对外关系不断延伸至过去主要由国际法调整的领域以及“混合协定”在欧共体对外关系领域中的广泛运用，这种危险无疑是大大增加了。

为了保障欧共体法律秩序的自治性，欧洲法院逐步发展、确立了欧共体法相对于各成员国法律体系的优先效力（supremacy）原则②和直接效力（direct effect）原则③。而借助 MOX 核燃料厂案的判决，欧洲法院则将共同体法律秩序的自治性这一理念非常具有针对性地适用于一般国际法律秩序。相应的，最广泛意义上的一般国际法，无论是现存的国际协定还是具备管辖权的国际法庭，都不能影响到经由欧共体/欧盟条约文本和欧洲法院司法解释所确立的共同体法律秩序的自治性。易言之，欧共体法律秩序的自治性应免受欧共体及其成员国在对外关系领域行动（主要是对外缔约）的干扰。由此，欧洲法院作为欧共体自治性法律秩序的最终守护者，对其“垄断性司法权”的极力维护也就容易理解了。如前所述，欧洲法院正是通过三重策略达到维护其专属管辖权的目标的。首先，将其管辖权限扩展到混合协定范畴并对各成员国施加了预先咨商的义务；其次，对各成员国自由选择争端解决机构的权利予以了限制；最后，优先（pre-empting）于其他国际法庭对可能涉及共同体法律事项的案件行使管辖权。因此，欧洲法院处理欧共体成员国间争端的基本立场，套用一句中国成语就是“卧榻之侧，岂容他人酣睡”。在欧洲法院看来，其他国际法庭在行使管辖权、受理欧共体成员国间可能涉及共同体法的争端之

---

① *See* Ernst-Ulrich Petersmann, *Justice as Conflict Resolution: Proliferation, Fragmentation, and Decentralization of Dispute Settlement in International Trade*, Vol. 27, No. 2, University of Pennsylvania Journal of International Economic Law, 2006, pp. 273-366.

② 优先效力是欧共体法的一大特征。优先效力是指欧共体法的效力优于其成员国的国内法。就欧共体基础条约的条款、欧共体机构制定的可直接适用的措施和成员国国内法的关系来讲，前者不仅仅在其生效之日起就使得成员国国内法中与之相抵触的条文自动不适用，而且还优先于每个成员国境内所适用的法律，并且排除了成员国采用与共同体法不一致的新的立法措施的可能。

③ 欧共体法中的直接效力，是欧洲法院在其司法实践中形成和发展出来的一种理论。它是指在一定条件下，欧共体法为个人直接创设权利和义务，个人可以要求国内法院保护权利和实施义务。易言之，它是指个人在欧共体成员国国内法院中援用欧共体基础条约及其自主立法的特定规定来主张自己的权利。直接效力原则，不仅被视为使欧共体法成为一种独特的法律体系的两大特征之一，而且使欧共体法必须被国内法院接受为法律予以适用，从而与优先效力一起对保障和促进欧共体法的有效实施起了重要的作用。

时，必须首先考察欧洲法院是否对该争端具有管辖权。为了避免就同一争端产生管辖冲突甚至可能导致相互矛盾的判决，其他国际法庭必须首先中止程序并要求涉案各国查明欧洲法院是否真的对此争端具有管辖权；否则，欧共体委员会或某一成员国仍有可能将该争端诉诸欧洲法院解决。而鉴于欧洲法院判决对于各成员国（包括其各级法院和行政机关）具有事实上的优先效力和法律拘束力，因此对涉案各国而言，其他国际法庭的裁决将会被欧洲法院的判决所取代，从而无法发挥任何实际效果，沦为“一纸空文”。可显而易见的是，要其他国际法庭乐于接受欧洲法院在管辖权方面所设的限制也并非易事。

欧洲大陆上并非每个人都赞赏欧洲法院不遗余力地推动欧洲一体化，也并非每个人都支持建立“更为紧密的联盟”①这一进程。对这部分人而言，欧洲法院对本案的判决毫无疑问是不受欢迎的，并且给他们提供了抨击“司法能动主义”②的另一理由。尽管判决本身并不令人感到意外，但如果我们跳出欧洲一体化论者的逻辑，并且从《海洋法公约》体系的角度来审视本案的判决，那么结论就会变得更为复杂。《海洋法公约》争端解决条款的首要目的就是使争端得以圆满解决，因此，当时公约的谈判人员认为没有必要强调缔约方必须将彼此间的争端诉诸公约中规定的某种争端解决程序；只要争端得以解决，目的也就达到了。公约第282条的谈判历史背景就表明，它旨在填补司法管辖上的空白或漏洞，因而向缔约方提供了相互排斥、彼此不同的争端解决方式，由其选择其中一个争端解决机构就有关公约解释与适用方面的争端进行裁判。欧洲法院声称《海洋法公约》第282条的主旨在于保障欧共体法律秩序的自治性，这也许确实是一种实际效果，尤其是将公约第282条和《欧共体条约》第292条放在一起考察时；但无论如何，这肯定不是公约第282条设计者的本意。

事实上，欧洲法院所处理的争端与仲裁庭受理的争端在多大程度上就是同一个争端呢？我们有多项理由认为二者并非同一争端，例如，仲裁庭面对的争端当事方是爱尔兰和英国，主要争讼事项是对《海洋法公约》有关条款的违反；而欧洲法院裁判案件的当事方是欧共体委员会和爱尔兰，所涉及的也仅是对共同体法的违反。因此从理论上说，仲裁庭完全可以依据《海洋法公约》而非《欧共体条约》，就争端的实体问题进行裁判而不必理会欧洲法院的判决。当然，为了避免与欧洲法

① 参见《欧共体条约》导言。

② 有关欧洲法院“司法能动主义”的利弊分析，可参见王千华：《评欧洲法院司法能动性的贡献及其限度》，载《法学评论》2001年第5期，第59~67页。

院发生正面冲突,①仲裁庭不得不另找其他事由而拒绝受理该争端。当英国提出欧洲法院对本争端可能具有专属管辖权，并且欧共体委员会公开威胁其将向欧洲法院控告爱尔兰之时，仲裁庭基于“考虑到确定两国间权利与义务的机构之间普遍存在的这种相互尊重与礼让”而中止了程序。正是由于仲裁庭打出了“相互尊重与礼让”这张牌，才最终化解了两个国际司法机构间潜在的管辖冲突这一难题。

Abstract In the judgment on MOX Plant dispute, the European Court of Justice (ECJ) expansively interpreted its exclusive jurisdiction over the interpretation and application of Community law, in order to ensure the autonomy of Community legal order. Thus EU Member States involved in a dispute that potentially concerning issues of Community law are not allowed to bring a case before a dispute settlement body other than the ECJ. Furthermore, Member States have the duty to inform and consult the Commission before bringing a case before another dispute settlement body. The internal motive for this expansive interpretation is to further European integration and promote the authority of European Community Law in the legal hierarchy, and the external motives are the possible threats against the autonomy of Community legal order posed by the proliferation of international courts and tribunals and the competing international jurisdictions are the external reasons.

Key words European Court of Justice; Judicial Monopoly; Exclusive Jurisdiction; Mixed Agreement

（审稿：谢晓庆）

① 仲裁庭认为“对同一事项进行裁判而有可能导致两项相互矛盾的结论，这一做法对于解决当事方之间的争端是毫无裨益的”。*See* MOX Plant, Annex VII arbitral tribunal Order No. 3, 2003, para 28.

六、武大国际法学人

黄炳坤及其国际法思想研究

□王定贤*

目　次

* 武汉大学国际法研究所2006级博士研究生。

一、黄炳坤先生生平①

黄炳坤（1911～2007），又名秉坤，自号黄愚公，1911年8月21日出生于广东台山草骨朗村②，兄弟姐妹中排行第五。草骨朗是一个偏远的山区小村落，通常去最近的县城也要花半天的时间。当地人出洋的很多，黄炳坤幼年时他的父亲也远赴美国，因而从小所受庭训甚少，是由母亲带大的。黄炳坤的母亲在当地颇有贤德之声，虽然不识字，却教给他许多为人处世的道理，对其成长影响很大。“满招损，谦受益”、“树高风声大”的教诲，黄炳坤更是终生秉持。

（一）读书求知

1920年黄炳坤九岁时，父亲从美国回来。1921年，父亲携黄炳坤与其弟一起至香港生活，母亲和妹妹则仍留在台山。在香港，一家人起初是租房居住，后来生活稳定下来，黄炳坤开始在孔圣会读书。孔圣会的学习方式还是以背诵记忆为主。黄炳坤推理能力比较强，但记忆力并不是太好。别人读几遍就能背诵下来的东西，他总是要花费很多的时间。有一天，老师对同学们说今天的功课谁先背会谁先回家。其他同学都背下来陆续回家了，可黄炳坤还在很努力地念着。天很快就黑了，教室里已经没有别人，只剩下他一人了，但他依然在很认真地念诵。老师被他这种锲而不舍的精神所打动，就让他回家，要他明天再接着来上学，并说了一句让黄炳坤终生感念不已的话：“先回家吧，不用着急，你将来一定能有所作为。”自此黄炳坤更加努力学习，更加渴求知识，想要通过自己的不懈努力成为一个真正有所作为的人。

在孔圣会读了半年之后，父亲在香港中环史丹顿街买了房子。黄炳坤又转至育才书院读书。育才书院是一所英文学校，授课的老师都是外国人。黄炳坤甫入该校，念第八班，大概学习了两年时间，为他打下了良好的英文功底。但黄炳坤的父亲总觉得中国人念英文不是很妥当，还是想让他读中文学校。正好父亲一位朋友的儿子在华仁书院教书，就推荐黄炳坤去华仁书院读书。于是，在1925年，黄炳坤又转到了华仁书院，按照华仁书院班级设置，注册入学后念第五班。由于黄炳坤生活朴素，人又善良守规矩，班上有些同学很是轻视他。但他并不在意，依旧是勤奋学习。并在考试中取得了非常好的成绩，升到了第四班甲班。只有成绩优秀的同学

---

① 本部分主要依据黄炳坤先生口述，由王定贤、靳婷记录整理而成。

② 位于现在台山市白沙镇。广东台山是我国“第一侨乡”，由于地处沿海，对外交往的时间很早，历史上曾有过四次出洋的高潮，主要是移居美国。参见暨南大学图书馆华侨华人专栏，资料来源于：http：//202.116.13.5/news/content.asp？newsid＝1305，2006年9月25日访问。

才能进入甲班，黄炳坤通过自己的努力，证明了自己的实力，也赢得了同学的尊重和赞誉。

1929年从华仁书院毕业后，黄炳坤的父母想让其尽快结婚，但他并不想成家，只想接着读书。不过香港的大学收费很高，而内地大学的学费普遍要低很多，因此黄炳坤想回内地读大学。开始打算读广州的岭南大学，后来又选择了位于上海的著名的圣约翰大学。面见考官时黄炳坤拿出了自己在华仁书院读书时的成绩单，由于华仁书院在内地也颇有名气，他成绩又非常好，在核对了当时报纸上公布的华仁书院毕业生名单之后，考官竟让他免试入学。

1930年，黄炳坤正式进入圣约翰大学学习理科。但是教授理科的老师许多是原东南大学的老师，讲南京话。黄炳坤听不懂南京话，就又转入圣约翰大学法科。当时圣约翰大学的法科老师大多是从哥伦比亚大学法学院或哈佛大学法学院等美国名校毕业回来的年轻才俊，所讲授的都是西方法学界最前沿的知识。半年之后，由教育部介绍推荐，黄炳坤又转入了位于南京的中央大学，在政治系学习。当时中央大学政治系属于法学院①，下分行政、外交和理论三个组。由于外语功底较好，黄先生选择了外交学组。韩德培先生当时也在中央大学法学院学习，因而黄先生和韩先生成了同级同院校友。当时黄炳坤使用的是“黄宗介”这个名字。

（二）留学海外

1933年下半年，黄炳坤的父亲病逝，此时他离中央大学毕业还有半年时间。虽然在所有的兄弟姐妹中，只有他一人尚在读书，但是少了家庭经济支柱，全家生活上还是有些拮据。1934年，黄炳坤从中央大学毕业，获法学学士学位。为了生计，之后不久他就回到香港接管了父亲遗留的药材生意，在香港“昌盛和”南北行②做司库，管理账目。受世界大的经济形势影响，当时香港经济也不景气，从商也很艰难，但黄炳坤一个月三千多元的收入，也基本能养家糊口。

1935年7月，求学之心不减的黄炳坤又找机会去了日本，在东京的专修大学日语班学习。在东京期间，黄炳坤最经常去的就是著名的上野公园。上野公园里面

① 当时中央大学校长几经更换。黄炳坤毕业时校长是罗家伦，法学院院长是马洗繁先生。

② 南北行是香港历史最悠久的行业之一，1851年（清咸丰元年）之前就已存在。后来成为香港华人商业经济中一股强大的力量。该行业主要经营南北两线货品，南线以经营东南亚各地土产和食品为主；北线则以经营祖国内地出口货品如药材等为主，也兼营日本产品。经营东南亚贸易的有南洋庄、暹罗庄、越南庄、缅甸庄和菲律宾庄等，而经营北美贸易的则称为“金山庄”，整个行业总称南北行。参见香港大学网页：http：//www. hku. hk/hkcsp/ccex/text/studyguide /hkecon/glossary. html，2006年9月27日访问。

一家资料很全的图书馆①，则是他最为流连之地。该馆每次出来后再进去都要另行收费，为了省钱，黄炳坤经常是早上带着食物进去，全天都如饥似渴地阅览着馆内丰富的藏书，一直到晚上闭馆才回到住处。尽管留学日本的时间很短，1935 年 11 月底即回国，但对黄炳坤后来的人生经历却产生了很大影响，还结交了一位好友。这位好友是日本应庆大学附属医院的医生。一次黄炳坤生了恶疮，到应庆大学附属医院医治。进了手术室后很快手术就完成了，甚至都没有感觉到疼痛。黄炳坤对医院先进的仪器和医生高超的医术很是惊奇，就用英语向施术医生询问。其中一位医生也用英语回答了他的问题。一来二去，就彼此熟络成了好朋友。这位好友对他照顾甚多，后来黄炳坤留学美国途经横滨，这位医生朋友还专程到座船上看望。但随着中日之战愈演愈烈，黄炳坤与这位好友也失去了联系。

从日本回国后，1936 年上半年黄炳坤应聘做了蔡廷锴、李济深等办的《大众日报》② 的记者，使用的仍是“宗介”这个名字。黄炳坤在《大众日报》上发表了不少很有影响力的专访。因此在当时的香港，“黄宗介”也算颇有名气。

1937 年秋，一心渴望读书求知的黄炳坤，又从上海出发途经日本，经过二十多天的旅程，远渡重洋到了美国。最初求学于靠近旧金山的名校斯坦福大学，在政治系攻读硕士学位。黄炳坤在斯坦福大学的导师汤姆森教授（Walter Thompson）是一位美籍挪威人，专门研究政治思想史，特别是马克思主义政治经济思想。③ 正是跟从这位导师，黄炳坤首次接触了共产主义。1939 年，黄炳坤在汤姆森教授的指导下完成了硕士论文《共产主义的理想》（The Ideals of Communism），获得了斯坦福大学政治学硕士（Master）学位。

获得硕士学位后，黄炳坤本想继续跟随汤姆森教授攻读博士学位，但不久汤姆森教授因心脏病突发去世，于是他又辗转来到芝加哥大学。起初是想继续研读政治思想，但是本来拟跟随的导师已从芝加哥大学退休，所以入学后又选择了经济学，主攻马克思主义经济学。跟随的导师是一位美籍波兰人 Oscar Lang。④ Oscar Lang 当时虽然比较年轻，但因较早研究社会主义国家的计划经济体制，已颇有名气，其对马克思主义也很有研究。借助这位老师之力，黄炳坤从离学校较远的中国城搬到了芝加哥大学的国际公寓，住宿更为方便。正是在芝加哥大学，黄炳坤初识了我国

---

① 疑即为上野图书馆。

② 1935 年 7 月，蔡廷锴与李济深、陈铭枢、蒋光鼐等在香港组织“中华民族革命同盟”，以争取民族独立、推倒南京蒋介石政府、建立人民政权、组织联合战线、武装抗日为己任。并创办了《大众日报》，作为窗口传播他们的理念。

③ 据黄炳坤先生讲述，这位汤姆森教授还曾因为在课堂上讲述马克思主义而被人起诉，诉由是意图发动工人推翻美国政府。

④ “二战”结束波兰被解放后，Oscar Lang 又回到了波兰，并曾被任命为波兰驻美大使。

著名的国际法学家、海洋法学家赵理海先生。赵先生当时在芝加哥大学攻读国际法硕士学位。

一年多后，黄炳坤未拿学位就离开了芝加哥大学。1942 年，黄炳坤到了纽约。当时位于纽约的华美协进社（China Institute）① 办了一个刊物，黄炳坤向该刊投了一篇有关中国古代政治思想史的文章，不久，当时的华美协进社社长孟济先生就给他回了一封信，表示如果是在读博士生协进社可以提供一个月 75 美元的资助；未读博士则可以提供奖学金到大学攻读博士学位。于是 1942 年至 1943 年，在华美协进社奖学金的资助之下，黄炳坤又在著名的哈佛大学研修了一年的哲学。黄炳坤在哈佛的导师 Hocken 教授是一位宗教哲学家，对中国的老子（李耳）及其哲学思想特别崇拜，也很有研究。当时同在哈佛大学研修哲学的中国留学生还有我国著名学者金岳霖先生的弟子任华先生。黄炳坤和任华经常在一起喝咖啡，探讨哲学问题。后来任华学成归国，在清华大学哲学系任教。② 此时赵理海先生也到了哈佛大学攻读国际法博士学位，老友见面更是亲切。黄、赵二人一起讨论学术问题，往往是黄炳坤谈哲学，赵理海谈国际法。在哈佛期间，除哲学外，黄炳坤对宪法、国际法等法学学科也进行了深入的研究。

（三）任职美国

1943 年离开哈佛大学之后，黄先生得到校友推荐，任职于直接服务罗斯福总统的美国战略事务局（OSS）③。起初的工作是以翻译日文材料为主，大约半年之后升任为分析员。

在 OSS 工作了大约一年后，一次黄炳坤到医院看病，一位女医生看到黄炳坤的病历表上有在 OSS 工作的记录，且懂日文，就问他有没有意向到美国财政部工作。原来当时财政部正在作一个有关日本银行法的课题研究，缺乏既精通英语又精通日文、同时又具有相关专业背景的人员。而这位医生的丈夫就在美国财政部法律顾问处工作，因此比较了解有关情况。经黄炳坤同意后，女医生向自己的丈夫介绍

---

① 美国“华美协进社”成立于 1926 年，是由胡适先生和其导师教育家杜威先生创办的，主要活动是介绍中国文化，举办中美文化交流活动等。

② 参见清华大学网页：http：//rwxy. tsinghua. edu. cn/htmls/xi/Philosophy. asp，2006 年 9 月 27 日访问。

③ OSS 是美国自华盛顿总统起就设立的一个情报机构。罗斯福总统又进行了改组。“二战”后该组织被撤销。但是杜鲁门总统很快就又设立了一个类似的组织。1947 年 7 月，美国政府根据国会制定的《国家安全法》，正式组建了中央情报局，也就是著名的 CIA。因此也可以说 OSS 是 CIA 的前身。

了他的情况。于是在女医生的丈夫的推荐之下，黄炳坤又转到了美国财政部工作。① 转任财政部可以说是一个很偶然的机遇，但又取决于黄炳坤平时的素养和专业积累。当然 OSS 也不想失去黄炳坤这样优秀的人才，自然极力挽留，表示如果他留下，可以支付和财政部同样多的薪水。但黄炳坤认为，OSS 的工作经过一年多的实际参与已差不多都熟悉了，但财政部则是一个新的尝试；并且能够发挥自己的专业特长。因而他最终选择了转任财政部。黄炳坤在美国财政部最初也是一般的办事人员，大约一个月后，财政部正式提升他为“贸易专员”（Commercial Specialist）。一个中国人能够做到这个职位实在称得上是“难能可贵”。

（四）际会联合国

黄炳坤在美国财政部的工作主要是有关日本银行法、战时财经法等法律文件的翻译和研究。这项工作需要大量地查阅有关资料，因而他经常去美国国会图书馆看书、查资料。1945 年，黄炳坤在国会图书馆看书时，偶遇前往华盛顿参加世界安全会议（即后来的联合国宪章起草会议）的中国代表团②代表张君劢③。

张君劢先生与黄炳坤先生有着相似的学术背景。在得知黄炳坤在美国财政部任职后更是钦佩，彼此相谈甚欢。随着进一步的交流和了解，张君劢邀请黄炳坤参加世界安全会议。当时虽然宋子文是中国代表团首席代表，但因其忙于和美国政府洽商财政等事宜，代表团具体事务实际上是由顾维钧先生④负责。本来黄炳坤想专门拜访顾维钧并就参加代表团问题单独交流，但由于顾事务繁忙未能实现。不过代表

---

① 在美国行政机构设置中，财政部的重要性仅次于白宫和国务院。

② 此次会议中国代表团由代表、专员和工作人员等组成。参加制宪大会的中国代表有代理行政院院长宋子文（首席代表）、驻英大使顾维钧、国民参政会主席王宠惠、驻美大使魏道明、前驻美大使胡适、民社党代表张君劢、青年党代表李璜、前南京金陵女子大学校长吴贻芳、中国共产党代表董必武、《大公报》总编辑胡霖等。参见中国网网页：http：//www. china. org. cn/chinese/zhuanti/lhg60n/974487. htm，2006 年 10 月 3 日访问。

③ 张君劢（1887 ~ 1968），原名嘉森，字士林，号立斋，笔名君房，出生于江苏嘉定县（今属上海市）一个儒医兼经商的家庭。1910 年日本早稻田大学毕业，获政治学学士学位。1918 年，随梁启超赴欧洲考察，并留在德国研习哲学。主要著作有《中西印哲学文集》、《新儒家哲学发展史》、《思想与社会序》、《民族复兴之学术基础》等。是著名的民主宪政运动人士，并被认为是早期新儒家的代表人物之一。

④ 顾维钧（Wellington Koo，1888 ~ 1985），江苏嘉定人。民国时期著名外交官，1915 年出任中国驻美国公使时年仅 27 岁。1919 年和 1921 年作为中国代表团成员出席巴黎和会和华盛顿会议。在巴黎和会上，为我国对山东的主权问题，据理力争，和与会西方列强代表激烈辩论，维护了中华民族的利益。“二战”时曾出席旧金山会议，参加联合国宪章起草工作并在联合国宪章上签字。1956 ~ 1967 年，任联合国国际法院法官。

团最后还是通知黄炳坤参加会议。于是黄炳坤向美国财政部请假两个月，参加了这一国际盛事。黄炳坤在这次会议中主要是作口头和书面翻译。7月初，因为请假到期，他不得不返回财政部工作。在这次会议上，黄炳坤结识了许多中国外交界、国际法学界名人。

（五）重返故土，教书育人

1945年8月15日，日本投降。自此黄炳坤就一直在酝酿回国。1946年，财政部的工作已经基本完成，他回国的愿望更加迫切。虽然美国财政部多次挽留，但黄炳坤还是表示自己已离开中国多年、渴望回国，毅然谢绝挽留并返回了祖国。

1946年，竺可桢先生任校长的浙江大学正在大量招聘人才，黄炳坤也应邀前往。由于黄炳坤在美国有着丰富的求学和工作经历，竺可桢校长直接聘其为教授，从9月起在浙江大学法学院讲授比较宪法和西洋政治思想史。当时任浙大法学院院长的则是另一位国际法学界泰斗李浩培先生。① 我国著名数学家、曾任复旦大学校长的苏步青教授当时也在浙江大学任教，并和黄炳坤先生私交不错。

1949年新中国成立前夕，许多浙大进步学生要求游行反对国民政府的腐败统治。在革命形势日渐高涨的形势下，浙江大学校园内忽然发生了学生会会长于志三被迫害身亡的惨案，震惊了全国。黄炳坤当时也义愤填膺，在教师会议上发言表示这个惨案一定要调查清楚，追究凶手责任。黄炳坤当时也是浙江大学校务委员之一，他多次在校务会议上发言主张不应当阻止学生运动，这是他们的正义感的表达；并经常在课堂上、讲座中给学生们作时势报告，讲述自由、民主的思想和理论。黄炳坤的一系列革命、进步活动，使其本人遭到了国民党党员的恶意攻击。如时任浙大史地系系主任的国民党中常会委员张其昀，就曾在校务会议上毫不客气地攻击他。后来有人对黄炳坤说，香港聚集了许多民主人士，能去香港是最好的出路。为了避免遭受迫害，黄炳坤不得不于1949年3月底离开浙大去了香港。虽然离开了浙大，但黄炳坤和竺可桢先生、李浩培先生的联系却从未中断，即使后来两位先生也都几经更换工作单位。

黄炳坤到了香港之后，参加了不少民主革命活动。到港不久就经人介绍参加了刘渠领导的以大学教师为主体的革命组织“教协”。此外还发挥自己的专业特长，参加了一个以经济界、银行界人士为主体的革命组织，多次参加集会讨论时事形势，研究新中国成立后接管银行、改革银行制度等问题。

1949年10月广州解放，许多避居香港的民主人士纷纷回到内地。黄炳坤也回

① 1945年10月，在竺可桢、李浩培等的策划和筹备下，浙江大学法学院成立。李浩培先生出任浙大法学院首任院长。当时浙大法学院名师云集，声名鹊起、引人瞩目。

到了广州。到广州后不久见到了当时在中山大学任代主任的刘渠①。于是自1950年起，黄炳坤开始在中山大学任教授，讲授国家法和西洋政治思想史等课程。一年后，中山大学派黄炳坤去北京中央政法干校学习。干校毕业后又参加了广州的司法改革工作，直至1953年底。

1953年，全国院系大调整，黄炳坤调入武汉大学②，在法学院讲授国际法、国家法等课程。当时武大法学院国际法课程有一个课题小组，韩德培先生、黄炳坤先生以及何华辉先生都是该小组成员，何先生则是小组中最年轻的成员。当时黄炳坤正年富力强，在珞珈山水的映衬烘托之下，在教书、育人事业上投注了极大的热情。但是几年后席卷全国的政治运动就开始了。

在这场“政治浩劫”中，黄炳坤也受到了波及。幸运的是，由于他是民主党派，在“文革”中受到了统战部门的保护。自1962年至1978年，黄炳坤一直都在湖北省文史馆工作，仍然居住在武汉市。黄炳坤在文史馆的主要工作是写历史文章、编纂地方志等，还曾任湖北省地方志委员会委员。由于工作的关系，即使是在那个特殊时期，黄炳坤仍可以经常到湖北省图书馆、武汉市图书馆查阅图书资料。

（六）重建武大法科

1978年，“文化大革命”结束，黄炳坤又回到了武汉大学。回校后最初是讲授英文。1979年7月，武汉大学决定重建法律系。刘道玉校长委任韩德培先生和马克昌先生负责重建武汉大学法律系的工作。此后韩德培先生又组建了武汉大学国际法研究所，招收国际法研究生。

法律系重建之始，黄炳坤就又回到了法学讲坛。国际法研究所早期讲授国际公法的教师就是李谋盛先生和黄炳坤先生两人。黄炳坤在国际法学上的研究领域主要是条约法和国际经济法等，开授了国际法专题研究、条约法概论等课程。自1981年起，黄炳坤开始招收国际法硕士研究生，共招了七届。1980年，中国国际法学会这一汇集全国国际法学人的学术团体成立，黄先生在这一国际法学术园地中也是尽情地散发着自己的学术光芒。

1985年上半年，黄炳坤应美国密苏里州华盛顿大学法学院之邀，作为该院“驻院访问学者”重返美国讲学。除华盛顿大学外，他也到附近的密苏里大学和圣

---

① 刘渠，原为中山大学社会学系教授，组建法学院后又任法学院院长。广州解放后，人民解放军接管中山大学。广东省军管会任命该校教授刘渠、丁颖等组成临时校务委员会，并任命刘渠为副主任兼秘书长暂代主任职务（1950.1～1951.9）。

② 1953年全国院系调整，中山大学政法、财经类系科转入武汉大学、中南财经学院和中南政法学院。当时中山大学这几科的老师也分别调入各校。

路易斯大学以及明尼苏达州的克莱尔顿大学作过专题报告。这些专题报告的总主题是“国际法与中国的实践”，分项目进行。在美国讲学这段期间，黄炳坤还访问了其他一些著名学府，如明尼苏达大学、布鲁克林法学院等，并应邀参观了一些美国法院，如联邦第八巡回法院、美国国际贸易法院等，对美国20世纪80年代的法律制度、法律教育，特别是国际法在美国的发展有了直接的感受，对国际法的根本问题“制止国际战争、促进世界和平、安全与发展”也有了更深刻的认识。并结识了不少美国国际法学人，如密执安大学毕夏普教授等。

1987年黄炳坤从武大法学院退休，但并未停止学术创作。1987年借回香港养病之机，黄炳坤组织了一批内地与港澳地区的国际法学者，编辑了《当代国际法》一书，由香港广角镜出版社出版。国家的“一国两制”政策确定之后，黄炳坤于1989年在香港三联书店出版了其主编的《“一国两制”法律问题面面观》一书。1991年还由广西人民出版社出版了他主编的《中国涉外经济法律问题》一书，此时黄先生已有八十岁高龄。

除教书育人、钻研学术外，黄炳坤还担任了不少社会职务。曾任武汉大学民革主委、湖北省政协委员等职。黄炳坤作为重建武大法学院的成员之一，在武汉大学兢兢业业教书育人，为当代中国法学、特别是国际法学的繁荣和发展作出了杰出的贡献。

（七）桑榆晚景

近百年的风风雨雨已足以消磨一个人的任何雄心壮志。但是黄炳坤晚年却又展开了新“百年大计”。我们拜访黄炳坤先生时，他说“新百年大计”的首要工作还是读书。但是黄先生晚年有眚目之疾，眼睛已经看不见字了，只能让子女读给自己听。黄先生在美国读书时就对林语堂的书特别感兴趣。晚年坚持不辍“耳读”了林语堂的《苏东坡传》等，并计划百岁前要“读”完《三国志》、《古文观止》、《史记》三部书。先生自谓：“要温故而知新。学而时习之，不亦乐乎?”惜天不假人便，2007年1月2日凌晨，96岁的黄炳坤老人溘然长逝。

二、国际法思想

黄炳坤先生一生涉猎甚广，精通英语和日语，于法学、政治学、经济学、哲学、历史等学科都有很深造诣，著作等身。主要的研究领域是法学，特别是国际法。曾参编“高等学校法学试用教材”《国际法》一书，主编有《当代国际法》、《中国涉外经济法律问题》、《“一国两制”法律问题面面观》三本书。功在千秋的《中国大百科全书·法学卷》编写时，黄炳坤也是编写组成员，撰写了一些条目。

此外还在《中国国际法年刊》、《武汉大学学报》、《法学评论》、《政治与法律》等刊物上发表论文多篇。关于黄炳坤先生国际法方面的学术思想，本文分以下几个主题分别论述：

（一）国际法基础理论：国际法的新发展

黄炳坤先生早年留学美国多年，又曾在联合国及美国政府机构中与国际形势有关的部门工作，因此对国际法的新发展有着更为准确的把握，对国际法的发展方向有着更为独到的认识。黄炳坤遗留的论著中与国际法基础理论有关的有：《在教学中如何对待国际法的新发展》、《访美感受——兼论国际法在美国的发展趋势》、《国际法新发展的形势下，在研究和教学上应如何作出反应》，及主编的《当代国际法》一书；译作则有《空间法的新问题》和《国际法：1906～1981》两篇。

国际法新发展的趋向，黄炳坤先生认为是从第二次世界大战开始的。国际法出现新形势的原因有四个：①“二战”后科学技术飞跃发展，解放和提高了社会生产力，创造了包括国际法科学在内的许多新的学科和法规，如空间法①等；②新独立的民族国家大量增加，国际关系呈现出了新局面，促进了新法规的出现和旧法规的改革、补充；③国际社会组织化加强，如联合国及其专门机构等重要国际组织的成立，既促进和维护了国际和平，又产生了许多国际法新篇章；④晚近国际经济合作的空前繁荣，在国际经济交往日益频繁的形势下，又自然促进了大量国际经济条约或公约的出现。②

关于国际法新发展的表现，黄炳坤认为是有多种的，但重要的一点是国际法的结构大为改观，在数量和质量两方面都有突破。也就是说，国际法的范围扩大了，其内容比以前更为广泛了。这一点首先体现在国际法内部的扩大，即研究项目或课题比传统国际法有所增加；其次是派生出来的部门即所谓分支，也增加了。新的课题如国际合作法、国家主权与经济利益、国际经济和货币法、人权与自决、国家索赔等；新部门则重点是有关国际经济法律的分支，如国际发展法、国际投资法、国际货币法、国际环境保护法以及国际旅游法等。针对国际法的新发展，有学者提出了“宏观国际法”的概念，囊括了众多国际法学科分支。黄炳坤先生认为，以宏观国际法的观点来观察事物的外在联系是可取，“但作为一门学科（即国际法）来

① 参见［德］曼弗雷德·A. 道西斯：《空间法的新问题》，项克涵译、黄炳坤校，载武汉大学法律系《法学研究资料》，1982年第4期，第26页。

② 黄炳坤：《在教学中如何对待国际法的新发展》，武汉大学法律系1985年油印本，第2页。

处理，特别是在教学上，是否可行，是值得商榷的”。①

国际法的新发展，产生了多种良好效果。黄炳坤认为其中较显著者有两项，一是国际立法的速度加快了，国际成文法大大增多；二是国际法教科书和专著的编写，也空前繁荣。面对这些成果，对于国际法研究和教学来说，既是一个机遇，也是一种挑战。面对这种新形势，黄炳坤列举了11个亟待解决的问题，他认为这些问题要是不能得到解决，则国际法作为一门科学的生命力将会受到损害。这些问题包括：国际法新成立的各种分支应如何联系、分工和协调？国际经济法的部门这么多，是否应纳入国际法教学的轨道？苏联国际法教学与西方国家的分歧甚大，有无协调和统一的可能？对欧洲共同体的法律应该怎样去研究？对国际法学和国际法发展史，是否应更深入地研究和理解？在和平年代，如何对待战争法和中立法的研究？个人在国际法上的地位，当今尚未有定论，应如何加深研究与理解？国际法教学与方法论，应该受到重视，如何开展这种研究？等等。上述这些问题，有些从我们目前所处的21世纪来看，已经得到解决或部分解决，但如果考虑到其写作的年代是1985年，就不得不敬佩黄炳坤先生的高瞻远瞩。更何况他所述的有些问题直至今天都还没有解决。针对上述11个问题，黄炳坤先生呼吁：一要加强基本功的学习，二要加强理论研究。黄炳坤认为，无论如何，万变不离其宗，国际法的基本任务和最终目的，始终是防止国际战争、维护世界和平、促进国际合作这三位一体的大业。学习和研究国际法都不能离开这个基本任务和最终目的。② 总之，黄炳坤先生强调，国际法虽然有了新的发展，但是上述国际法的基本任务却“始终存在、未改变，变的只是实现这个崇高理想所采取的预防措施和实施办法”。③

对于黄炳坤主编的《当代国际法》一书，武汉大学国际法研究所余敏友教授认为，该书使用新材料，研究新问题，提出了许多新观点，而且非常注重国际法在中国的实践，既解决了一些问题，又促进了内地学者与港澳学者之间的相互了解和学术交流，④ 集中反映了三地众多国际法学者对20世纪80年代末的国际法律问题的看法与观点。

① 黄炳坤手稿：《国际法新发展的形势下，在研究和教学上应如何作出反应》，第3页。

② 参见黄炳坤：《在教学中如何对待国际法的新发展》，武汉大学法律系1985年油印本，第10页。

③ 黄炳坤：《访美感受——兼论国际法在美国的发展趋势》，武汉大学法律系1986年油印本，第5页。

④ 参见余敏友：《研究当前国际法律问题的开拓性著作——评黄炳坤主编的〈当代国际法〉》，载《法学评论》1989年第4期。

（二）国际法的专门领域

1. 条约法问题研究。

新中国恢复重建法学学科以来，黄炳坤是最早研究条约法的学者之一。黄炳坤先生正式发表的条约法论文有:《论国际协议》、《条约法的几个基本问题》等；未发表的则有《条约法讲义提纲》等。在黄炳坤的研究笔记中，还曾设想要出版一本英文的条约法著作。

黄炳坤所认为的条约法体系，包括以下几个部分：条约的概念与研究方法、缔约能力、缔约程序、条约的生效、条约的遵守和适用、条约的解释、条约的修改、条约的终止、强行法与国际条约及国际经济条约与条约法，可谓相当之完备。

（1）条约及条约法的概念。

黄炳坤先生认为:

国际条约，简称条约，是国际法主体在进行交往中所订立的协议，也是用以维护国家间的权利和义务的法律依据；而条约法则是关于国家间和国家与其他国际法主体之间在缔结、适用、废止条约等方面的活动中所遵守的法则，它是国际法的组成部分。国际条约已凌驾于传统上占首要地位的国际惯例之上，成为国际法的首要渊源。

条约的名称是多种多样的，多至不下 32 种。其中最常用的三个是 treaty、agreement、declaration。Treaty 的含义有广狭之分，广义泛指所有国际协议，狭义专指一些有政治性和严肃性较强的协议，如同盟条约、领事条约之类；agreement 一词应用很广，中文译法一是协议、一是协定；declaration 则可应用于各种不同场合，如集体性的、单方面的、准法律性的及礼仪性的场合，用途各殊，但中文译法只有两种，一是宣言，一是声明。

国际条约和国际契约都是国际协议。但国际条约与国际契约在内容实质上是有区别的。国际契约，简言之，是在国际社会中进行经济合作的当事人用以明确双方或多方权利义务关系而签订的具有约束力的经济协议。申言之，这些协议是在国家与国家、国家与个人（或法人）、个人与个人之间所签订的跨国性协议。① 国际条约必须通过国家立法机关通过，而国际契约则可不必。

（2）缔约的能力与缔约的权力②。

黄炳坤认为:

① 黄炳坤:《论国际协议》，载《法学评论》1986 年第 3 期，第 7 页。

② 参见黄炳坤主编:《当代国际法》，香港广角镜出版社有限公司 1988 年版，第 33 ~ 38 页；黄炳坤:《条约法讲义提纲》第二章“缔约能力”。

缔结条约的能力，从国际法上说，是指一个国家或其他国际法主体有无签订条约的法律能力；从国内法上说，是指这类缔约能力是由谁掌握和实施，这就是行使缔约权力的问题。前者可称为“缔约能力（capacity or ability）”，后者可称为“缔约权力（authority）”。两者之间既有联系也有区别，缔约权力的行使，是以缔约能力的存在为前提的。但是两者的区分实际上并不是很清楚，因为国家的缔约能力和缔约权力每每受制于特定国家的宪法。在我国缔约能力为全国人民代表大会及其常务委员会所专有，而行使缔约权力的则是国家行政部门。

根据国际法，缔约能力原则上属于主权国家，主权国家均享有与外国缔约的能力，这是独立国家行使主权的一种特征。对于历史上的附属国、半独立国及联邦国（或邦联国）的成员国来说，它们的国际法地位是错综复杂的，但也多拥有一定的独立性及和这种独立性相适应的缔约能力。对于当今世界的有些联邦制国家来说，它们的成员州是否有缔约能力，则要看各国国内法的具体规定。

关于国内法上的缔约权力，首先是“国内法”含义的问题。这里所说的“国内法”，是指那些对国际条约有关系和有影响的国内法，也就是说，有涉外意义的国内法。历史上，国内法与国际法或条约法的关系，最初主要表现在和局限于国家元首之间和外交大臣之间的关系上。一般来说，国家元首在对外关系上拥有全面代表国家主权的权力。但作为国家元首即使被赋予这么崇高的地位，实际上也不一定拥有最高的缔约能力，这取决于特定国家的最高法律如何规定。外交大臣或外交代表则拥有全权代表国家元首与外国订立条约的权力。不过国际关系发展到当代，缔约权和缔约手续发生了某种变化，新成立的国家一般都是成文法国家，在宪法上有严格的规定，所订条约须经过国家最高权力机关的审查和批准，才能生效。另外缔约权也不一定掌握在国家元首手上，实行内阁制的国家尤其如此。行政首脑，如英国的首相、我国的国务院总理，也都具有管理对外事务以及和外国缔结条约的能力。

关于国际组织的缔约能力和缔约权力，首先国际组织作为一个国际法主体目前人们已无异议。而且世界上不少人热心于支持国际组织的成长，提出了多种理论来主张国际组织应拥有缔约能力和缔约权力，如国际法学家帕里（C. Pazzg）。目前一个为法理学和国际组织实践所证明并经国际法院认可的主张是：国际组织的缔约能力不仅来源于国际组织各自的组织法，而且来源于组织法条约的暗示（implication），即暗示或固有的能力。但这并不意味着国际组织可以随便签订与缔约能力毫无关系的任何协定，国际组织的固有能力，只能是与这些组织的组织规程的文字和精神相符合的能力。有了缔约能力，自然拥有缔约权力。但各个国际组织其具体行使缔约权力的机关并不相同，这取决于它们的组织规程。

（3）信守条约与情势变迁。

黄炳坤先生认为，国际条约的一条基本原则是条约必须信守原则（*pacta sunt servanda*）。这条原则是指条约一经成立，缔约国双方或多方必须接受条约的约束，善意地履行条约的义务，这是该原则的精神实质和基本要求。条约一经成立，就不容许缔约国的任何一方以任何借口，停止或终止已经生效的条约。①

但历史告诉我们，并不是所有国家都严格遵守“条约必须信守”原则。帝国主义者常常出尔反尔，借口“情势变迁”（changed conditions），片面废除或不善意履行条约。这种行径践踏了条约法的另一重大原则，即“情势不变条款”（*clausula rebus sic stantibus*）。为了维护国际法律秩序，国际法学界一贯主张，情势变迁原则援用之时，必须以下列几点为原则：

①所称“情势”必须是缔约时的基本情况，为缔约条件的决定因素，并构成条约义务的起因、依据和范围。②所发生的变迁，必须是重大的根本性的变化，非根本性变化和即使是原先意料不到的变化，也不得视为基本变迁。基本变迁必须是有重大影响于条约尚待履行的义务范围的变化，也就是说，尚待履行的那部分义务如果继续贯彻下去，不是事实上不可能即无法履行，就是会危害缔约一方的重大利益和生存。③情势确实发生基本变化时，缔约国一般可以废止条约。④对情势的看法如果发生分歧，以致引起争执时，应当采用国际仲裁或国际司法解决争执。②

除以上详述的三个问题外，黄炳坤先生在其《条约法讲义提纲》中还就缔约正常程序、传统缔约程序与缔约新技巧、条约保留、条约的生效与登记、条约解释的基本原则和补充手段、修改条约的要件、条约法中的强行法、经济条约、领事条约、和平条约等条约法问题进行了详细地讲解。虽然这本讲义并未公开出版，但是作为恢复法学学科以来最早一批研究条约法的资料，也实属难得而弥足珍贵。

2. 国际经济法问题研究。

有关国际经济法的理论问题，也是黄炳坤着墨不少的法学领域。1981 年国家司法部组织国内法学界专家、学者编辑出版“高等学校法学试用教材”，这是国内首次全国统编教材。在国际法教材编写会议上，黄炳坤主张，在即将编写的国际法教材中应当包含国际经济法的内容。他的这一意见得到编写组其他成员的赞同，并决定由他和胡文治、汪瑄三人撰写，这就是 1981 年高等学校法学教材《国际法》一书第十一章“国际经济法”部分。黄炳坤公开发表的有关国际经济法的论文有《国际经济合作与国际法》、《美国国际贸易法院简介》；未公开发表的则有《建立国际经济新秩序的斗争和前景——兼论其对国际法发展的影响》一文。此外还有译作一篇：《论国际经济法的七种标准》；书评一篇：《杰克逊：〈国际经济关系的

① 黄炳坤：《论国际协议》，载《法学评论》1986 年第 3 期，第 8 页。

② 黄炳坤：《论国际协议》，载《法学评论》1986 年第 3 期，第 8 页。

法律问题〉(1977年版)》。

黄炳坤先生在《国际法》教材中写到,“国际经济法尚在形成中,还未形成一套完整的法律体系”,但“从根本上说,国际经济法是调整国际经济关系的原则、规则和规章、制度的总和。它和公认的国际法原则、规则和规章、制度以及联合国宪章的宗旨和原则是一致的,是现代国际法的一个重要的组成部分。”① 国际经济法实际上是国际法的新分支。国际经济法的主体与一般国际法的主体也是一致的,包括了主权国家、类似国家的政治实体及政府间国际组织或国际机构。

关于国际经济法的渊源,主要是有关国际经济关系的国际条约和国际习惯,另外还有国际法的其他渊源,包括联合国及其他有关机构和其他国际经济组织的决议和规章、制度。国际经济法的研究范围也是很广泛的,涉及国际货币制度、国际贸易、财政援助、技术转让、原料和粮食、自然资源(包括国家管辖范围以外的海床洋底的资源)的利用、跨国公司、国有化以及有关发展和国际经济合作等问题。并且随着国际经济关系的不断发展,国际经济法的研究范围也将日益扩大。②

黄炳坤先生认为,现代国际经济经历了新旧两个阶段的秩序。第二次世界大战后,“帝国主义、殖民主义体系瓦解,广大亚非拉国家获得独立,为了发展民族经济,提高人民生活水平,新独立的国家都强烈要求改造旧的国际经济秩序,建立新的国际经济秩序”。③ 布雷顿森林体制和《关税及贸易总协定》(GATT1947)下的旧的国际经济秩序大致分为三个部分:以国际货币基金组织和世界银行为核心的国际货币制度;以总协定为中心的国际贸易制度;第二次世界大战以前遗留下来的殖民主义经济制度。④ 这种旧体制的生产体系是以资本主义国际分工为基础的,发展中国家的生产和消费都是按照工业发达国家的需要进行的;它的国际贸易制度也是以发达国家对世界市场的垄断为基础的;在国际货币和金融体系当中,也是以发达国家对国际金融网的垄断为基础的。总之,旧国际经济秩序的基本特征就是少数发达国家对世界经济各个领域的垄断。⑤ 对此,广大的发展中国家强烈要求改变旧秩序、建立新秩序,其中标志性的成果就是1974年《建立新的国际经济秩序宣言》、《行动纲领》及《各国经济权利和义务宪章》等几个文件。⑥ 广大发展中国家要求

---

① 王铁崖主编:《国际法》,法律出版社1981年版,第421页。

② 王铁崖主编:《国际法》,法律出版社1981年版,第421页。

③ 黄炳坤:《建立国际经济新秩序的斗争和前景——兼论其对国际法发展的影响》,载武汉大学法律系内部资料《法学研究资料》1981年第2期,第1页。

④ 参见王铁崖主编:《国际法》,法律出版社1981年版,第420页。

⑤ 参见黄炳坤:《建立国际经济新秩序的斗争和前景——兼论其对国际法发展的影响》,第1~2页。

⑥ 参见王铁崖主编:《国际法》,法律出版社1981年版,第420页。

建立的新的国际经济秩序，主要是要求对当前的国际经济状况进行“结构性”的改革，即在国际货币、金融、贸易、发展、原料等重要领域，把被少数发达国家所操纵的结构，改变为发展中国家和发达国家都拥有充分发言权和决策权的制度。①

国际经济新秩序的建立将普遍地、持续地影响国际法各个领域的发展。但这并不意味着完全改变过去的国际关系的所有准则。在整个国际法领域内，原有的准则和规范，有许多将被保留下来，有些甚至还会得到重申和加强，如国家主权原则、平等互利原则、优惠待遇原则等。② 并且“二战”后日益增多的促进国际经济合作的国际组织，它们的规章制度和重大活动，对国际法也有促进和改造作用。它们不但能促成国际条约的制订，而且能促进国际立法的发展以及其他有造法意义的活动。③ 这些国际经济组织世界性的有国际货币基金组织、世界银行等；区域性的有欧洲共同体、欧洲自由贸易联盟、东南亚国家联盟、西非国家经济共同体等；专业性的有石油输出国组织、国际铝土协会、铜矿出口国政府联合委员会、可可生产者联盟、天然橡胶生产国协会等。④

（三）国际法在中国的实践

学术研究的核心价值之一是理论指导实践。理论研究的价值导向中应当包含有实用性，特别是在有“屠龙学”⑤ 之说的国际法学科当中。黄炳坤先生特别重视将国际法理论与我国的实践相结合，在他手写的一份讲授计划《国际法在中国的实践——兼论有关的国内法》中，列举了20个中国国际法实践问题，第一部分：我们怎样看待国际法、国际法在中国的历史发展、中国对国际协议和强行法的态度、中国国籍法及外国人在中国的法律地位、和平共处五项原则及中国对国际裁军的态度、中国与国际人权问题、中国与联合国组织、海洋法在中国的实践、中国沿海领域自然资源开发和有关法律问题、国际环境保护公约与中国的态度；第二部分：国际投资与中国经济立法、关贸总协定与中国、国际贸易与中国仲裁制度、中国海事仲裁与海事诉讼制度、中国专利法及其实践、中国国际经济合同法之研究；第三部分：中国涉外事务诉讼程序、中国冲突法（或新中国与国际私法）、中国香港与大陆之间的法律冲突问题及其解决、香港特别行政区基本法的国际意义。这

① 参见黄炳坤：《建立国际经济新秩序的斗争和前景——兼论其对国际法发展的影响》，第5页。

② 同上，第6页。

③ 同上。

④ 参见王铁崖主编：《国际法》，法律出版社1981年版，第436～450页。

⑤ 有人认为，国际法，特别是国际公法没有实用性，学习国际法就好像学习如何杀龙一样，世界上本没有龙，因此屠龙之学也就徒有虚名而无用武之地。

20个问题，从上世纪80年代初期的时限来看，不但体系完备，包括了国际公法、国际经济法、国际私法（区际私法）三大国际法领域；而且大多数问题都非常具有前瞻性，许多问题即使在21世纪初的今天来看，也是非常前沿的问题。

针对前述20个问题，黄炳坤主编有《中国涉外经济法律问题》专著一本、《国际法专题研究》讲义、《我国对现代国际法的贡献》一本；公开发表论文两篇：《我国宪法与国际事务》、《我国领海自然资源开发及有关的法律问题》；未公开发表的英文论文一篇："State Responsibility; State Immunity, Hu-Guang Railway Bond Case"。此外，在黄炳坤先生的笔记中，还有与澳大利亚墨尔本大学亚洲法研究所所长Smith教授合作主编英文本《中国与国际法》的写作计划，并已联系好了在澳大利亚的出版社。后来不知何种原因，此书未见出版。

黄炳坤先生的《我国宪法与国际事务》一文，是在1982年12月4日第五届全国人民代表大会第五次会议通过了新中国成立以来第四部宪法的背景下撰写的。本文是就1982年《宪法》与国际事务有关的问题作的一些探讨。首先是宪法与国际法的关系，"宪法与国际法的关系实质上就是国内法与国际法的关系"，① 这个问题的解决"最好还是参照各国的立法和实践来衡量和解答"②。黄炳坤考察了诸多国家的立法实践后，认为时代新趋势的迹象是"在国内法与国际法之间力求协调，避免冲突"。但是这种协调的达成并不容易，当今国际社会千变万化，情况异常复杂，具体问题具体解决，才是一个好方法。从这个角度来看，"我国新宪法对宪法与国际条约（或国内法与国际法）的关系问题上，不作明文规定，是有道理的，也是明智的"。③ 文章的第二、三、四部分，分别从我国1982年新《宪法》中有关对外政策的基本原则的规定、我国与外国进行经济合作的准则(《宪法》第18条)、宪法与国家对外事务的有关其他事项（如第32条对外国人的庇护，50条、89条对海外华侨和侨眷的法律保障等）几个方面对1982年《宪法》进行了分析。黄炳坤先生认为，"我国新宪法关于国际事务的各项规定，具体体现了我国对外事务的基本原则和方针政策，正确反映了我国历史经验和现实需要，是我国法律实践的科学总结，具有高度的原则性和指导性，完全符合我国进行社会主义现代化建设的时代需要和要求"。④

黄炳坤发表于《政治与法律》1983年第6期的文章《我国领海自然资源开发及有关的法律问题》，是1982年《中华人民共和国对外合作开采海洋石油资源条

① 黄炳坤：《我国宪法与国际事务》，载《法学评论》1983年第3~4期，第27页。

② 同上，第28页。

③ 同上，第29页。

④ 同上，第32页。

例》制定后撰写的一篇有关我国沿海石油资源中外合作开采问题的文章。文章首先援引国际法法理及英、挪等沿海国家海洋石油合作开采的实例，论证了中外合作开采我国海洋石油资源与维护国家主权的一致性，认为“我国石油资源的对外合作开采，不会影响我国的主权和利益。这种合作开采是必需的。”① 文章结合1982年《中华人民共和国对外合作开采海洋石油资源条例》，讨论了我国合作开采海洋石油资源的领导机构、业务机构和它们的职权，以及外国合作者的权利和义务等问题。对于中外合作开采海洋石油资源中可能出现的法律问题，如投标问题、外国合作者纳税问题、经济损失及其责任问题等，黄炳坤先生在文中也结合有关中外资料一一予以分析。总之，自《中华人民共和国对外合作开采海洋石油资源条例》实施以来，打破了我国海洋石油资源开采多年来的沉寂局面，“我国开发沿海石油资源的前景，是非常光明的”②。

关于中国对现代国际法的贡献，黄炳坤先生在其讲义中分“中华人民共和国对传统国际法的态度”、“中国对现代国际法的贡献”两个部分进行阐述。第一部分黄炳坤先生着重描述了新中国国际法学者对西方（包括苏联）的国际法理论的批判，如对国际法的定义的批判，对国际法的超阶级性、世界主义的批判，对一些国际法学派的批判等，由此总结出新中国对于传统国际法的态度：①我们坚决反对以欧美为中心对弱小民族国家进行剥削和掠夺的一切理论、制度和惯例；②传统上一些含有合理成分特别是那些程序性质的惯例和规则，我们表示承认和继承；③我们还根据战后新出现的情况，倡导了一些新原则（如和平共处五项原则等），充实和丰富了国际法的内容。③ 在第二部分“中国对现代国际法的贡献”中，黄炳坤先生详细阐释了新中国对现代国际法的四点贡献④：

第一，捍卫和发展了国家主权原则。新中国对国家主权原则的发展，表现在两个方面，一是把尊重主权和尊重领土完整这两个概念联系起来提；二是把主权原则发展为经济主权原则。

第二，和平共处五项原则的倡导和推进。把和平共处的五项原则，分开来提，并不是新事物。但是把五个原则联合起来提（即互相尊重主权和领土完整，互不侵犯，互不干涉内政，平等互利，和平共处），则是新生事物。联合起来提的目

① 黄炳坤：《我国领海自然资源开发及有关的法律问题》，载《政治与法律》1983年第6期，第134页。

② 黄炳坤：《我国领海自然资源开发及有关的法律问题》，载《政治与法律》1983年第6期，第140页。

③ 黄炳坤：《国际法专题研究》讲义之《我国对现代国际法的贡献》，武汉大学国际法研究所1984年10月油印本，第6页。

④ 同上，第8～17页。

的，不是专为某一国的利益着想，而是从整个世界的和平事业和经济利益出发的。也就是说，这五项原则并不是我国或某一国单方面的外交政策，而是一条有普遍意义的国际关系准则；它对每一个国家来说，既有政治上的意义，也有经济上的意义（其中有一条是“平等互利”原则）。

第三，反霸和不谋求霸权原则。中国作为第三世界国家之一，与其他发展中国家一样，一贯坚持反霸，而且站在反霸的最前列。并且虽然我国也是一个世界大国，但一直都在表明自己的立场，既反霸也不谋求霸权。我国在与美国、日本等国共同发表的联合公报等中，都有反霸和不谋求霸权的字句。中国在反霸和不谋求霸权的实践中，已经树立了光辉的形象，得到了全世界进步人士的支持。反霸和不谋求霸权已逐渐成为调整国家关系的基本原则之一，联合国的许多实践也都证明了这一论断。

第四，关于三个世界划分理论的提出和推进。三个世界划分的学说，并不是偶然出现的事物，它的形成有其历史根源和时代背景。我国首先在1974年向世界系统地提出了三个世界划分的理论，这就是邓小平同志代表我国在联大第六次特别会议上所作的发言。三个世界划分理论的内容非常丰富，包括了主权平等、经济主权、对发展中国家的经济援助等内涵。这一学说丰富了国际法的理论，也是新中国对国际法的发展作出的贡献之一。

《湖广铁路债券案与国际法中的国家责任、国家豁免》（State Responsibility; State Immunity, Hu-Guang Railway Bond Case）一文，主要是黄炳坤先生对1983年美国法院关于湖广铁路债券一案审理结果的评述。他在本文中首先阐释了国际法中有关国家责任、国家豁免（主权豁免）的理论，然后结合这些理论回顾了湖广铁路债券案的审理过程及我国政府对美国法院判决的回应。最后在文末的总结中，黄炳坤先生从该案中得出三点结论：①恶债（malicious debt）是非法的债务，国家无需认可也无需继承；②一个独立的主权国家有免受其他国家司法程序管辖的权利，也就是说，不得在他国法院被审判；③如果一项债务已经超过了时效，则债务人就没有必须偿还的义务。①

涉外经济活动，也是中国的国际法问题之一。关于上世纪80～90年代我国涉外经济的范围与特点，黄炳坤先生在其主编的《中国涉外经济法律问题》一书的序言中，给予了详细而准确的说明。黄炳坤先生认为，当时中国涉外经济活动的内容有对外贸易、投资、金融与税收、合同、仲裁与诉讼等几个方面。我国涉外经济活动与别的国家相比较，有其自身的特点，比如我国涉外经济是按照计划经济与市

① *See* Huang Bin-kuen, *State Responsibility*; *State Immunity*, *Hu-Guang Railway Bond Case*, Institute of International Law, Wuhan University, 1984, pp. 10-12.

场经济相结合的原则进行的，实践中又有内外主辅之别；我国涉外经济活动主要是在特定地区进行的，并有其特殊管理体制；我国涉外经济活动的组织形式比较特殊，是按照我国国情和需要而设置的，富有浓厚的中国色彩等。① 应当说，这些总结与评价是相当准确地反映出了当时中国涉外经济活动的实际情况。

上世纪 80 ~ 90 年代中国涉外经济活动的前沿阵地之一是“经济特区（special economic zone)”。有关经济特区的问题，黄炳坤先生也进行了全面的研究。在《中国大百科全书·法学卷》“经济特区”词条中，黄炳坤追溯了经济特区制度在世界范围内的历史源头，分析了中外经济特区制度的特点，并着重对我国的经济特区立法及其特征进行了说明。②

除国际法问题外，黄炳坤先生还就其他法学学科的诸多问题进行了研究，如宪法、法哲学问题等。

三、结语

黄炳坤先生自谓仅具中人之资，所恃者一谓“愚公移山”的精神，一谓我中华民族“自强不息”的精神。正是这两大精神的支撑，黄炳坤完成了自己一生的两大追求：读书、教书，从而也成为了我们后学晚进“高山仰止，景行行之”的对象。法学自来就是实践性学科，无论是从事研究还是教学，没有丰富的实践背景是很难出大成果的。黄炳坤先生这一代人大都有着丰富的人生阅历，许多曾留学海外，研读过各个学科的知识，惟其如此，才能为“大家”。博学兼通，方能在学术专长上超越常人。而要博学兼通，没有一种自强的毅力，没有一种愚公移山的精神，也似“窑头土坯”，终不长久。这“自强不息”的“愚公”和“愚公们”，才是中国法学的基石所在。

黄炳坤主要学术著作

一、学术论文

1.《共产主义的理想》(The Ideals of Communism)，1938 年，斯坦福大学硕士

① 参见黄炳坤主编：《中国涉外经济法律问题》，广西人民出版社 1991 年版，序言第 1 ~7 页。

② 参见《中国大百科全书·法学卷》，中国大百科全书出版社 1984 年版，第 330 ~ 331 页，“经济特区”词条。

论文。

2.《“民主个人主义”批判》，载《论坛》（复刊第1期），香港中原出版社1949年10月15日刊行。

3.《怎样研究宪法——兼论人民政协三大文献的联系性》，载1949年10月16日香港大公报。

4.《马克思主义的理论体系》，载《政风》第2期，岭南大学政治学会1949年12月6日出版。

5.《建立国际经济新秩序的斗争和前景——兼论其对国际法发展的影响》，载武汉大学法律系内部资料《法学研究资料》，1981年第2期。

6.《国际经济合作与国际法》，载《武汉大学学报》（社会科学版），1982年第3期。

7.《我国宪法与国际事务》，载《法学评论》1983年第3~4期。

8.《我国领海自然资源开发及有关的法律问题》，载《政治与法律》1983年第6期。

9.“经济特区”（special economic zone）词条，载《中国大百科全书·法学卷》，中国大百科全书出版社1984年版，第330~331页。

10. State Responsibility; State Immunity, Hu-Guang Railway Bond Case, 1984, unpublished.

11.《在教学如何对待国际法的新发展》，1985年12月10日油印本，未公开发表。

12.《访美感受——兼论国际法在美国的发展趋势》，武汉大学法律系1986年油印本，未公开发表。

13.《美国国际贸易法院简介》，载《法学评论》，1986年第3期。

14.《论国际协议》，载《法学评论》1986年第3期。

15.《条约法的几个基本问题》，载黄炳坤主编：《当代国际法》，香港广角镜出版社有限公司1988年版。

16.《国际法新发展的形势下，在研究和教学上应如何作出反应》，1989年，黄炳坤手稿，未公开发表。

二、主要著作

1.《国际法》，参编，法律出版社1981年版，编写第十一章“国际经济法”，第411~450页。

2.《我国对现代国际法的贡献》，独撰，武汉大学国际法研究所《国际法专题研究》讲义，1984年10月油印本，未公开出版。

3.《条约法讲义提纲》，独撰，1986年3月，武汉大学法律系油印本，未公开出版。

4.《当代国际法》，主编，香港广角镜出版社有限公司1988年版。

5.《“一国两制”法律问题面面观》，主编，三联书店（香港）有限公司1989年版。

6.《中国涉外经济法律问题》，主编，广西人民出版社1991年版。

三、译文与评述

1.《论国际经济法的七种标准》，G. 施瓦曾伯格、E. D. 布朗著，黄炳坤译，载武汉大学法律系《法学研究资料》，1980年第1期。

2.《空间法的新问题》，［德］曼弗雷德·A. 道西斯著，项克涵译，黄炳坤校，载武汉大学法律系《法学研究资料》，1982年第4期。

3.《国际法：1906~1981》，［美］小威廉·比夏普著，陈佩荃译，黄炳坤校，载《法学评论》1983年第1期。

4. 书评：《杰克逊：〈国际经济关系的法律问题〉（1977年版）》，载1982年《中国国际法年刊》，中国对外翻译公司1982年版。

（审稿：卜　璐）

李谋盛及其国际法思想评述

□ 周晓明*

目　次

一、李谋盛的生平与经历

李谋盛先生（1913～2004）是中国民主同盟盟员，我国当代著名的国际法、国际关系专家，在国际关系与国际法的研究上有较深的造诣。

先生1913年9月生于湖南省湘乡县（现归属于湖南省娄底市），自幼敏而好学，1934年以优异的成绩同时被北京大学外语系、清华大学外语系和武汉大学政治系录取。一个爱国青年凭着对知识的渴求参加高考，又同时被国内顶尖的三所学府录取，这不仅在当年即使是在当代也是十分罕见的。先生的聪明和能力在当时被传为佳话，也令很多人折服。当时，由于北大和清华的外语系先出榜，先生驱车赶往北京，准备去北京大学外语系报到。后来，当先生得知自己也被武汉大学政治系录取，便果断地返回武汉大学政治系报到。就这样，缘于先生的真才实学、缘于先生对国际关系与国际法的热爱，先生与武大的不解之缘便从此开始。1939年先生从武汉大学政治系毕业获学士学位后继续求学，再次以优异成绩考取了武汉大学的

* 武汉大学国际法研究所2006级博士研究生。

硕士研究生，师从当时中国著名的国际法学者周鲠生先生。值得一提的是，整个民国时期，武汉大学从1936年开始招收硕士研究生到1945年止，共只招收9届76名硕士研究生，先生是1939年的第三届硕士研究生，全校也只有3人而已，另两位是刘涤源和刘恃读。①

1942年，先生在武汉大学硕士毕业后，任国民政府考试院考选委员会编纂，直至1945年7月在迁移至乐山的武汉大学法学院任讲师兼训导员。1946年8月，先生在安徽大学政治系执教，任副教授。1947年8月回武汉大学执教，任政治系、法律系讲师。1959年1月，因武汉大学院系调整，包括先生在内的很多法学老前辈都被调入湖北大学任教。1962年7月，先生调到华中师范大学政治系任教直至1978年武汉大学法学院重建时，在法学院几位老前辈的盛情邀请下，怀着服务母校、回报母校的一片热心，怀着对国际法和国际关系的热爱，已近花甲之年的先生重新调回武汉大学法学院，主讲“国际法”、“国际关系”课程，历任讲师、副教授、教授。当时学校分给先生一套一房一厅的老式小公寓，目的是方便先生在武大上课时有个歇脚的地方。先生为了学术研究和教育学生，在这个采光较差且陈旧的小房间里一住就是近十年，往往只是在周末时才回到自己位于华中师范大学的家中与妻儿团聚②。从先生重回法学院任教到1986年先生正式退休，这间小房子记载了多少先生热衷学术、浸淫国际法的执着，多少先生关爱学生、诲人不倦的耐心，多少不求名利、只为奉献的淡定和多少先生的家人对他的理解与支持，恐怕连先生本人、先生的家人及先生的弟子们都说不清了。

先生退休后，在家中依然笔耕不辍，从事专业研究。1992年初，在武汉大学法学院和武汉大学国际法所的邀请下，已近80高龄的先生又再次出山为武汉大学国际法所的研究生主讲国际关系史。他不问待遇，不问地位，一心只想把自己的所学传授给学生。由于先生年事已高，不能到学校去上课，他就把学生请到自己的家里，虽然采光不好，虽然教学设备简单，但先生却认真准备教案，专业知识的讲授一点也不含糊。课间休息之余，先生和夫人陆老师一起准备茶点水果，闲话家常中他教给学生的不仅是知识学问，更是做学问的方法和做人的道理。

2004年9月30日，先生因突发脑溢血医治无效不幸逝世，享年九十二岁。先

① 参见宋连斌：《春蚕不应老 昼夜常怀丝——李谋盛先生的学术人生》，载国学资讯网，http：//news. guoxue. com/article. php？articleid = 7974，2007年10月9日访问。

② 先生的妻子陆秀丽老师1941年毕业于四川大学数学系后在武汉大学任教，与先生相识并于1949年2月在武汉结婚。先生与陆老师生有两女一子，大女儿女承母业，现任华中师范大学数学系的副教授；二女儿在东风汽车公司技术中心任高级经济师；小儿子在武汉大学电气工程学院任高级工程师。

生一生坚持钻研学术、诲人不倦且又虚怀若谷、淡泊名利。先生虽为自己的生命画上了圆满的句号，却把自己的人生信仰和求学精神通过言传身教和捐书育人等方式传给了后人。

二、李谋盛主要国际法思想述评

（一）国际关系与国际法学的交叉研究

众所周知，国际法是国际社会的法。国际社会主要是由国家与国际组织组成的。国家之间的关系、国家与国际组织之间的关系以及国际组织之间的关系大都是平等和并立的，而不是孤立的或闭关自守的。由于平等并立，相互之间必然进行往来和发生各种关系，也必然需要相互有约束力的共同行为准则。否则，国际关系和国际往来将不复存在，而国际社会也将解体。因此，维系和谐的国际关系离不开国际法，国际法的发展也离不开国际关系的推动，国际法学者必须重视国际法学与国际关系学的交叉研究。先生是较早从事国际法与国际关系交叉研究的学者，对这两门学科的研究价值、两门学科的产生与发展过程、两门学科的相互关系、两门学科的编纂历史等方面都有系统、深刻的研究。

1. 国际关系与国际法学科的研究价值。

先生认为，研究国际关系与国际法是通晓国际问题、解决国际问题的先锋；是制定对外政策，从事外交事务，研究国际问题，编辑国际新闻，进行外贸外经活动，开展国际旅游业务等的基础；国家与国家之间的关系越复杂，甚至在某些地区国家与国家之间的矛盾和竞争越尖锐或激化，就越需要了解和处理好国家与国家之间的关系，就越需要具备和掌握专门的国际关系知识和国际法知识。①

2. 国际关系与国际法的起源。

（1）国际关系与国际关系学科的起源。

所谓国际关系是国家之间一切双边关系和多边关系的总和。在国家产生之后，国家之间就产生了交往（包括官方交往和民间交往），国家间的交往形成了国家间的关系（从双边关系逐渐演变为多边关系），各国之间相互牵连、相互影响，又相互依赖、相互制约，使国际社会充满日益错综复杂的国际合作与国际竞争关系。②但是，自第一次世界大战结束以来，特别是第二次世界大战后，国际组织大量兴

---

① 参见李谋盛：《国际关系与国际法》，载《当代国际法》，广角镜出版社有限公司 1988 年版，第 15 页。

② 同上，第 16 页。

起，而国际组织所进行的活动及其所引起的关系也构成了当今国际关系的重要组成部分。因此，先生指出当今国际关系的重要内容除了包括国家之间的关系外，还包括国家与国际组织之间的关系和国际组织相互间的关系。①

国际关系产生和发展过程表明，国家的产生是国际关系产生的必要前提，没有这个前提，国际关系就无从产生；国家之间的交往是国际关系产生的基本条件，没有这个条件，国际关系就无法发展，国家间由交往而产生的双边关系和多边关系是国际关系的由来。而学者和政治家在研究国际关系时，对国际关系演变的实况作出系统地介绍，对国际关系的发展规律进行逻辑地总结，对其依据的理论提出科学地论证等，是国际关系学科产生和发展的由来。②

（2）国际法与国际法学的产生③。

随着国际关系的发展，国家之间的政治纠纷、经济纠纷、宗教纠纷、商务贸易纠纷以及领土争端等也随之产生，这些矛盾激化，往往引起战争。从奴隶社会起，如何调整国家之间的关系就成为各国共同的需求。在调整国家与国家之间关系的过程中，各国逐渐形成了一些公认的规范和通行的惯例，这些公认的规范和通行的惯例就是最早的国际法规范。古代希腊、罗马、古代印度、古代中国、古代埃及和巴比伦等国家均有相应的规范和惯例。先生断言，调整国家间关系的国际法规范早在奴隶社会就已经具备了雏形。探源溯流，国际法已发展了数千年，只是不同时代的国际法呈现不同特点罢了。

从国际法的作用出发，国际法可分为平时国际法和战争法。平时国际法以一般的规范和惯例处理和解决平时的国际问题，战争法以特殊的规范和惯例处理和解决战时的国际问题，这是国际法学的由来。

（3）国际关系与国际法的发展④。

在古代和中世纪，限于交通条件、工农业生产水平、地理知识、科技水平等，国际关系并不经常发生，国际法规范也不全面，仅仅是区域性的。世界性经常性的国际关系和世界性全面性的国际法规范的出现有待于条件的成熟。

在近代，资本主义的发展，资产阶级革命的胜利，工业革命的进行，交通工具

① 参见韩德培主编：《现代国际法》，武汉大学出版社 1992 年版，第 32 页。

② 参见李谋盛：《国际关系与国际法》，载《当代国际法》，广角镜出版社有限公司 1988 年版，第 16 页。

③ 参见韩德培主编：《现代国际法》，武汉大学出版社 1992 年版，第 33 页；李谋盛：《国际关系与国际法》，载《当代国际法》，广角镜出版社有限公司 1988 年版，第 16 页。

④ 参见韩德培主编：《现代国际法》，武汉大学出版社 1992 年版，第 24 ~ 26 页，第 34 ~ 35 页；李谋盛：《国际关系与国际法》，载《当代国际法》，广角镜出版社有限公司 1988 年版，第 17 页。

的改进，通讯设备的进步，地理知识的增进等，为世界性经常性国际关系模式的发展和世界性全面性国际法规范的形成创造了条件，这是近代国际关系和国际法发展的关键性因素。

3. 国际关系学与国际法学的相互关系。

（1）国际关系学与国际法学的联系①。

先生认为国际关系与国际法这两门学科在很多方面具有相同之处。首先，两门学科的研究领域是一致的。国际法是在国际关系中形成和发展的，同时国家之间的关系需要国际法规范来调整。只不过国际关系学侧重国家间交往活动的探讨，国际法学侧重国家间交往的法律规范的探讨。侧重点不同表明两门学科的分工不同，不能理解为两门学科的分离。正是这种分工，促进了彼此之间研究的进一步深入，从而揭示了两者之间相互关系的密切性。因此，两者之间必须相互促进、相互作用才能共同提高。研究国际关系必须通晓国际法，否则就不能鉴别国际行为的是非，判明其合法或非法；研究国际法也必须通晓国际关系，否则只能就事论事，弄不清国际法规范的由来和发展趋向。

其次，国际法学与国际关系学的任务和发展规律具有共同性。两门学科的研究对象都主要从国家出发，同时肩负双重任务：国内任务和国际任务。就国内任务而言，两者都应提供专业理论和专业知识，为国家制定对外政策，执行对外政策和参加国际活动服务；就国际任务而言，两者都应总结国际事务中的经验教训，肯定进步的外交政策，批判反动的外交政策，引导不同社会制度与政治制度的国家走上和平共处的轨道。完成这双重任务能起到促进国际和平与安全的作用。

在当代，国际关系主要有资本主义与资本主义之间的国际关系、资本主义与社会主义之间的国际关系、社会主义与社会主义之间的国家关系。在当代复杂多变的国际社会里，国际法与国际关系两门学科所肩负的任务更为繁重。研究国际法与国际关系，必须紧密联系国际事务的实际，才能不断提高专业理论与丰富专业知识。这样，这两门学科的研究成果才有可贵的理论价值和现实的应用价值。同时，又应把这两门学科的理论知识投入到国际事务的实践中去，经受不断的检验，在实践的检验中，不断丰富和提高理论知识，这样反复运用，螺旋式上升，是这两门学科发展的共同规律。

先生还特别分析到，就我国而言，在当前的国际社会背景下，作为正处在初级阶段的社会主义国家，我国应正确运用国际关系与国际法的有关理论，制定正确的对外政策。在发展本国经济，不断巩固与壮大自己的同时，应以与资本主义国家和

① 参见李谋盛：《国际关系与国际法》，载《当代国际法》，广角镜出版社有限公司1988年版，第18页。

平共处为上策。当然，和平共处的局面不能乞求而得，只能通过自身发展与公平竞争获得。

（2）国际关系与国际法的区别①。

虽然两门学科的关系非常密切，但它们在作用上仍然存在必要的区别，先生认为这种区别主要反映在实践中，而非理论上。具体表现在：

首先，国际关系侧重对国家间交往活动的探讨；国际法侧重对国家间交往的法律规范的探讨。因此，国际关系主要出于政治上的利害关系的考虑，而非法律上的是非判断，具有政治性；国际法主要是法律上是非原则的判断，而非政治上的利害关系的考虑，具有法律性。

其次，从国际和平与安全的角度立论，国际关系准则和国际法原则应该是一致的。但由于各国社会经济制度的不同，政治、经济、历史、文化发展程度的不同，宗教信仰和民族关系的不同，对两者的要求也相应不同。对国际法原则的要求较严格，对国际关系的要求较宽。如国家是否建交是国际关系问题，而建交的程序、制度的谈判和履行问题则属于国际法范畴。

4. 国际关系学与国际法学的编纂历史。

虽然国际关系的产生早于国际法，但编纂历史则相对较晚。这是受时代历史背景和客观情况需求的影响。先生对国际法和国际关系的编纂历史分别进行了深入的研究。

（1）国际法编纂史②。

早在16世纪末至17世纪初，欧洲一些国家为争夺东方贸易而进行海洋航行权的争夺，纷纷要求制定海洋法规范，以便用海洋法来解决各国之间有关海洋航行权的争端。在此背景下，格老秀斯（Hugo Grotius）于1604～1605年撰写《捕获法》（De Jure Praedae）。此后的三十年战争，是欧洲出现的第一次国际性战争。这场战争不仅持续时间长，而且对平民生活的蹂躏极为严重，对战俘的待遇也极不人道。这场残酷的战争要求战争法规范的制定。格老秀斯又于1623～1624年撰写《战争与和平法》（De Jure belli ac pacis）。这种时代背景与客观需求，就促使国际法专著的问世早于国际关系专著。

先生指出，格老秀斯不仅是有名的国际法学家，更是有素养的历史学家，他之所以能对近代国际法的发展作出巨大贡献，被誉为近代国际法的始祖，是因为他在

---

① 参见韩德培主编：《现代国际法》，武汉大学出版社1992年版，第36页；李谋盛：《国际关系与国际法》，载《当代国际法》，广角镜出版社有限公司1988年版，第19页。

② 参见韩德培主编：《现代国际法》，武汉大学出版社1992年版，第36～37页；李谋盛：《国际关系与国际法》，载《当代国际法》，广角镜出版社有限公司1988年版，第20页。

继承国际法先驱者的研究成果并加以发扬的同时，开创了广泛应用国际法规范来调整国际关系的局面，他的代表作之一《捕获法》的要害就是《海洋自由论》（Mare Liberum），他针对当时葡萄牙人独占东方贸易的现实，主张“海洋自由”，指责葡萄牙排斥他国商业、封锁海洋的行为是违法的，这一理论由于符合当时国际事务的实际，故很快被应用于调整国际关系。他的另一代表作《战争与和平法》对于调整近代国际战争影响尤大。鉴于三十年战争的残酷性破坏，他在著作中创立了一些国际法规范，来限制战争的残酷性，且把战争法列在书名之首，表明当时战争法较之和平法更为重要。

先生联系当代国际社会的实际，指出当代社会区域性战争没有停止，核大战的威胁也严重存在。因此，世界各国的国际关系和国际法学者有必要创立新的战争法规范来维护国际社会的和平与发展。

（2）国际关系史①。

国际关系的系统编纂虽然相对较晚，但国际关系学也并非完全被人忽视。到了近代后期，由于国际交通日益发达，国际交往更为频繁，资本主义国家发起对外侵略扩张，国际关系日趋复杂。于是学者和政治家应国际事务的需求，开始编著国际关系专著，从此才使国际关系的研究发展成为一门独立的学科。追溯历史，系统的编纂国际关系方面著作的西方学者首推法国的图比都（Debidour）。② 他所著的《欧洲外交史》（A History of European Diplomacy）于1891年问世，此后法国巴黎大学，巴黎政治学校先后开设了外交史讲座。英国的莫瓦特（R. B. Mowat）教授在20世纪20年代先后撰写了1459～1789年、1715～1815年、1815～1914年、1914～1925年的《欧洲外交史》（A History of European Diplomacy）等书。此外，德国的斯达拉斯堡科煦（Strabourg Koch）教授、英国的海斯列特（Hertslet）、法国的布尔乔亚（M. Bourgeois）等人都是研究国际关系的先驱。

上述国际法编纂史早于国际关系编纂史的局面仅表现在近代。到了现代的20世纪20～30年代，情况则大为改观。欧美大学中钻研国际关系与国际法的学者飞速增长，两门学科相互启发，相互促进，共同发展。

在我国，两门学科几乎在20世纪20年代同时展开研究。由周鲠生教授编著的

---

① 参见韩德培主编：《现代国际法》，武汉大学出版社1992年版，第39页；李谋盛：《国际关系与国际法》，载《当代国际法》，广角镜出版社有限公司1988年版，第21页。

② 先生在《现代国际法》一书第二章中论述系统编纂国际关系著作的西方学者首推法国的图比都（Debidour），但在《国际关系与国际法》一文中，先生论述系统编纂国际关系著作的学者首推英国的莫瓦特（R. B. Mowat）教授，本文采用了李谋盛先生在《现代国际法》一书中的说法。参见韩德培主编：《现代国际法》，武汉大学出版社1992年版，第39页；李谋盛：《国际关系与国际法》，载《当代国际法》，广角镜出版社有限公司1988年版，第21页。

《国际法大纲》、《不平等条约十讲》、《近代欧洲外交史》、《最近世界外交史》等书开我国学术界研究国际关系学与国际法学的先声。同时期的李惟景、王化成、时昭瀛、梅汝璈、刘彦、柳克述等人也对国际关系和国际法有专门的研究，这些学者和著述均富有严正的反殖民主义、反帝国主义色彩，迅速提高了国人的觉悟，从一个侧面为我国旧民主主义革命向新民主主义革命转变奠定了一定的理论基础。①

但20世纪50年代以来，国际关系学与国际法学的研究状况不够乐观，呈现停滞不前的状态。在国际关系领域，学者大多为强权政治所迷惘，在著作中很少涉及强权政治的实质，只是就事论事，探讨枝节性的问题，缺乏战斗性。有的甚至宣扬强权政治，为超级大国效劳。如美国克劳德（Jr. Claude）发表的《权力与国际关系》（Power and International Relations）一书就是超级大国强权政治的代言。②

国际法学界的情况也类似，战后的国际法著作，只是增加了经济法专题，扩大了条约法、国际组织法、海洋法与空间法的内容，对于如何禁止军备竞赛，如何惩处发动核战争的祸首以及对于发动核战争的国家应承担的国际责任则很少涉及。有的学者甚至倡导“世界政府”与“世界法”理论，企图把国际法升格为“世界法”，来破坏国家主权原则，为霸权主义国家干涉别国内政制造理论根据。③

5. 17～18世纪的国际关系与国际法的发展。

先生不仅从宏观上对国际关系与国际法的相互关系进行了深入的探讨，还从微观上对17～18世纪的国际关系及其对国际法的影响做了特别的分析。

先生指出，17世纪中叶，世界进入近代，即资本主义时代。在欧洲，自资本主义生产方式产生起，商品货币关系得到普遍加强，对外贸易得到进一步扩展。世界贸易的范围不断扩大，工商业利润继续增长，导致欧洲国家及后来的美国、日本在陆路与海陆的对外侵略扩张加剧，改变了古代、中世纪地区性的国际关系格局，形成了世界性的资本主义的国际关系体系。资产阶级的政治观念、外交观念与法律观念也在这种国际关系体系中逐渐形成。这些因素促进了近代国际法的发展，尤其是国家主权观念、国际法基本原则、海洋法等方面的发展。

在高等学校法学教材《国际关系史（17世纪中叶——1945年）》④一书中，

---

① 参见韩德培主编：《现代国际法》，武汉大学出版社1992年版，第39～40页。

② 参见李谋盛：《国际关系与国际法》，载《当代国际法》，广角镜出版社有限公司1988年版，第23页。

③ 同上，第24页。

④ 该书由王绳祖主编，1983年由武汉大学出版社出版，1986年改由法律出版社出版。李谋盛先生在前一版中负责撰写第一章英法资产阶级革命时期的国际关系；在修订版中，先生负责撰写第一章17世纪中叶到法国资产阶级革命前夕的欧洲国际关系和第二章法国资产阶级革命和拿破仑战争时期的国际关系。

先生详细论述了17~18世纪国际关系史上的重大事件，如欧洲国际关系体系的形成和发展、英国资产阶级革命及影响（17世纪中期）、北方大战（1700）、西班牙王位继承战争（1701）、奥地利王位继承战争（1740）、七年战争（1750）、美国独立战争（18世纪后期）、法国资产阶级革命（1789）、拿破仑战争（18世纪末）等。每介绍一个事件，先生都运用历史学和国际政治学的研究方法，分析不同事件的产生背景、经过、各国利益的协调和矛盾及历次事件的后果，尤其从国际法的角度①重点阐述了三十年战争、英国和法国资产阶级革命、美国独立战争及拿破仑战争时期欧洲乃至全世界的国际关系对国际法的影响。

以三十年战争为例。17世纪，欧洲爆发了“三十年战争”。② 战后签订了《威斯特伐利亚和约》，使三十年战争所造成的领土变更得以调整，使罗马帝国统治下的大批城邦国家取得了独立，使荷兰与瑞士成为主权国家，使领土主权概念趋于加强，国家平等原则获得承认。其结果是：作为国际社会成员的主权国家大为增加；进行平等交往的常设使馆相继设立；通过国际会议解决各国之间争端的模式获得认可。因此，三十年战争和《威斯特伐利亚和约》被称做是近代国际法的源头。③

先生对《威斯特伐利亚和约》的作用有自己的归纳。第一，这次会议创立了以国际会议解决国际问题的先例；第二，和约承认了德意志各诸侯国享有独立的主权，承认了荷兰、瑞士为独立国，在实践上肯定了格老秀斯提出的国家主权、国家领土与国家独立等原则是国际关系中应该遵守的准则；第三，条约规定缔约国不得破坏和约的条款，创立了对违约国家可施与集体制裁的案例；第四，和约承认新旧两教享有同等的权利，打破了罗马教皇神权下的世界主权论，使国际法脱离了神权的束缚；第五，和约缔结后，各国逐渐建立了常驻使节，有助于各国之间的邦交。这些成就表明国际关系与国际法是互为利用、互相促进的。④

又如近代的资产阶级革命，特别是1789年法国大革命，也提出了一些重要的国际法原则，对国际法的发展产生了重大影响，如国家的基本权利与义务概念、国家主权原则、民族自决原则、不许干涉内政原则、赋予“为了自由事业而被本国

① 参见宋连斌：《春蚕不应老 昼夜常怀丝——李谟盛先生的学术人生》，载国学资讯网，http://news.guoxue.com/article.php?articleid=7974，2007年10月9日访问。

② 三十年战争（1618~1648）发生于欧洲封建时代与资本主义时代交替的阶段，是中世纪国际关系转为近代国际关系的契机。战争起源于德国内部的宗教矛盾，交战双方为以法国为首的，包括瑞典、丹麦以及在宗教改革中增强了实力的德意志诸侯和以神圣罗马皇帝为首，包括奥地利、西班牙以及在宗教改革中削弱了实力的德意志诸侯。战争持续三十年，最后在威斯特伐利亚以签订《威斯特伐利亚和约》告终。

③ 参见梁西主编：《国际法》，武汉大学出版社2001年版，第26~27页。

④ 参见王绳祖主编：《国际关系史》，法律出版社1986年版，第4~10页。

驱逐的外国人”以庇护权、在战争法中贯彻人道主义精神等。①

总的说来，纵观17～18世纪的诸多重大国际事件，我们可以发现当时的国际关系对国际法的影响主要有：

(1) 国家主权观念的产生与盛行。先前的国际法学者大多从自然法理念出发，认为国际法是由一种以自然理性为基础并普遍适用于人类的自然法规则组成的。而17世纪下半叶以后，国际法中实在法理论占优势，认为国际法是由主权国家组成的，根据各国明示或默示同意而有效，并以规定国家间相互关系为内容的法律体系。

(2) 国际法的基本原则在国际社会得以确立并维护。17世纪以来，在众多独立国家同时并存并逐渐形成一个广泛的国际社会之后，国际法的基本原则就受到了重视。到了18世纪，随着国家主权观念的盛行，国际法的基本原则更加明确，国家主权原则、不干涉内政原则、国家独立平等原则、条约必须遵守原则等指导国家间关系的一般原则在历次事件中得以确认和发展。

(3) 海洋法的发展。海洋法的发展历史悠久，其萌芽可以追溯到中世纪甚至更远。依罗马法的观点，海洋是公有物，不得被人独占；中世纪后半叶，各国统治者意识到海洋的重要意义，主张海洋为无主物，可以通过先占取得权利，而纷纷宣布对海洋拥有权利。17世纪以后，随着欧洲进入了资本主义时期，资本主义国家为了争夺殖民地而争夺海洋，海洋法得以发展。如被誉为近代国际法奠基人的格老秀斯提出了海洋自由论，认为海洋不能成为任何人独占的对象；意大利法学家真提利斯提出国家的领土包括毗连的海域，荷兰法学家宾刻舒克提出武器射程到达的地方为国家对海洋的权利范围；意大利法学家加赖尼根据当时的大炮射程，提出3海里为领海的宽度；18世纪后期，美国、英国和法国相继提出3海里的领海宽度，英俄条约规定了公海自由原则等，这些都是适应当时国际关系的需要而提出的不同的海洋法理念。

(4) 外交与领事关系法的发展。外交与领事关系法是国际法最古老的部门之一，是在国家之间交往的基础上产生的。古代的外交与领事关系尚处于萌芽状态，派遣和接受使节是临时性的，而且大多是与战争相关的军使和与商业有关的领事。② 到17世纪，主权国家并存的国际社会形成以后，尤其是《威斯特伐利亚和约》的签订，近代外交法得以迅速发展。此后，各国之间不仅正式派遣和接受常驻使节，还创立了特别使团制度，外交法又有了新发展。

6. 第二次世界大战后的国际关系与国际法的发展。

---

① 参见韩德培主编：《现代国际法》，武汉大学出版社1992年版，第18页。

② 参见梁西主编：《国际法》，武汉大学出版社2001年版，第375～376页。

第二次世界大战后，国际社会发生了重大变化①，主要有：

（1）随着民族解放斗争和民族独立运动的发展和胜利，全世界绝大多数殖民地、附属国都已独立，第三世界国家的阵营空前壮大，在国际社会中的地位举足轻重，打破了往日帝国主义国家控制国际事务的局面。

（2）第一世界的苏美两个超级大国为争霸世界而对外扩张，进行军备竞赛和争夺势力范围，相互间的矛盾日益尖锐，影响世界的和平与安全。

（3）发达的第二世界国家，由于原有的殖民地、附属国基本上已经独立，且国内政治、经济、贸易、资源、能源等各方面的困难日益严重，为保持原有的国际地位和继续发展，它们纷纷组成区域性共同体，以对抗超级大国的挑战。但由于各自利益的分歧，相互之间又往往引起争端，其国际地位相对削弱。但日本和德国的工业与经济发展迅速，成为经济大国，东欧的社会主义国家在经济政治等许多方面也发生了质的变化，为国际社会所瞩目。

（4）20世纪60年代以来，随着科学技术的新发展，海床洋底资源进一步开发，南北极勘探工作发展加速，外层空间不断被利用，国际经济贸易关系的内容得以大大丰富。

（5）尖端科学技术在军备领域的运用，将是新的大战的一个特点。南北出现了新纠纷、新争端，军备竞赛、核武器和化学武器的生产与使用事关国际安危与人类祸福，如何防患于未然是当今国际关系与国际法学科所面临的迫切任务之一。

在这一背景下，国际法也根据形势的发展变化而做出适当的创新②，体现在：

（1）“二战”后国际政治的急剧变化，民族解放运动的蓬勃发展和新独立国家的大量出现，使国际会议与国际组织在结构上发生明显的改变，产生了较为系统的新的国际法原则，如为中国、印度和缅甸所倡导的“和平共处五项原则”，既体现了联合国的宗旨和原则，又得到广大第三世界国家的赞同和承认，充实了现代国际法的基本原则。

（2）“二战”后国际经济的急剧变化，导致广大第三世界国家积极推动建立新的国际经济新秩序，国际法的范围扩大了，在国际法领域出现了国际经济法这一分支。

（3）国际组织迅速增加，全球性、区域性、综合性、专门性、常设性、临时性国际组织林林种种，不仅扩大了国际法的主体范围，还使国际法领域出现了新的分支——国际组织法，以探讨国际组织的性质、地位、以及其权利义务等。

---

① 参见韩德培主编：《现代国际法》，武汉大学出版社1992年版，第40～42页；李谋盛：《国际关系与国际法》，载《当代国际法》，广角镜出版社有限公司1988年版，第23页。

② 参见韩德培主编：《现代国际法》，武汉大学出版社1992年版，第26页。

(4) 科学技术的迅猛发展，有力推动了国际法的发展。在海洋法领域，许多沿海国把领海拓宽，宣布了大陆架，划定了海洋专属经济区，对海底资源的开采与管辖建立了新的制度；在空间法方面，随着人类对空间的利用超过了空气空间而达到了外层空间和宇宙，空间法的范围也从原有的国际航空法拓展到了外层空间法；在自然资源利用与环境保护方面，由于工业生产企业大量排放有毒气体或液体，污染了全人类共同生存的环境，危害了全人类的健康，国际环境法也不断发展起来。

(二) 国际法基本理论研究

先生除致力于国际关系与国际法的交叉研究外，还对国际法的基本理论问题进行了深入的研究。在《现代国际法》一书中，李谋盛先生将国际法学中较为重要的一般性、共同性的问题，如国际法的概念、渊源、效力根据、历史发展及国际法的编纂等基本理论深入浅出、水到渠成般介绍给读者。

1. 国际法的名称和概念。

先生从国际法名称的由来谈起，指出国际法最初在西方文献中是以拉丁文 *jus gentium* 的名称出现的。*jus gentium*，汉译为万民法，原指古代罗马法中市民法（*jus civile*）的对称，是指适用于外国人以及外国人和罗马公民之间关系的法律，即适用于一切人的法律。进入近代后，各国把 *jus gentium* 转译为自己的文字，在英文中 *jus gentium* 指 law of nations。18 世纪末，英国法学家边沁（Jeremy Benthem, 1748～1832）建议改用 international law 来代替 law of nations，因为前者可以更完善地表达出国家间的法律的含义。此后，这一名称被广泛采用。此后，随着国际法部门的不断扩大，又出现了 public international law 或 international public law 的称呼，目的是想强调国际法主要调整的是国家之间的关系，这种关系是“公”的关系，区别于调整涉外民商事关系中不同当事人之间的“私”的关系，故称国际公法。①

同时，先生分析国际法的特殊性在于：(1) 国际法律关系的主体主要是国家、类似国家的政治实体以及由国家组成的国际组织。(2) 国际法的制定者主要是国家，国家通过国际条约与国际会议或其他方式制定国际法原则、规则，建立国际法的规章、制度。在国际社会，没有超越国家之上的国际立法机关。(3) 在强制性方面，在国际社会内国际法由有组织的强制机关来强制实施，国际法的实施主要依靠国际法主体——国家本身的行为来实现。(4) 国际法是由各主权国家在国际交往中经过绝大多数国家的公认才正式成为国际法规范的，国际法主要是各国之间意志的协调。在国际社会，并没有专门的立法机关来制定国际法。②

---

① 参见韩德培主编：《现代国际法》，武汉大学出版社 1992 年版，第 2 页。

② 参见韩德培主编：《现代国际法》，武汉大学出版社 1992 年版，第 4 页。

基于上述国际法的特性，先生将国际法定义为：国际法是通过国际条约或国际会议或其他方式制定的，主要调整国家之间关系，表现各国统治阶级的协调意志，具有法律拘束力的原则、规则和规章、制度。

先生在论述这部分时，并不是完全照搬其他国际法教材的模式、体系和观点，而是在全面客观地介绍一般的、常识性的国际法基础知识的同时，注重灌输新的科学的国际法思想和研究方法。如先生在论及国际法的阶级性及国际法的效力根据在于各国统治阶级意志的协调时，并没有落入俗套，完全照搬前苏联国际法学者的观点，而是注重全面研究，取其精华。先生关注民国时期学者的国际法思想，试图承接已经断裂的学术传统。在书中，它介绍了陈顾远、李剑龙、李圣五、李惟果、王化成、时昭瀛、刘彦、柳克述、梅汝璈等国际法和国际关系学者，还特别介绍了中国国际法之父周鲠生教授的学术思想和成就，体现了先生对学术薪火相传的热情。① 又如先生并不认同国际法的效力弱于国内法的观点。他认为，所谓的国际法的效力弱于国内法的效力的观点只是体现在形式上。而之所以在形式上表现为国际法效力弱于国内法，是因为国内法是由国家的强制机关来加以实施的，国际法则是由国际法主体本身的行为来执行的。就法律效果而言，两者的强制力并没有强弱之分，这为初学者真正理解国际法与国内法之间的区别揭开了面纱。②

2. 国际法的渊源。

关于国际法的渊源，先生认为有两种意义：一是指国际法作为有效的法律规范所赖以形成的方式或程序；二是指国际法规范第一次出现的处所。前者是严格法律意义上的国际法渊源，主要包括国际条约和国际习惯。后者是广泛历史意义上的国际法渊源，包括一般法律原则和作为法律原则辅助资料的司法判例、公法学家的学说以及重要国际组织的决议，如联合国作出的某些决议等。③

关于国际条约和国际习惯，先生特别指出，国际条约是现代国际法特别重要的渊源，不是一切条约都是国际法的渊源。一般说来，只有对大多数国家有约束力的、可以创立新的国际法原则、规则和规章制度的多边国际公约才是一般国际法。双边条约和仅对几个国家有约束力的国际条约只是特殊国际法。④ 而国际习惯是各国重复类似的行为而具有法律拘束力的结果。它包括两个因素：“物质的因素”，即各国重复的类似行为；“心理的因素”，即被各国公认为有法律拘束力。国际习

---

① 参见宋连斌：《春蚕不应老 昼夜常怀丝——李谋盛先生的学术人生》，载国学资讯网，http: //news. guoxue. com/article. php? articleid = 7974，2007 年 10 月 9 日访问。

② 同上。

③ 参见韩德培主编：《现代国际法》，武汉大学出版社 1992 年版，第 6 ~ 11 页。

④ 同上，第 9 页。

惯是在国家之间长期的交往关系中形成的"不成文"的行为规则。它可以通过三种途径查明：（1）国家之间的外交关系，表现为条约、宣言和声明以及有关的外交文书；（2）国际机构的实践，表现为决议和判决等；（3）国家的内部行为，表现为国内法规、判决和行政命令等。①

3. 国际法的效力根据。

所谓国际法的效力根据是指国际法凭借什么而对国家有拘束力。它不是决定国际法所处的地位的根据，而是影响国际法发挥作用的根本性质。② 关于国际法效力的根据，先生总结了不同学派的不同理论：（1）自然法学派。该派否认有任何实在的国际法，认为不论是国际习惯或国际条约以及一切国际法原则与规则都只是自然法的一部分，国际法的效力依据在于一些自然法理念，如人类良知、人类理性、人类法律意识等。其结果是将国际法规则抽象化，使国际法趋于神化。代表人物是德意志人普芬多夫（Samuel Pufendorf，1632～1694）。（2）实在法学派。该派与自然法学派对立，认为国际法效力的依据是现实的"国家意志"，即表现在国际条约和国际习惯中的各国的"共同意志"。代表人物是宾刻舒克（Bynkershok，1673～1743）。（3）社会连带学派。其主导思想可以追溯到法国著名的公法学家狄骥（Dugut，1859～1928）。狄骥认为，一切法律的根据在于社会连带，即通过人类法律良知，社会规则实现为法律规则，而对社会的个人具有强制性。简言之，法律不是国家创造的，而是根据社会连带这一客观事实而产生的。这一学派强调"各民族的法律良知"，主张把国际法与国内法联系起来说明他们所主张的社会连带关系，根本否定国家主权、国家人格和国家意志等传统的公法观念。（4）规范法学派。该派以凯尔逊（Kelsen，1896～1973）为代表，认为一切法律规则的效力都出自上一级的法律，全部法律归纳于一个体系，在最上级为国际法，其效力来源是一个所谓的"最高规范"。他反对国家主权观念，否认国家意志创造法律之说，把国际法提高到世界法或超国家法的地位，为帝国主义统治世界的政策无形中提供了一种理论上的支持。（5）新现实主义学派。该派有多种不同学说，较为流行的有"权力政治学说"和"政策定向论"。前者认为国际政治支配着国际法，而国际政治的核心是国家权力，故国际法效力的根据在于"势力均衡"。后者也认为权力是国际政治和国际法的核心，国际法的效力根据在于国家的对外政策，政策是决定因素。③

最后，关于国际法效力的根据，先生的结论是：国际法效力的根据是各国的协

① 参见韩德培主编：《现代国际法》，武汉大学出版社1992年版，第7页。

② 同上，第12页。

③ 参见韩德培主编：《现代国际法》，武汉大学出版社1992年版，第15页。

议，而国际法效力的原因是国际法在国际关系中所起的一定的作用。要理解国际法效力的根据，应明确如下几点：（1）国际法主要是国家之间的法律，国家受国际法的拘束。（2）国家是国际法的制定者，故国际法的效力根据只能是国家本身，即国家的意志。（3）作为表现国际法效力根据的国家意志，不是某个国家的意志，而是各国之间意志的协调。（4）国际法的效力根据反映了国际法的阶级性，即各国统治阶级之间意志的协调。（5）国际关系的复杂性和国际法的阶级性还表明了国际法在国际社会中发挥的重要作用，一方面各国之间维持正常的关系需要国际法规范，国家之间的合作与竞争关系需要国际法维护与促进，国际法原则上禁止战争以推动世界和平与发展。①

三、简短评价

先生的一生既是一位热衷学术、诲人不倦的师者，也是一位虚怀若谷、淡泊名利的学者。作为老一辈的高校教师，他热爱教育事业，毕生致力于法学、政治学的教育工作。曾主讲“国际政治”、“欧洲外交史”、“中国外交史”、“国际关系史”、“各国政治制度”、“行政学”、“资产阶级国家法”、“资产阶级国家制度与法律制度批判”、“法学概论”等课程。他无私地把自己的学术思想传授给学生，把自己的学术成果和藏书赠送给有需要的学生，培养出了一大批国际法领域的栋梁之才。作为国际法和国际关系领域的资深学者，他通晓英语、法语。这为他查阅和消化理解外国文献，深入研究各时期的国际关系至关重要。此外，先生还长期从事国际法、各国政治制度及宪法的教学与研究，著有《英法内阁权力之比较》、《英美法德考试制度的比较研究》、《资产阶级国家制度与法律制度批判》和《法学绪论》等著作和文章，并承担编纂了《周鲠生文集》、《国际关系史》、《国际关系史》（修订版）、《法学知识手册》、《国际关系与国际法》、《现代国际关系》等教材，为当时的硕士研究生深入了解和掌握国际关系与国际法的相关知识提供了大量的理论资料，可谓专业硕果累累。

令人遗憾的是，先生一生的著述虽丰，但是我们现在可以查阅到的先生的作品却很少。原因在于，先生一生的作品大致有三个去向：一是由于先生一生复杂的工作与教学经历，从武汉到重庆，从重庆到安徽，从武汉大学到湖北大学（现中南财经政法大学）再到华中师范大学直至晚年时重回母校武大执教，加上当时复杂多变的社会背景，先生的很多藏书与文章都在不断的工作调动和搬迁中遗失了；二是由于“十年浩劫”，富有正义感的先生也难逃一劫，先生的很多著作在动荡中被

① 参见韩德培主编：《现代国际法》，武汉大学出版社1992年版，第16页。

毁掉了；三是在先生去世前，无私奉献的他留下遗言，要把自己剩下的著作和藏书捐献给自己的家乡——湖南省湘乡县。在先生看来，他之所以没有选择把自己的藏书捐献给自己的母校——武汉大学，是因为他认为比起武汉大学的学生们，家乡的普通孩子更难接触到国际法，也需要了解国际法知识。基于上述种种原因，我们能通过各种途径拜读到的先生的著作已经不多，而先生早年的一些作品，则仅仅可以查到文章名及出处，至于原文都则大多无法查阅了。因此，对于先生国际法思想的介绍，我们只能从先生现有的可以查阅到的著作或文章中归纳总结，而无法全面概括先生的所有国际法与国际关系思想。文后的附录也仅仅罗列了可以查阅的著作、文章和手稿，并不代表先生所有的学术成果。

这就是李谋盛老先生，一位严谨治学、求真务实的学者，一位诲人不倦、无私奉献的师者。先生以自己完美的人格、博大的胸怀向我们诠释了国际关系与国际法研究一代宗师的光辉形象。

李谋盛部分学术著作目录

一、主要学术论文

1. 《谈建国的人才问题》，载《大陆评论》（乐山）创刊号（1936 年）。
2. 《烽火中的国际局势》，载《春秋》（重庆）第 1 卷第 1 期（1940 年 2 月）。
3. 《意大利究竟会走哪条路》，载《春秋》第 1 卷第 7 期（1940 年 12 月）。
4. 《国际关系与国际法》，载《当代国际法》，广角镜出版社有限公司 1988 年版。
5. 《应重视对我国历朝对外关系的研究》，载《法学评论》1995 年。

二、主要编著作品

1. 《周鲠生文集》，武汉大学出版社 1993 年 12 月第 1 版。
2. 《国际关系史》，武汉大学出版社 1983 年版，第一章。
3. 《国际关系史》，法律出版社 1986 年版，第一章、第二章。
4. 《现代国际法》，武汉大学出版社 1992 年版，第一章、第二章。

《武大国际法评论》最近动态

1. 经中文社会科学引文索引指导委员会第七次会议审定，《武大国际法评论》（以下简称“《评论》”）被收录为2008-2009年CSSCI来源集刊。

2. 2008年4月，《评论》被纳入中国人民大学书报资料中心《复印报刊资料》的收录范围。

3. 目前，《评论》已与联合国国际贸易法委员会、德国萨尔大学、德国特里尔大学、瑞士比较法研究所、荷兰格罗林根大学胡伯研究所等多所国际机构、大学和研究所建立交流关系。

声 明

为适应我国信息化建设，扩大本刊及作者知识信息交流渠道，应中国期刊网的邀请，经《武大国际法评论》编辑部决定，本刊自第八卷起将被《中国学术期刊网络出版总库》及CNKI系列数据库收录，作者文章著作权使用费与本刊稿酬一次性给付。如作者不同意文章被收录，请在来稿时向本刊声明。

已出版的第一卷至第七卷也将同时被收录，期望各位作者给予支持。相关作者对此如有异议，请于本声明发表之日起三个月内与《武大国际法评论》编辑部联系（027-68753637；wudaguojifa@hotmail.com）。

特此声明。

《武大国际法评论》编辑部

2008年9月9日

图书在版编目(CIP)数据

武大国际法评论．第8卷/教育部人文社会科学重点研究基地;武汉大学国际法研究所主办．—武汉：武汉大学出版社,2008.10
ISBN 978-7-307-06588-8

Ⅰ.武…　Ⅱ.①教…　②武…　Ⅲ.国际法—研究　Ⅳ.D99

中国版本图书馆CIP数据核字(2008)第158018号

责任编辑:张　欣　　责任校对:黄添生　　版式设计:支　笛

出版发行:**武汉大学出版社**　(430072　武昌　珞珈山)
(电子邮件:wdp4@whu.edu.cn　网址:www.wdp.com.cn)
印刷:湖北省通山县九宫印务有限公司
开本:787×1092　1/16　印张:26　字数:503千字　插页:2
版次:2008年10月第1版　2008年10月第1次印刷
ISBN 978-7-307-06588-8/D·836　定价:35.00元
